Le devenir de l'enfant à l'école élémentaire

Perspectives de formation en éducation de base

Rédigé par Léo Barblan
Docteur en psychologie, Formateur à l'IFRES

LEP
Loisirs et Pédagogie

ISBN 2-606-00515-5
LEP 914810A1
I 0697 2.5 LI

PRÉFACE

Dans les années 1980, le Service de l'enseignement primaire du canton de Vaud s'est interrogé à nouveau sur la question des **buts et missions de l'école enfantine**, sachant que ce problème allait se poser non seulement sur le plan de l'école vaudoise, mais encore au niveau de la coordination romande en matière d'objectifs et activités préscolaires suite à l'évolution constatée. Au-delà d'un plan d'études destiné à « compléter, harmoniser et préciser dans tous les domaines les objectifs de l'enseignement préscolaire », le Service a souhaité qu'une réflexion soit conduite sur un plan plus général quant à la conception même de l'enseignement enfantin et à sa place dans le dispositif de scolarisation. Ce thème est bien sûr en lien avec le regain d'intérêt porté à la scolarisation des jeunes enfants dans les différents pays du monde, tel qu'il s'est exprimé par le biais de la conférence mondiale de l'éducation.

Ce mandat a été confié à un **groupe de travail interdisciplinaire** composé d'enseignants et de spécialistes. Leurs travaux ont débouché sur un rapport centré sur ***le devenir de l'enfant à l'école élémentaire***. Le Département a décidé de l'éditer. Il nous paraît en effet utile que les divers milieux intéressés, à l'intérieur comme à l'extérieur du canton, puissent bénéficier des pistes de réflexion et des idées d'application proposées.

Nous remercions toutes ces personnes pour leur engagement et l'effort important qu'elles ont consenti dans l'intérêt de nos enfants.

Département de l'Instruction publique
et des Cultes du canton de Vaud

AVERTISSEMENT

Cet ouvrage ne prétend ni à l'exhaustivité, ni au statut de publication scientifique. Il est le produit hétérodoxe de la réflexion de praticiens et chercheurs d'horizons divers. Il a pour but de conjoindre une pluralité de points de vue, pour en spécifier la complémentarité et le sens, avec un axe fondamental: celui du constructivisme développemental.

Il s'adresse à des praticiens de l'éducation et de l'enseignement, à toute personne qui trouverait un intérêt à un «état de la question» portant sur les premières années de vie de l'enfant dans la perspective de son initiation à la scolarité.

Il répond à la demande de responsables de l'enseignement élémentaire, préoccupés par les buts et la «mission» de l'école enfantine, intéressés à mieux connaître l'enfant-élève qui les occupe, pour la mise en acte d'une école «lieu de vie», avec toutes les incidences de cette volonté sur les textes institutionnels et légaux d'une part, sur les principes de la formation des enseignants d'autre part.

Il espère contribuer ainsi au mieux-être de l'institution scolaire, des enseignants de tous bords, des parents, et, bien évidemment, des acteurs principaux du processus de scolarisation, les enfants.

Remarques

Les chapitres qui suivent réfèrent de manière variable aux travaux de la commission: si les chapitres Introduction, II, III et IV sont en lien direct avec le travail fait en commun, le chapitre I est le résultat de l'initiative de l'auteur. Le chapitre V dans la partie des incontournables est proche des débats des membres de la commission, alors que les extensions de ce chapitre sont le fait de l'auteur.

Dans le corps du texte, les **mots suivis d'une astérisque** donnent lieu à une définition proposée dans l'annexe «Explications terminologiques».

Les **notes** sont elles aussi regroupées en annexe.

REMERCIEMENTS…

Merci tout d'abord au Département de l'Instruction publique et des Cultes qui a fait demande en son temps de ce travail consacré aux buts et missions de l'école enfantine. Merci d'avoir souhaité que ce travail se fasse sur un plan à la fois idéologique et prospectif au-delà des impératifs institutionnels qui se rencontrent sur le chemin des réformes scolaires. Cette liberté nous permet une réflexion sur un cycle de scolarisation initiale obligatoire proposé aux enfants de quatre à huit ans, propos qui rejoint un mouvement de réforme scolaire commun à plusieurs pays européens tout en se différenciant du propos EVM.

Merci au président de cette commission, M. Rémy ROSSET, qui a su assumer la tâche difficile de coordonnateur et de présidence des séances : il n'est pas toujours facile d'arbitrer les engagements parfois passionnels des uns et des autres.

Merci à mes collègues, Mmes Gaudin et M.-L. Perey, ainsi que MM. J.-C. Calpini et F. Gaillard qui ont alimenté activement les débats tant par arguments que par contre-arguments : cette dynamique nous a permis de tester en continu nos idées tant sur le fonds que dans la forme. La pluralité des regards est un premier niveau de sécurité par rapport aux enjeux idéologiques parfois contradictoires qui parcourent le champ de l'éducation en général, de l'éducation scolaire en particulier.

Merci aux collaborateurs du DIPC qui ont assuré un soutien logistique à la réalisation du présent travail.

Merci enfin « last but not least » à tous les enseignants et aux élèves que j'ai eu l'occasion de rencontrer pendant mes vingt ans de pratique de consultant dans les écoles et institutions tant de l'enseignement ordinaire que spécialisé. Les échanges que j'ai eu l'occasion de conduire avec eux, les pratiques interdisciplinaires qu'ils ont permis de promouvoir, le partage à plusieurs des problèmes rencontrés tant par les enfants que leur famille, sont le ciment qui a servi de base à la présente rédaction. Sans eux, sans les pratiques qu'ils nous ont donné l'occasion de créer, les envols et les passions idéalistes auraient pu se réduire en utopies filandreuses : leur présence à mon esprit tout au long de cette rédaction est peut-être le meilleur garant de la pertinence de ces propos et de leur faisabilité.

Dr Léo BARBLAN

Table des matières

Préambule

Depuis de nombreuses années, tant dans le domaine de la pédagogie que de la sociologie et de la recherche, le problème de la nature du processus de scolarisation et de son rapport avec l'état actuel de nos cultures européennes a été posé. Les recherches faites dans le domaine du développement de l'enfant ont beaucoup progressé et se sont intéressées à des populations de plus en plus jeunes. Le corps de connaissance à disposition actuellement nous permet de voir et de comprendre l'enfant dans une perspective différente de celle qui a présidé à la conception de la petite enfance jusqu'au début de ce siècle. En particulier, l'acceptation des modèles constructivistes de développement semble maintenant générale. L'idée d'un enfant acteur de son développement et organisateur de ses acquisitions et apprentissages est mieux comprise, que ce soit dans le domaine de l'éducation ou de l'éducation scolaire.

Par ailleurs, le recul qu'ont les chercheurs et les praticiens de l'éducation par rapport aux théories constructivistes* du développement est assez grand pour permettre des tentatives de comparaisons et de mises en lien entre les différents modèles de développement. Tant le modèle psychanalytique que le modèle piagétien, les perspectives de la théorie de Wallon que les propositions d'Ajuriaguerra, ont donné lieu à des transpositions pratiques et des élaborations théoriques complémentaires.

L'étude d'enfants très jeunes, dès la naissance parfois, n'est certainement pas étrangère aux rapprochements entre les modèles de penser et de comprendre des adultes, entre les conceptions socioéducatives et psychopédagogiques telles qu'on les voit s'élaborer et se développer aujourd'hui.

Ces développements nous permettent de construire une image supposée de l'enfant dès son plus jeune âge, image d'un intérêt primordial pour toute réflexion sur l'éducation de base. Il faut noter d'ailleurs l'intérêt grandissant que les conférences mondiales sur l'éducation portent à celle-ci. Ce mouvement peut sans doute être mis en parallèle avec le développement de l'épidémiologie* de la santé telle que définie par l'OMS, qui rappelle que toute procédure de formation à la santé et à l'hygiène porte d'autant mieux ses fruits qu'elle est initiée à la base, au niveau de la population directement concernée (modèle ascendant), alors que les modèles « top-down » le plus souvent sont voués à l'échec. Pour réussir dans une volonté d'éducation de masse, mieux vaut s'adresser au dynamisme des utilisateurs directs avec l'accord bienveillant des pouvoirs sociopolitiques supérieurs...

Cette même vection conceptuelle peut s'appliquer à la coopération en matière de développement. Il est intéressant de rappeler que, pour y établir une coopération productive, certains historiens ont étudié l'état de fonctionnement de l'économie et de l'industrie artisanale de pays dits « en voie de développement ». Partant du type d'outillage utilisé, par exemple pour labourer la terre, ils ont fait la comparaison entre le type d'outil utilisé et le moment de l'utilisation d'un outillage équivalent en Europe. Ils ont alors proposé aux travailleurs agricoles des pays concernés l'outil qui, en Europe, avait été utilisé à la suite de l'outil dont ils usent actuellement. Ils ont constaté que l'apprentissage de l'utilisation du « nouvel outil » était très rapide et que, plus intéressant encore, les agriculteurs concernés développaient spontanément des techniques accélérées de production d'outils nouveaux qui correspondaient aux outils développés dans l'Europe de l'époque pour atteindre de manière culturellement intégrée le niveau de nos technologies actuelles.

Le fait de proposer à ces personnes des projets proches de leurs compétences mais suffisamment différents de leurs pratiques actuelles motive une procédure rapide d'apprentissage intégré d'une part, d'autoformation d'autre part.

Un tel exemple nous paraît essentiel à la compréhension de la mission de l'école élémentaire, structure institutionnelle qui se greffe à la suite d'années de travail intense d'interactions que l'enfant développe sur le plan « relationnel », que ces relations portent sur des échanges avec les humains (les relations d'objet de la psychanalyse) ou avec des objets (l'objet dans le constructivisme). L'enfant de trois ou quatre ans est déjà savant de beaucoup de choses. La mission de l'école n'est-elle pas de se situer face aux savoirs de l'enfant pour les promouvoir d'une part, et pour aider à leur différenciation progressive d'autre part ? L'utilisation d'une pédagogie « homéopathique » dans le dosage de ses propositions didactiques et méthodologiques propres n'est-il pas le meilleur moyen pour garantir que l'enfant puisse vivre l'école comme un lieu de vie ? Dans une telle perspective, l'école s'inscrit en continuité relative des savoirs de l'enfant, tout en favorisant leur enrichissement et leur différenciation.

Une telle perspective a une incidence majeure sur l'identification des besoins supposés des enfants et, par là même, sur les types de propositions pédagogiques qu'on peut envisager de faire à l'enfant. Elle va de pair avec une méthodologie pédagogique qui met en avant les capacités de recherche et d'organisation active de l'enfant. Elle fait de l'éducateur-enseignant autant un animateur qu'un maître.

C'est pourquoi, dans le présent travail, nous avons fait appel à l'interdisciplinarité* pour garantir la multipolarité des approches. Nous avons réfléchi à l'enfant acteur et architecte de ses savoirs, nous avons pensé à la promotion du rôle d'animation de l'enseignant. Mais ce travail ne serait pas complet si nous ne prenions pas en compte la microsociété familiale de l'enfant dans les acteurs de scolarisation. Pour l'enfant, la famille constitue un lieu de vie de première importance pour le développement de son dynamisme et de sa curiosité de savoir (la fonction dite «épistémophilique»*).

Partant de cette prise en compte sociofamiliale, il nous a semblé intéressant de proposer au lecteur une description des savoirs et savoir-faire des enfants dans la période de la naissance à l'entrée en «enfantine» *(Chapitre I)*. En effet, ce mode de faire nous semble garantir qu'on parte de ce que l'enfant sait et peut assumer comme actes de formation et d'autoformation, dans la continuité de sa dynamique familiale et personnelle.

Depuis trop longtemps, on a défini les programmes scolaires sur la base des besoins de formation du doctorant universitaire pour découper ensuite «le pain du savoir» en tranches plus ou moins régulières: ce découpage *a priori* a permis de définir le programme du secondaire supérieur, du secondaire inférieur, du primaire et, enfin, les objectifs de l'enseignement élémentaire. Or, si bien construit et prudemment découpé soit ce «pain», il l'est généralement dans une perspective *rétro*-active*, alors que les intentions de toute mesure d'éducation et de formation sont de nature *pro*-active*. Il y a donc là un paradoxe entre l'axe de découpage des savoirs et les intentions institutionnelles de la pédagogie. Dans notre réflexion, nous partirons donc des acquis de la petite enfance pour construire les intentions de formation de l'école élémentaire.

Pour garantir un balayage de l'ensemble des problèmes que peut poser une pareille intention, nous avons décidé de traiter des ***besoins (supposés) individuels et sociaux de l'enfant***, dans leurs résonances sociales et sociofamiliales, au niveau de la collaboration et des échanges interactifs entre les divers intervenants et intéressés, au niveau d'une conception de l'école élémentaire comme lieu de vie et enfin au niveau des acquisitions, des apprentissages et de leur évaluation *(Chapitre II)*.

Suite à ces deux chapitres centrés sur l'enfant, nous ferons l'analyse des propositions faites dans leurs implications, d'une part sur la définition du cadre institutionnel et ses règlements *(Chapitre III)*, d'autre part sur la conception de la formation des maîtres telle qu'il faudrait l'envisager pour répondre aux intentions choisies *(Chapitre IV)*.

Ce travail est le fruit d'une réflexion en cours, il ne peut que constituer un « état de la question ». Tant sur le plan de ses références que de ses contenus, il n'a pas la prétention à l'exhaustivité.

Par contre, il constitue un outil que nous pensons utile pour la promotion d'une réflexion sur l'école, sur la fonction d'apprenant et celle d'enseignant, en respectant une idéologie forte quant à la conception de l'enfant et de son rôle dans tout processus de formation. C'est dans ce sens qu'il peut permettre et promouvoir toute une série de réflexions méthodo-**logiques** qui devraient avoir pour but et pour effet un bien-être et un mieux-être des différents acteurs sociaux du processus de scolarisation au bénéfice de la santé physique et mentale de tous.

✦✦✦

Nous distinguerons dans ce chapitre *huit sections différentes* qui sont consacrées à la définition des besoins supposés des enfants en période de scolarisation initiale, la dernière portant sur la question « quelle école enfantine pour répondre aux besoins ? ». Dans ces sections, nous ne ferons que poser les problèmes de manière générale. Ils seront repris ensuite dans les chapitres constitutifs du présent document.

Une certaine redondance de l'information sera inévitable mais, espérons-le, profitable au lecteur.

1. Définition des besoins

La question fondamentale dans une perspective d'éducation et de formation est bien de déterminer qui est le mieux placé pour définir des ***besoins***: s'agit-il de l'utilisateur potentiel des procédures de formation ou du formateur responsable ? Selon le choix fait, on motive d'emblée un type de conception formative. Dans le *deuxième cas* de figure, la formation sera prioritairement directive et propositionnelle*/dispositionnelle*. Dans le *premier cas* de figure, la formation sera prioritairement interactive, pour autant que chaque intervenant ait à la fois un rôle de formateur et d'apprenant. Ce modèle correspond au concept de formation qu'on cherche à promouvoir dans les processus de formation d'adultes. Dans un tel système, on accorde à chacun une compétence autoformative et formative, que ce soit l'étudiant ou le formateur.

La conception d'un enfant acteur de sa formation et de sa scolarisation autorise à penser que l'enfant peut être le conducteur du processus de formation, non pas en totalité, l'éducation étant toujours normalisation, mais en continu au cours de sa formation. En termes de typologie d'élève, il est souhaitable que l'enfant-élève soit **co-dirigeant** du processus de formation plutôt que marginal ou suiveur [1].

Cette idée n'est pas nouvelle : les enseignants savent combien il est plus agréable de travailler avec un groupe d'enfants actifs que d'avoir l'impression de traîner des élèves-boulets auxquels on donne toute son énergie. Avec des élèves actifs, le passage constant du rôle d'apprenant au rôle d'enseignant est le fait tant de l'adulte que des enfants, ce qui motive un échange et un partage d'énergie dynamique et formative.

Si l'adulte a le privilège de connaître le type d'exigence de formation sur toute la durée du cursus de scolarisation (que lui-même a suivi), s'il doit parfois dire et préciser les attentes institutionnelles de l'école en matière d'éducation et de formation, il n'a pas pour autant l'obligation d'être le *deus ex machina* initiateur de tous les contenus et de l'ensemble des moyens d'accès au savoir. Cette charge inhumaine est beaucoup plus facile à porter lorsque l'enfant joue son rôle de définisseur des besoins et de participant actif à la formation.

Savoir et connaître les acquis des enfants, savoir les observer et trouver un mode positif d'interaction avec eux, permet à l'enseignant-animateur de gérer et assurer son rôle dans une perspective interactive et dynamique, sans effet majeur de surcharge.

C'est pourquoi au chapitre I du présent travail, une description des savoirs et acquis des enfants de la naissance à quatre ans sera proposée : elle permettra au lecteur des découvertes peut-être, une transformation de l'image de l'enfant, sujet et acteur de son développement, sûrement. Mieux encore, elle devrait permettre à l'enseignant de libérer ses aptitudes créatrices en matière de propositions pédagogiques pour s'adapter de manière dynamique à la diversité des enfants avec lesquels il collabore.

Pour faire de l'espace de scolarisation initiale des enfants un lieu de vie signifiant, mieux vaut éviter une définition adultocentrée* des besoins. Notre compréhension des besoins d'autrui trouve trop souvent ses causes dans les exigences d'un modèle de formation centré sur des besoins d'adultes transposés en besoins d'enfants. Par ailleurs, les exigences sociologiques et institutionnelles d'une école classiquement centrée sur la sélection des élèves orientent la pédagogie vers une pédagogie de compétition et d'appropriation*. Or, ces valeurs correspondent rarement à des valeurs humanistes productives, mais bien plutôt au maintien d'une économie de travail centrée prioritairement sur le rendement et la performance.

Pourtant, il n'y a aucune raison *a priori* d'inféoder les processus d'éducation et de formation aux principes de l'économie. L'être humain n'est pas là pour se soumettre aux ordinateurs, mais pour soumettre les ordinateurs à ses volontés de recherche et de connaissance. L'économie est là pour être tant au service de l'Homme que de la société actuelle, sans pour autant tomber dans le travers d'une exploitation sans bornes de notre environnement.

Dans ce sens, partir des savoirs des enfants pour construire leur scolarisation initiale est un moyen de construire une hygiène du rapport au savoir et aux apprentissages, une promotion de la **co**-naissance qui, ultérieurement en scolarité supérieure ou dans les milieux du travail, permettra au sujet de ne pas confondre exigences institutionnelles avec dynamique de travail, de formation et d'éducation.

Il est important que l'enfant résiste positivement à la frustration. Tout processus de développement ou d'apprentissage va de pair avec un seuil de frustration. Mais celui-ci n'a de sens que s'il sert de levier pour le changement et la promotion du savoir. Un appui dynamique de l'action éducative sur les savoirs propres que l'enfant a construits est une des meilleures stratégies possibles de prévention de l'échec et de stimulation pour la réussite de tous. [2]

Il s'agit, à partir des besoins supposés de l'enfant, de centrer la réflexion sur des processus dynamiques de formation qui conduisent à la connaissance (co-naissance) et non pas sur l'addition d'instantanés photographiques sous forme de savoirs figés. «Tout système stable est un système mort» disait PIAGET[3]. Un processus de formation devrait donc se caractériser par sa mouvance dynamique, par la promotion d'une interactivité fonctionnelle entre les actes de formation de l'enfant et les propositions adultes d'animation.

C'est dans cette perspective également que les principes de l'apprentissage tels que définis par INHELDER[4] pourront être respectés, puisqu'on saura mieux où l'enfant se situe dans ses acquis. C'est ainsi que le pédagogue peut promouvoir en continu l'élève, car ses propositions sont alors à juste distance du savoir de l'enfant qui peut faire le parcours qui l'amène au but, sans trop d'effort ni de fatigue, avec un apport équilibré d'énergie personnelle par rapport à la proposition de l'adulte. Les programmes se définissent donc doublement: sur la base des pouvoirs et des savoirs des enfants d'une part, sur la base des attentes pédagogiques usuelles dans leur modulation fonctionnelle en fonction des premiers d'autre part. Le temps est un opérateur de formation important: les découpages actuels du temps en classe répondent rarement aux impératifs du temps de l'enfant (MONTAGNER[5]). Une perspective d'école active (FREINET, MONTESSORI ou STEINER[6]) va de pair avec une autre négociation du temps de l'enfant. Tout acteur a besoin d'un temps pour maîtriser son rôle et en faire l'expérience «pour voir». L'enfant acteur de sa scolarisation a les mêmes besoins. Ce qu'il a pu agir dans son temps a généralement une pertinence qui libère de l'énergie pour la continuation de son processus de formation dans un temps individuel et collectif. Qui plus est, il a pu identifier son pouvoir d'action sur les objets du savoir (qu'ils soient socio-relationnels, affectivo-relationnels ou cognitivo-relationnels), ce qui renforce et son image de soi (narcissisme structurant positif et estime de soi) et son rapport au monde extérieur (socialisation et mutualité des rôles).

Dans une telle perspective, le processus de formation est auto-entretenu par le sujet, il permet une promotion continue de l'enfant-élève et une évaluation partagée qui, elle aussi, joue son rôle formateur puisqu'elle aide l'enfant à mieux identifier les attentes de l'institution scolaire par rapport à ses compétences propres.

Partir des savoirs et acquis de l'enfant pour organiser la scolarisation initiale, c'est éviter, en partie en tout cas, un hiatus entre les acquis familiaux et les initiations scolaires. Le processus d'acculturation* propre à toute formation est donc moins lié à un effet de contraste, qui conduirait l'enfant à se poser des questions en termes de droit de parole, de droit d'action et de jeux d'alliances, au lieu de le vivre dans une perspective formative et participative simple.

Trop de contraste conduit au paradoxe, et l'enfant devient alors prioritairement ambivalent, car il se met à douter de ses savoirs et pouvoirs comme de ceux d'autrui. Ce qu'il fait ne peut plus répondre à son besoin de continuité relative entre les savoirs qu'il a construits, ceux qui sont liés à sa famille et ceux de l'école.

Les enseignants connaissent bien ce problème d'acculturation dans des situations telles que celles d'enfants de migrants, de réfugiés, lors du passage de l'enfant d'outre-Sarine en pays romand, voire même lors d'un passage d'un canton romand à un autre.

Un processus d'acculturation est acceptable (et nécessaire pour tous) mais si et seulement si l'enfant peut préserver une part de lui-même comme pont entre ses lieux de vie, entre ses conditions d'existence antérieures et son existence actuelle. Par ailleurs, on peut considérer que la multiplicité des enfants en termes de races, de cultures, de langues, d'habitudes sociales, constitue autant de moyens de repérage des besoins des enfants, autant de moyens de pratiquer une interculturalité active et formative en classe. Ce sont là des moyens pertinents pour promouvoir l'enfant dans son (nouveau) rôle d'élève, dans le respect de lui-même et la mutualité de la formation.

Un élément important reste encore à évoquer : si l'enfant est acteur de sa formation, s'il est à la source de notre identification de ses besoins, il joue un rôle tant d'apprenant que de formateur, pour les autres enfants comme souvent pour l'adulte. La classe devient alors un lieu où tout le monde est en situation d'apprenant. L'enseignant adulte est (enfin ?) libéré du carcan du « devoir tout savoir », de l'encyclopédisme à tous crins. Lui aussi, il a le droit d'apprendre en classe. Non seulement le droit, mais encore le devoir d'apprendre de ses élèves. Il permet ainsi à l'enfant de voir un adulte en prise avec les conflits de l'apprendre, le jeu des essais et erreurs nécessaires à la résolution de problème. Le « maître » est simultanément aussi élève.

Cet aspect nous paraît essentiel, surtout en un temps où la multiplicité des enfants en termes de cultures, d'habitudes, de langues, de comportements sociaux, met l'enseignant face à un dilemme : tout savoir pour aider chacun, ou faire appel à la collectivité des enfants pour qu'elle agisse de manière solidaire et mutuelle le processus de formation en cours au bénéfice de tous.

Le fait que les enfants comme les adultes jouent leur rôle formateur, fait de l'école un lieu de vie où les processus d'identification réciproques deviennent naturels et naturellement formateurs.

Autant de chances pour chacun d'être animateur-formateur, leader temporaire face à une tâche, mais prêt au partage de ce rôle « puisque personne ne sait tout ». Bénéfice à la fois social, personnel et collectif.

✦✦✦

2. L'enfant intégrateur sujet ou objet de sa scolarité

Un enfant tout-venant, ayant une famille jouant adéquatement son rôle, est très tôt acteur de son développement : dans son corps et ses postures, dans sa sélectivité sensorielle, dans sa gestualité et sa voix, il fait preuve de capacités d'organisation. Face au manque, aux frustrations nécessaires[7] de l'existence, il structure un système relationnel, tant face aux humains qu'aux objets, tant sur le plan de ses affects que de sa cognition*. La structuration progressive de son intelligence affective et cognitive met bien en évidence combien l'enfant tout petit est un système ouvert qui cherche activement et construit des moyens de fermeture relative de ce système (trop) ouvert pour mieux se définir, se protéger et s'individualiser.

Dans cette mesure, l'enfant est un être d'expérience. Lorsqu'à trois ou quatre ans il arrive dans un lieu, espace de formation, d'éducation et de scolarisation, il a dans son bagage relationnel, social, affectif et cognitif, bien des stratégies fonctionnelles et des modes de traitement du « réel » (le monde extérieur comme le monde interne) qui lui sont propres. Dans ce sens, c'est bien un enfant acteur. Ses moyens d'action en font un enfant intégrateur des propositions du monde extérieur, qu'elles soient de nature sociale, affective ou cognitive. Si les propositions de scolarisation lui sont faites dans la continuité relative de ses savoirs, l'enfant-élève va développer et préserver son rôle intégrateur. Il va rester sujet-acteur de sa scolarité.

Toute éducation est normative. Dans ce sens, toute éducation amène l'enfant à dépasser et différencier ses modes de faire pour répondre non seulement à son besoin interne de changement, à sa faim de stimulation et de connaissance, mais encore aux particularités des exigences institutionnelles sur le plan cognitif, affectif et social. Pour favoriser ce rôle d'enfant intégrateur, il s'agit d'assurer « la continuité dans le changement et le changement dans la continuité ».

L'étude de la population des élèves peut permettre d'en faire une typologie, avec toutes les réserves dues aux typologies qui parfois confinent aux stéréotypes. Cette typologie [1] distingue les enfants qui agissent leur scolarité en tant que **co-dirigeants, suiveurs ou marginaux.** Il est clair que ces rôles peuvent changer selon les activités, et selon leur degré de maîtrise par l'enfant. Tout élève « suffisamment bon » [8] passe des moments de sa scolarisation à titre de co-dirigeant (idéalement souvent), de suiveur (idéalement moins souvent) ou de marginal (idéalement pas trop souvent). C'est le propre de la dimension formative de l'espace de scolarisation de favoriser par ses multiplicités la variance de ces rôles.

Un enfant qui ne peut être que *co-dirigeant* peut devenir une « mouche du coche », qui s'occupe de tout et de tous jusqu'à en être cordialement détesté par tous. Un enfant qui n'est que *suiveur* passe pour un mou, un passif. Il est de ceux qu'on peut manipuler pour le faire agir (et parfois punir) à sa place. Il constitue un poids pédagogique parce qu'il n'a ni le sens de l'initiative ni celui de la dialectique. Un enfant constamment *marginal* est un enfant qui s'épuise à vouloir tout faire à sa manière et à sa manière seulement, quel que soit le coût de l'opération: il ne peut pas profiter de la dimension mutuelle et solidaire de la formation.

C'est la mobilité de ces rôles selon le degré de connaissance ou de méconnaissance d'un objet de savoir qui assure le dynamisme de la fonction, la mobilité relationnelle (au sens premier de la *mise en lien*) tant sociale qu'affective et cognitive chez l'élève « suffisamment bon ».

Une tâche que l'enfant-élève trouve digne d'intérêt et de curiosité va susciter la mise en acte de tous ses moyens d'investissement du travail. Le travail, seul ou en petit groupe, est alors l'occasion d'une confrontation active et positive du sujet à l'objet. En petit groupe, il peut donner l'occasion d'un « dire » des stratégies choisies, des modes de traitement préférés. Ce « dire » est une occasion de structuration complémentaire à la réalisation de la tâche elle-même, la mise en mots constituant une trace complémentaire aux actes.[9]

Plus on propose à l'enfant de situations d'expérience diversifiées, plus il a d'occasions d'enrichir son système de traitement de données. Plus l'enfant agit, plus il enrichit l'observation de ses partenaires, enfants et adulte(s). Le jeu des identifications se structure d'autant mieux par le biais de ce travail du sujet, intégrateur de sa scolarité.

Les situations (pédagogiques) d'expérience qu'on peut proposer à l'enfant sont l'occasion de promouvoir ses capacités d'observation, d'organisation, de classement et de sériation du matériel complexe proposé. Les enfants peuvent prendre acte de la dimension subjective de toute procédure de classement, ce qui permet l'accès à la multicentration de points de vue, enrichissant par là même leur complémentarité fonctionnelle. Elle constitue un creuset de la solidarité, de la mutualité et de la complémentarité des procédures de formation et d'autoformation.

Dans cette perspective, et ceci tout au long du cursus de scolarisation, il est important de partir aussi souvent que possible des propositions des enfants dont la nature est généralement plus proximale à leurs intérêts et à leurs «pouvoirs» que les propositions de l'adulte qui peuvent se trouver déconnectées ou discordantes par rapport aux savoirs des enfants. Un tel mode de faire promeut la capacité chez l'enfant-élève de re-connaître ses savoirs, comme de les différencier ou d'accéder à de nouveaux domaines de connaissance par leur mise en proximité avec des savoirs acquis. Une telle procédure permet à l'élève le passage des «savoirs» à la «co-naissance» personnelle et partagée.

Sur un plan psychosociologique, ce mode de faire peut être mis en acte par le biais des *conseils de classe*, dans les petits degrés déjà. Les enfants ont ainsi à disposition un moyen de dire ce qu'ils aiment, ce qu'ils n'aiment pas ou aiment moins, ce qu'ils souhaiteraient aussi. La discussion collective de ces «dires» peut permettre les échanges, les dialogues, les prises de position, les prises de décision (avec l'acceptation de leur nécessaire arbitraire) et la négociation de l'arbitraire. Ces moyens de recherche active de compromis structurant favorisent le développement de la solidarité et de la mutualité dans le processus de formation.

L'expérience de l'école de La Neuville [10], avec ses assemblées générales hebdomadaires et son cahier de râlage est un bon témoin de la fonction dynamique de la discussion entre enfants de tous âges, entre enfants et adultes aussi, pour promouvoir un équilibre sociorelationnel et affectif du groupe institutionnel.

C'est une autre manière de « rendre à César ce qui est à César » que de restituer aux enfants une pratique dialogique de leur dynamique groupale par le biais d'assemblées avec prise de parole et travail d'écoute, par un droit à la parole pour dire son désir ou ses peurs. Un tel mode de faire permet également de rendre visibles les règles de fonctionnement institutionnel qui, souvent, restent à un niveau implicite. Dans ce cas, seuls les élèves capables « d'excellence scolaire » [11] parviennent à inférer correctement les différentes règles morales de l'institution.

A cet égard, les possibilités de décloisonnement, d'actions à plusieurs classes, de toutes les classes parallèles d'un degré, de plusieurs classes de degrés différents, sont autant d'occasions pour l'enfant-élève de tester et prouver ses capacités d'intégration et d'adaptation.

S'il a en lui la sécurité de sa stabilité familiale, la sécurité de son groupe-classe (plus ou moins hétérogène ou homogène en âges et compétences), le décloisonnement du groupe n'est pour lui que l'occasion d'étendre le champ d'application de ses compétences.

Pour les adultes, au-delà de leur propre capacité d'adaptation et de collaboration, c'est aussi l'occasion de cerner les possibilités d'adaptation et de mobilité de leurs élèves, qui constituent autant d'indices de leur solidité et de leur dynamisme. Plus les propositions de l'espace de formation scolaire seront en rapport avec les pouvoirs et savoirs des enfants, en particulier dans les premiers degrés de la division élémentaire, plus l'étayage spontané des possibilités d'adaptation des enfants sur le moment et dans l'avenir seront puissantes et rassurantes, tant pour l'individu en formation (l'enfant-élève en priorité) que pour le pédagogue.

✦✦✦

3. Acquisitions et apprentissages

L'enfant en développement s'ouvre au savoir par le biais de deux processus complémentaires bien que de direction contradictoire : il s'agit d'une part des processus d'assimilation qui vont de pair avec un mouvement interne au sujet, mouvement d'appropriation active de l'expérience, celle-ci étant confrontée aux acquis antérieurs et aux structures de savoirs que l'élaboration de ces expériences a permises. Le deuxième processus est agi par le sujet en fonction des pressions extérieures et de la résistance de l'objet, que celui-ci soit relationnel, affectif ou cognitif. Comment s'accommoder aux particularités du monde extérieur ? Les concepts d'*assimilation** et d'*accommodation** retenus par la psychologie constructiviste servent de base à la compréhension des processus d'acquisition cognitifs et relationnels chez l'être humain.

Ces mêmes mouvements, sous une dénomination différente, sont à l'œuvre dans les modèles de la métapsychologie* psychanalytique : il s'agit de l'*introjection** (incorporer à son profit une valeur caractéristique d'autrui) et de la *projection** (attribuer à autrui des sentiments qui nous sont propres), qui servent d'organisateurs de la personnalité et de l'activité du sujet.

L'un et l'autre de ces couples d'invariants fonctionnels du développement ont leur origine dans les instincts originels du bébé et, dès la séparation post-partum, ils entrent en fonction à titre de *protoorganisateur** de la personnalité [12]. Ils vont servir d'armature de base à la construction des relations d'objet, que celles-ci soient centrées sur l'affectivité ou la cognition. Ce sont par essence des processus **relationnels** puisqu'ils allient deux directions inverses d'une part, qu'ils motivent des facteurs d'adaptation de l'enfant tant à son monde interne qu'au monde extérieur d'autre part. D'après Tobie NATHAN [13], l'enfant à la naissance aurait pour centre d'intérêt prioritaire la dimension cognitive de l'observation de son nouvel environnement : après avoir vécu et expérimenté la matrice maternelle, après avoir fait son passage initiatique de la vie intra-utérine à la vie extra-utérine, toute son attention serait centrée sur l'observation et l'analyse du « nouveau monde » et des relations cognitives et motrices que celui-ci permet. Ce n'est que progressivement, et du fait en particulier des interactions que développent les parents avec lui, que le bébé porterait une attention plus soutenue à la dimension relationnelle affective. Selon leur impact et leur poids, ces liens affectifs peuvent conduire le bébé à rééquilibrer, voire renoncer à la primauté du cognitivo-relationnel au profit de l'affectivo-relationnel.

Dans de telles situations, il peut y avoir un processus de débilisation progressive sur le plan cognitif, l'affectif faisant appel à toute l'énergie adaptative du bébé. Dans les situations les plus toxiques, l'enfant peut s'organiser dans le sens d'un retrait psychotique qui rend impossible tant les relations cognitives qu'affectives.

Les mécanismes d'assimilation et d'accommodation sont à la base de tout processus d'apprentissage *naturel* de l'enfant (ce que nous dénommerons **acquisitions**) et, ultérieurement, les divers apprentissages *scolaires et dirigés* (que nous nommerons **apprentissages**). Les acquisitions de l'enfant sont des processus adaptatifs qui se déroulent dès avant la naissance, pendant la période antécédant la scolarisation ainsi qu'au cours de celle-ci pour se poursuivre pendant toute la durée de la vie. Les apprentissages de l'enfant seront plus particulièrement le fait de la période dite de scolarité obligatoire, mais ces apprentissages ne constituent qu'une forme particulière, une modalité spécifique de réalisation des acquisitions. Les acquisitions du sujet sont affaire de vie alors que ses apprentissages sont affaire de scolarisation, celle-ci étant plus ou moins longue selon les sujets.

Les apprentissages, lorsqu'ils partent de propositions adultes nouvelles, incitent l'enfant à renforcer dans un premier temps le pôle accommodation/introjection de son fonctionnement mental. Dès que l'enfant constitue un cadre fonctionnel de référence à cette activité nouvelle, par comparaison à des activités antérieures, à leur sens et à leurs spécificités, les processus assimilatoires permettent une équilibration des processus en jeu qui contrebalance l'effet des modalités accommodatives et permet la différenciation du cadre de référence propre au sujet. Dans cette perspective, le sujet équilibre ces données sans déformation ou conformation majeure à son monde interne alors que, s'il fait appel à la projection et à l'assimilation de manière trop massive, il peut créer un équilibre qui lui sera propre, mais qui sera déformant du monde extérieur, comme dans le rêve, le jeu symbolique ou le jeu de fiction.

C'est pourquoi, pendant la période de scolarisation initiale de l'enfant, il est important de partir des savoirs acquis qui servent de terrain de base au fonctionnement de l'assimilation/accommodation et de l'introjection/projection, de manière à ce que les propositions pédagogiques faites rencontrent «naturellement» l'état d'organisation des conduites de connaissance du sujet et favorisent une intégration active des objets nouveaux de savoirs.

Acquisitions et apprentissages sont donc à voir comme un processus longitudinal *continu*, les propositions de scolarisation allant de pair avec un processus de réorganisation *continue* du sujet que l'adulte identifie en termes d'apprentissage. Dans ce sens, leur évaluation doit être *continue* elle aussi et aller de pair avec une promotion *continue* de l'élève, celui-ci pouvant par là même identifier ses forces et ses capacités d'adaptation aux demandes spécifiques de l'école en matière d'apprentissages.

Il s'agit donc de trouver une forme d'évaluation qui permette une participation active de l'enfant au processus évaluatif et qui puisse servir de miroir à son évolution du point de vue de la scolarisation. Il est en effet impératif, les apprentissages n'étant qu'une sous-classe des acquisitions, que l'enfant ne confonde pas son évaluation d'élève avec son existence d'enfant. L'évaluation scolaire porte en priorité sur son FAIRE, alors que l'appréciation qu'il porte sur lui-même porte sur son FAIRE **et** son ÊTRE. L'enfant qui a un zéro ne devrait jamais dire « je **suis** nul ».

Le but de l'école élémentaire sera donc de proposer aux élèves des activités d'apprentissage compatibles et promotionnelles des acquisitions de l'enfant, ce qui en assurera la pertinence et, pour l'enfant, traduira concrètement la dimension de continuité dans le changement que représente sa scolarisation.

Une autre différence peut être définie, qui renforce le pourquoi de cette différenciation entre acquisition et apprentissage : dans les processus de formation, on distingue la *formation informelle*, qui va de pair avec tout ce qu'on apprend sans le savoir (p. ex., le « Bourgeois Gentilhomme et la prose »), la *formation* ***non*** *formelle* qui n'a pas de structure déterminée en termes de propositions de formation et la *formation* ***formelle***, correspondant aux formations traditionnelles. On pourrait donc considérer que tous les *apprentissages* relèvent plus de la dimension formelle d'une formation, avec ses règles et ses comportements institutionnels, son poids social et normatif, alors que les *acquisitions* du sujet réfèrent plutôt à la formation non formelle. Enfin, tout ce que nous acquérons sans identification particulière de la tâche et des moyens en jeu relèverait de la formation informelle. A cet égard, il est important de rappeler le rôle du préconscient* [14] dans les processus d'acquisition. Cette structure psychique est continuellement réceptive au « bombardement » de stimuli qui fait la vie d'un humain, mais ne dépend pas des volontés structuralistes du Moi conscient, ni de la soumission de l'objet au désir selon les habitudes de l'inconscient. Dans cette perspective on peut rapprocher la formation informelle de la fonction dynamique du préconscient dans le développement de la personne. L'école est certainement un lieu de formation tant formelle qu'informelle. La dynamique des échanges entre enfants, les récréations, sont pour l'adulte autant d'espaces d'observation et, pour les enfants, de formation non formelle.

Selon le degré d'importance du rôle de l'enfant comme intégrateur/organisateur de ses savoirs, anciens et nouveaux, on peut se poser la question de la nature formelle de tout processus d'acquisition : en effet, l'enfant n'étant pas une « table rase » sur laquelle le Magister place les nourritures du savoir, il procède bien « avec une structure déterminée » de travail. Si on admet ce postulat, alors toute formation de l'enfant, par l'enfant ou par l'adulte, est formelle car elle réfère à l'état de structuration de l'apprenant. Si, par contre, on attribue le terme de structure aux infrastructures institutionnelles (règles morales, programmes, discipline), alors on peut différencier chez l'enfant ce qui relève d'une formation informelle, non formelle et formelle.

Partant du fait que l'enfant **est acteur** de sa formation, et que celle-ci va de pair avec des invariants fonctionnels tels que l'assimilation et l'accommodation sur le plan cognitivo-relationnel, la projection et l'introjection sur le plan affectivo-relationnel, ces concepts rapportant aux structures mentales internes du sujet, on peut considérer que ses actes de formation, du point de vue de l'apprenant, relèvent plus souvent d'une perspective formelle de formation que des dimensions informelles et non formelles de la dynamique d'acquisition et d'apprentissage.

✦✦✦

4. Apprentissages et actions

Il est clair que toute acquisition de savoir faite par l'enfant relève de ses actions, structurantes de la réalité, et de la pensée du sujet. C'est par le biais des schèmes d'action, eux-mêmes issus des arcs réflexes de l'enfant, que l'intelligence se structure et se développe. Par le jeu de l'assimilation et de l'accommodation débouchant sur l'adaptation, par le fait que le système de pensée du sujet n'est jamais en état d'équilibre (soit sans besoins nouveaux et inféodé au principe de fusion propre au principe de plaisir) mais que la faim de stimuli[15] de l'enfant le taraude, l'action est une constante du processus développemental.

Ces actions, l'enfant les agit tant dans son corps par le jeu des postures [16], que dans les mouvements de sa voix, sa gestique, sa mimique. Lorsque l'enfant accède à la fonction symbolique sur le plan affectif (permanence de l'objet relationnel, stade du miroir pour la permanence de soi) et cognitif (permanence de l'objet), l'action pourra s'intérioriser par le biais des symboles. Comme l'imitation suit le cours de l'imitation directe (en présence du modèle), puis différée (en l'absence du modèle), puis enfin de l'imitation intériorisée, les actions par le biais de la symbolisation et de la fonction de **re/présent/ation** (on remet quelque chose dans le présent par le biais de l'évocation) pourront se faire par la pensée. La possibilité d'agir est ainsi décuplée par le fait que l'objet, présent ou absent, est disponible en continu à la pensée du sujet. Dès que le langage sera en place, il servira de mémoire complémentaire et de mode de classement des actions, renforçant d'autant la capacité d'évocation du sujet.

Tout au long de son développement, et très précocement déjà, l'enfant est donc un expérimentateur, par l'action/réaction, puis par la pensée. Il fait appel à son environnement pour gérer ses expériences « pour voir », que ce soit au niveau du monde physique des objets, au niveau des objets relationnels ou des expériences qui l'amènent à réfléchir et construire ses actions. Ces structurations de l'expérience en termes « prélogique », « préphysique » et « présymbolique » préfigurent l'organisation de ces domaines d'action et de pensée ultérieurs. L'enfant constitue donc lui-même ses « prérequis » à la scolarisation dans la plupart des domaines de connaissances.

L'importance de la manipulation n'est plus à prouver, tant dans les domaines logicomathématiques que physiques, langagiers et relationnels. L'importance de l'activité du corps dans une perspective psychomotrice ou psychocinétique* est maintenant bien reconnue. On sait qu'un travail d'harmonisation des moyens d'expression du sujet sur le plan corporel et vocal retentit positivement tant sur son langage (le bègue par exemple) que sur ses capacités sensorielles, perceptives et motrices.

Le fait que ces manipulations et ces gestes sont des gestes vrais [17] et non pas des dressages aux « savoir-FAIRE », qui occultent alors le « savoir », nous ramène bien à l'importance de l'action dans le développement tant des savoirs que des acquisitions et apprentissages.

L'enfant a besoin de construire et tester ses savoirs. Il attend donc que son environnement, les adultes qu'il côtoie, répondent à sa soif de savoir [18] en mettant à sa disposition des situations variées d'expérience qui seront autant d'occasions pour lui d'agir et d'organiser son action.

La méthodo**logie** *Maîtrise du Français* l'avait bien compris qui proposait au pédagogue des centres d'intérêt et des activités-cadre pour que les apprentissages spécifiques trouvent leur place en termes d'ateliers à l'intérieur d'un cadre de référence dynamique et structurant pour l'enfant chercheur.

L'éducation des perceptions a bien compris aussi que dans la période de scolarisation initiale de l'enfant, il s'agit de travailler sur la dynamique complexe des sens, sur leurs relations et leur complémentarité pour ne pas tomber dans un instrumentalisme réducteur.

De même, l'engouement pour la transdisciplinarité qui se fait jour actuellement plaide pour une pédagogie qui favorise les liens entre savoirs et la constitution par l'apprenant de réseaux cognitifs plutôt que la mémorisation de savoirs isolés.

L'enfant qui agit sa formation part d'un tout pour en déterminer progressivement les parties constitutives et leurs relations entre elles. Ce rapport de tout à parties [19] nous rappelle que l'enfant s'organise à partir de constructions globales de savoirs pour en préciser progressivement les contours, pour en cerner les rapports de cause à effet fonctionnels. Dans les techniques projectives du RORSCHACH, lorsqu'un individu s'occupe trop de détails, l'impression psychologique qu'on a est généralement négative : le détail n'a de sens que s'il est rapporté à un tout.

Le savoir peut être comparé à un grand puzzle, l'enfant testant différentes mises en place des pièces qui le constituent. Mais il a en lui un prototype du savoir qui définit un cadre de référence à celui-là, qui fait donc que ce n'est pas dans une perspective aléatoire seulement que le sujet agit ses procédures et stratégies d'action. Il y a bien une organisation du « chaos » qui témoigne de l'intelligence du sujet.

C'est pourquoi le rôle d'un animateur-enseignant est centré sur la mise à disposition de situations complexes d'expérience* à l'enfant, que celles-ci favorisent la connaissance affective, corporelle ou cognitive dans ses dimensions physiques, logicomathématiques ou symboliques. Cette réflexion adulte sur la constitution de situations d'expérience en fonction de ces différents objectifs est payante sur le plan de la formation et de l'éducation, puisqu'elle répond à la faim de stimuli, à la soif de savoir, ceux-ci étant médiatisés par la dimension structurante et interactive de l'action du sujet.

Un tel modèle de développement, une perspective constructiviste de cette nature, a des implications directes sur les propositions d'apprentissages scolaires, quels qu'ils soient. Comment organiser les propositions pédagogiques dans les domaines du mouvement, du langage, du métalangage (la capacité de réfléchir sur la langue), de la connaissance de l'environnement et de la mathématique pour garantir la pertinence des mises en situation d'expérience de l'enfant et répondre adéquatement à ses besoins de stimulation tant sur le plan sociocognitif que sociorelationnel.

La mathématique moderne a permis une réforme de l'enseignement du «calcul et de l'arithmétique» qui s'appuie sur l'importance de la manipulation, de la construction d'actions et la résolution de situations problème par l'enfant pour permettre l'identification de ses modes de traitement des données et de ses procédures fonctionnelles. Les intentions de *Maîtrise du Français* poursuivaient un but comparable dans la plupart des domaines de connaissance de la langue. L'utilisation du corps en psychocinétique* répond aux mêmes attentes et aux mêmes principes d'action pédagogique.

Nous reviendrons de manière plus détaillée à ces données dans la section du chapitre I consacré aux apprentissages et acquisitions.

✦✦✦

5. Hétérogénéité des enfants

Chaque enfant vit sa vie en fonction de son contexte environnemental familial et social: chaque espace de vie est un support de son action. Ces espaces ne sont pas identiques en termes de richesse de stimulation, de continuité relationnelle sur les plans affectifs, sociaux et cognitifs. Mais, de tout temps, la différence a été de règle. Ce n'est pas pour rien que seuls des objectifs minimaux avaient été fixés au moment de l'instauration de l'école obligatoire: lire, écrire, compter. Ce n'est pas pour rien que l'école a longtemps été disciplinaire, autoritaire et attachée à la sanction de la faute pour garantir la sélection des êtres en fonction de leur conformité aux savoirs. Il faut dire à sa décharge que les modèles de savoirs étaient inspirés des modalités de formation pratiquées dans la société aristocratique et surtout bourgeoise, l'une et l'autre ayant pour but d'affirmer leurs prérogatives de supériorité sur les classes ouvrières et paysannes.

Le jeu de la férule magistrale et des sanctions disciplinaires étaient fonction de la jeunesse de cette « démocratisation » de l'enseignement obligatoire. La place d'une morale était prépondérante et devait diriger les actes des nouveaux initiés. Les préoccupations rationalistes et l'avènement de la société industrielle allaient de pair avec des besoins de rentabilité/efficacité. L'émulation à la formation passait naturellement par la compétition et l'appropriation des objets du savoir, parfois jusqu'à un accaparement fait d'envie et d'avidité à posséder ce que « les autres s'étaient gardé pour eux » jusque-là. Mais envie et avidité[20] sont des moteurs **égo**-centriques* de l'action, des justifications à vouloir tout pour soi, à préférer détruire les acquis des autres et les objets à partager plutôt que de n'en avoir qu'une part.

La difficulté de partage du savoir était d'ailleurs autant le problème des savants (qui perdaient ainsi un statut historique de supériorité) que celui des nouveaux apprenants (qui, du point de vue du savant, ne comprenaient « rien » ou, d'un point de vue sociologique, voulaient tout). Un tel modèle ne pouvait en aucun cas promouvoir des effets de solidarité, de mutualité de l'accès aux savoirs, d'interactivité fonctionnelle entre adulte et enfant. Le « Régent » avait son estrade surélevée pour élever les enfants à la noblesse du savoir.

On peut peindre ce contexte en noir[21], mais il faut dire aussi que de grands pédagogues ont existé dans ce contexte qui ont tenté d'infléchir ces processus compétitifs dans une perspective plus humaniste. Claparède, Pfister[22], Freinet, Steiner, Decroly, Cousinet, Korczak ont tenté d'organiser un cadre institutionnel scolaire où l'existence de l'enfant soit prioritaire.

Or, qui dit existence prioritaire de l'enfant dit intégration active des différences, des particularités des enfants, que celles-ci émargent de processus développementaux particuliers, de cultures particulières ou de handicaps ayant un effet limitatif sur le développement de l'enfant.

Par essence, tout individu est unique. Ses règles d'individuation, ses modes de catégorisation du monde interne et extérieur lui sont propres, l'essentiel étant qu'elles assurent sa promotion et son développement. La notion d'harmonie est individuelle, que ce soit au niveau du corps, de la pensée et de la relation interindividuelle.

Il existe donc des différences d'environnement et de stimulation ; à celles-ci s'associent les différences de gestion existentielle et vitale propre à chaque **individu** (ce qui veut dire unique). C'est pourquoi à l'aube de l'école obligatoire, l'enseignement de la morale avait tant de poids : il fallait que chacun ait au moins ça de commun. Mais la morale enseignée prend rarement sens en terme de morale d'action. Elle suscite plutôt la peur de la désobéissance et la culpabilité que la libération et la création. Dans ce sens, à la différence d'une éthique qui a une valeur réflexive personnelle et interpersonnelle par rapport aux actes possibles, au lieu de favoriser le mouvement formateur, la morale tend à l'enliser, l'engluer dans des préceptes réducteurs et immobilisateurs.

Comme le disaient LAE/BONNAFE, « *l'image des parents, l'image des maîtres, celles de ceux qui vivent et disent leur métier de chien, celles qui donnent à voir à l'enfant les conditions de vie et de travail des hommes et le malmenage des besoins humains les plus élémentaires, bloquent l'espoir, le rêve, le désir de devenir adulte. Dès lors, pour l'enfant piégé entre la survalorisation de l'utilitaire et la précarité des perspectives, apprendre, acquérir, préparer son avenir, prennent le sens d'une transgression difficile, aléatoire, non motivée et interdite.* »[23]

Si ce discours s'inspire de l'observation d'élèves et d'enfants en difficulté scolaire, on peut sans peine généraliser ses implications à tout enfant en espace de scolarisation. Ces différences sont celles qu'on qualifie pudiquement de socioculturelle ou d'effets du classement socioprofessionnel. C'est une manière de voir la différence dans son acception sociopsychologique.

Mais les différences, c'est tout autant ce qui relève de la pluralité des langues entre les élèves d'une même classe, incluant la situation particulière des enfants plurilingues. C'est les différences de culture (un Vaudois de la campagne est-il identique à un Vaudois de la ville ?). C'est les différences ethniques, raciales. C'est aussi l'enfant qui « louche », celui qui a un « bec de lièvre », celui qui boite. C'est encore celui qui bégaie, qui zézaie, qui chante faux, qui marche mal.

Face à toute cette diversité, quel comportement de respect choisir en tant qu'adulte pour aider au changement par l'acceptation de la situation actuelle ? Quel soutien à la solidarité entre enfants motiver pour éviter des réactions « raciales » de toutes sortes ? On voit bien que l'école a dans ce domaine une grande responsabilité éducative, directement liée au fait qu'elle accueille et constitue des groupes hétérogènes de sujets : au-delà des savoirs savants, il est de sa responsabilité de transmettre d'autres valeurs que celles que véhiculent les programmes, qui assurent des rapports interindividuels respectueux de tous.

La diversité des enfants peut être le creuset d'une action pédagogique intégrative et passionnante, que ce soit par le jeu des langues, des habitudes sociales, des différences lorsqu'elles deviennent forme d'individualisation relative, support d'une identité individuelle toujours perfectible. Face à ces « différences » ou, plutôt, face à ces êtres individuels, comment promouvoir la complémentarité des particularités tant sur le plan social qu'affectif et cognitif ? Comment initier ou profiter de la dynamique de ces « différences » pour promouvoir celles-ci, ce qui nous permet de promouvoir en retour les valeurs ethno-socio-culturelles propres à notre culture, à notre « mission pédagogique ».

Si l'école élémentaire permet la valorisation active des « différences », si elle les inclut dans sa dynamique d'action formative, elle promeut simultanément l'existence des enfants, leur aptitude à la solidarité et à la mutualité, la reconnaissance du fait qu'aucune culture n'a de droit de préséance sur une autre, que ce soit sur le plan spirituel ou temporel, et que tout est bon à la promotion de la curiosité épistémophilique.

La « mission » sociologique de l'école trouve alors un sens nouveau et dynamique sur le plan intégrateur, elle devient porteuse de la solidarité interindividuelle et interculturelle pour permettre une *hominisation** de l'enfant, normative puisque c'est inévitable, mais pas réductive à l'« effet de clocher ».

Il ne s'agit ni de faire du collectivisme, ni de l'individualisme dans cette perspective de formation, mais bien de promouvoir la mutualité éducative pour que les « différences » ou, mieux, les spécificités individuelles relationnelles, sociales, cognitives et culturelles (intra- et interculturelles) témoignent de leur complémentarité, trouvent leur place et leur sens dans le processus d'acculturation de l'éducation. Alors, ce mouvement sera bien celui d'une approche interactive de la culture (*ad-culturare* signifie « aller » vers une/des culture/s) et non pas un processus de privation (a-culturation au sens privatif) signifiant l'abandon de sa propre culture au profit de la culture du lieu d'accueil. L'école peut ainsi « gérer la diversité ».

✦✦✦

6. Les écarts entre enfants

La plupart des textes de loi concernant l'instruction publique et obligatoire articulent la « mission » scolaire sur le devenir harmonieux de l'enfant, sur la promotion de son intelligence, de son sens social (et civique), de l'esprit de camaraderie (la solidarité), de telle manière à garantir que l'élève devenu adulte soit apte au travail, à la prise de responsabilité sur le plan professionnel et privé, à jouer activement son rôle de citoyen dans l'Etat. Ils associent à ces intentions le concept d'égalité des chances. Parfois, ils incluent un texte sur l'intégration (intégration et maintien d'enfants en difficultés pour des causes physiques – en particulier sensorielles – ou psychologiques).

Si on prend en compte l'hétérogénéité des enfants d'une part, les intentions des textes légaux d'autre part, on en vient à une redéfinition fonctionnelle de l'égalité des chances : il ne s'agit pas que tout un chacun puisse faire les mêmes études et des travaux professionnels comparables quel que soit son milieu socioculturel et le niveau socioprofessionnel de ses parents. Il ne s'agit pas non plus de « baisser les niveaux d'exigences », si tant est qu'on modifie fondamentalement les modalités de transmission de savoirs. Il s'agit plutôt de considérer que l'*égalité des chances, c'est que chacun fait le mieux de ce qu'il peut faire en fonction de ses moyens et de leur promotion par la scolarisation*. La nature normative de la formation devient ainsi compatible à la notion de promotion individuelle et de respect du pouvoir de chacun en matière d'acquisitions et d'apprentissages.

Le plaisir d'un enseignant devrait être en lien direct avec le sentiment qu'il a d'avoir permis à chacun de ses élèves d'aller aussi loin que possible sur son trajet personnel d'élève. La réussite de sa pédagogie est beaucoup plus dans cet objectif que dans les objectifs collectifs normatifs et programmés, en particulier (mais non exclusivement) dans le processus de formation élémentaire. Les intentions définies par la nouvelle RRM vont bien dans ce sens.

Ce qui peut intéresser l'*animateur*-pédagogue, c'est que chaque enfant à sa manière, avec ses limites propres, ait dynamisé en lui le moteur de sa curiosité d'apprendre pour en faire un usage aussi constructif que possible dans son devenir d'élève et d'humain. Par ailleurs, plus les propositions pédagogiques faites respectent la dimension active de l'élève et se situent dans une perspective interactive entre savoirs enfantins et adultes, moins le moteur de la connaissance-curiosité risque de se gripper. C'est une garantie de promotion du dynamisme de l'enfant et de compensation autonome de ses différences. Quand l'enfant prend en charge de manière autonome son devenir scolaire et son acculturation (fonction de ses particularités), il peut réussir [2/23].

En travaillant sur les acquis naturels de l'enfant (le « non-déficitaire »), on peut l'aider à promouvoir sa scolarisation et sa formation. Plus les propositions d'enseignement permettront l'émergence et la structuration personnelle des données issues de l'enfant par l'enfant, mieux l'égalité des chances sera garantie.

Par ailleurs, l'adulte animateur pédagogique se doit de connaître les moyens qui peuvent favoriser la réduction des écarts entre enfants. Les modalités de différenciation des moyens d'enseignement permettent la promotion de la participation et de la compréhension des élèves en difficultés. Il se doit également d'utiliser aussi bien sa présence que celle de groupes d'enfants dans la classe, et l'hétérogénéité de leurs compétences, pour étayer les processus de différenciation et leur complémentarité fonctionnelle dans le développement des apprentissages et des acquisitions.

Face aux particularités des enfants, il devrait pouvoir instaurer des modes d'évaluation* formative qui permettent à chacun d'identifier ses propres progrès, sa situation par rapport aux autres élèves de la classe et par rapport à une norme plus collective (épreuves de degrés scolaires). La comparaison de travaux entre deux classes parallèles permet aussi la différenciation du processus d'évaluation. Dans cette mesure, évaluer devient une promotion individuelle et sociale, si tant est que l'enfant est partie prenante du processus. Ce mode de faire garantit subsidiairement une harmonisation des écarts entre enfants par la dialectique des comparaisons de prestations entre enfants ou par enfant selon son moment d'activité, tout en sachant que *« comparaison n'est pas raison »*. Dans cette mesure, l'évaluation devient promotionnelle en continu, tant sur le plan individuel que collectif et social.

Pour favoriser l'harmonisation progressive de ces particularités individuelles, qu'elles soient développementales, culturelles ou liées à des handicaps particuliers, il faut se donner un temps suffisant. De même que l'enfant a besoin d'un temps suffisant (il se le donne quand il agit par lui-même) pour faire le tour d'une expérimentation sociale ou cognitive, de même l'harmonisation des particularités individuelles demande du temps pour que chacun, en fin de parcours, ait acquis son rythme optimal de fonctionnement mental [24].

C'est pourquoi la structuration de l'enseignement primaire en deux divisions ou cycles nous paraît fondamentale : considérer que l'enfant est au bénéfice d'une initiation à la scolarisation de quatre ans devrait permettre à la fois les procédures d'harmonisation et les procédures d'initiation aux apprentissages formels propres à la scolarisation. Dans ce sens, établir une division élémentaire, actuellement dite /– 2 + 2/ paraît une formule idéale. C'est pourquoi nous avons parlé plus souvent de formation élémentaire (ou formation de base) que d'école enfantine, celle-ci obéissant à des règles institutionnelles très différentes selon les cantons et les pays.

Les écarts entre enfants, c'est l'occasion de promouvoir une pédagogie interactive et solidaire. C'est une autre forme d'interculturalité de l'enseignement et du processus de formation qui permet à l'enfant d'être reconnu dans ses compétences et ses particularités sans pour autant qu'on renonce à l'optimalisation de ses moyens et à la dimension collective du processus d'apprentissage. Mais, par analogie à la statistique, on le fait alors dans la perspective d'une « courbe de Gauss »*, qui évidemment s'organise autour d'un axe moyen (moyenne ou mode), mais qui n'a de sens que par son « degré de dispersion » (le *sigma* de variation).

Les écarts entre enfants, c'est donc l'occasion d'un pari pédagogique réel, celui de la promotion de chacun à son optimum de fonctionnement (ce qui nous en donne une formulation positive) et non pas un classement de niveaux de déficits plus ou moins irréversible qui pèse alors d'un poids très lourd tant sur l'enfant et son devenir que sur le pédagogue et l'institution scolaire. Les pronostics sont rarement fiables. Autant optimiser ce qu'on a à disposition, ou, dit proverbialement, « un *tiens* vaut mieux que deux *tu l'auras* ».

✦✦✦

7. Contexte sociologique : les familles

Dans le cadre des théories systémiques et de la thérapie de famille, on parle de « nouvelles familles » pour permettre d'inclure dans ce terme générique les différentes formes de structures familiales qui se développent actuellement de manière plus importante.

Si pendant les siècles passés, la famille allait souvent de pair avec la notion de grand nombre d'individus (parents avec neuf à douze enfants par exemple), si dans les périodes antiques la *gens familia* correspondait à tout un groupe d'individus apparentés (frères, sœurs, cousins à des degrés divers, oncles, tantes, grands-parents et grands-oncles, ...), si parfois un cercle complémentaire existait, qu'on appelait «la clientèle» (soit les individus protégés par telle ou telle grande famille), dès l'avènement de l'ère industrielle, on a assisté à une réduction progressive des membres de la famille pour atteindre la famille dite «nucléaire», regroupant (c'est notre situation des années cinquante et soixante) les deux parents géniteurs avec un, deux, plus rarement trois enfants.

Ce mouvement allait de pair avec l'augmentation des perspectives de travail pour les femmes et mères ainsi qu'à l'évolution de leurs droits à l'égalité tant sur les plans salariaux que sociopolitiques par rapport au «mâle». Ce nouvel état de fait s'est assorti d'une dénatalité importante.

Par ailleurs, les années «68» ainsi que le développement des mouvements hippies ont vu éclore d'autres modes de regroupements sociaux et d'union libre, en particulier par le biais des communautés qui se sont multipliées, avec ou sans intentions spirituelles, politiques, sociales ou artistiques. Dans ces situations, la notion d'appartenance familiale s'est beaucoup modifiée dans sa pratique, même si, du point de vue d'une psychologie de base, les valeurs traditionnelles n'avaient pas reçu les valeurs de remplacement que ce nouveau mode de vie aurait promues.

Les perspectives «groupies» se sont peu à peu estompées. Celles qui vont de pair avec des intentions philosophico-ésotériques se sont plus ou moins maintenues. Par ailleurs, l'avènement de la «jet society» en lien avec la facilitation des mouvements professionnels et privés a conduit à une modification des styles de vie, en tout cas pour tous ceux qui ont les moyens de cette mobilité (de travail, de week-end, de vacances, ...).

La perspective de l'Europe unie par le biais des efforts de la Communauté économique européenne, de la liberté de passages professionnels, et secondairement d'habitat, ont motivé chez beaucoup un sentiment de liberté et d'appartenance sociale européenne, qui va de pair avec des procédures d'enracinement socioculturel très diversifiées (qu'elles soient européennes ou qu'elles disparaissent par l'effet du mouvement).

Les nouvelles familles sont également l'effet du nouveau droit matrimonial qui permet un jeu (plus ou moins structuré) autour du «nom de famille» et de son rapport préférentiel à la filiation de la mère ou du père. Par ailleurs, l'avènement de l'union libre, des relations dites de concubinage et leur légalisation progressive par le biais des problèmes juridiques, a motivé des possibilités de choix individuel tant dans l'organisation de la vie de couples d'adultes que de la procréation (mères célibataires, inséminations artificielles, mères porteuses, par exemple).

Enfin, la libéralisation du divorce amène toute une série de variantes au niveau des structures de familles, l'enfant pouvant avoir son vrai et son « faux » papa (ce dernier étant celui qui est le plus présent souvent dans le cas de divorces), son papa et les amis de maman, ou sa maman et les amies de papa, dans un système satellisé plus ou moins ouvert ou fermé. On imagine sans peine que le travail d'identification et de projection dont l'enfant a la charge se complique singulièrement par rapport aux structures nucléaires minimales du milieu de ce siècle. On se rapproche de la *gens* antique avec cependant une grande différence : il y a souvent plus de satellites adultes dans ces systèmes que de satellites enfants... L'enfant se trouve donc dans un module développemental qui a tendance à privilégier les relations enfant/adulte(s) dans sa vie de famille, et à chercher les échanges avec les pairs dans le quartier et à l'école.

Dans les civilisations antiques, et de par leur rapport à la matricialité, les femmes occupaient les plus hauts postes spirituels, l'homme de leur choix étant délégué aux tâches temporelles pour un temps plus ou mois durable (la mythologie grecque rapporte que la prêtresse-reine choisissait un roi pour un an, avant que celui-ci ne soit précipité vers la mort du haut d'un rocher vers la mer/mère). Les civilisations germaniques ont connu le matriarcat jusqu'à assez tard dans le haut Moyen Age. L'avènement de la « supériorité toute puissante » du mâle n'est donc qu'une récupération relativement tardive dans l'histoire de l'homme. Là encore, la mythologie grecque nous donne une image intéressante : celle de Zeus mangeant sa fille pour recréer un homme et une femme, ce qui permet que le cénacle olympien soit habité par plus d'hommes que de femmes. Certains y placent une représentation de la volonté des « mâles » de voler une suprématie jusque-là vouée à la femme par son rapport à la terre nourricière, à la matricialité et à la maternité, à la suprématie des spiritualités centrées sur la lune plutôt que sur le soleil.

L'avènement récent des « supernanas » (la femme belle, intelligente, PDG d'une grande industrie, bonne épouse et bonne mère tout en assurant à merveille l'ensemble de ses tâches) peut être vu comme le triomphe de l'égalité homme/femme, ou comme la fin d'une boucle qui permet à la femme de retrouver toutes ses puissances originelles. Il faut signaler en parallèle que l'éducation des hommes, centrée au départ sur l'art de la guerre, a singulièrement laissé de côté des intelligences plus politiques et sociales, alors que le maintien des femmes dans le gynécée, le harem ou tout autre endroit de réclusion relative, permettait à celles-ci de développer l'intelligence sociale et politique.

On dit qu'en Appenzell (Rhodes-Intérieures) si les femmes ne votent pas, c'est parce que leurs hommes votent en Landsgemeinde ce que leur femme leur a dit de voter... Vérité ou humour, nul ne sait, mais cette argumentation met en évidence une «force matriarcale» qui aurait des résonances avec de l'histoire ancienne.

Actuellement, nous vivons un malaise dans la civilisation: les valeurs «viriles» du mâle d'antan ont perdu de leur sens, et la «féminisation de l'homme mou» ne peut répondre adéquatement au nouveau rôle de la femme. Nous en venons donc à un nouveau seuil de conscience et d'identité des humains: il s'agit tant pour la femme que pour l'homme d'accéder et d'accepter leur androgynie fondamentale et d'apprendre à régler la balance relationnelle homme/femme en fonction de cette double variance. L'enfant est donc confronté maintenant à d'autres modes d'introjection des images parentales, plus complexes mais aussi plus nuancées et plus complémentaires.[25]

Si nous revenons maintenant à l'enfant dans sa famille, nous voyons que, actuellement, les enfants vivent dans des conditions très différentes qui vont de la famille nucléaire stable (papa travaille, maman travaille en ménagère) jusqu'à des structures communautaires ou paracommunautaires issues de concubinages, d'unions libres ou de divorces «à la Hollywood» successifs et répétés. Dans ce cas, il y a plusieurs papas ou mamans (les uns et les autres obligés généralement de travailler), des frères et sœurs, des demi-frères et demi-sœurs, des vrais et faux cousins. Les pères/mères célibataires véhiculent le problème inverse: l'enfant se trouve essentiellement avec un seul adulte, celui-ci souhaitant avoir un enfant mais vivre sans les obligations du couple. Parfois, ce type de situation va de pair avec des préférences homophiles de l'adulte qui coexiste plus harmonieusement avec un semblable que quelqu'un du sexe «opposé» (formulation que l'androgynie acceptée rend partiellement caduque).

Les pères/mères célibataires sont dans la situation de travailler. Beaucoup de couples concubins ou mariés vivent sur la base du travail des deux adultes, à la fois pour des raisons de nécessité financière et pour des raisons d'augmentation de liberté de mouvement. Enfin, souvent tant monsieur que madame ont besoin d'une vie extérieure à la famille pour se sentir bien dans leur peau. Ce double travail des parents pose un problème de garde de l'enfant pendant les heures de travail journalières, problème parfois épineux à résoudre : l'enfant sera alors maintenu à l'école (cuisines scolaires et études surveillées ou classes gardiennes), sera placé dans des familles d'accueil à statuts divers, sera pris en « charge » par les grands-parents ou des collatéraux familiaux. Cela jusqu'au retour des géniteurs (ou des responsables parentaux) au domicile familial.

Cette situation se complique d'autant quand il s'agit de réfugiés qui, l'un et l'autre en tant qu'adultes, s'ils se trouvent dans la possibilité de travailler, vivent une liberté recouvrée favorisant une estime de soi et un engagement social qui leur est nécessaire à titre d'intégration et de modalité d'acculturation positive. Dans ce cas, le réseau complémentaire des enfants est souvent lié à la fratrie, ou à d'autres réfugiés, plus rarement à des voisins ou « autochtones ». Les enfants de migrants de première ou deuxième génération vivent souvent des situations difficiles, les parents travaillant beaucoup, à la fois pour assurer leur subsistance et celle des enfants dans le pays de travail. Ils participent souvent à l'entretien d'une famille à l'étranger, y construisant la maison de leur retraite. Ils doivent multiplier d'autant les heures de travail, officielles ou au noir, pour subvenir à la totalité de leurs engagements sociaux et financiers.

On peut enfin citer la situation des enfants dont les parents assurent une tâche dans le domaine de la restauration, situation où le temps possible de collaboration avec le ou les enfant(s) est souvent restreint de manière drastique par les obligations de cafetier (heures tardives de fermeture des locaux, rapports « sociaux » finalisés par la clientèle, partage entre lieux privés et lieu public, tant pour les parents que les enfants, ...).

Le modèle traditionnel de la famille nucléaire s'est ainsi à nouveau diversifié ces dernières années. Le taux de travail volontaire des parents a souvent été augmenté (tel père travaillant tard à son ordinateur pour des raisons professionnelles par exemple), ce qui fait que les espaces-temps de disponibilité à l'enfant et à la promotion interactive de son éducation se réduisent comme « peau de chagrin ».

Augmentation du nombre d'interlocuteurs adultes, avec souvent des statuts réels très divers, diminution du nombre d'heures partagées avec ces adultes pour cause de survie, de travail ou de volonté propre des adultes, ce sont là autant de conditions qui motivent une refonte profonde des structures familiales pour certains (un nombre certain d'enfants), ce qui a des répercussions inévitables sur les temps de journée des enfants et sur le degré d'hétérogénéité de leurs lieux de vie.

L'école comme milieu de vie se doit de réfléchir à ses formes d'accueil des enfants (et des parents subsidiairement) si elle veut pouvoir se placer dans sa perspective éducative et formative. Si elle n'a pas à porter de jugements sur la situation familiale de tel ou tel enfant, les parents agissant selon leurs convictions propres et privées, elle peut par contre chercher à définir de manière plus ciblée ses capacités d'accueil dans les lieux scolaires et l'organisation du temps scolaire en conséquence.

Même avec une définition de l'égalité des chances telle que celle qui a été proposée, celle-ci ne relevant pas d'un laxisme éducatif mais d'un ciblage pertinent en fonction des particularités des enfants, si l'école n'en vient pas à revoir sa dimension d'accueil des enfants, elle risque de promouvoir malgré elle des écarts psychosociaux qui rendront sa tâche d'harmonisation interindividuelle, sociale et formative plus difficile encore.

Il y a donc une réflexion sociologique scolaire à conduire pour déterminer dans quelle mesure on étend la durée des plages d'accueil du matin, celles de l'après-midi en particulier par rapport à la possibilité d'un repos de l'enfant (sieste), celle de l'accueil dit « post-scolaire » actuellement. Tout en sachant qu'il est souhaitable d'éviter que l'enfant ne se trouve pris en « charge » par un trop grand nombre d'adultes différents. D'autre part, les enseignants titulaires de classe ne peuvent assurer la totalité de ce temps d'accueil à moins de faire de leur profession un apostolat de la disponibilité continue.

On se plaint dans certains milieux que les adolescents « traînent » dans les rues, dans les grands magasins (ne vont-ils pas chaparder ?), mais bizarrement, l'école de ces adolescents, qui regroupe des enfants de plusieurs quartiers de ville et de campagne, est soigneusement fermée de l'heure de fin de classe du matin à celle du début de classe de l'après-midi. N'y a-t-il pas là un hiatus qui mériterait réflexion de la part du groupe d'enseignants de cette structure pour éviter ce paradoxe qui, d'un côté, préaccuse ces jeunes gens et jeunes filles de délinquance et, d'autre part, les met à la rue sans aucun scrupule face aux risques que les adultes anticipent et évoquent ?

A l'impossible nul n'est tenu, mais une réflexion dans chaque lieu scolaire d'enfants (et d'adolescents qui plus est) sur les modalités d'accueil et d'accompagnement en dehors des heures de classe s'avère de plus en plus nécessaire pour ne pas créer des situations ambiguës, voire provocatrices de risques qu'on tient par ailleurs à éviter.

Le contexte sociologique des familles demande donc à être mieux connu des enseignants (sans pour autant que l'on se mêle de ce qui ne nous regarde pas), la réflexion sur les modes d'accueil et leur promotion progressive s'avère de plus en plus nécessaire, pour ne pas dire impérative, cela pour garantir que la mission formative de l'école puisse se réaliser dans les meilleures conditions possibles et au bénéfice de tous, enfants, enseignants et parents.

✦✦✦

8. Quelle école élémentaire pour répondre aux besoins des usagers ?

Dans ce chapitre introductif, nous ne développerons pas ce thème qui aura par contre tout son sens dans les conclusions de ce travail. Mais on peut situer quelques questions clés qui pourront aider le lecteur à situer les données des chapitres suivants dans sa réflexion.

Faut-il une école enfantine de deux ans ou une école élémentaire de quatre ans pour garantir les objectifs de formation et d'enseignement dans de bonnes conditions, de telle manière que l'enfant accède à son fonctionnariat d'élève dans les meilleures conditions possibles et que l'enseignement en « division » moyenne en soit d'autant facilité (Modèle «- 2 + 2 »)?*

Faut-il hiérarchiser ces années d'initiation à la scolarisation ou au contraire y faciliter un libre passage pour garantir à la fois la dimension sociale, affective et cognitive de la formation dans la perspective de la mutualité et de la solidarité des acteurs de formation? Sachant l'importance d'un « brassage immersif » des enfants, d'une interculturalité de formation, et ce dès le départ de la procédure de formation scolaire, peut-on multiplier avec ou sans risques les « déplacements de l'enfant-élève » ? Ce problème pose naturellement celui des « doublages » ...

Comment promouvoir des situations d'expérience pédagogiques qui s'inscrivent dans la continuité des acquis de l'enfant en matière de savoirs, tout en favorisant le changement par leur différenciation progressive et adaptée, par l'enrichissement que représente le travail en groupe en collaboration avec un adulte animateur-enseignant ?

Comment travailler sur la base des aptitudes des enfants plutôt que chercher à identifier leurs manques d'abord ? Comment promouvoir la curiosité et la mobilité du fonctionnement mental des enfants au bénéfice de tous ?

Comment travailler sur la base du TOUT pour garantir par cette complexité l'intérêt des enfants, tout en favorisant l'analyse des parties et de leurs rapports entre elles d'une part, de leur rapport au tout d'autre part ?

Comment favoriser par ce travail sur le TOUT l'identification par l'enfant d'un cadre de référence fonctionnel qui lui permette de promouvoir ses règles de catégorisation des savoirs en connaissance de cause (le puzzle avec son cadre) pour accéder à la co-naissance ?

Comment mettre l'enfant en situations diverses de découverte pour qu'il puisse identifier le fait que tous les domaines de connaissance ont une importance égale et que le mythe de l'enfant « fort en math, faible en langue » ou celui du « fort en orthographe mais faible en math » est une survivance obsolète, chacun ayant autant de capacité à logicomathématiser l'espace qu'à l'animer en termes de communication langagière ?

Comment promouvoir des conditions d'évaluation qui impliquent tant l'adulte que l'enfant pour que celle-ci devienne continue et promotionnelle plutôt que discontinue et sanctionnelle ? Comment promouvoir une évaluation qui soit formative pour chacun des intervenants dans le processus de scolarisation ?

Comment par ces modes de partage pédagogique favoriser l'image de la classe comme un lieu où tout le monde apprend, adulte(s) et enfants ? Comment favoriser la dimension mutuelle de l'apprentissage entre enfants d'une part, entre enfants et adultes d'autre part ?

Cette liste de questions n'est certes pas exhaustive, mais le lecteur pourra la compléter en fonction de ses expériences et de ses questionnements propres.

Les réponses qui seront données à ces questions seront autant d'occasions de définir comment on peut faire de l'école élémentaire :

un milieu intégrateur des différences interindividuelles,
un milieu promoteur d'une dynamique interculturelle des acquisitions et apprentissages,
un espace de développement personnel, social, mutuel et solidaire,
un espace où la fonction d'élève sera vécue comme un nourrissement de la faim de savoir,
un espace positif d'hominisation dans une perspective co-laborative, interactive et mutuellement respectueuse de tous.

Voilà les questions principales qui guideront nos réflexions tout au long du déroulement de ce travail et auxquelles, espérons-le, il sera possible d'apporter un certain nombre de réponses utiles et réalisables dans le champ de l'institution scolaire.

✦✦✦

CHAPITRE I

L'enfant de sa conception à l'âge d'entrée en scolarité initiale: un portrait

Dans le présent chapitre, nous vous proposons un portrait: celui de l'enfant dès sa conception et jusqu'au moment de son entrée en scolarisation initiale, soit l'âge de quatre ans. Pour réaliser ce portrait, nous avons pris en compte quantité d'écrits divers, sans prétendre à quelque forme d'exhaustivité que ce soit, mais par contre en mettant en évidence une pluralité d'éclairages sur le développement de l'enfant aussi bien du point de vue de son évolution intra-utérine que de celui de sa petite enfance. Ce portrait est plus impressionniste que naturaliste, sachant les multiples franges de mystère qui existent encore dans ce domaine, malgré les progrès des sciences biologiques, médicales et psychologiques ces dernières années.

Mieux vaut donc le lire comme un roman que comme un traité...

✦✦✦

Premiers dialogues

«Chéri, comme c'est merveilleux d'être là, tous les deux, seuls face à l'immensité du ciel...
– Oui, mon épouse tant aimée, à la fois deux et un, faits l'un pour l'autre... Je t'aime.»

«Amour, je file au bureau, mais je t'en prie, à la moindre douleur, au moindre signe, tu m'appelles, je veux absolument être près de toi quand il arrivera.
– Oui, chéri, ce sera si merveilleux, cette nouvelle vie à trois. Je t'aime.»

Entre ces deux dialogues du couple, que s'est-il passé?

Ils se sont aimés, ils ont vécu l'amour du couple, cette plénitude de la découverte de l'autre, ce plaisir à découvrir en soi, au-delà de l'identité d'homme et de femme, sa part de féminitude et de virilitude, qui fait qu'un couple dans sa dualité est profondément, vitalement, doublement, complémentaire. Dans cette vie conjugale, ils ont chacun pu jouer le rôle de celui qui aime un pair, de celui qui protège ou de celui qui est protégé par cette relation d'amour. Et puis, un jour, après les bonheurs de l'amour à deux, quelque chose a changé. L'épouse, la femme s'est sentie autrement habitée par l'amour. C'est comme si l'ange de la visitation, apportant l'âme divine de l'être en création, lui avait chanté à l'oreille qu'elle serait à la fois femme et mère, comme si des gestes de l'amour du couple allait émerger autre chose que le partage à deux. Et dans cette nouvelle force, cette nouvelle joie, voilà que se construisent deux nouveaux modes d'être. Je ne serai plus homme et époux seulement, mais encore père. Je ne serai plus femme et épouse seulement, mais encore mère.

Changement radical de l'homme et de la femme qui, pendant les mois de la grossesse, vont apprendre à leur manière à être parents, à être père et mère. Changement radical puisque leur responsabilité dépasse leur couple et qu'un nouvel être est à rêver, à imaginer qui sera à la base du triangle familial. Trois pôles, trois occasions de découvertes et de redécouvertes. Un nouveau respect, une nouvelle mutualité. L'enfant merveilleux est à naître. Ses parents aussi.

Ce sera un enfant. Garçon ? Fille ? Qu'importe. Un enfant, un enfant d'abord. Sauf si la curiosité l'emporte : grâce aux techniques modernes, on peut voir cet enfant du dedans sur un écran, identifier son sexe peut-être. Si, pour certains, la force est suffisante pour faire la place à un enfant, quel qu'il soit, pour d'autres, faire place à un garçon ou à une fille semble plus facile ; l'argument médical rassure, facilite l'attente et la préparation de l'accueil.

Et sur quantité de plans, voilà le mode de vie du couple qui change : on sort moins, on ne boit plus d'alcool, on essaie de ne plus fumer. On mange plus sainement et sans excès. On ne fait pas trop de sport car il faut préserver son corps pour la vitalité de celui qui va venir. Le sommeil prime sur l'amusement et la fête. La fête intérieure est si belle. Il y a tant à penser pour savoir penser trois quand on pensait deux jusqu'ici. Plus encore si on vivait à deux mais restant centré sur soi-même : il faut alors passer d'un mode de vie « chacun pour soi d'abord », à la pensée à deux pour accéder enfin à la pensée à trois.

La caresse qui était dialogue du corps entre homme et femme devient une communication vivante à trois. La parole, le chant, la voix du père et la voix de la mère ont un spectateur constant et très vite attentif. Ecouter de la musique, vivre l'émotion d'un concert ou d'un spectacle, vivre le choc des événements du monde se partage : là aussi, on est à deux mais aussi à trois. Tant de raisons de se protéger autrement, de se préserver pour garantir la richesse du nourrissement physique et spirituel de l'enfant à venir.

Les archétypies maternelles et paternelles font surface, les sagesses ancestrales se trouvent activées. Bien sûr on peut lire des tas de choses sur

« comment être mère ou père suffisamment bons ». Mais seulement si ces lectures font écho aux sagesses ancestrales, à la force primordiale de la parentalité, objet énergétisant et vivant.

Pour ceux qui souhaitent aller plus loin dans ce processus vital, on peut agir par massages, approcher l'enfant à venir par l'haptonomie*[26]. Les échanges sexuels du couple vont être aussi modulés. Plus de tendresse, plus de caresses. La pénétration se fait plus douce pour ne pas trop secouer le cher petit. Mais personne n'est frustré, la vie continue, presque à trois si personne n'agit d'abord la peur ou la frustration, le manque ou le dépit. L'hygiène physique et mentale de chacun s'embellit au vivant de la grossesse. Ni l'une ni l'autre ne sont censées s'appauvrir ou se figer. Le temps de la grossesse, c'est un temps de vie à trois, déjà. Le futur bébé n'appartient à personne mais vit avec chacun. Il est porté physiquement par la femme, mais psychiquement, il l'est tant par l'homme que par la femme. L'enfant à venir n'est jamais celui de l'autre mais le « nôtre », celui du couple. Bien sûr, dans le sein maternel, l'enfant va développer une proximité, un espace d'échange qui est en lien direct avec la personne de celle qui devient sa mère. Il est aux premières loges lorsqu'il perçoit les battements du cœur et leurs variations, les gargouillis des mouvements digestifs stomacaux ou intestinaux, le bruit du vent de la ventilation pulmonaire, tant d'autres choses encore. Pendant sa vie embryogénétique, notre bébé à venir accumule déjà quantité d'expériences sensorimotrices. Il va entendre, voir, bouger, mettre sur pied les premiers réflexes tels que la succion, la déglutition, sucer son pouce. Dans sa piscine privée, il est déjà une personne. Il mène une première vie. Et cette vie peut être harmonieuse surtout, ou dysharmonieuse déjà, riche et équilibrée, ou pauvre et fragile déjà. Si cette femme qui devient mère vit dans des conditions difficiles, physiques ou psychologiques, elle n'aura pas la même liberté pour transmettre son énergie vitale à l'autre. Si elle est seule de par l'éloignement psychique ou physique de son époux, l'énergie de triangulation sera plus coûteuse, même si la présence de l'époux au niveau inconscient peut instaurer une forme de dialogue au bénéfice de chacun. Si elle est seule par décision, le triangle familial d'accueil sera d'autant plus particulier, voire caduque.

Si la femme se drogue, à la fumée ou à l'alcool, aux drogues dures ou par asservissement du corps à des médicaments, elle touche à l'harmonie supposée de sa grossesse, sans savoir ce que seront les effets de ses actes sur l'enfant à venir. Des enfants naissent avec des cancers généralisés, d'autres avec un syndrome alcoolique fœtal. Selon les maladies de la femme pendant la grossesse et les médications qui ont été jugées nécessaires, l'enfant pourra être victime de lésions ou de dysgénésies* congénitales, risque de surdité, de malformation palatine* et labiale, risques multiples que le défaut d'hygiène, le défaut d'immunité peut décupler. Un couple d'adultes mentalement déficient peut très bien donner naissance à un enfant sans particularité. Un couple d'adultes sourds congénitaux peut très bien donner naissance à un enfant entendant. Mais, dans le premier cas de figure, si sur le plan physique les choses peuvent aller de soi, un accompagnement du couple sur le plan psychologique s'avère nécessaire à long terme, ainsi qu'une surveillance de l'hygiène physique et alimentaire des parents, et particulièrement de la mère.

La grossesse, une affaire à trois, toujours. Et plus le trio du possible est vivant, mieux un équilibre peut être trouvé, chacun assumant sa part de l'enjeu, homme, femme et bébé à venir. Certains considèrent[27] que tout est joué avant la naissance. C'est pendant cette première vie que le futur petit d'homme accumule toutes les énergies et les bases utiles à son développement ultérieur. Après la naissance, on ne peut que tenter de compenser les insuffisances de la grossesse mais sans jamais pouvoir infléchir les enjeux énergétiques somatiques et psychiques de manière fondamentale. Cette position est difficile, mais peut-être préférable à celle qui prétend que tout pourra toujours s'arranger: l'équipement génétique et énergétique d'un petit d'homme semble bien lié à cette première vie, à son monde marin des origines (les premières formes de vie organisées ont existé dans les mers... comme dans la mère).

Richesse du développement physique, psychique, expériences prototypiques qui serviront de base à la gestion de la vie ex-utéro, deuxième vie (déjà) du tout petit entré dans le monde que nous croyons connaître. C'est au travers de ces premiers «dialogues» entre père, mère et enfant-avenir que peuvent se constituer les bases de l'engagement relationnel, de la mutualité des rôles éducatifs, l'enfant comme ses devenus parents ayant à apprendre de l'autre dans la quotidienneté de la vie. Une alchimie complexe et mystérieuse, dont le mystère garantit la dimension créative, à la fois matérielle et spirituelle, terrienne et cosmique.

Quelle éthique faut-il promouvoir pour que les manipulations génétiques qui sont de plus en plus possibles ne constituent pas des jeux dangereux, une forme d'arianisme pervers? Dans le cadre de procréations assistées, d'inséminations artificielles, comment peut se faire la triangulation entre les origines chromosomiques parfois inconnues et l'investissement profond de la parentalité par les adultes concernés ? Lorsqu'il y a mère porteuse, comment structurer le réseau des échanges après la naissance pour que leur vitalité soit porteuse de la deuxième vie du cher petit ? Au Moyen Age, et jusqu'au siècle passé encore, la pratique de la nourrice était fréquente. Ces enfants, nourris au sein d'une autre que leur mère, vivaient-ils leur relation d'amour filial plus en fonction de leur mère ? de leur nourrice ? Comment pouvaient se créer les réseaux d'identification* et d'introjection* dans de tels cas de figure ?

Rien n'est impossible mais à quels prix ? Il ne s'agit pas ici de s'opposer aux dites « libertés individuelles » mais bien de se rendre mieux compte des enjeux, des risques et des bénéfices possibles de ces pratiques. Sans omettre que plus de liberté signifie plus de responsabilité, donc plus d'engagement et plus de clairvoyance. Une affaire à suivre, et qui n'aura de sens que si on en fait une analyse éthiquement fondée des enjeux physiques, psychiques et relationnels. Pour une alchimie de la triangulation* respectueuse de l'enfant à venir, de la mutation des adultes vers le rôle de parents et d'une cosmogonie entre l'humain et le divin que nous connaissons bien mal. Pour enfin qu'il y ait co-naissance* de l'enfant et de ses parents pendant cette tranche de vie fondamentale qu'est la procréation.

✦✦✦

La période périnatale : une affaire de « mort » et de transfiguration*

Premières douleurs de l'enfantement. L'enfant pousse de la tête, cherche le passage. Que ce tunnel livre le passage ! C'est bien étroit. Ça travaille dur pourtant, tous les rythmes corporels de la femme-mère s'accélèrent. Par chance, les os du crâne du bébé à naître ne sont pas soudés : la compression est possible. Pourtant, à ce moment-là, le bébé à naître vit sa première « mort ». Il renonce pour un moment à son confort vital, il accepte ce rite de passage qui l'empêche de vivre, le temps de passer le tunnel utérin. Il meurt aussi à cette première vie, à son confort en piscine : les eaux sont parties, il doit suivre. Il s'agit d'oublier ou de refouler au plus profond de son inconscient le temps de l'intra-utérin pour recréer toute son énergie adaptative au milieu d'accueil suivant[28]. Le premier était régi par l'eau, le deuxième est régi par l'air et le feu, par la terre-mère. Changement fondamental de contexte, autres modes d'adaptation à ce nouveau milieu biologique.

Comment les choses vont-elles se passer : une ventouse ? une extraction ? On me secoue par les pieds pour que mon premier cri soit le signe de mon passage dans le milieu aérien... Ou bien, je quitte le nid chaud et doux du sein maternel, mais j'aboutis dans de l'eau, puis sur un corps doux et chaud, on me caresse, on m'aide à revivre après l'inévitable petite mort du passage utérin. On pose ma tête près d'un sein, j'y perçois un battement : fugitif souvenir et expérience nouvelle à la fois. Tout mon être perçoit cet autre comme si proche, si reconnaissable et pourtant si différent. Musique douce, lumières tamisées : ce n'est pas comme avant, mais la transition est supportable.

Dans certaines situations, lorsqu'on laisse la « mère » libérer sa voix pendant le travail de l'accouchement, celle-ci produit au moment de la délivrance un cri qui initie celui du bébé : si on les analyse sur le plan du spectre* sonore, on constate que le cri du bébé poursuit la ligne sonore du cri de la mère. Autre retrouvaille dans le monde aérien : la fréquence vibratoire du cri de l'enfant fait jonction au cri de la mère, comme si le fait de se séparer (l'ex-utéro) pouvait aller de pair avec une autre rencontre, celle de la voix, celle d'un espace vibratoire aérien partagé, d'une ondulation sonore conjointe.

C'est à ce moment aussi que se fait un échange de cadeaux entre mère et enfant : l'enfant fait cadeau à sa mère d'un paquet surprise qui contient une part de son inconscient, la mère fait cadeau à son enfant d'un paquet surprise qui contient son inconscient maternel. Peu à peu en construisant leur relation, chacun redonnera à l'autre une part de soi par l'échange de cadeaux, jusqu'à ce que chacun se soit réapproprié son cadeau d'origine, mais celui-ci ayant été métabolisé* et modulé par chacun des dépositaires.[29]

Un peu plus tard, lorsque cette richesse de la rencontre vocale, corporelle et psychique est assimilée, un autre apparaît dans le paysage de la dyade mère/enfant : à un moment donné, c'est sur le père que la mère porte son regard, son sourire : elle présente alors l'enfant à celui qui est son père terrestre. Alors se recrée le triangle qui unit père, mère et enfant. Nous étions deux face à un troisième, nous voilà trois, en face à face. Chacun a sa place, chacun occupe un sommet du triangle ainsi constitué. Il existe une distance nécessaire entre papa et maman, entre bébé et maman, entre bébé et papa, qui permet à chacun d'exister en tant que tel tout en restant indissociable de ses deux partenaires.

Quel que soit le contexte de sa naissance, si bébé a en lui la force et l'énergie vitale accumulée au cours de la grossesse, il va se mettre au travail, tout de suite. Quelques heures après la naissance, il sait déjà repérer l'odeur qui rapporte à sa mère à l'exclusion de toute autre. Si l'on met à sa gauche un tampon de coton imbibé d'une odeur de jeune mère, et à sa droite un coton imbibé de l'odeur de sa mère, il détourne la tête plus souvent à droite[30], car là réside l'odeur de SA mère. Et cette odeur est importante, car avec sa naissance, dans cette deuxième vie, le bébé apprend quelque chose de nouveau : l'attente. Tant qu'il avait sa « perfusion » ombilicale, il était en nourrissement constant. Voilà que le cordon est coupé, physiquement et espérons-le, psychiquement. Nouvelle frustration nécessaire. Cette fois encore, il faut se réorganiser. Repérer l'odeur de l'autre, c'est un peu avoir sa présence. Cette présence, c'est une aide à l'attente. Quand le besoin de nourrissement devient trop grand, bébé s'éveille, pleure ou crie, et si tout se passe bien, le voilà nourri. Un sein, chaud, odorant. Un rocher que l'on tète avec ce mouvement de succion qui avait été exercé dans la vie d'avant et qui se trouve alors réactualisé et fonctionnalisé. Généralement, le battement du cœur de la mère va rythmer la tétée. A signaler d'ailleurs que le bébé devrait boire aussi les premiers jets de lait maternel, le colostrum, qu'on a considéré longtemps comme toxiques, alors qu'il s'agit en fait d'un condensé d'antibiotiques, d'oligo-éléments et de vitamines naturels qui doivent assurer au bébé sa désinfection interne après le passage du tunnel utérin, stimuler et éveiller son système immunitaire propre.

L'odeur de l'autre comme le souvenir de l'odeur de l'autre servira aussi de base à l'imaginaire, au fantasme. Cette odeur rassure puisqu'elle rapproche de l'autre, de la mère. Le rêve servira à la même chose ? Rêver le sein nourricier, c'est apprendre à l'attendre, résister positivement à la frustration de l'attente.

Toutes ces expériences nouvelles pour le bébé vont l'amener à réorganiser totalement sa cybernétique* cérébrale : les expériences sensorimotrices* intra-utérines étant refoulées au plus profond de la mémoire physiologique, toute la cartographie cérébrale fonctionnalisée par ces expériences va être modifiée pour traiter du nouveau champ d'expérience que représente la vie après l'accouchement. Tout le réseau d'interconnexions neuronales va se retrouver libre des expériences antérieures pour engrammer l'infinie richesse de l'actualité. A nouveau mode de vie, nouvelle organisation.

Sur la base du corps à corps qui suit l'accouchement se constitue un nouveau champ d'expérience entre père, mère et enfant. Quand l'un ou l'autre des adultes tient bébé dans ses bras, le nourrit, le nettoie, le caresse, lui parle, lui chante des petites mélodies d'amour, une autre équation posturale entre en jeu, et c'est de la dynamique de ces échanges posturaux que va naître une nouvelle communication qui reliera profondément père, mère et enfant, même lorsque le langage verbal se sera développé. La communication par le corps perdure pendant toute la vie de chacun: on y ajoute des mots, mais souvent les mots pour le dire sont plus faibles que ce que communique le corps. Souvent, dans l'échange, nos gestes trahissent ce que nos mots voulaient cacher ou transformer. Ce sont les rythmes des échanges corporels, qu'ils se réalisent au niveau du corps, des gestes, de la mimique ou de la voix, qui constituent les moteurs de la communication entre les êtres. On y ajoutera par nécessité sociale les greffons du langage verbal, et si ça marche, l'harmonie du tout en sera encore magnifiée. Si ça ne marche pas, le langage ne saura pas jouer son rôle libérateur. Ne dit-on pas des amoureux qu'ils communiquent en silence, qu'ils parlent avec le corps plus qu'avec les mots?

Rythmes du mouvement, rythme et mélodie des échanges vocaux et verbaux, rythmes du nourrissement, de l'alternance veille/sommeil, autant de «protoorganisateurs»* de la vie et de la personnalité de l'enfant[31] qui vont permettre son développement et celui de ses relations à l'autre. Pour certains[32], à la naissance, toute l'énergie de l'enfant est centrée sur la cognition, car il y a tant à penser et à découvrir dans ce nouveau monde. Selon le cadre de vie, selon les liens que tissent les adultes autour de l'enfant et avec lui, celui-ci va trouver une énergie nouvelle dans ces enjeux relationnels ou, au contraire, va s'engluer dans des exigences parfois paradoxales dont il sent la nécessité mais qui réduisent l'empan de sa curiosité, qui peuvent le vider peu à peu de sa force et de sa capacité d'adaptation au nouveau monde. Dans le premier cas de figure, tout sert à la dynamique du développement de tous. Dans le deuxième, la porte s'entrouvre, voire s'ouvre sur une psychopathogénie*. De par les besoins des uns ou des autres, les enjeux rendent nécessaire une organisation de la personnalité qui donne trop d'importance au noyau psychotique qui réside en chacun de nous, à la dimension confusionnelle* qui réduit alors individuation* et autonomisation des adultes et de l'enfant concerné au profit d'une dépendance partagée.

Oui, le bébé EST une personne. Beaucoup ont (re)découvert cette vérité par le biais de belles émissions télévisées. Oui, le bébé existe à part entière, mais jamais aucun parent ne possédera son enfant. Paraphrasant « Le Prophète »[33], on peut rappeler que « les enfants que nous avons nous sont prêtés par le très haut pour que nous les aidions à accéder à leur propre perfection ». Il s'agit donc d'un fils ou d'une fille, jamais de mon fils ou ma fille, ou pire, ton fils ou ta fille (quand les choses ne vont pas bien…), même si le démon de la propriété nous guette jour après jour pour nous convaincre (mais alors ne sommes-nous pas con/vaincus ?) que nous avons un droit de possession, voire de propriété, sur « nos » enfants… Comme on avait droit de vie et de mort sur ses esclaves ou ses serfs.

Quand l'homme et la femme devenus père et mère n'ont pas bien accédé à leur rôle de parents, on peut les y aider. Parfois, pratiquer devant une maman ou un papa un peu perdu le porté du bébé, le nourrissement, les gestes ancestraux de la parentalité (le « holding »*[34]) permet à ces parents le déclenchement qui les fait accéder de plain-pied à leur capacité d'être parents suffisamment bons. Après l'accouchement, toute nouvelle mère passe, plus ou moins discrètement, par une phase dépressive dite « post-partum » (la dépression d'après la séparation) : c'est un moment à ne pas négliger. Ni pour l'époux et père qui doit alors réaffirmer sa présence et sa force de contenant par rapport à la fragilité temporaire de son épouse, et comme relais énergétique par rapport à son enfant. Ni pour la mère qui doit faire un deuil définitif : elle n'est plus porteuse physiquement de son enfant alors qu'elle en reste (et pour longtemps encore) porteuse sur le plan psychique, en co-labo-ration* avec son époux.

Dans ce moment de dépression (pré- ou post-partum), la mère qui avait été jusqu'alors une centrale majeure d'énergie pour l'enfant, se vide soudain de toute force. Elle qui donnait ne peut soudain plus rien donner. Le bébé se trouve alors face à un vide immense si le relais papa n'est pas assez là. Le dialogue bioénergétique mère/enfant est interrompu : que peut faire le cher petit ? Se laisser aspirer dans ce siphon du vide d'énergie de l'autre, donner toute son énergie propre ? Chercher à préserver son équation énergétique et sa polarité pour éviter d'être vidé de son énergie par le manque actuel de la mère ? C'est un moment difficile, et qu'il vaut mieux ne pas nier pour replacer adéquatement le réseau d'échanges relationnels, pour que chacun retrouve le seuil d'énergie utile à sa survie et à sa vie.

Que dire des accouchements par césarienne ? Ils s'avèrent parfois impératifs et nécessaires. Dans ce cas, ce qui est à faire doit l'être. Ils sont parfois liés à des considérations de second plan : quand on sait le travail de transfiguration que représente l'accouchement, tant pour la mère que pour l'enfant, choisir la solution de la césarienne, c'est limiter la dimension rituelle et initiatique des « douleurs de l'enfantement » à une souffrance inconsciente. Le passage ne se fait alors souvent que dans les faits, mais pas dans l'esprit. Il y aura une construction a posteriori qui suit un a priori. Que ce soit l'anesthésie ou la coupure qui conduira à la cicatrice indélébile d'une naissance particulière, il n'y aura pas eu d'interface somatopsychique* de la naissance au même sens que le passage par le tunnel utérin. Il y a expérience, il serait stupide de le nier, mais le sens de celle-ci est-il analogue ou comparable à la naissance « selon la tradition », sur le plan psychique au moins ? Rien n'est moins sûr. Il vaudrait la peine d'évaluer la constitution des modalités d'attachement mère/enfant lorsque la souffrance de l'accouchement passe par le scalpel du chirurgien, que ce soit dans les situations de nécessité avérée ou d'argumentation mineure. Notre siècle est un siècle où l'on cherche à préserver la vie sous toutes ses formes. C'est à la fois honorable et douteux. Douteux dans le sens où, s'il s'agit là seulement de repousser les frontières de la mort à cause de la peur qu'on en a, alors il n'y a pas de noblesse au geste de préservation. Justifié par contre, si c'est une aide à la vie et que dans d'autres conditions, les enjeux de vie et de mort pour la mère et l'enfant sont trop lourds. Autre question éthique à verser au dossier de la réflexion sur l'impact des progrès techniques sur la procréation.

Une autre problématique importante est liée aux naissances différées du terme, qu'elles le soient par prématurité ou par postmaturité. Si, dans les naissances après terme, il existe des marges mineures de décalage horaire qui ne portent pas à conséquence, par contre un enfant ou une mère qui prolongent consciemment ou non le temps d'une grossesse peuvent poser problème : y a-t-il là une nécessité génétique (c'est douteux) ou une difficulté à faire face à la séparation inéluctable de l'accouchement (c'est plus probable). Mais dans ce dernier cas, comment favoriser le travail de séparation, tant sur le plan physique que psychique sans pour autant donner trop d'importance à la particularité de la situation ?

A l'inverse, dans le cas de naissance nettement prématurée, la question est autrement complexe puisque le bébé n'a pas eu son comptant de vie intra-utérine, son développement en piscine se trouve interrompu trop tôt. La technologie médicale a créé les couveuses qui sont de bons incubateurs physiques mais des lieux de manques somatopsychiques graves. Ces tout-petits ont un grand besoin d'apport physiologique et psychologique : parqués dans leur couveuse, ils se trouvent souvent partiellement privés d'échanges relationnels qui puissent suppléer à leur expulsion précoce.

Les études actuelles sur le nourrisson mettent en évidence la nécessité d'une aide à ces tout-petits précocement hospitalisés pour compléter leurs expériences sensorimotrices et l'enrichissement de leur champ d'expérience[35].

Ce qu'on peut leur donner dans ce sens ne vaudra jamais le type de stimulation in utero, mais constitue un complément utile au défaut d'expérience lié au raccourcissement de la grossesse. On peut être heureux que pour tous les enfants pour lesquels c'est possible, on propose maintenant plutôt qu'ils soient portés à même le corps par le père ou la mère pendant tout le temps de la fin de la grossesse usuelle pour qu'ils puissent bénéficier de ce contact peau à peau, avec toute sa richesse de stimulation, ce que la couveuse la plus perfectionnée ne pourra jamais donner. On constate dans ce cas les limites de l'assistance médicale qui, bien qu'utile, voire nécessaire, ne peut pas apporter les éléments et les influx vitaux d'un contact direct entre celui qui devient parent et le petit d'homme. C'est un nouveau défi éthique qui peut opposer une médecine de sécurité, souvent dépersonnalisée par là même et une médecine à dimension humaine qui privilégie les liens et les relations originaires comme soutiens à la physiologie et au métabolisme du tout-petit.

Enfin, plus on va de l'avant, plus on constate l'importance d'une présence réelle du père et de l'époux par rapport à la dyade mère/enfant. Sans ce détournement du regard de la mère vers l'objet de son amour de femme, il ne peut pas y avoir véritable triangulation. Toute l'organisation relationnelle familiale, tous les enjeux communément liés ultérieurement au conflit œdipien risquent d'être biaisés, voire dénaturés. Messieurs, à vos marques : l'accouchement, c'est aussi votre affaire. Sans la présence de l'homme, du mâle, époux, père, la triangulation nécessaire pour créer une vraie famille risque d'être affadie, appauvrie. La charge de la mère augmente d'autant et c'est le début d'un déséquilibre préjudiciable à tous.

Métamorphose de la période périnatale, transfiguration du petit d'homme intra-utérin en petit d'homme extra-utérin, transfiguration des adultes qui vont assumer cet enfant au-delà de l'imaginaire et du réel de la grossesse face à ce bébé qui est (déjà) une personne. Enjeu pour le cher petit de l'attente nutritive qui permet la construction de l'attente au niveau psychique et sert ainsi de prototype à ce qu'on appelle « mentalisation »*, qui n'est autre que construction de la pensée. Une époque riche pour tous, où les équipements réflexes issus de l'intra-utérin vont se réactualiser, se dynamiser et se différencier en fonction du «nouveau monde». Enjeux des échanges corporels et posturaux qui constituent les premiers échanges communicatifs où chacun existe dans sa matière et son être propre et qui transcendent les échanges développés par les époux tout au long de la grossesse. Nouvelle alchimie, nouvelles fragilités et nouvelles forces qui sollicitent de chacun toutes ses capacités d'adaptation et de mobilité dans la promotion de ce nouveau réseau d'échanges existentiels.

✦ ✦ ✦

Enjeux de la petite enfance

Nous distinguerons dans cette partie trois sections : la première est consacrée à la période qui va de un à dix mois, la deuxième de dix mois à deux ans et la troisième de deux à quatre ans.

Le bébé de quatre semaines à dix mois

Si la période précédente de vie du bébé permet de mettre en évidence un passage de l'instinctualité* à la relationnalité, cette période va confirmer cette tendance développementale.

Mais il s'agit bien de comprendre relationnalité à la fois dans le sens de la relation au monde des objets et au monde des personnes. Le bébé développe son observation de l'environnement, il fait ses premières démarches expérimentales par rapport aux objets et, par le biais de ses vocalises et de ses gestes, par rapport aux personnes. Il observe les mouvements du visage, les inflexions de la voix, les gestes, il perçoit les bruits et sons du langage dans ce mouvement global. Il repère le sourire et peut faire des liens avec son seuil de confort. En effet, à cette période, la référence vitale du tout-petit se situe dans son seuil de confort, que ce soit au niveau nutritif, corporel ou dans les enjeux relationnels qui lui sont proposés.

Au-delà de ce seuil de confort, bébé pratique ses premières imitations mais celles-ci se font en présence du modèle. Le petit d'homme ne peut pas encore évoquer les gestes et mimiques de l'autre en son absence, sa vision des choses restant centrée sur un tableau mouvant de la réalité environnante plus que sur des éléments particuliers de son environnement. Mais bébé sait maintenant coordonner son regard et ses gestes d'appel ou de préhension. Dans le déroulement des actes quotidiens, bébé repère des enchaînements pour lui significatifs, ponctue ces actes extérieurs avec ses propres actes-commentaires.

Il construit aussi son tempérament psychologique. Il perçoit très finement les tensions psychiques autour de lui, car ses sensations sont encore très marquées par la perception des variations du champ électromagnétique* qui l'entoure : si papa ou maman sont en colère, ou tristes, s'ils sont gais et joyeux, le champ vibratoire qui l'entoure change de caractéristiques et les antennes physiologiques du cher petit le perçoivent. Dans les relations psychotiques, ce mode de perception reste actif et prioritaire au lieu de s'inclure dans les autres moyens de perception d'autrui liés au regard, à l'écoute, au bien-être ou au mal-être corporel de l'autre. C'est dans ces premières perceptions fondamentales qu'on peut d'ailleurs trouver le sens de l'expression « avoir des atomes crochus avec... ». Si chez l'enfant tout-venant, il y a un mixage progressif des sensations et perceptions en jeu, chez l'enfant autiste ou psychotique, la notion de perception du champ vibratoire de l'autre reste le module originaire et originel de l'engagement relationnel, comme au temps de l'intra-utérinité ou de la périnatalité.

Le petit d'homme est donc très attentif, pendant cette période où la catégorisation des faits par le langage manque encore, aux caractéristiques caractérologiques de son environnement : si maman est déprimée et hyperactive, le cher petit va développer une hyperactivité, s'occuper beaucoup de son environnement physique en s'oubliant comme terrain d'expérience. Par cet activisme, il rassure sa maman. Il est si plein de vitalité que sa faiblesse à elle ne devrait pas avoir d'incidence sur son développement. Et pourtant, ces enfants-là vont trop vite, ils s'intéressent trop à ce qui leur est extérieur et pas assez à eux-mêmes. Ils vivent une forme de fuite en avant destinée à rassurer leur maman, à faire ce qu'elle ne parvient pas à faire. Quand maman est déprimée et hypoactive, alors bébé essaie d'animer la relation avec sa mère mais, s'il ne constate pas d'échanges, pas de dynamisation, il s'épuise à solliciter sans effets, et peu à peu il se retire en lui-même, mais tristement, en perdant sa curiosité et sa vivacité. Il peut s'agir d'un retrait psychotique qui peut être associé à un processus de débilisation progressive, la curiosité ne soutenant plus les activités du bébé et son intelligence.

Si maman est équilibrée, assez active mais pas trop, assez sollicitante mais pas trop, alors bébé va pouvoir s'intéresser autant à lui-même qu'à son environnement, autant à être actif qu'à rêver, autant aux objets externes qu'on met à sa disposition, qu'à ses mains, ses pieds, ses doigts, son corps propre : dans ce cas, il expérimentera autant sur lui-même que sur autrui et les objets externes. A la différence de son collègue hyperactif, il se donnera des temps de pause, il travaillera en distinguant le proximal* et le distal*, soi et l'autre. Si on évalue sur un plan pronostique l'évolution de ces chères têtes blondes, on constate que c'est le bébé du dernier type qui se positionne sur le plan tempéramental et caractérologique de la manière la plus souple et la plus équilibrée, qui gère le mieux ses investissements du monde. Bien sûr, ces caractéristiques tempéramentales constituent seulement des tendances que les engagements ultérieurs sauront le plus souvent moduler. Mais c'est cette période déjà, avant l'accès à la permanence de l'objet relationnel liée à l'angoisse dite de huit mois[36], que les bases des caractéristiques de la personnalité de l'enfant se constituent. Déjà, nous avons vu l'importance de la qualité de vie pendant la grossesse, l'importance aussi de la périnatalité pour garantir une vitalité adaptative au cher petit. Pendant cette période, on constate combien le processus développemental se poursuit : les procédures en jeu chez bébé se modulent de mieux en mieux en fonction des caractéristiques environnementales et personnelles du tout-petit, mais les enjeux sont de taille quant à l'équilibre progressif de l'enfant tant sur le plan de son dynamisme vital que de son équation de personnalité.

Dès que l'enfant accède à la permanence de l'objet relationnel, généralement un peu avant qu'il n'accède à la permanence de l'objet cognitif, ses imitations pourront être différées, car maintenant bébé a une possibilité d'évoquer par la pensée consciente le souvenir de l'autre et de ses actes. Avant, ces souvenirs étaient liés à des réflexes, à des traces inconscientes, mais dès ce moment de son développement, bébé pourra nourrir ses engagements relationnels affectifs et cognitifs par une capacité de se représenter les choses, d'organiser ses souvenirs par des actes conscients. Il peut développer ainsi une autre forme de mémoire, d'autres traces de sa vie dans son environnement.

Généralement, quand le cher petit a trois mois, papa et maman, qui jusqu'ici parlaient à bébé comme ils parleraient à n'importe quel interlocuteur, se mettent à modifier leur manière de dialoguer. Jusqu'ici, le modèle entendu était référentiel, tant sur le plan du rythme, de l'intonation que de la syntaxe. C'est comme si, sans le savoir, les parents se disaient à ce moment que l'enfant en a assez entendu du modèle global de la langue (des langues) qu'ils parlent, qu'il a suffisamment mis de données de référence en mémoire auditive et langagière, pour qu'ils se mettent eux maintenant à «parler bébé»: tant l'un que l'autre augmentent la mélodie de leurs propos, ils répètent certains mots ou syllabes, ils ralentissent le rythme d'élocution de leur discours. *«Oh, le mignon petit bébé à sa maman, oh qu'il était mignon le petit bébé à sa maman, petit bébé a grandi, petit bébé a bien grandi, comme il sourit gentiment petit bébé, souris, souris, souris petit bébé».* Chacun trouvera dans ses souvenirs d'enfant ou de parent de tels discours. Cette adaptation verbale des parents en fonction de l'âge de leur interlocuteur, de leur bébé, est fondamentale, car c'est elle qui permettra à l'enfant de trouver les frontières entre les énoncés, entre les mots. Jusqu'ici sa mémoire du langage portait sur des énoncés continus, peu répétitifs souvent, ce qui ne lui donnait pas la possibilité d'en cerner facilement les frontières et les redites. Alors que par rapport à la pratique des parents du «parler bébé», voilà qu'apparaissent des indices plus clairs pour traiter le langage continu en unités discontinues. Tant le langage de papa et maman que celui des grands-parents et des frères et sœurs vont obéir à cette règle: il ne s'agit pas de bêtifier, il s'agit de renforcer les contrastes de l'objet langagier pour que le cher petit puisse mieux s'y retrouver, le découper en parties constitutives et s'engager progressivement dans des productions protoverbales* qui tiennent compte des caractéristiques du langage entendu.

Au départ, quand bébé fait des vocalises dans son berceau, il les fait par plaisir corporel, celui de produire des sons et des bruits par un mouvement du corps. Il produit alors quantité d'unités sonores qui pour un auditeur attentif peuvent être rapportées à quantités de langues diverses. Puis, pendant la période du «parler bébé» de ses parents et de sa famille, qui va l'aider à mieux identifier les caractéristiques du langage familial, il réduit progressivement ses productions aux unités sonores présentes dans la langue (les langues) de son milieu. Si c'est le français et l'italien qu'on parle chez lui, alors il renoncera à des sons gutturaux qui sont présents en arabe et en hébreu par exemple. Il renoncera à des bruits de type raclement de gorge, alors que si on parlait suisse alémanique dans le cadre familial, il les préserverait.

Au cours de ces échanges, bébé va aussi se familiariser à la dimension conversationnelle de ces échanges: il y a des tours de rôle dans la prise de parole, tout le monde ne parle pas en même temps... Il y a des routines verbales, formes de rituels, dont la répétitivité est importante, que ce soit dans les *bonjour*, les *au revoir*, les *bon appétit* ou les *bonne nuit*. Ces premières routines des échanges sont à la fois des indices du fonctionnement du langage et des indices cognitivorelationnels*. Ils servent à reclasser le réel et les expériences que bébé a accumulées depuis le jour de son arrivée dans notre monde.

Dès les premiers jours, bébé a vécu des conversations corporelles (les enjeux de la communication posturale). Quand il a commencé à se mouvoir, à ramper, à pouvoir tenir sa tête, s'asseoir, il a développé d'autres occasions de rencontres et de conversations corporelles. Il a aussi développé toutes ses perceptions du monde, puisque, dans le rampement par exemple, l'opposition entre côté gauche et côté droit s'est structurée rythmiquement, la tête s'est dégagée de l'ensemble pour percevoir le champ complémentaire à l'avancement du corps (quand la main et l'épaule droites sont en avant, la tête regarde à gauche, et inversement[37]). Il a donc développé de nombreuses activités communicatives et relationnelles en lien avec les personnes et les objets. La maîtrise progressive de sa corporalité, la construction d'une image du corps à partir de cet ensemble d'expériences, va maintenant s'enrichir avec les enjeux conversationnels* liés aux échanges vocaux et protoverbaux*. Ceux-ci ne font que poursuivre autrement les démarches conversationnelles psychocorporelles antérieures, en s'enrichissant mutuellement au profit de tous. Si, au départ, un certain nombre des productions sonores du bébé peuvent être qualifiées d'écholaliques* (certains enfants autistes ou psychotiques restent à ce mode de fonctionnement langagier, même par rapport à des énoncés très complexes), elles deviennent très vite des productions analogues au modèle perçu. Lorsque les parents ont chacun une langue « maternelle » (on parle maintenant plutôt de langue première) différente, il est important que chacun utilise sa langue propre, car c'est dans ces conditions seulement que le bébé peut percevoir toutes les subtilités du système langagier en jeu : ce n'est que dans sa langue première qu'un locuteur peut transmettre par l'intonation, le rythme, le vocabulaire et la syntaxe toutes les nuances de l'expression verbale et infraverbale*.

C'est une richesse inespérée pour le tout-petit que d'être confronté à deux langues vives, celle du père et celle de la mère. Bien sûr, cela complique un peu le jeu de triage à faire entre les sons et bruits d'une langue et ceux de l'autre langue. Bien sûr, l'enfant va développer deux dictionnaires mémoriels qui permettent de différencier ce qui est commun et ce qui est différent dans les deux idiomes concernés. Mais, par contre, il peut d'autant mieux identifier le rapport relationnel à la mère ou au père dans la différence des idiomes, et renforcer par là même l'image individuelle de chacun de ses deux parents. Dans ce sens, à cette période de vie du tout-petit, l'aptitude à développer un « plurilinguisme prélangagier » peut déjà être favorisée.

Un autre facteur de différenciation intervient de plus en plus souvent, dans les cités en tout cas. Le fait que, par nécessité ou par choix, les deux parents sont amenés à travailler (la montée du chômage partiel ou total modifiera encore une fois les cartes à cet égard) implique la nécessité d'un accompagnement extrafamilial de l'enfant. Parfois il s'agit de familles d'accueil, parfois des grands-parents, oncles ou tantes. Parfois, c'est en pouponnière que bébé sera placé. C'est pour lui une autre chance, si tant est que cet espace de développement ne se substitue pas aux échanges familiaux support de développement. Il va se trouver dans une situation pour lui nouvelle, celle d'échanges sociaux avec des pairs. S'il a trouvé en famille toute une série de règles et de stratégies adaptatives pour interagir dans les échanges, il faut qu'il en crée de nouvelles dans ce milieu très particulier où tous les enfants ont à peu près le même âge...

Bébé va entrer dans une nouvelle éthologie de la communication* [38] où il ne s'agit pas d'être que soi-même, mais encore de cerner les enjeux d'une collectivité, les possibles relations qu'on peut développer avec autrui, distinguer ce qui se fait entre enfants et entre adultes et enfants. Bébé peut alors déterminer les règles d'une communication horizontale*, qui diffèrent de la communication verticale enfant/adulte, et faire appel à des signes communs à une tribu d'enfants d'âges proches. Séduction, tête penchée et main ouverte ; agression, tête droite, bouche ouverte, dents en évidence, poing fermé ; comportement de leader ou de suiveur ; ces règles existentielles le familiarisent aux lois de la vie en société. Ces expériences de vie, cette communication horizontale et verticale sont des facteurs de différenciation très importants pour le cher petit, qui enrichissent d'autant son expérience de vie. Bien sûr, il y a des risques pour lui : certains comportements adéquats entre pairs passent mal auprès d'adultes ou de parents. Réciproquement, certains comportements très investis familialement et éducativement passent très mal entre pairs. Il y a là une très importante condition qui favorise chez le tout-petit une première forme d'égo-décentration* fonctionnelle, la création d'un espace de socialisation différent de la socialisation familiale. Mais comment éviter qu'il y ait surcharge de stimulation ?

Que bébé ait l'occasion de différencier ses modes de vie, c'est bien, essentiel même. Qu'il soit écartelé entre des systèmes de vie vécus comme paradoxaux, voilà qui est moins bien. Une fois encore, le problème est celui du dosage de ces espaces de vie. Une surcharge de règles de vie familiale plus ou moins fermées est toxique. Mais une surcharge de règles de vie collective peut elle aussi être toxique, même si la collectivité garantit à tous de s'y cacher ou de s'en abstraire temporairement (ce que la famille n'accepte pas toujours).

Si papa et maman travaillent tous deux à plein temps, et ne peuvent que chercher à récupérer en fin de semaine, voire font toutes les activités utiles, achats, lessives, repassage, ménage, jardinage, ... pendant ce temps dit «de loisirs», quel sera encore le temps d'échange familial structurant du développement de l'enfant? La pouponnière devient alors le lieu principal du développement ludique et créateur: c'est là que se forgent les stratégies les plus adaptatives et fécondes. Si papa et maman travaillent mais peuvent (ou savent) préserver un temps de vie avec leur enfant, alors un équilibre de balance peut être trouvé entre les apports de la vie de famille et ceux de la vie en collectivité. Cet équilibre est à chercher, même quand papa travaille et maman est à domicile, ou quand maman travaille et papa est à domicile: dans ces situations aussi, il est important que l'enfant vive la rencontre d'autres enfants, de pairs, qui vont le solliciter bien autrement que les parents ou les frères et sœurs. Il est important que ses processus de socialisation se réalisent dans une perspective ouverte. Une nouvelle question éthique à l'intention des parents: la famille c'est bien, mais ce n'est pas tout. L'enfant qui vit dans l'altérité des lieux, dans les enjeux d'une communauté de pairs, s'enrichit d'autant même s'il s'éloigne et se différencie des règles de vie familiale. Ce processus de différenciation sociale, qui peut débuter en pouponnière, va se poursuivre en jardin d'enfants et dans le cadre de la scolarisation initiale, cela d'autant mieux quand les parents sont ouverts à ces objectifs éducatifs. On a constaté que c'est à ces âges tendres que les règles de mutualité, de solidarité, d'interactivité se vivent en prise directe avec le réel, alors que ces mêmes principes ne deviennent généralement que morale et théorie(s) lorsqu'on les apprend à l'université ou au collège...

Quels risques peuvent être entrevus pendant cette période de vie du bébé?

Si papa et maman omettent de dialoguer corporellement avec leur enfant, s'ils ne pensent pas à «parler bébé» avec lui à un moment donné de son développement, s'ils réfutent les acquis développementaux non familiaux, s'ils soumettent bébé à une forme de conditionnement, que ce soit au niveau de l'action ou des premiers échanges conversationnels, si l'éducation donnée au cher petit est surtout directive et consignante* au lieu d'être interactive et propositionnelle, alors tout le réseau de relations à construire tant par le biais du dialogue corporel que langagier, tous les enjeux du tour de parole, tous les bénéfices de l'adaptation verbale en fonction de l'âge de l'interlocuteur risquent de s'estomper, voire de se perdre, ou pire, de ne pas être perçus par bébé comme des facteurs de développement, d'autonomisation et d'engagement relationnel sur le plan social et cognitif. Si la curiosité du tout-petit est amputée par la rigidité des règles et rituels éducatifs de sa famille, c'est tout le processus développemental, tant sur le plan psychocorporel que psychologique, sur le plan de la curiosité mentale et de l'intelligence qui risque d'être pénalisé, à un titre ou un autre. Si le fait que bébé ne parle pas implique pour le parent qu'ils ne peuvent pas se comprendre, et que ce sentiment prime sur la confiance en la communication non verbale et posturale, alors l'enjeu du langage est trop lourd pour bébé qui doit soit rejeter cet objet, soit s'y soumettre (sous-mettre). Si la crainte que bébé ne mange pas assez motive des bonnes intentions (l'enfer en est pavé !) qui de fait réduisent le champ d'expérience de l'enfant, cette fois encore il y a risque, parfois majeur, pour le développement de l'enfant : on le verra par le biais de l'exemple qui suit.

Une maman a deux petites filles, l'aînée a trois ans quand la cadette naît. Cette maman a beaucoup de difficulté à s'imaginer être mère, à prendre ses responsabilités dans ces termes. Elle a si peur de vieillir, de ne plus être désirable dans ce nouveau rôle. Alors, elle décide que ses enfants, ça sera des copines. Si c'est des copines, la différence d'âge n'a plus de sens. En tant que femme, elle ne vieillira pas de par ce rôle terrible de mère. Elle parle donc beaucoup à ses enfants, beaucoup à son bébé qui ne peut guère se soustraire à ce fleuve verbal. Elle lui parle de comment ça sera plus tard, quand elle sera grande et qu'elles iront ensemble sur les carrousels ou à la foire. Madame décide de nourrir son enfant exclusivement au biberon, une autre manière pour elle de se protéger de son statut de mère. Elle nourrit bébé, régulièrement, aux heures dites. Elle le nourrit de lait et de paroles. Mais de paroles qui ne peuvent pas avoir de sens pour bébé. Et cette enfant ne prend pas de poids, pire elle en perd à une période où l'enfant normalement devrait en prendre régulièrement. Elle consulte en pédiatrie et y rencontre un pédiatre et un pédopsychiatre. On lui recommande de moins parler au bébé en le nourrissant, de bien le considérer comme un tout-petit qui a besoin de cette période de vie qui est sienne pour accumuler l'énergie de son développement. Madame comprend et retourne à la maison après que son enfant a été hospitalisée pour regagner son poids idéal. Trois mois plus tard, elle est de retour, l'enfant a maigri à nouveau, elle est à la limite de la sous-alimentation. Et pourtant, Madame a tenté de moins parler d'avenir à son enfant, de mieux accepter le statut de bébé de l'enfant et, par là même, son statut de mère. Mais c'est si dur. Maintenant, comme sa fille dort beaucoup et mange peu, il y a toujours quarante biberons répartis dans tout l'appartement de manière à ce que, où qu'elle soit, dès que la fillette ouvre un œil, Madame puisse la nourrir.

Et ça ne marche pas, bébé prend deux voire trois gorgées du biberon, baisse l'œil et s'endort. Pourtant maman lui parle pour qu'elle mange. Mais elle lui parle trop, encore et toujours trop. L'enfant est soûlée de paroles, plus ou moins adéquates, et elle perd le désir du biberon, qui, au lieu d'exister par lui-même et pour elle-même, est associé immanquablement au flux du discours maternel. Discours toxique d'un côté, nourriture profitable de l'autre, mais l'un élimine l'autre. Le mode d'engagement relationnel de la mère fait barrage à l'investissement de la nourriture et il faudra une nouvelle hospitalisation, plus durable celle-là. Il faudra une thérapie de la mère pour que les choses s'arrangent un peu. Elles sont restées fragiles jusqu'à ce que l'enfant ait plus de sept ans...

Voilà un exemple[39] tiré d'une consultation en pédopsychiatrie qui met en évidence combien l'alchimie de cette période qui va du dialogue corporel et postural au protolangage, de l'immobilité relative au mouvement autonome de l'enfant, du champ éducatif familial au champ sociétal, du nourrissement nécessaire au nourrissement support d'un désir, est une alchimie fragile elle aussi. Nouveau pari pour les parents conscients de leurs responsabilités et de leurs limites, si l'on désire que cette période s'inscrive dans la construction de l'être, dans l'épanouissement de bébé pour qu'il accède au symbolique et à la représentation (la fonction sémiotique de Piaget[40]) dans les meilleures conditions d'équilibre et de dynamisme possible.

Le bébé de 10 à 24 mois

Si tout s'est bien passé jusqu'ici et que bébé a pu développer tant sa curiosité cognitive que relationnelle, qu'il a pris connaissance des échanges tant corporels qu'infraverbaux et qu'il a appris à classer les données perçues tant au niveau visuel qu'auditif et cénesthésique, au niveau tactile qu'olfactif, il a acquis toutes les bases énergétiques utiles à poursuivre son formidable développement. Il ne faut pas oublier qu'un petit enfant comparativement assure plus de travail pendant les quatre premières années de sa vie que pendant tout le reste de sa vie future, tant il a de choses à découvrir, à classer, à sérier dans tous les domaines de la perception et de la sensation, tant par rapport à des contenus objectifs que des contenus subjectifs. Par ailleurs, le sommeil est également une occasion de travail : avec l'accès au symbolique, tout le travail immense du rêve (dès la naissance) va compléter, comme chez chacun de nous, le travail diurne. Le rêve, c'est notre travail nocturne, qui fait le pendant de nos activités diurnes. Le rêve, c'est tout ce qui permet l'organisation et la réorganisation de l'inconscient, du préconscient et, parfois, du conscient lui-même, alors que nos activités diurnes servent notre raison consciente, la promotion de notre intelligence et notre capacité de raisonner.

Vie diurne et vie nocturne de notre esprit sont autant de sources de connaissance et de sagesse. Ce sont aussi des occasions, au-delà de la raison et de l'observation, de vivre des sensations nouvelles, des sentiments nouveaux, des découvertes inattendues. Si tant est que la vie n'est pas d'abord une occasion de répétitions, de redites et d'habitudes. Les habitudes ont une fonction économique, si elles permettent par leur automatisme relatif de libérer une énergie qui serve à différencier nos modes d'interaction actuels au monde qui nous entoure. Les répétitions, dans une juste limite (soit sans atteindre à des rituels de type obsessionnels), ont une valeur de stabilisation des savoirs et savoir-faire qui permettent ensuite leur passage vers des habitudes. Les redites peuvent servir de moteur à des répétitions, mais là encore, ne peuvent avoir de sens que si elles favorisent fixation, stabilisation et automatisation au niveau des stratégies et procédures sociocognitives*, relationnelles et affectives du sujet. L'être n'est pas apte à une constante création, mais mieux l'être automatise ses procédures diverses, plus il libère d'énergie d'adaptation et d'aptitude créatrice dans la gestion de son rapport « vivre, être et connaître ».

Dès ses premiers mois, bébé a saisi l'importance de s'accommoder à son environnement (accommodation* piagétienne), de digérer et traiter toute l'information qui lui parvient avec ses moyens actuels (assimilation* piagétienne). Pour ce faire, il a construit des procédures et des stratégies : à partir de schèmes réflexes, il a construit des schèmes d'action, puis des structures pour classer ses actions. Chaque nouvelle situation, chaque nouvelle expérience l'a amené à réviser son système de connaissance, sachant que celui-ci fonctionne comme une centrale cybernétique dans laquelle toute action sur un pôle spécifique entraîne une réaction en chaîne de l'ensemble des pôles constitués et identifiés. A partir de cette intelligence sans langage, sans qu'il y ait de re-présentation* des faits en tant que telle, l'accès à la fonction symbolique lui permet une nouvelle réorganisation globale de ses données: l'image mentale et les mots vont jouer le rôle de critère complémentaire de classement. Ils donnent une trace facile à évoquer au sujet qui, dès lors, peut par l'évocation du mot retrouver tout le champ d'expérience auquel il pense.

C'est là un grand mouvement de réorganisation de la pensée chez notre petit d'homme: tout ce qu'il a patiemment construit pendant sa première vie, puis sa deuxième vie (entre la naissance et dix mois) va se trouver réorganisé. Comme à la naissance bébé avait modifié son fonctionnement cérébral pour répondre aux exigences de son nouveau milieu, il effectue une nouvelle révolution copernicienne quand il entre dans la fonction symbolique. Tout ce qui a été vécu avant va être réinvesti et réorganisé en fonction de ce mode de penser nouveau. Une nouvelle recherche d'équilibre se fait: comment respecter l'ensemble des expériences antérieures malgré les pauvretés relatives du langage? Comment accepter de dire avec le peu de moyens qu'il a à ce moment des énoncés qui souvent restent cryptiques* pour l'interlocuteur, mais qui, par cette valeur même, créent une aire transitionnelle*[41] dans la communication, puisque le mot, l'énoncé, ne sera jamais qu'UNE re-présentation de la pensée, une approximation du dire intérieur de l'être. Les enjeux de la communication vont changer de ce fait: dans la communication non verbale, l'autre pouvait mettre des mots plus ou moins pertinents et acceptables sur ce qu'il percevait de bébé, alors que dès maintenant, bébé met des «mots» sur sa pensée. Et ces mots, à la fois ressemblent à ce que nous connaissons de la langue dans leur forme, sans pour autant que nous soyons garantis que leur contenu, leur signification, corresponde à la nôtre.

Nous entrons dès lors de plain-pied dans les enjeux du langage, qui «dit sans tout dire», voire qui «dit pour ne pas dire». D'un échange portant sur l'interprétation d'actes (rire, pleurer, tousser, sourire), nous passons à un échange beaucoup plus abstrait (et abstractif) portant sur l'énoncé, la relativité de son rapport à la situation d'énonciation*, et le jeu du dire et ne pas dire. Les choses se corsent. Ce qui amenait un linguiste français[42] à postuler que «la communication réussie est l'exception qui confirme la règle», et il n'a de loin pas tort...

Bien évidemment, cet accès à la représentation va pouvoir décupler les pouvoirs d'échange entre individus, que ce soit dans la communication verticale ou horizontale*. Dans cette dernière, les mots ont d'ailleurs moins de sens, car le système d'éthologie de la communication [30] fonctionne très bien entre pairs. Trop bien parler dans ce cadre y est plutôt mal vu. Il semble même que l'enfant qui, dans le cadre de jardins d'enfants, maîtrise trop bien le « verbe », est vu d'un œil méfiant par ses pairs : est-ce un espion de Moscou (soit du monde adulte) ou est-ce vraiment un enfant comme nous ? Dans ces conditions, l'enfant parlant « comme un livre » (dirait un adulte) n'accède pas aux hautes fonctions sociales : il ne sera pas choisi comme leader. Il pourra peut-être se rattraper plus tard, quand il sera grand et qu'il fera de la politique... Entre eux, les enfants se méfient des « beaux parleurs », car ils pressentent bien l'ambiguïté que porte le langage verbal, qui à la fois dit et travestit, exprime et cache.

On va assister à deux mouvements complémentaires de l'enfant à cette période : d'une part, les investissements sociaux qui donneront lieu au développement du jeu symbolique par exemple, et les investissements de chercheurs, centrés sur le développement de la pensée déductive et causale par rapport à l'observation de matériaux et de faits. Dans le premier cas, l'enfant va développer ses rôles d'acteur social, avec tous les enjeux ludiques et relationnels que cela implique, avec le développement de tous les réseaux d'échange et de formation mutuelle que ces investissements permettent. On joue à faire semblant, on exagère ses gestes, ses mimiques et son intonation vocale pour bien signaler qu'on est dans le jeu. On investit des grands cartons comme sa maison, on envahit la maison de l'autre, on reconstruit, on s'isole ou on partage les lieux. On se bagarre aussi pour posséder tel lieu privilégié, tel promontoire qui sert d'observatoire par rapport à tous les autres. Mais, si tant est que l'adulte n'intervient pas, sait rester à distance tout en témoignant sa sympathie (voir à cet égard le concept d'empathie* positive [43]), alors, d'eux-mêmes les enfants vont chercher à résoudre les conflits qui les opposent. Et ils trouvent.

Quel défi pour l'adulte ! C'est *parce qu'il n'intervient pas* qu'une solution vraie, une solution qui convient aux enfants puisqu'elle est issue d'eux, et fait partie de leur vision du monde, peut être trouvée. Quel défi à notre désir d'intervenir, de réglementer, de « policer » le débat en apportant ce qui, pour nous, adultes, paraît être la bonne solution... mais qui ne constitue souvent qu'un import/export illicite : notre marchandise ne fait pas partie du monde des enfants et reste inconnue au bataillon de leurs moyens d'action ! Quel défi que de ne pas jouer le censeur et de ne pas en tirer une morale (qui est nôtre) ; plus insidieux encore, de ne pas chercher à être investi par l'enfant, voire les enfants, comme le sauveur intègre, l'être à admirer et aimer pour sa probité, sa générosité et son infaillibilité ! Par une attitude participative, il s'agit résolument de se situer en tant que partenaire présent sans être intervenant.

Les choses sont tellement plus simples quand les enfants, jeunes ou moins jeunes, savent régler entre eux, honorablement, les conflits qui à la fois les lient et les opposent. Dans un tel cas de figure, il y a construction d'une morale du conflit qui se réalise sur la base de faits réels, à la grande différence d'une solution dans le cadre d'une communication verticale qui obéit à d'autres lois et concepts que ceux des jeunes concernés. Dans l'après-coup du conflit, il peut être utile de signaler aux intéressés quelles solutions l'adulte aurait proposées, mais essentiellement pour information. Si la résolution choisie par les intéressés est mutuellement acceptée, c'est qu'elle est actuellement la meilleure de leur point de vue. Mieux vaut une solution directement assimilable et subjective qu'une solution étrangère suscitant l'accommodation tout en véhiculant une fausse objectivité. C'est en tout cas ce que l'étude des interactions entre bébés de dix à vingt-quatre mois permet déjà de constater[44].

Ces quelques données mettent en évidence des résolutions dans le cadre de jeux symboliques et d'échanges sociaux entre pairs. Qu'en est-il des actes cognitifs plus centrés sur l'expérience personnelle ? Dès ces âges, et pour autant qu'on mette à leur disposition un matériel qui mérite leur intérêt (c'est d'ailleurs ce qui demande le plus de réflexion au chercheur comme au pédagogue), ces chers petits peuvent conduire de véritables expérimentations où, comme un chercheur digne de ce nom, il(s) s'isole(nt) pour tester un matériel choisi. Le cher petit conduit alors avec un sérieux imperturbable, une attention sans défaut et une volonté qui attire le respect de l'adulte observateur, des recherches qui touchent à la physique et au logico-mathématique, non pas en termes de mathématisation formelle, mais bien en termes d'expérience systématique. Non seulement bébé a cette capacité, mais encore il est tenace. Si un adulte propose à l'enfant une activité qu'en tant qu'adulte il trouve intéressante, il aura sa réponse très vite : l'intérêt de l'enfant rejoint-il celui de l'adulte, alors l'enfant se met à la tâche et persévère. La rencontre des intérêts ne se fait-elle pas ? Alors, poliment, l'enfant accorde quelques secondes à cet objet extérieur, puis retourne à ses moutons. Sur ce qui l'intéresse, il peut rester actif et concentré pour une vingtaine de minutes, sans que son attention ne faiblisse. C'est un défi à ce qu'on pense de la capacité d'attention des enfants, mais celle-ci a été calculée le plus souvent sur la base d'interactions portant sur des objets extrinsèques* [45] aux intérêts directs des chères petites têtes blondes. L'adulte pensait que ce serait intéressant, et ça l'était certainement, mais de SON point de vue seulement. Ça ne pouvait donc pas être une occasion d'interaction réelle entre l'enfant et le matériel, ce dernier ayant besoin de la présence de l'adulte pour être investi.

Mais quel est donc ce matériel choisi? Qu'est-ce qui lui vaut cet investissement au-delà des attentes ordinaires? De quelle(s) séduction(s) est-il paré?

Les chercheurs du CRESAS [46] ont choisi pour les expériences «physiques», comme les expériences «logicomathématiques», des matériaux tout simples, courants, qui n'ont rien de jouets ou de matériel didactique. Pas de couleurs particulières, pas de tentative de séduction particulière par la forme, le bruit. Il s'agit de macaronis, de spaghettis (on peut faire passer l'un au travers de l'autre), d'élastiques, de billes... Un bric-à-brac d'objets qui, et c'est là l'important, ne véhiculent par eux-mêmes aucune signification symbolique, aucune nécessité d'action particulière. On peut les mettre en lien et construire ses expériences, le même objet peut servir à des fins différentes.

Il y a là une nouvelle question éthique qui se pose: «on» a beaucoup développé les jeux et les jouets (c'est une bonne occasion pour une société de consommation...), on a fait des beaux objets, colorés, mouvants, bruyants, mais ces copies du réel restent désespérément limitées dans leur usage. Elles collent au réel et servent plutôt aux habitudes et aux rituels qu'à la réflexion et à l'expérimentation. Comme on l'a vu, cela a un sens, mais UN sens seulement. Comme matériel de stabilisation, comme espace de ritualisation, ces objets ont une valeur indéniable, mais dans l'axe de la répétition beaucoup plus que dans celui de la création. Plus un matériel est sophistiqué, plus il est difficile de le rendre ludico-créatif* [47]. Le merveilleux du jeu symbolique, c'est que le même brin d'herbe peut être tour à tour épée, canne à pêche, salade ou seringue, voire redevenir brin d'herbe. C'est ainsi que se nourrit l'imag(e)inaire, la mobilité de la pensée et du point de vue, la décentration de l'objet sur ses modes d'investissement. Richesse insoupçonnable que ni l'habitude, ni le rituel, bien que nécessaires eux aussi, ne pourront jamais atteindre.

Essayez comme notre petit d'homme de stabiliser un bout de spaghetti dans un macaroni que vous balancez, de faire tenir une bille sur un plan incliné : cela demande de l'invention et de la ténacité. C'est ainsi que bébé va construire (reconstruire) sa connaissance du réel : dans de telles situations, il ne mémorise pas des savoirs externes. Il construit (par le biais de ses procédures et stratégies) sa connaissance du réel : il re-naît au réel par le biais de ses pratiques expérimentales. Tant dans le domaine de la causalité que de la physique. Déjà quand bébé lançait « par-dessus bord » son hochet plus souvent qu'à son tour, il expérimentait : il testait la complaisance de l'autre (celui qui ramasse et rend), il testait l'espace (le temps de chute n'était pas toujours identique), il testait l'acoustique (selon le lieu de chute, l'objet ne résonne pas de la même manière), il testait le mouvement (selon la force de sa projection motrice, qu'est-ce qui allait changer au niveau de l'espace, du bruit et de l'autre complaisant qui assurait la restitution de l'objet ?). C'est ce genre d'expérience que bébé va recréer, mais cette fois, il a suffisamment de mobilité pour ne pas dépendre de l'autre, pour agir par lui-même. C'est une bonne occasion pour affirmer sa personnalité, sa subjectivité* créatrice (au sens de l'acte du *sujet*, auteur et acteur de ses actes).

Le langage va servir aux mêmes fins : à ce moment de son développement, bébé va passer par des énoncés-blocs (les *holophrases*) qui commentent une situation actuelle, antérieure ou à venir. Ce sera par exemple « boum » qui est produit quand une porte claque, quand quelque chose tombe bruyamment, quand il fait tomber une voiture du toit d'un garage. Ce sera « wouwou » pour un chien qui passe devant la fenêtre, puis cette même séquence pour une dame, un enfant, un tram ou un cheval qui passe devant la même fenêtre (ou une autre) : la première fois, le chien a passé en aboyant. Bébé a recréé avec son langage le cri du chien qui passait, puis généralisé à tout ce qui passe devant la fenêtre pour ensuite différencier les appellations de ce qui passe avec l'assistance d'un interlocuteur plus chevronné et conventionnalisé. Ces premiers énoncés sont donc englobants* et réfèrent à la totalité d'une situation.

Comme il s'agit de tenir compte de l'autre et de son langage, bébé va ensuite proposer des énoncés dits « à deux éléments » : on peut dès lors y repérer un thème et un commentaire. Une séquence telle que « boum popote » peut signifier que la porte a claqué, que quelqu'un a claqué la porte, qu'une casserole (pour faire la popote) est tombée. Le thème peut aussi bien être « boum » qui réfère au bruit, « popote » devenant alors commentaire, que

« popote », « boum » prenant alors valeur de commentaire. L'enfant pourra d'ailleurs varier l'ordre d'occurrence de ces deux éléments (« popote boum » *vs* « boum popote »). Le pas suivant sera l'accès aux énoncés à trois éléments tels que « donner poupée garçon » qui n'aura pas le même sens que « garçon donner poupée » ou « poupée donner garçon ». L'ordre des éléments prend alors une valeur : c'est une première grammaire fonctionnelle pour notre locuteur. Il a donc passé d'énoncés globaux rapportant à une situation à une première différenciation entre élément thème et élément commentaire (la structure du mandarin en linguistique) pour accéder enfin à un mode de faire où la variation de l'ordre d'énonciation des éléments va être porteuse de sens.

A ce moment, l'enfant est de plain-pied dans le langage verbal. Il va pouvoir accéder à sa dimension transformationnelle* et générative*. C'est aussi à cette période de vie que bébé va souvent dire « NON », au départ par le geste puis par le mot. C'est une autre manière de construire et affirmer son identité... même si ce « non » n'est pas toujours justifié. Le fait de dire « NON », c'est une manière efficace de se positionner par rapport à autrui, de se distinguer du propos de l'autre. C'est l'affirmation de l'énonciateur qui prend conscience de son « moi ». Ce « non » existait dans l'acte du refus, il peut maintenant s'affirmer tant en acte qu'en parole, voire plus souvent en parole qu'en acte. Quand il atteint ses deux ans, notre petit d'homme a donc une grande variété de moyens d'échange et de communication, verbaux et non verbaux qui constituent ses outils de travail dans le domaine langagier.

Mais bébé a encore vécu un autre changement, majeur lui aussi. De rampant, il a marché à genoux, et le voilà qui maintenant se dresse, chancelant encore, sur ses deux jambes, défiant ainsi toutes les lois de l'équilibre. En effet, il est physiquement impossible de faire porter le poids de tout un corps, et ses mouvements de locomotion, sur d'aussi petites portées que les pieds. Il a fallu d'ailleurs un temps certain aux hominidés pour passer de la position simiesque à la position verticale. Ce changement en a motivé quantité d'autres : abaissement du larynx, changement de l'équilibre de la cavité buccale, modification du mode de mastication alimentaire.

A sa manière, bébé revit l'histoire de l'homme en apprenant à se tenir debout. Au départ, il est d'accord de retomber sur son derrière sans faire de drame, mais plus il approche de la maîtrise de cette nouvelle position, plus il se vexe en cas de chute. Malheur à celui qui se moque, il encourra sa colère et sa hargne ! Mais quelle victoire quand on tient debout, fermement sur ses jambes. Nouvelle révolution copernicienne qui motive quantité de changements au niveau sensoriel, sensitif, perceptif et moteur. On entre dans le clan des grands. Le petit d'homme va une fois de plus reconstruire son expérience du monde, modifier ses points de vue, changer son traitement du réel. Debout, il va pouvoir construire son schéma corporel, au-delà de l'image du corps qu'il a déjà constituée.

Sur le plan de l'engagement relationnel, il pourra aller à l'autre ou s'en éloigner librement. L'espace tout à coup n'a plus de limites. Nouvelle liberté, nouvelles responsabilités pour notre petit d'homme sur le chemin de son hominisation. C'est un effort de se tenir droit : comment le faire sans se crisper trop, comment agir pour garder « la souplesse du serpent » même lorsqu'on est debout [48] ? Comment affermir une position sans la figer ? Le temps n'est pas encore là du garde-à-vous... Nouvelles expériences psychomotrices pour le cher petit, nouvelles expériences langagières et sociales, nouvelles expériences cognitives aussi : le temps de la découverte n'a donc pas de fin ? Et bien, non. Et mieux vaut être au clair là-dessus tout de suite : la vie est un mouvement perpétuel, une série de recherches d'équilibre toujours renouvelée. On peut en donner l'image d'une spirale montante élargissante [49], dont le champ s'ouvre à l'infini.

C'est ce processus d'ouverture qui signe la spécificité de l'homme, tant sur le plan humain que sur celui d'une cosmogonie et d'une spiritualité. « Tout système stable est un système mort », disait Piaget [50], et il le pensait tant pour ce qui concerne la cognition et l'intelligence que pour les enjeux relationnels et affectifs. Même s'il a dû renoncer à étudier ces derniers du fait de la richesse de ses découvertes dans le domaine cognitif. Voilà notre cher petit, le petit enfant, prêt à entrer dans une nouvelle phase existentielle.

Le petit enfant de deux à quatre ans

La plupart des éléments de vie de cette période trouvent leur préfiguration dans la période précédente. Sur le plan corporel par exemple, à cet âge, l'enfant marche, court. Il s'assied, se met debout, se couche : il vit son corps dans toutes ses dimensions. Le schéma corporel va se structurer d'autant mieux que le champ d'expérience de l'enfant est plus riche. L'anticipation du mouvement, dans les escaliers à la montée ou à la descente, se précise et, peu à peu, l'adulte ose laisser aller seul le cher petit. Quand tout va bien, l'aspect monolithique du corps du bébé disparaît au profit de la souplesse et de la mobilité. L'enfant s'essaie à l'équilibre, il tente de marcher à cloche-pied, de sautiller. Il développe sa psychocinétique[51] corporelle selon ses moyens. Cette souplesse corporelle vaut aussi pour la souplesse au niveau de l'élocution : la dynamique phono-articulatoire* va se préciser, la connaissance de la cavité intrabuccale se spécifier.

Le meilleur positionnement organique, la plus grande précision cénesthésique* associés à la qualité de l'audition permettent au cher petit de se rapprocher de plus en plus d'une norme de référence en matière de phonologie*[52] : ses productions verbales ressemblent aux nôtres, avec les limites de son vocabulaire et de sa syntaxe. Il peut commencer à jouer avec les mots, à comprendre les jeux d'humour, toutes qualités qu'il développera pendant la période dite de « jeu sur le langage » qui s'étend de trois à cinq ans. L'enfant pourra dire « il a prendé » par analogie avec « il a chanté », ou « il a buvé » par analogie avec « il a chanté ». Ces nouveaux jeux sur le langage témoignent d'un premier pas vers une réflexion sur la langue[(53)] qui va permettre à l'enfant de saisir la verbalité comme étant à la fois un objet de réflexion et un outil de communication. C'est pendant cette période aussi qu'il y a un développement majeur de l'enfant sur le plan de l'étendue de son vocabulaire[54].

Sur le plan structural, il utilise des formes syntaxiques relativement complexes, car il fait beaucoup appel à la redondance dans l'énoncé, en particulier en répétant un élément qu'il juge important (p. ex., « le garçon, il a mangé ma pomme » ou « il a mangé ma pomme, le garçon » ou, si le thème principal est la pomme, « ma pomme, il a mangé ma pomme (le garçon) »). Ce renforcement du thème[55] permet à l'enfant de pondérer l'information donnée : dans un énoncé, tout n'est pas d'égale importance. Ce mode de faire, grammaticalement complexe mais naturellement maîtrisé par l'enfant, permet d'insister sur ce qui importe le plus aux yeux du locuteur-énonciateur.

L'enfant va accéder aussi au système de coréférence : au lieu de répéter le nom d'un acteur important dans son récit, il dira plutôt « le chien, i(l) » puis, aussi longtemps que le chien reste l'acteur principal, l'enfant utilisera le « i(l) ». Dès qu'un autre acteur prend une importance prépondérante, alors l'enfant dira « le garçon, i(l) » et procédera comme auparavant aussi longtemps que le garçon est l'acteur principal[56]. La forme du « i » nous paraît indifférenciée, mais en y regardant de plus près, sa valeur pro-nominale ne rapporte pas du tout indifféremment à un référé ou un autre. De même, peu à peu l'enfant va s'approprier les « mots outils » : prépositions, conjonctions, qui permettent d'enrichir la force générative du langage. Souvent, des prototypes de ces éléments outils existaient déjà dans les énoncés du début, sous la forme d'une voyelle associée à une unité à fonction nominale, par exemple « a/pomme » ou « e/wouwou », mais cette fois les choses se précisent, s'affinent en s'approchant de la norme linguistique. Dans cette période (comme dans la précédente), il est important que les parents, les frères et sœurs acceptent que le langage soit en construction et qu'ils n'interviennent pas de manière normative et corrective. Bien sûr, quand un enfant petit nous dit quelque chose d'incorrect par rapport à la norme, on peut le lui signaler. Mais, cette fois encore, ***pour information***. On peut aussi lui redire ce qu'il a dit comment nous l'aurions dit : l'enfant pourra en prendre note et en tenir compte par la suite. C'est le principe des expansions et du feed-back correctif*[57], mais il ne s'agit pas de faire répéter l'enfant, de l'amener à se soumettre *manu militari* à NOTRE version de l'énoncé. Sauf si on veut casser le processus de communication et d'acquisition langagier au profit d'une éducation musclée et directive. Mais la soumission n'est jamais productive, si elle rend passif et fait de l'autre un perroquet...

Ce même enjeu éthique et éducatif se retrouve dans l'acquisition de la propreté par l'enfant. En grandissant, le cher petit doit apprendre à contrôler ses sphincters, tant anal qu'urétral. Non seulement de jour, lorsqu'il peut en avoir un contrôle conscient, mais progressivement aussi de nuit. Ce contrôle, comme le sevrage du sein maternel, est un processus complexe, une nouvelle entrée dans la convention sociétale. De même que bébé passe de la nourriture liquide, proche de celle de l'intra-utérin, à la nourriture semi-solide puis solide, de même qu'il mange avec les doigts, puis avec des outils adaptés (de convention récente, puisque cela remonte à Henri III de France), cette fois, il s'agit d'abandonner les langes. Tant que les langes sont là, le cher petit peut se laisser aller à uriner ou déféquer quand bon lui semble. Il y a toujours de quoi éponger les risques. Dans ce domaine de l'**ex**-pression, il n'a pas encore à l'esprit un déroulement du temps organisé en séquences qui précisent « pas maintenant *vs* maintenant ». Il n'a pas encore acquis ce réflexe pour lui nouveau d'anticiper à partir d'une pression organique interne, plus ou moins agréable, qu'il est temps de se précipiter aux toilettes si on veut éviter ce qui devient maintenant un désastre. Parfois, et c'était bien son droit du temps des langes, il pouvait avoir plaisir à se retenir, à sentir ces jeux de pression, de tensions et de relâchement, qui sont autant de découvertes sur le fonctionnement du corps « par le dedans ». Quand il s'octroyait le droit de libérer le passage, il n'y avait aucun risque, rien d'autre qu'une forme de plaisir. Et voilà maintenant que, langes enlevés, la règle change du tout au tout.

Les mêmes plaisirs, les mêmes jeux changent totalement d'enjeux : le temps change de sens, l'anticipation change de valeur. Il faut jouer ET prévoir, à la fois en termes de besoin, d'espace et de temps. Ce n'est pas une mince affaire. D'autant plus que, si papa et maman jouaient volontiers le jeu du lange, si dans cette période d'accès à la propreté, ils acceptent parfois le retour du lange, bien souvent ils râlent, ils se fâchent. Ils cajolent ou punissent : quel est donc cet enjeu qui motive tant de réactions de la part de l'environnement ? C'est une norme à l'état pur. En Chine, on met à l'enfant des pantalons fendus à l'entrejambe, jusque tard dans l'enfance, pour qu'il puisse se soulager dans les meilleures conditions possibles en fonction du lieu et du moment. Mais l'Europe n'est pas la Chine. Il existe des lieux d'aisance, qu'on se le dise ! Et attention au contrevenant, il sera puni...

Cette normalisation prescriptive est nécessaire dans nos sociétés, mais c'est une norme complexe par rapport aux enjeux antérieurs. Pour tout ce qui est le langage, quantité de prémisses fonctionnelles ont servi à l'enfant d'avertissement. Pour tout ce qu'est le nourrissement, il y a eu des ruptures successives, mais l'enfant n'avait pas le choix : le changement s'inscrivait dans la continuité sociale à défaut de s'inscrire dans la continuité personnelle. Pour la propreté sphinctérienne, on a le sentiment d'un effet de rupture plus marqué encore, de définition autoritaire d'un avant et d'un après qui est celui des adultes mais ne peut avoir de sens pour l'enfant. Il s'agit bien qu'il prenne conscience de cet avant et de cet après des autres, il faut bien qu'il l'intègre à sa compréhension de la loi et à son nouveau mode de vie. Mais cette fois encore, le parent suffisamment bon agit de manière à ce que l'enfant puisse construire la transition entre l'avant et l'après. Il suggère souvent, exige parfois, motive l'enfant à ce changement majeur de fonctionnement. Il s'agit d'un enjeu éducatif partagé dans le triangle familial, à la fois ludique et créateur. On ne sèvre pas du jour au lendemain un enfant du sein maternel, sauf cas particuliers. On ne sèvre pas un enfant de ses langes et des enjeux de l'ex-pression du jour au lendemain.

Surtout qu'à cette période, l'enfant vit sur le plan psychologique une volonté d'affirmation. Il veut pouvoir dire non « de tout son soûl », comme le Bourgeois Gentilhomme veut pouvoir se mettre en colère. Il veut sa place (même s'il l'a) et qu'on la lui reconnaisse pleinement. Il s'affirme souvent déjà en « roulant les mécaniques » et en « donnant de la voix ». On a constaté en particulier chez les garçons que c'est à cette période que se génèrent les premiers troubles de la voix[58], comme si l'affirmation corporelle liée au raidissement anal nécessaire à la contention était transférée au niveau du sphincter laryngé : mauvaise affaire ! Si l'accès à la propreté va de pair avec le développement d'une pathologie progressivement mutilante, si l'ex-pression d'en bas bloque celle d'en haut de par sa nécessaire normalisation, les enjeux se compliquent singulièrement. Si, comme chez certains psychotiques, la contention se fait jusqu'au dernier moment, jusqu'au seuil d'un sentiment d'éclatement corporel pour qu'ensuite le sujet concerné s'exprime aux toilettes mais en « en mettant partout », convoquant éducateurs et thérapeutes au nettoyage des lieux, il y a échec de l'accès à la propreté.

Il est donc important que la maîtrise sphinctérienne soit comprise par l'enfant comme un outil de grandissement beaucoup plus que comme un objet d'obéissance. Il est important que sa mobilité corporelle ne soit pas figée par le raidissement annal et urétral. Il est nécessaire qu'il puisse passer d'un « stade anal » à un « stade urétral », puis à un « stade génital » comme des moments de son évolution, tant psychique que physique.[59] Il y a là des enjeux qui dépassent la propreté pour engager toute l'équation somatopsychique d'un enfant, avec son corollaire, l'équation psychosomatique. Celle-ci doit être saine, non perverse, pour que le sujet reste dans le domaine de la santé, tant psychique que physique. Comme on l'a vu, cette maîtrise « du bas » ne devrait pas affecter l'expression « du haut », mais ce risque existe, chez chacun. Maîtrise sphinctérienne devrait donc rimer avec souplesse, différenciation ; avec promotion de soi plus que normalisation. Une affaire difficile...

Sur le plan relationnel, on assiste à de mêmes enjeux : l'enfant a étendu son champ d'action, ses rôles auprès d'autrui. Il a développé sa capacité d'être auteur, mais aussi celle d'être acteur. Mais voilà que l'autre parfois résiste, s'oppose. Il existe, lui aussi, et ne veut pas lâcher son point de vue. Par moments en tout cas. « T'es méchant, et pi mon papa, i te tapera, pi mon papa, il est très fort, il est dans la police mon papa... » Qui n'a pas entendu, voire se souvient de ce type de discours, lorsque l'enfant est exaspéré de la résistance de l'autre et cherche à outrepasser cette résistance par la menace. La toute-puissance montre là le bout de l'oreille. Mais elle ne passera pas. Espérons que l'autre répondra sur le même ton, et que les dires de l'un et de l'autre s'annuleront ainsi. Pour accéder à un compromis (non compromettant), à un engagement mutuel et solidaire qui permette le dépassement d'un impérialisme naissant, d'une vision un peu trop grandiose de soi. Les bébés savaient résoudre entre eux leurs conflits sans faire appel à un adulte censeur. Dans ce cas, le langage permet l'évocation du censeur, mais il s'agirait d'en rester là. L'évocation doit suffire. Le passage à l'acte est dommageable pour tous.

On peut fuir dans la toute-puissance et se draper ensuite dans sa dignité, solitaire et distant. On peut aussi « s'écraser » face à l'autre, commencer à se déconsidérer, à se convaincre qu'on est nul, minable, zéro. Cette autodépréciation du sujet, comme l'autovalorisation du sujet, sont autant de failles narcissiques, qui témoignent de l'insécurité de la construction de l'être, du défaut de confiance en soi et de conscience de soi. Ce n'est pas le relais de l'adulte qui peut compenser cette faille, lorsque ce relais s'exprime par des actes et des faits. L'adulte doit reprendre sa copie, au niveau des échanges éducatifs qu'il a à conduire avec son enfant, pour que celui-ci trouve sa réassurance dans l'image de soi qu'il peut (re)construire, dans l'estime de soi dont il peut se créditer[60]. Il s'agit d'un enjeu éducatif qui s'inscrit dans l'histoire développementale de l'enfant et de sa famille, il ne s'agit pas d'une preuve à donner par l'acte. Selon la manière dont va se restaurer l'image de soi que l'enfant a de lui, il va se considérer, en famille comme en société, plutôt comme un battant ou un perdant, alors qu'il ne s'agit ni de l'un, ni de l'autre. C'est selon la situation qu'on peut être battant ou perdant. C'est selon la situation qu'on peut se sentir plutôt suiveur, marginal ou co-dirigeant par rapport aux enjeux en cours[61]. Seule cette variance de position est viable pour pouvoir se respecter soi-même. Tant de choses seront à vivre avec d'autres, pas en compétition avec d'autres, mais AVEC. Dans tant de domaines, l'autre peut en savoir plus que soi alors que, dans d'autres, on en sait plus que l'autre. Il n'y a pas de hiérarchie de valeur à construire entre savoirs. Tous témoignent du génie de l'humain ou de la force de l'homme. Tous participent à la construction de la pyramide de la connaissance.

La présence de l'autre est une nécessité. Paraphrasant Saint-Exupéry, on peut dire « ta différence loin de me faire peur, m'enrichit »[62]. Nous avons vu que le petit bébé en pouponnière pouvait y trouver l'occasion de sa propre différenciation et de son enrichissement personnel. Ce qui est vrai du bébé ou de l'enfant en jardin d'enfants, lorsqu'il n'y a pas surstimulation ou rupture entre accompagnement institutionnel et accompagnement familial, reste pertinent pour l'enfant plus grand. Il est fondamental que notre petit d'homme soit à la fois sûr de lui et sûr de son besoin de l'autre. Sinon, cette phase d'affirmation personnelle signerait la perte de la solidarité et de la mutualité dont il avait su faire preuve « dans son jeune âge ». Alors que ces valeurs sont (et doivent rester) des valeurs constantes de l'humanité, de la culture et de la civilisation. Sans tricherie, ni abus.

Il y a un autre bénéfice à l'interaction sociale pour nos chères petites têtes blondes : l'enfant peut y trouver à la fois un bénéfice social et relationnel, et un bénéfice cognitif et intellectuel. On a constaté en effet[63] que lorsque deux, voire trois ou quatre enfants de ces âges, se retrouvaient en commun autour d'une situation d'expérience (un matériel à découvrir et classer ou un problème de construction nécessitant l'anticipation), le résultat de leur démarche était d'autant meilleur qu'ils avaient plus échangé d'idées, de suggestions et d'hypothèses entre eux. Plus ce travail en commun avait permis de décentration sociocognitive, plus chacun des enfants y trouvait son compte. Plus spécifiquement, si on regroupe des enfants qui par rapport à la conservation de la matière[64] en sont à des niveaux différents de compétence, on peut constater qu'ils évoluent tous vers de meilleures stratégies, voire deviennent conservants. On a tenté le coup avec des enfants de plus en plus jeunes par rapport aux normes piagétiennes (qui ont été définies dans un rapport adulte/enfant) : qu'a-t-on constaté ? Ces chers petits accèdent à la conservation d'autant plus jeunes qu'ils ont réfléchi à plusieurs. On gagne du temps sur les normes d'accès usuelles à la conservation.

Toute une série de travaux a été conduite par la suite en fonction de ces premières expériences et on en voit la dimension essentielle : travailler en petits groupes hétérogènes permet non seulement l'évolution des compétences de chacun, mais encore de favoriser dans une certaine mesure l'accès à certains savoirs, pourtant testés universellement. La condition de travail proposée, soit d'être *« uniSvers »*[65], constitue un ferment d'évolution significatif. Le « conflit sociocognitif » permet un accès vrai, une assimilation active de données du réel qui restent autrement (l'enfant étant seul) en attente de jours meilleurs. Cette vision des choses n'est pas nouvelle en soi, certains pédagogues en ont largement fait usage. Une famille jouant en commun au jeu de l'Oie, ou, plus tard, au Monopoly, peut constater que les plus jeunes profitent largement des expériences de leurs aînés, même s'ils ne parviennent pas à une maîtrise totale des règles et des enjeux. Les cadets et les benjamins sont bien souvent à la poursuite de leurs aînés et accèdent à des connaissances qui avaient fait défaut à leurs aînés au même âge. Les clans familiaux ont toujours fonctionné avec ces relais entre plus âgés et plus jeunes. Le modèle de la corporation au Moyen Age était érigé sur les mêmes principes, qui, dans le fond, ont une valeur initiatique : il s'agit bien, par le biais de la différence d'expérience, d'initier progressivement le moins expérimenté aux savoirs des plus expérimentés.

Le «conflit sociocognitif» (il s'agit d'un conflit structurant au niveau des stratégies et procédures conduites par les sujets concernés, pas d'une belligérance) est une nouvelle occasion de décentration. Il est important que l'enfant de quatre ans ait conscience de ce qu'il est, qu'il ait une identité forte (un moi solide). Il est important qu'il sache se centrer sur lui-même, sur son Ego (capacité d'égocentration), comme le bébé qui savait s'intéresser autant à son environnement qu'à ses petits doigts. Mais il est tout aussi important que cette sécurité de l'être, cette axialité identitaire intégrée, permette l'ouverture sur autrui, sur le monde. C'est cette ouverture qui peut garantir l'ouverture de l'esprit et de la curiosité[66] et permet ainsi l'Ego-dé-centration. C'est cette capacité de décentration qui garantira par ailleurs les capacités de mutualité, de solidarité et d'interactivité, toutes compétences qui ne peuvent que servir au mieux-être de l'être et de la société.

Sur de telles bases, l'enfant peut se passionner à l'écoute de l'autre, s'ouvrir sur le réel et sur l'imaginaire, imaginer sans fuir au-delà du réel, différencier le rêve et la réalité, malgré la subjectivité de son point de vue. Nos yeux comme nos oreilles, le nez comme la bouche, le toucher comme la saisie d'un objet, nous donnent de multiples informations, mais celles-ci sont toutes biaisées par ce que nous sommes. Nous percevons subjectivement les choses de la vie, il n'y a pas d'objectivité sensitive, morale ou psychologique. Un savoir n'est pas meilleur qu'un autre, une langue n'est pas supérieure à une autre. Il s'agit de travailler dans le domaine de la différence, sans en faire un jugement de valeur, un racisme plus ou moins avéré. L'écoute de l'autre, actuel ou par la tradition du conte, prospectif par les enjeux de la fiction de «l'à-venir», est fondamentale au mouvement de l'homme. Nourrir l'imaginaire, c'est nourrir la pensée, si tant est que les plans ne sont ni confondus, ni dissociés. Accepter ce qui ne s'explique pas forme l'esprit, autrement que ce qui se raisonne et se déduit.

Le chemin que l'enfant va parcourir doit laisser toutes ces ouvertures pour qu'il y ait bien-être dans le devenir. La tâche des adultes et des pédagogues est de déplacer progressivement les frontières de l'explicable et de l'inexplicable pour que l'enfant procède par justes investissements. Il doit savoir qu'un adulte, quel qu'il soit, ne sait jamais TOUT, qu'il y a toujours et encore pour chacun de nous des choses à découvrir, des pistes à explorer, des inédits imprévus. Les banques de données sont là pour tenter d'être exhaustives. Ce n'est plus vraiment l'affaire de l'homme. L'intelligence, c'est pouvoir penser l'imprévu, mettre en lien des savoirs pour en faire des co-naissances*. C'est libérer l'esprit des contingences du savoir pour lui permettre d'accéder à sa vraie fonction : celle d'une aptitude créatrice toujours renouvelée, sachant tenir compte assez du passé et de la fugacité du présent pour construire l'avenir. Si l'enfant a vécu ces quatre premières années de vie dans des conditions proches du modèle développemental (idéal) dont nous avons fait le portrait, toutes ses forces, toute son énergie vitale sont là, prêtes à entrer en jeu dans ce nouvel espace de vie qu'est la scolarisation initiale. C'est à nous de construire celle-ci pour que ce formidable mouvement de l'être puisse se poursuivre dans le cadre scolaire. Pour que cette aptitude créatrice de chacun, dans les limites de chacun, puisse se développer harmonieusement tant sur le plan de l'intelligence que de l'engagement relationnel.

L'égalité des chances, c'est la possibilité pour chacun de faire au mieux de ce qu'il peut, et ce « pouvoir » est un processus évolutif : à nous d'en prendre acte, d'en faire acte de foi et de savoir. Si, dans l'Antiquité, le pédagogue était celui qui amenait l'enfant du domicile au lieu d'étude, le rôle du pédagogue, enseignant ou non, est bien d'accompagner l'enfant sur le chemin du savoir et de la connaissance, en fonction d'une perpétuelle mouvance qui ouvre la voie de la découverte.

✦✦✦

CHAPITRE II

L'enfant à l'école élémentaire : ses besoins, ses pouvoirs, ses savoirs

Le présent chapitre est organisé en quatre parties, consacrées chacune à un aspect particulier des besoins supposés des enfants. La première partie traite plus spécifiquement des *besoins* de l'enfant par rapport à lui-même. La deuxième partie est consacrée aux relations et à la *collaboration entre famille et école* par rapport à la scolarisation de l'enfant. La troisième porte sur les conditions utiles à faire de *l'école un lieu de vie* au-delà d'un simple lieu de travail. La quatrième partie traitera des problèmes d'*apprentissages et d'évaluation.*

1 L'enfant et ses besoins par rapport à la société, la famille, les parents

Cette section sera organisée en cinq parties complémentaires. Les deux premières traiteront des **acquis** des enfants à l'entrée en scolarisation initiale. Pour plus de détails, on se référera au chapitre introductif du présent rapport, « l'enfant de sa conception à l'âge d'entrée en scolarité initiale : un portrait ». La troisième traitera du **contrat de scolarisation**. Les deux dernières parties porteront sur les caractéristiques du **cadre de travail proposé** à l'enfant. Cette section étant centrée sur les **besoins supposés** des enfants, les contenus seront abordés dans la perspective des enfants plutôt que du point de vue des autres intervenants institutionnels concernés.

Cette centration sur l'enfant et ses besoins supposés n'implique pas la définition d'un « sujet épistémique »*, mais devrait permettre au lecteur de prendre temporairement ce point de vue pour définir le rôle de l'école dite « enfantine » qui, comme on le verra, n'a rien d'un jeu d'enfant...

Par contre, il est clair dans l'esprit du présent travail que l'enfant est considéré comme l'élément fondamental du système scolaire : c'est lui qui doit jouer le rôle fondamental d'intégrateur, tant de son histoire antérieure que de son histoire actuelle, cela à la fois sur le plan social, relationnel et cognitif.

1. La reconnaissance des acquis de l'enfant

L'enfant arrive en âge de scolarisation initiale en étant bien autre chose qu'une *tabula rasa* faite de cire molle sur laquelle l'adulte pourra tracer et imprimer ses savoirs et ses convictions propres. L'un des besoins fondamentaux de l'enfant sera que les adultes, parents et enseignants, le créditent de tout ce qu'il a déjà développé et acquis depuis sa naissance.

Tant dans le cadre familial qu'extrafamilial (pouponnière, jardin d'enfants, places de jeu, ...) l'enfant dès ses premiers jours a développé des modes de traitement de son environnement et de ses actes. Si, au début, ces actes se sont appuyés sur des réflexes, c'est ensuite par imitation d'abord en présence du modèle, puis en son absence et enfin sur la base d'une action intériorisée que l'enfant a développé des **analyses de situation** : ces expériences diverses l'ont fait passer du réflexe à la réflexion. Parallèlement, son identité propre s'est précisée puis affirmée. L'enfant sait bien avant quatre ans différencier ce qui relève de lui (le sujet), de l'autre (l'objet) et de la situation (le contexte pragmatique* et situationnel*).

En famille, il a développé des relations avec un ou plusieurs adultes, avec un ou plusieurs autres enfants d'âge différent. Ces premiers modes relationnels, qu'ils soient corporels, gestuels ou vocaux, il a pu les tester avec d'autres adultes (dans le cadre de la famille élargie ou d'espaces d'accueils tels que pouponnières et garderies). S'il a participé à des activités de pouponnière ou de jardin d'enfants, il a en plus fait l'expérience d'échanges avec des enfants en groupe, d'âge plus ou moins semblable, de cultures variées, de niveaux de développement plus ou moins contrastés. S'il a la chance d'avoir acquis des stratégies relationnelles tant face aux adultes qu'à des enfants d'âge différent (p. ex. fratrie) et des pairs, il a déjà un solide bagage avec lui pour aborder la scolarisation initiale.

Si ce travail a pu être réalisé tant sur le plan sociorelationnel que sur le plan sociocognitif, si sa curiosité est aussi dynamique dans le jeu des échanges entre individus que celui des échanges avec les objets, il est au bénéfice d'une très bonne base pour entrer dans la scolarisation. Dès sa naissance, l'enfant a travaillé sur des situations perceptives et sensorielles complexes qui lui sont beaucoup plus naturelles que les choses simplifiées. Il est parti de TOUTS divers qu'il a découpés, organisés, « zoomés », reconstitués. De ce passage du tout à ses parties constitutives, de son point de vue d'enfant et pas du nôtre bien évidemment, l'enfant normalement constitué fait une synthèse qui lui redonne son « savoir » dans une perspective plus économique et plus dynamique : il passe du global au particulier, revient au global en comprenant mieux les articulations entre ses observations, leurs liens et leurs enchaînements. Il peut alors en faire une synthèse, un classement qu'il automatisera dans sa pensée, libérant de l'énergie pour d'autres découvertes sans craindre de perdre ses acquis.

L'enfant a besoin de se confronter à des **situations complexes d'expérience**. Elles lui permettent de faire appel à ses expériences antérieures qui portent sur un classement de la complexité de la réalité, d'actualiser ses modes de faire, ses procédures, ses modes de traitement des données tout en comparant ceux-ci aux stratégies des autres enfants et des adultes accompagnants pour les enrichir et les différencier. Une telle démarche favorise chez l'enfant le passage d'une centration sur soi à une dé-centration par le regard et le mode de faire des autres, occasion d'enrichissement de son bagage stratégique pour agir sur des situations, qu'elles soient sociorelationnelles ou sociocognitives.

La curiosité de l'enfant est alors non seulement intime, mais également sociale. L'autre devient un support positif de curiosité et de développement personnel. Les fondements de la mutualité des rôles d'apprenant (et de la solidarité qui va de pair avec elle) sont ainsi posés. Ils rappellent le « un pour tous, tous pour un » des processus d'apprentissage, même s'il y a des différences de compétences, de potentialités et de réussites entre chaque individu apprenant, adulte ou enfant.

Ses acquis, habituellement, l'enfant les développe tant dans le domaine du monde de la physique que de la logique et de la symbolique. Il les réalise tant à un niveau personnel que relationnel, certains domaines de savoirs se développant plus aisément dans les échanges interindividuels que d'autres. Ce développement se fait normalement à la fois sur un plan sociocognitif et sur un plan cognitif. Lorsque l'enfant est curieux d'un phénomène ou avide d'échanges, il peut maintenir son attention de manière très durable, alors que pour un objet qui ne l'intéresse guère, il ne branchera qu'a minima son attention.

Ses acquis, il les a développés au niveau de ses canaux d'impression : il a développé ses capacités visuelles, auditives, tactiles, kinesthésiques, gustatives, olfactives dès son plus jeune âge. Il a développé parallèlement ses canaux d'expression : il sait utiliser la voix, le geste, le corps, la mimique et la parole pour interpeller, commenter, évoquer, dialoguer, jouer et simuler. Il a développé toute une série de praxies* et de gestes organisés qui lui permettent de s'adapter au monde des objets, des symboles et des signes, ainsi qu'aux instruments qui prolongent son action.

C'est par rapport à toutes ces expériences antérieures à l'école, dans et hors du cadre de la famille, que l'enfant qui arrive en période de scolarisation élémentaire a **besoin qu'on reconnaisse ses acquis** avant même qu'on les stimule par des propositions pédagogiques adéquates. Des situations d'expérience à découvrir et à partager avec les autres enfants prennent alors sens, en présence d'un animateur adulte qui sait que c'est parce que l'enfant peut faire le lien entre son passé et son présent qu'il peut investir sa scolarisation. C'est parce qu'il y a **continuité dans le changement et changement dans la continuité** que l'enfant peut accepter de moduler son savoir-faire, ses stratégies, au profit de son développement personnel et de l'élargissement de son processus de décentration. C'est sur cette base également qu'il peut admettre solidarité et mutualité des rôles d'apprenant.

2. La promotion des acquis de l'enfant

Si la fonction prioritaire de l'accueil en scolarisation initiale est la **reconnaissance** des acquis de l'enfant, la deuxième fonction prépondérante du point de vue de l'enfant sera la **promotion** de ses acquis. C'est par la promotion des acquis actuels des enfants que le pédagogue-animateur permet à l'enfant l'accès à de « nouveaux savoirs » dans la continuité relative des acquis antérieurs. Pour l'enfant, il s'agit de passer de l'acquis à la recherche d'acquisitions nouvelles. La promotion continue des acquis constitue le support dynamique à la curiosité vue comme un processus d'engagement durable, engagement qui porte tant sur des savoirs cognitifs que relationnels.

Cette validation des acquis se fonde sur l'observation que les élèves font de leurs interactions et sur les stratégies que chacun développe en relation avec les objets de savoir qui lui sont proposés. Le pédagogue est amené à commenter ces observations en donnant son point de vue. L'enfant se rend ainsi rapidement compte que le processus de promotion en jeu est autant son affaire qu'une affaire en lien avec les autres, pairs et adultes.

On peut signaler par ailleurs qu'une telle conception de l'accompagnement pédagogique est fondamentalement différente des options prises en termes de pédagogie compensatoire, celle-ci étant centrée sur un déficit et sur les moyens de le réduire en fonction d'une norme attendue. Dans cette perspective, l'enfant est l'objet du dispositif, alors que dans le travail promotionnel, il est sujet et acteur de sa formation en interaction avec le pédagogue.

Une telle visée de pédagogie interactive et promotionnelle permet de ne pas mettre trop de poids sur une pédagogie compensatoire, et de ne la mettre en pratique que pour les enfants qui manqueraient particulièrement de capacités d'adaptation à leur environnement professionnel scolaire. Dans la visée promotionnelle, *l'enfant est vu selon ce qu'il est, avec son pronostic d'évolution dynamique,* et non pas en fonction de ce qu'il devrait être par rapport aux attentes normatives définies de manière programmée par l'école. Si l'école sait répondre à ce besoin, elle permet à l'enfant de se savoir reconnu dans sa situation actuelle et son avenir/à-venir.

3. L'organisation progressive du contrat de scolarisation

Tout humain est un être en devenir : l'enfant n'échappe pas à cette règle. Il s'agit donc pour les adultes responsables d'un enfant de chercher les conditions de contractualisation pédagogique qui sont les plus adéquates pour que l'enfant y trouve sa place à la fois en fonction de ce qu'il est et de son potentiel en termes de devenir.

Dans une famille, lorsqu'il y a une situation de conflit entre adultes, les enfants ont toujours une difficulté à savoir s'ils sont concernés ou pas, s'ils sont coupables ou non de l'altercation en cours. Cela est particulièrement clair dans les cas de conflits conjugaux qui conduisent à des séparations ou des divorces.

L'enfant a donc besoin d'une harmonie suffisante entre ses répondants pour qu'il puisse évoluer de manière satisfaisante. Quelles conditions imaginer pour la mise en place d'un *contrat de scolarisation* pour l'enfant qui aille de pair avec une promotion de son droit de passer du statut d'enfant à celui d'enfant-élève ? Dans la triangulation famille-école-enfant, quel type d'échanges doit-il y avoir entre parents et répondant pédagogique pour favoriser l'accès de l'enfant à son rôle d'élève ?

Ce qui paraît d'emblée important, c'est que ce contrat ne soit pas simplement le fruit d'une règle automatique et tacite, mais bien plutôt le fruit d'une négociation entre famille et école. Plus les critères de contractualisation et de réalisation du contrat sont issus d'une négociation, plus chaque intervenant sera réellement partie prenante dans le « contrat de travail » imaginé pour l'enfant. Cette co-ordination des adultes, dans le respect de leurs différences de rôles, évitera à l'enfant de se sentir menacé de rupture par le fait d'une collaboration (vue comme une alliance par les uns, une trahison par les autres) avec l'un ou l'autre de ces deux « parents ». La mise en acte du contrat de scolarisation sera liée pour l'enfant à l'idée non pas d'une compétition entre adultes, compétition dont il serait l'enjeu, mais bien le fruit d'échanges entre adultes dans la recherche d'une complémentarité optimale.

Dans cette perspective, autant l'observation des enfants en début de cycle de scolarisation que les échanges informels avec les parents pour parler avec eux de l'histoire de l'enfant et de la famille deviennent des outils fondamentaux de la constitution et de la mise en application progressive du contrat de scolarisation. Bien évidemment, celui-ci ne peut ni ne doit être totalement à la carte pour chacun : une partie du processus en jeu est de nature prescriptive tant pour la famille que pour l'enfant, mais il serait tout aussi inadéquat d'en rester à un contrat d'obligation pour la famille et pour l'enfant, défini de manière autarcique par l'institution scolaire.

En effet, entre famille et école, le mariage est forcé du fait que l'école est obligatoire. Très peu d'alternatives restent possibles (sont-elles souhaitables ?) pour des parents qui seraient en désaccord avec l'institution scolaire. Il faut s'entendre à l'amiable entre adultes... mais autrement que *sur le dos* de l'enfant, et sans inversion des rôles, même relative, si on souhaite que l'enfant identifie clairement son rôle et sa fonction dans l'interface* famille/école. Que la famille soit traditionnelle (dite « nucléaire »), l'un ou les parents travaillant, que ce soit une « famille élargie » (avec présence active soit d'amis, de cousins, de concubins et de voisins qui se partagent des tâches) ou une famille dite « monoparentale ». Ce besoin de l'enfant de sentir une recherche de concertation et d'entente entre « ses » (ces) adultes de référence est une constante relationnelle, sachons la respecter.

Il est clair que selon les familles, le degré d'adaptation demandé à l'enfant dans la vie quotidienne et privée est plus ou moins important. Il serait insensé d'en faire table rase et de créer par là même des inégalités entre enfants s'il nous est possible d'y remédier en partie. Mieux connaître les autres, c'est aussi rendre possible cette adaptation, tant du point de vue sociofamilial que socioscolaire.

Cette organisation progressive du **contrat de scolarisation** peut porter sur des facteurs TEMPS (horaire), CONTENUS (objets de travail) et RELATION (mode de travail individuel, petits groupes, grand groupe, ...) selon les degrés d'autonomie et de responsabilité des enfants tels qu'on peut les observer et les comprendre.

Elle peut porter également sur l'aptitude de l'enfant à travailler pour soi sur des thèmes choisis de manière autonome, ou pour soi mais avec une attente définie de l'autre, enfant ou adulte (qui ne relève pas d'un travail pour le plaisir de l'autre qui est une imposture en matière de scolarisation), ou enfin pour accéder à un travail fait pour soi, malgré et avec les autres, que le sujet évalue, comparant cette évaluation avec une évaluation extérieure.

Ces différences sont importantes puisqu'on sait que les capacités de fixation de l'attention par l'enfant sont souvent diamétralement opposées selon qu'il se centre sur quelque chose qui stimule sa curiosité en fonction de son besoin propre (le conflit cognitif *stricto sensu*) ou, au contraire, qu'il se détourne d'un objet de curiosité qui lui est propre pour « importer » un objet de connaissance dont il est distant et qui ne motive alors qu'un temps minimum d'attention efficace et dirigée.

Chaque enfant a ses préférences dans ses portes d'entrée aux savoirs : pour certains, l'œil est plus directement productif que l'oreille. Pour certains, le silence aide à la réflexion alors que, pour d'autres, le bruit aide au travail. Pour d'autres, le mouvement libère la pensée alors que, pour le petit copain, ce sera le fait de s'immobiliser (jamais trop longtemps) qui aidera à se « concentrer ». Pour d'autres encore, c'est en touchant qu'on voit ou qu'on entend. Le but sera progressivement que chacun identifie perceptions et sensations pour les sélectionner et les coordonner de manière plus économique et opérationnelle. Mais c'est un but, pas un moyen...

Pour l'Education Des Perceptions (EDP), l'enfant a besoin que nous partions là aussi d'un tout pour en dégager les constituants fonctionnels. L'exercice individuel des sens n'est qu'une technique d'affinement perceptif, pas une technique réelle d'accès aux structures perceptives. Dans ce domaine plus particulièrement, l'adulte se doit d'être un fin observateur de ce que l'enfant apporte : en effet, c'est sur cette base qu'il pourra identifier les portes d'entrée les plus adéquates *actuellement* pour le développement et la stimulation de l'enfant.

Un autre point important de cette progression de l'organisation peut être vu dans le passage maison-école : lorsque l'enfant « passe d'une main à l'autre », du répondant familial au répondant scolaire, il n'a en fait aucun caisson de transition à disposition pour réorienter sa disponibilité, son mode de penser, en fonction de la différence des lieux. Lorsque l'enfant profite du chemin de la maison à l'école (et réciproquement) pour rêver, jouer, observer, échanger entre pairs, il vit un temps administré librement et répond ainsi à nos attentes (il faut qu'il soit responsable et autonome, c'est en vivant la liberté qu'on apprend la responsabilité), s'il reste dans les limites de l'espace-temps qui est défini comme acceptable par les trois parties. Quel urbanisme faudrait-il pour que ni les enseignants, ni la famille ne se fassent trop de souci pour le « cher petit » ? Quelle forme de sérénité morale avoir et transmettre à l'enfant pour faire de ce « go between » un dispositif d'équilibre moral et personnel et non un espace de crainte et de culpabilité qui lui soit préjudiciable ?

Parfois, après une longue et difficile journée de travail, il vaut mieux qu'un adulte, qui se sent tendu ou agressif et qui risque alors de profiter de ses proches pour se vider de sa colère ou de ses tensions personnelles, aille « prendre un pot au café du coin » pour se détendre et, par cet espace de transition utilisé, se rendre dispos pour sa famille. Ce qui est vrai pour l'adulte l'est aussi pour l'enfant, le café en moins...

4. Le cadre de travail : mobilité et régularité

Tout travailleur a besoin d'un cadre de référence à son travail qui soit suffisamment solide pour lui donner un sentiment de sécurité, mais aussi suffisamment souple pour lui donner un sentiment de mobilité et de créativité dans l'exercice de ses fonctions. L'enfant-élève est à ce titre un travailleur comme un autre.

Tout individu a besoin d'un cadre de référence existentiel (familial p. ex.) suffisamment solide pour qu'il s'y sente en sécurité, mais aussi assez souple pour qu'il s'y sente un droit de vivre à la fois son individualité et sa solidarité à la collectivité dont il fait partie. L'enfant est comme chacun de nous un individu à part entière.

Il y a donc dans tout système un équilibre à trouver entre le solide et le structuré (assez, mais pas trop !) et le souple permettant le créatif (là encore, assez, mais pas trop !). C'est difficile mais pas impossible... Cet équilibrage dynamique, cette alchimie du contenant* permettant la mobilité des contenus, porte pour l'enfant tant sur l'engagement relationnel (relations entre pairs, entre enfants d'âges et de cultures différentes ou relations entre enfants et adultes de référence) que sur les modalités de réalisation du travail en tant que tel.

Au niveau relationnel, c'est la recherche de rapports optimalement variants entre individus qui est déterminante : être trop souvent avec les mêmes enfants peut devenir un appauvrissement. Etre trop collé à l'adulte dévie le rapport social aux autres. Etre trop solitaire amène à l'appauvrissement et souvent à l'asocialité. Un enfant doit pouvoir trouver son confort tant en solitaire qu'en groupe, tant avec les pairs que les adultes. Rituels et habitudes, bien que rassurants pour quiconque, deviennent trop souvent les deux mamelles de la dépendance.

Au niveau du travail, il est important de *savoir travailler seul,* mais il est tout aussi important de savoir travailler avec d'autres, enfants ou adultes. On devrait savoir travailler en petit groupe comme en grand groupe et ne pas craindre le grand nombre ou la dimension « intime » du petit groupe. L'enfant qui a vécu en famille avec sa fratrie, en pouponnière ou en garderie, en colonie, sait bien qu'il est vital de se débrouiller dans tous ces contextes pour s'en tirer au mieux. Cette aptitude à la mobilité dans le travail, les enfants en ont usage et besoin, si tant est que le cadre est assez solide pour être rassurant.

Sur la base des activités qui lui sont proposées, un sujet équilibré admet que selon les moments et les niveaux de savoir qu'il a atteints, il pourra être *co-dirigeant* du processus de travail envisagé. Ou *suiveur* seulement, parce que, pour l'instant, il n'en sait pas assez pour prétendre à codiriger. Ou enfin, il pourra vivre en *marginal* ce qui est proposé, parce que l'objet en jeu est hors de ses curiosités et de ses intérêts, voire parce qu'il module ce qu'il en entend sur la base d'une alchimie intime qui est en dehors du processus engagé par les autres face à la tâche.

Pour éviter les habitudes et les rituels lorsque ceux-ci deviennent sclérosants, tout individu cherche à introduire une nouvelle variable dans son dispositif de vie ou de travail. L'enfant peut faire usage des pauses et récréations, de la cantine, de certaines tâches non-directives et plus ouvertes au niveau des attentes de l'autre. S'il se sent en sécurité, il peut vivre de manière active et dynamique un décloisonnement de classes, un changement ou une collaboration d'adultes pour telle ou telle tâche, un regroupement de classes de même degré ou de degrés différents pour une activité particulière. Cette *mobilité du cadre* n'est pas synonyme de désintégration. Là encore, « changement dans la continuité » et « continuité dans le changement » sont possibles.

On a pu constater que si les adultes supportent souvent mal les classes à multidegrés (bien que certains en redécouvrent les vertus), bien des enfants en tirent bénéfice en faisant leur travail tout en « pompant » certaines activités des autres élèves, s'initiant ainsi à leur devenir d'enfant-élève. Cette initiation porte autant sur le plan cognitif que relationnel : les bénéfices en sont donc doubles. Les plus jeunes perçoivent mieux le chemin du « grandir », les plus grands apprennent la solidarité et s'étonnent de voir ces « gamins en prendre de la graine ». L'élève bénéficie ainsi d'un plus grand espace d'autonomie qu'il peut mettre à son profit.

Un cadre n'est protecteur que s'il favorise l'autonomie et la liberté. Il permet alors la construction de la responsabilité personnelle de chacun. Il favorise l'adaptabilité, le développement de l'autonomie et la capacité de décentration. L'enfant a besoin de vivre un lieu scolaire qui à la fois le rassure par sa continuité et le dynamise par sa capacité de changement et de mobilité. Si le cadre tient le coup, alors le conflit peut revêtir sa valeur structurante. Dans une famille, quand deux parents se trouvent toujours d'accord face à l'enfant, celui-ci ne peut pas grandir car il n'a aucun moyen de définir un projet personnel de devenir dans l'interface des actes parentaux. Complémentarité dans la différence, oui ! Front commun et uni, non ! A moins qu'on ne souhaite se déresponsabiliser de l'autre...

En scolarisation initiale, l'enfant en passe de devenir élève ressent ce même besoin de complémentarité entre parent familial et parent scolaire, ou entre les intervenants pédagogiques divers avec lesquels il interagit. Que ce soit dans le cadre de la classe (titulaire et Maître de Discipline Spéciale, titulaire et responsable d'appui ou titulaire et parents responsables d'une présentation) ou hors de la classe (rythmique avec titulaire et MDS) ou lors d'une « journée sportive », il importe pour l'enfant de percevoir que l'intention et les finalités sont communes, même si les moyens mis en jeu et les modes d'interaction choisis diffèrent. Dans de telles conditions, le fil rouge du continu reste perceptible dans le faisceau des variances.

Des habitudes ? Oui, mais pas trop ! Du changement ? Oui, mais pas trop ! De la mobilité ? Toujours, quand on a la sécurité... Du repli sur soi ? De la fermeture ? Du rituel qui vous écrase ? Non, car on touche alors à la pédagogie « noire ». De la dispersion tous azimuts, de l'anarchie incontrôlée ou incontrôlable ? Non, car elle ne peut que réveiller l'opportunisme et l'angoisse, la démission et la soumission au hasard et à la nécessité.

Ce besoin de mobilité-régularité, jusqu'où va-t-il ? Peut-il aller jusqu'à toucher par exemple les horaires ?

Si l'on en croit la chronobiologie*, la réponse est clairement oui. Les adultes savent très bien qu'il y a des moments où leur taux d'efficacité baisse dangereusement et qu'il vaut mieux ouvrir les fenêtres ou se relaxer dans ces moments-là plutôt que d'accumuler les bêtises et les irréparables outrages... L'enfant a beaucoup plus d'énergie qu'un adulte, mais il travaille beaucoup plus, tant en temps qu'au niveau des contenus. On se souvient que pendant ses premières années de vie, le bébé apprend dix à vingt fois plus de choses au moins qu'un adulte dans le même temps. Même si sa capacité de vigilance est d'autant plus grande qu'elle porte sur des centres d'intérêt qu'il a choisis lui-même, l'enfant-élève a lui aussi ses besoins en moments de pause, en moments de «temps-sujet» où il fait des choses, mais selon son bon vouloir et sans prescriptions externes.

Selon son rythme de vie familial, il a besoin d'un accueil éducatif, ne serait-ce que pour pouvoir se reposer, rêver un moment sans contrainte, se nourrir sans «stress externe» qui noue l'estomac ou coince la gorge.

Selon ses avances ou retards de phase par rapport aux horaires de notre société, il a un plus ou moins grand effort à faire pour s'adapter aux nécessités de son environnement socioscolaire. En particulier en scolarisation initiale, l'enfant a besoin de temps pour se synchroniser avec ces donneurs de temps institutionnels. Il faut qu'il s'adapte, bien évidemment, mais on peut l'y aider par des aménagements horaires ou des choix au niveau des contenus, et faire en sorte que l'école ne devienne pas un calvaire, une souffrance qu'on fera tout pour éviter, que ce soit par l'absentéisme, la marginalité, la passivité, le manque d'attention, ou encore tant d'autres moyens de préservation personnelle...

Dans cette perspective, on peut faire une évaluation psychosociologique des particularités de l'enfant et éviter tout jugement normatif qui condamne le mode de vie familial en jeu parce qu'il est différent des habitudes de vie usuelles ou de celles qu'impose le monde du travail. Un tel mode de faire mettrait l'enfant devant un dilemme insoluble: vivre comme papa-maman ou comme mon maître (que je ne vois pas vivre autrement que professionnellement)? De ça, l'enfant n'a vraiment pas besoin: un jugement normatif et stéréotypé de sa famille ne lui est d'aucun secours, au contraire...

C'est aussi ainsi qu'on pourra éviter de renforcer les «inégalités» des chances plutôt que les favoriser par l'inamovibilité des structures scolaires qui, restant immobiles, ségrèguent malgré elles les plus «bougillons» et les plus différents. *L'égalité des chances que l'enfant demande, c'est de pouvoir faire le mieux qu'il peut en fonction de ce qu'il est et de ce qu'il devient.* Pas de faire plus ou moins bien comme les autres, moins bien que sa copine, mieux que son frère mais moins bien que sa sœur... Comparaison n'est pas (bonne) raison ! Pour évaluer, il ne s'agit pas de comparer. Un travail n'est qu'un travail. Il ne peut en aucun cas représenter l'être dans ce qu'il est ou ce qu'il va devenir. La réussite réside dans le fait de se dépasser soi-même encore toujours un peu. Elle est donc fonction de soi, pas de l'autre et de ses attentes. De ça, l'enfant a besoin. A nous de l'accompagner sur ce chemin.

5. Identification des règles de fonctionnement scolaire

Lorsque l'enfant arrive en période de scolarisation initiale, il ne sait que peu de choses sur la « réalité » du lieu où il arrive. Papa, maman, d'autres encore, ont dit des choses sur l'école, mais c'était la leur, celle de leur temps. Ou celle où ils enseignent, ce n'est pas la même chose. Quand on a un grand frère ou une grande sœur, on entend des choses aussi, qui ont l'air plus actuelles et auxquelles on ferait plus volontiers confiance. Mais, eux, ils parlent comme des grands, comme des explorateurs patentés de cette jungle scolaire qui fait à la fois peur et envie.

Sur ces bases, l'enfant qui accède à la scolarisation initiale a construit des représentations de ce qu'est vraisemblablement l'école. Ces représentations seront bien différentes entre enfants. Leurs sources diffèrent elles aussi. Dans ce sens, l'écart entre ces représentations et la réalité de leur vécu institutionnel sera plus ou moins grand et, par là même, plus ou moins facile à assimiler.

Alors le bagage est bien maigre, et heureusement, comme ça, on verra les choses avec *ses* yeux, on les entendra de *son* oreille, on les sentira du bout de *ses* doigts ou de *ses* poings... S'initier à quelque chose est une affaire individuelle, pour ne pas dire intime. Tout ce qui a été dit ne va pas être oublié, loin de là. Mais on recoupera l'information, on mènera l'enquête pour évaluer la pertinence des indices reçus. « On n'est jamais si bien servi que par soi-même », même à la découverte des règles de l'école.

Ces règles sont multiples à découvrir : il y a les règles des enfants hors de la présence des adultes. Il y a les règles des enfants en présence des adultes mais hors de la classe. Il y a les règles des adultes hors de la classe, celles des adultes dans la classe. Celles du « Maître », du spécialiste, du « technicien de surface » ou du « responsable des locaux »...

Bizarrement, hormis quelques règles de base, centrées sur les comportements « sociaux », la plupart de ces règles restent implicites, comme si les personnes qui les détiennent jouaient au chat et à la souris avec ces « bleus » de la scolarité. Cette situation se trouve à l'entrée en classe enfantine, au moment du passage en primaire, en secondaire, au gymnase ou à l'Université, à l'école de recrue aussi... Ces règles non explicites sont-elles les plus efficaces pour promouvoir l'adaptation des individus aux structures ou constituent-elles plutôt un mode indirect de sélection des élèves ? L'enfant a un besoin (nous aussi d'ailleurs) : que ces règles soient dites, explicitées, pratiquées et évaluées individuellement et collectivement.

Autrement, alors qu'elle peut être un lieu essentiel d'apprentissage des règles sociales pour tous, l'école sécrète une fois encore une inégalité : les enfants qui auront dans leur bagage une vision relativement proche de l'école actuelle telle qu'elle fonctionne pourront rapidement identifier et s'adapter aux règles complémentaires à leur bagage. Ils pourront ainsi affirmer leur supériorité et leur capacité d'adaptation, alors que celle-ci est minime vu leur point de départ. L'enfant qui n'a reçu qu'une vision cauchemardesque de l'école (*« là, on t'apprendra à fermer ta gueule, à obéir sans discuter, et quand ça n'ira pas, tu l'auras ta dérouillée, une fois là-bas, et une fois ici, pour faire bon poids »)* ou l'enfant qui, au contraire, a reçu une vision centrée sur le *« tu seras sage, tu resteras bien tranquille et tu seras bien poli avec la dame »* vont l'un et l'autre chercher à identifier ces règles-là dans le contexte scolaire. Pour le premier, prendre la parole est un interdit (les enfants qui connaissent la réponse, levez la main...). Pour le deuxième, il n'osera pas bouger en récréation ou à la salle de jeu (allez jouer, allez, courez, vite...) de peur de faillir à la règle princeps* qu'on lui a donnée, pour nous, du dehors, mais pour lui, de l'autre dedans...

L'enfant doit donc, à partir de son petit bagage, s'adapter (et non se soumettre seulement) à ces règles nouvelles, imprévues, surprenantes pour plus d'une, mais qui sont le lot commun du « travailleur scolaire ». Il doit s'adapter tant aux règles d'échange qu'aux règles de travail que lui propose le microcosme scolaire qui dépasse de loin en espace le microcosme familial.

Comment faire apparaître pour tous ces facettes du « comportement scolaire » tant au niveau des adultes que des enfants, de telle manière que chacun à son rythme et à sa manière puisse s'y adapter et construire ses stratégies cognitives et relationnelles en conséquence ?

« Ecoutez les enfants, ils ont beaucoup à vous apprendre si vous les écoutez vraiment » pourrait-on dire en paraphrasant DOLTO [67]. Placé dans ce nouveau milieu, cette jungle à découvrir, tout individu, tout enfant cherche à identifier des règles d'adaptation et d'autopréservation de son identité. Les concepts sociaux fondamentaux, c'est à cette période de l'enfance qu'on les apprend par la pratique. Après, on en fait la théorie, mais celle-ci reste le plus souvent lettre morte dans la quotidienneté. Mutualité, solidarité, entraide, utilisation du groupe à fin collective ou personnelle, utilisation de l'autre, enfant ou adulte pour son bien propre ou pour le bien de tous, toutes ces stratégies interactives se fondent au creuset du microcosme scolaire initial.

Mais si on veut éviter les petits malins qui en profitent mieux que les autres, les petits « magouilleurs » en col blanc qui détournent à leur profit les lois, ou ceux qui ne savent réagir que par la violence et l'agressivité à ces implicites institutionnels, on a avantage à mettre à jour les lois, les règles, les rituels et les habitudes. Pour que chacun puisse en tirer ce qu'il peut en tirer. Il y en aura toujours des plus malins, mais il y en aura peut-être moins de manipulés, de joués sans espoir de mieux-être.

L'identification des règles de scolarisation, tant sur le plan relationnel que cognitif et social, peut permettre à chacun d'aller aussi loin que possible sans se placer ni en contrevenant, ni en esclave de la loi. Devenir responsable, c'est aussi cela. Et de ça, l'enfant a besoin. Comme la société d'ailleurs qui ne serait pas si malheureuse que ça d'avoir un peu plus d'« Homme(s) responsable(s) » [68] dans ses rangs.

L'espace de scolarisation peut donc être un des lieux prépondérants de l'apprentissage social dans toute sa complexité. A l'école de la Neuville [69] où DOLTO était consultante, l'institution utilise des conseils de classe, des assemblées d'enfants et d'adultes dans lesquels quelqu'un anime les débats (ce n'est pas forcément l'adulte). Règles et « dérègles » s'y disent au travers des faits quotidiens qu'on a aimés ou désaimés, dans la classe, hors la classe, de ce qu'on a vu, de ce qui se dit et s'entend. Dans un tel contexte, les règles peuvent apparaître, perdre leur dimension fantomatique. Leur apparition permet leur mise à jour, leur construction et leur reconstruction, dans un processus où chacun participe à sa manière, engage lui-même et les autres. C'est l'occasion de l'apprentissage d'une conscience « politique » et morale, sur la base de ce qui se vit et se dit, au-delà du poids insupportable que trop souvent l'adulte croit devoir porter en assumant morale, police, répression, félicitations et sanctions entre autres choses.

La morale est un objet personnel qui se construit, à la fois par une règle intime et par une règle sociale. Elle n'est pas une convention collective ni une loi. En parler, c'est permettre à chacun de la construire et d'en faire une charte partagée. Parler des lois cachées de l'école, c'est permettre à chacun de les estimer. Ce sont là les bases d'une société qui se veut évoluée… et c'est un besoin de l'enfant de comprendre pour participer.

✦✦✦

2 L'enfant et la collaboration entre adultes

Cette section est organisée en trois parties complémentaires. La première est consacrée à une définition des **relations famille/enfant/école** et aux niveaux de collaboration que celles-ci impliquent. La deuxième est axée sur une définition du concept de **parentalité**, soit de la manière dont les adultes concernés peuvent jouer leur rôle de « parents » auprès des enfants en passe de devenir élèves. La troisième propose quelques **exemples de collaboration** (de travail en commun) dans ce triangle famille/enfant/école que ce soit au niveau de la gestion du temps, de l'espace ou des contenus.

Divers travaux de recherche récents seront évoqués qui permettent de situer cette réflexion par rapport aux préoccupations actuelles de la recherche dans le domaine éducationnel.

1. Les relations famille/enfant/école : une situation de triangulation

Depuis plusieurs décennies, le concept de **triangulation** a servi de référence pour décrire le fonctionnement familial, en particulier au niveau des relations existant entre père, mère et enfant. Le problème œdipien mis en évidence par FREUD est un exemple particulier de ces processus triangulaires qui nourrissent et dynamisent les échanges sociofamiliaux sur le plan conscient et inconscient.

Lorsque l'enfant accède et participe de manière durable à une pouponnière, à un jardin d'enfants ou à la scolarisation initiale, il se trouve confronté à un deuxième triangle existentiel : celui qui relie sa famille à ses enseignants, lui-même constituant le troisième pôle de ce système. L'enfant, dès qu'il partage une vie groupale hors du cercle familial, apprend à gérer cet autre espace relationnel, qui obéit à des règles partiellement différentes de celles de l'espace sociofamilial dont il est issu.

Il s'agit dès lors pour chacun des intervenants de ce système de redéfinir ou de définir son terrain d'action, que ce soit au niveau familial, scolaire ou à celui de l'enfant lui-même. Cette définition doit permettre à chacun d'identifier ce qu'il a de commun avec les autres intervenants et ce qui lui appartient en propre. La famille et l'école ont chacune leur rôle à jouer, mais il s'agit de les harmoniser si on souhaite que l'enfant puisse en bénéficier. Il y a donc trois ensembles complémentaires qui sont amenés à interagir : l'enfant, sa famille et son pédagogue scolaire. Il ne s'agit ni de les confondre, ni de les disjoindre, mais bien d'en définir progressivement les intersections fonctionnelles qui assurent la dynamique du système.

L'enfant ne pourra s'intégrer adéquatement dans les milieux extrafamiliaux que si un travail d'échanges et de découverte mutuelle se fait entre ses répondants adultes, travail qui lui permette de percevoir la cohérence des propos sociaux-scolaires et familiaux auxquels il est confronté, cela du point de vue de son développement propre et de son attente en matière d'encadrement qualitatif de la part d'adultes. Dès la pouponnière, le jardin d'enfants ou l'entrée en scolarisation initiale, une collaboration entre adultes [parents et enseignant(s)] devra être développée. De même, tant pour les parents, pédagogues familiaux, que pour les pédagogues scolaires, il s'agira de promouvoir et gérer leurs engagements relationnels de manière à favoriser chez l'enfant la différenciation de sa fonction d'élève et de son identité d'enfant, de manière à garantir leur complémentarité à sa pleine satisfaction.

Un autre problème se pose au niveau des contacts avec les familles. Si pour certains parents, le contact avec des femmes-maîtresses ne pose pas de problème particulier, pour d'autres, en particulier les pères, la responsabilité des échanges avec le pédagogue ressort d'une affaire de « femmes ». De nombreux pères ne se « dérangent pas » pour causer avec « une de ces *bonnes femmes* qui veut lui faire la leçon ». Quel dialogue est possible avec les familles et particulièrement les pères lorsque seules les femmes gèrent l'espace de vie professionnelle (et souvent privée) des enfants ? De tels comportements d'évitement se rencontrent tant à l'école que dans les services de consultation pour enfants où on voit rarement les pères. Mais dans ces services aussi, les spécialistes sont souvent des femmes, alors...

Ce problème est d'autant plus sensible lorsqu'on s'adresse à des familles qui viennent de cultures où seul le père a un droit de parole et de décision par rapport aux enfants. Certains pères au départ ne peuvent pas faire le pas de dialoguer avec des femmes : aussi compétentes soient-elles, elles restent des femmes, et ces messieurs doivent s'apprivoiser à ce type de dialogue, culturellement très nouveau pour eux. Ce n'est pas une mince affaire. La mixité des pédagogues du cycle initial de scolarisation qui inclut la mise en place d'un contrat de scolarisation entre partenaires pourrait constituer un nouvel atout pour l'école et, partant, pour familles et enfants.

Par ailleurs, si, pour les parents, leur enfant n'est plus tout à fait « le même » dès qu'il participe à un groupe d'activité ou de travail hors du sein de la famille, ce qui va de pair avec un changement de la dynamique familiale dans son ensemble, pour l'enseignant, il s'agit de découvrir dans quelle mesure l'expérience socioscolaire qu'il propose aux élèves est compatible avec les compétences sociales et cognitives de l'enfant qu'il accueille.

Dans un groupe d'enfants, il y a des tendances sociales très diverses qui amènent le pédagogue à observer son groupe pour en faire un instrument dynamique de sa pédagogie. Par ailleurs, les particularités culturelles sont elles aussi très variables, ce qui implique de la part du pédagogue une observation et une définition progressive du champ ethnoculturel* de son groupe, utile à une gestion socioculturelle de la classe.

Si, pour les pédagogues scolaires, le nombre d'enfants par classe a posé et pose encore problème, du point de vue des interactions par contre, l'augmentation du nombre d'enfants par groupe peut enrichir le dispositif d'échanges : la question se pose de savoir comment en faire usage dans l'accompagnement pédagogique sans que cette augmentation aille de pair avec la génération spontanée de divers sous-groupes qui fonctionnent en autarcie et se sclérosent aux dépens de la dynamique et de la mobilité des échanges. Si, par contre, chaque groupe constitué reçoit mandat de jouer un rôle de co/formation ou de co/animation pédagogique pour les autres, alors cette dynamique groupale devient un outil didactique précieux et bénéfique.

La réalisation de situations didactiques adéquates sur le plan méthodologique change avec un plus grand nombre d'élèves. Le fait d'organiser la classe en plusieurs petits groupes pratiquant une tâche spécifique et évaluant leur travail, assorti d'un rôle de co/animation pédagogique par le biais de la présentation de leur travail en « séance plénière » au reste de la classe, donne autant d'occasions de pratiquer et de différencier les propos méthodologiques, qui, trop souvent, mettent en rapport direct leur efficacité avec leur application individualisée ou strictement collective.

Les enfants peuvent y gagner en responsabilité, en autonomie et en capacité d'évaluation par le fait de la distance relative existant entre élèves et enseignant. Ils constituent ainsi un relais didactique pour l'enseignant en développant leurs propres stratégies, ce qui permet à l'enseignant l'observation et le ciblage de ses propositions méthodologiques. Une trop grande proximité maître/élève tend trop souvent à renforcer le poids de l'explication de l'adulte aux dépens des recherches des élèves : un tel mode de faire augmente la charge directive du processus (et souvent la dépendance de l'élève) au lieu de soutenir la dimension créatrice de la démarche de l'enfant, rendant par là même paradoxal l'effort didactique et méthodologique du pédagogue. Nous y reviendrons dans le chapitre consacré à la formation des enseignants.

La pratique de la « discipline » par le biais des règles de vie propres à chaque lieu ne peut être la même face à un petit ou un grand groupe, mais chacune de ces structures a ses formes de validité. Il en est de même pour la revalorisation des classes dites « multidegrés » qui ont été fort décriées au profit d'une homogénéité supposée des enfants, alors qu'actuellement, pour plus d'un, la pluralité des degrés, ou plutôt la différence d'âge entre enfants, est considérée comme un ferment positif des acquisitions et des apprentissages, tant sur le plan social que relationnel et cognitif.

Un troisième niveau essentiel de collaboration se situe au niveau des interactions entre enfants : dans le cadre familial, il s'agit le plus souvent d'échanges « multidegrés », la fratrie étant constituée d'enfants d'âge différent (sauf dans les situations de jumeaux ou parfois d'adoption) alors que, dans le cadre scolaire, il y a une relative homogénéité des âges assortie d'une relative hétérogénéité des habitudes et des « modes de faire » stratégiques des enfants.

L'enfant a besoin d'être reconnu pour lui-même d'abord, en tant que membre d'une famille ensuite et finalement en tant que membre d'un groupe social particulier, qu'il s'agisse d'une pouponnière, d'un jardin d'enfants ou de sa première « classe » scolaire, elle-même susceptible d'être constituée en sous-groupes divers. Il a besoin d'être reconnu dans ce qu'il est, et dans ce qu'il devient[70]. Pour ce faire, un consensus éducationnel suffisant doit exister entre ses parents et ses maîtres. Il s'agit aussi d'admettre que les relations entre l'enfant et ses répondants adultes (parents et enseignant) sont régies par des règles différentes. L'enfant se trouve confronté au problème de s'adapter à la pluralité de celles-ci. Enfin, l'enfant a besoin que les adultes favorisent et soutiennent les échanges qu'il développe avec ses pairs, et qu'on reconnaisse leur valeur fondamentale dans tout processus développemental sociocognitif et relationnel.

2. La parentalité familiale et scolaire

Puisqu'il s'agit là d'un néologisme, il vaut la peine de le définir. Tout adulte face à un enfant ou à un adolescent, mais aussi face à un confrère moins expérimenté, se trouve en situation de jouer un rôle parental plus ou moins spécifique : ce rôle peut se jouer au niveau relationnel, au niveau des objets de savoir, au niveau de la morale ou des règles sociales. Pour l'adulte conscient de sa responsabilité éducative, il ne s'agit ni d'imposer ni de soumettre, il s'agit de proposer et de laisser l'autre disposer à sa manière de ce savoir transmis, dans une perspective où priment l'interaction et le dialogue.

Nous définirons la « parentalité » au sens du rôle qu'assure tout adulte face à un être en devenir, rôle auquel l'enfant se confronte dans une perspective d'identification et d'individuation qui serve à son organisation et à sa formation personnelle. Réciproquement, dans cette perspective, l'être en devenir[71] admet que les savoirs de l'autre (savoir-faire comme savoir-être) diffèrent des siens et qu'il peut en tirer profit.

Dans ce concept de « parentalité » se joue également le fait que l'adulte définit par ses pratiques pédagogiques et éducationnelles un cadre de référence, un contenant[72] qui aide l'autre à se définir, à identifier ses marges d'action, à spécifier son rôle dans les différentes interactions propres au système dans lequel il s'intègre.

La parentalité familiale

Les traditions en matière de structures sociofamiliales ont beaucoup évolué dans le temps : chez les Romains et pendant l'Ancien Régime, la *gens familia* et le clan ont constitué une des formes principales d'encadrement sociofamilial. Dans les grandes familles patriciennes romaines, la clientèle constituait une famille élargie. Ces clans ont pu être définis par un patriarcat (le *pater familias*) ou un matriarcat (la femme-mère portant dans ce cas la responsabilité du clan). Dès la fin du XIXe siècle, l'avènement de l'ère industrielle a motivé une réduction progressive des familles à la fois dans le sens de leur isolement progressif par rapport au clan et de la réduction du nombre d'enfants assurant la descendance familiale. On en est arrivé au XXe siècle à la famille dite « nucléaire » regroupant deux adultes ayant un à trois enfants, les autres situations familiales faisant figure d'exception. Même dans ces familles dites « normales » jusqu'ici, il arrive bien souvent qu'un seul adulte porte l'ensemble des responsabilités familiales.

Les relations de fratrie et, conséquemment, celles entre pairs ont beaucoup changé au cours du temps, ainsi que la charge relationnelle entre adultes et enfant(s) : moins il y a de membres dans une famille, plus le nombre d'interactions possibles entre adultes et enfants tend à augmenter sans trouver d'équilibre ou de compensation au niveau des relations entre enfants.

Actuellement, les choses ont encore bien changé... Il y a de plus en plus de familles dites « monoparentales » (environ 6 %) où un seul adulte porte toute la dynamique pédagogique et éducationnelle. Plus de 50 % des enfants ont des parents qui ont divorcé et qui, soit restent seuls maîtres à bord, soit engagent (environ la moitié d'entre eux) d'autres relations avec un adulte qui motive l'entrée en scène d'un nouveau « parent de service ». Suite aux travaux de thérapie de famille (la perspective systémique), on constate que des familles « new look » existent, où cohabitent l'ex-mari, I'ex-épouse, le ou la concubin/e, le frère ou la sœur de madame ou de monsieur, l'un ou l'autre des grands-parents... Ces structures familiales sont donc bien éloignées de la famille dite « nucléaire » et tendent à reconstruire un espace-clan qui permette de porter la dynamique familiale : on observe ainsi un retour aux structures familiales antérieures, mais sans que celles-ci soient formalisées et organisées avec le même degré de sécurité et de continuité que dans la vie romaine ou pendant l'Ancien Régime...

Cette dynamique est d'autant plus nécessaire que davantage de parents sont amenés à travailler et qu'ils ne peuvent donc pas assurer la fonction classique de parentalité sans aide extérieure. Celle-ci peut se trouver dans le cadre de la parentèle à des degrés divers, dans le cadre de structures d'accueil telles que pouponnières, jardins d'enfants ou familles d'accueil officieuses ou officielles.

On ne peut donc plus s'appuyer en toute bonne foi sur l'image classique de la famille où monsieur travaille et madame s'occupe du ménage et des enfants. Même si ce modèle reste vivant dans les esprits, cette structure familiale (qui avait ses avantages et ses inconvénients) tombe bien souvent en désuétude : les fluctuations de l'économie vont de pair avec des variations au niveau du rôle parental en particulier du fait du chômage (total ou partiel) du père comme de la mère, ou de l'obligation d'un parent de prendre un travail éloigné du lieu de vie de la famille, ce qui va de pair avec des modifications plus ou moins massives du temps de présence auprès des enfants et du conjoint.

L'exercice de la parentalité familiale est donc très hétérogène et il est du ressort des interlocuteurs des familles de comprendre et connaître les particularités d'engagement relationnel que ces structures impliquent pour un enfant. La charge et la dynamique sociorelationnelles sont en effet bien différentes selon le type de famille où l'on vit: le but des enseignants est de définir leurs engagements relationnels de manière à ce qu'ils soient complémentaires à la dynamique relationnelle familiale sans tomber pour autant dans une forme d'utopie compensatoire.

Par ailleurs, les recherches faites dans le domaine de l'éducation ont mis en évidence et clarifié des données souvent pressenties confusément par tout un chacun mais difficiles à valider: s'agissait-il de stéréotypes ou de préjugés? Ou de telles données pouvaient-elles servir d'indicateurs utiles à la compréhension des modes de fonctionnement des structures sociofamiliales?

D'après les travaux de KELLERHALS/MONTANDON[73], certaines familles privilégient au niveau éducatif et pédagogique la conformité, la discipline et la stabilité. D'autres se centrent sur l'autonomie, la motivation et la communication entre partenaires. Certaines familles tiennent à répartir les tâches éducatives entre père et mère, d'autres vont de pair avec un engagement conjoint des deux parents pour les différentes tâches éducatives émargeant de la famille.

Certaines familles se méfient des influences éducatives extérieures alors que d'autres sont largement ouvertes aux apports éducatifs extrafamiliaux.

A partir de ces observations, les auteurs relèvent trois styles éducatifs familiaux: le style *«maternaliste»* où autorité et chaleur affective se côtoient, l'enfant étant amené à s'accommoder au monde extérieur. Le style *«statutaire»*, caractérisé également par l'accommodation au monde extérieur mais avec un contrôle important, une autorité coercitive; dans ce mode de fonctionnement, les stimulations proposées à l'enfant sont faibles et le degré d'empathie* à l'enfant quasi inexistant. Il existe une grande distance entre parents et enfant(s) et les actes sont réglés par rapport à une norme prescriptive. Le troisième style éducatif est dit *«contractualiste»*, centré sur le principe d'autorégulation et d'autonomie de l'enfant en priorité.

Ces styles éducatifs vont donc de pair avec des organisations personnelles et sociales bien différentes au niveau des enfants. Leur expérience du milieu sociofamilial leur donne des atouts plus ou moins forts pour jouer le jeu de l'intégration institutionnelle, que ce soit dans les pouponnières, les jardins d'enfants ou dans le cadre de leur lieu de scolarisation initiale. Dans cette perspective, différentes propositions de prise en charge extrafamiliale ou de soutien sociopédagogique aux parents pour les familles dites à risque sont envisagées.

La parentalité scolaire

Si, au début de la scolarité obligatoire, les Etats avaient donné mission aux « Régents » d'instruire et d'insuffler aux jeunes le respect de la nation, des droits et devoirs que l'accès au savoir et à la culture conférait à des êtres dont l'esprit était encore « en friche », les choses ont bien changé du côté de l'exercice de la fonction magistrale. *« Dans le temps »*, il était de règle d'avoir des classes nombreuses et des élèves de tous âges. Le régent prenait la responsabilité de ses ouailles à tous points de vue : instruction, socialisation, morale, civisme. En plus de ces tâches scolaires, il devait souvent assumer des fonctions dans les sociétés locales, la municipalité et l'église. Régents et ministres (instituteurs et pasteurs) portaient dans ce sens une bonne part de l'éducation sociale et culturelle de leur village, tant au niveau des adultes que des jeunes.

Dans cette perspective, on pouvait l'appeler le « maître », car il présidait à beaucoup d'actes de la vie de la communauté et avait à cœur de modeler les esprits, les cœurs et les âmes d'entente avec le « ministre ». Spiritualité, instruction et temporalité étaient ainsi bien réparties et servaient de cadre au développement de la vie de la cité.

Il n'y avait guère de « Régentes », sauf dans le degré inférieur, celles-ci étant responsables par ailleurs de l'enseignement de la couture à toutes les filles jusqu'en fin de scolarité obligatoire.

Avec le développement des classes enfantines, plus ou moins ancien ou récent selon les cantons et les communes, le rapport avec ces « petits » a conduit progressivement à un transfert de charge, sachant que les femmes souhaitant travailler sont devenues de plus en plus nombreuses : les hommes avec les grands, les dames avec les petits. Mais, jusqu'où admettre ce transfert si l'une de ses répercussions possibles est le renforcement des échecs des garçons que l'on constate dans les dispositifs de scolarisation et d'éducation ?

Dans la situation actuelle de l'enseignement, on peut encore rencontrer des personnages qui ont à charge de jouer ce type de rôle magistral, mais on rencontre beaucoup plus fréquemment des enseignants qui se sont spécialisés pour tel ou tel degré, socialement plus ou moins valorisé, qui peuvent faire appel à différents collègues ou spécialistes pour toutes les situations où ils se sentent dépassés ou peu compétents. On a les maîtres de disciplines spéciales (MDS), les maîtres d'appui. On peut travailler en « duo pédagogique » (mais en fait on travaille à mi-temps avec des moments de concertation à propos de ce qu'on a observé dans la classe). On peut collaborer avec un enseignant spécialisé en coanimation pédagogique pour favoriser une différenciation du regard porté sur l'autre et un enrichissement des moyens d'enseignement mis en jeu. Dans cette même recherche d'un regard différent, on peut faire appel à des conseillers pédagogiques ou à des méthodologues spécialisés.

Selon sa classe et son lieu, un enfant peut donc être amené à une nouvelle « famille pédagogique » en ayant son maître de classe, son maître d'appui et son enseignant pour non-francophone : autant de parentèle pédagogique que de personnes ou de besoins, même si la gent féminine y est plus présente que la gent masculine.

Il est souvent bien difficile d'évaluer si l'équipement mis à disposition des enfants et des adultes reste productif ou devient dispersif, si on reste dans un cadre d'adéquation, ou si on vire au suréquipement[74] aux dépens de tous, enfants et adultes : comment agir pour garantir au titulaire de la classe le statut de centre de gravité de celle-ci ?

Sur un plan structural, après une période de classes hétérogènes, on en est venu à une homogénéité relative pour des questions d'âge et de programme scolaire. Les classes se sont fermées, même au niveau de classes parallèles, chaque titulaire étant « seul maître à bord » dans sa classe. Puis le vent a tourné au profit de décloisonnements, d'éclatements et de regroupements qui permettent aux enfants de s'identifier à ce qu'est apprendre, plutôt qu'à la personne de leur enseignant ou à leur groupe classe. Actuellement, on fait à nouveau appel à des classes à degrés multiples, l'hétérogénéité étant vécue parfois comme un frein à la pédagogie, parfois comme un moteur du dynamisme pédagogique.

Les enseignants ont aussi leurs styles éducatifs propres, même s'ils sont tous brevetés de manière unitaire, et que, bien souvent, ils reproduisent des implicites éducatifs qui sont issus non de leur formation professionnelle mais bien de leur cadre de vie familial et scolaire antérieur. On constate que si les familles sont hétérogènes (voire «mosaïques»* selon GARBAR/THEODORE[75]), il en est souvent de même au niveau des enseignants, sans pour autant porter atteinte à leur bonne foi. Le pôle de la parentalité du pédagogue scolaire est donc lui aussi à découvrir, tant pour la famille que pour l'enfant et pour les enseignants eux-mêmes. C'est un bon support de curiosité si cette découverte n'est pas par trop grevée par des stéréotypes de part et d'autre qui font qu'on préfère préjuger d'autrui plutôt que chercher le terrain d'entente qui pourrait servir à tous, tant à l'enfant-élève qu'aux adultes accompagnants.

Face à cette pluralité des adultes et des modalités d'exercice de la parentalité, il est clair que les parents familiaux devraient être et rester porteurs du champ éducationnel sociofamilial, alors que le pédagogue scolaire reste centré sur la dynamique groupale socioscolaire et les modalités d'harmonisation des différences, de manière à garantir la dynamique du système éducatif scolaire et sa compatibilité au profit de tous, adultes et enfants. Le titulaire d'une classe devrait être et rester le centre de gravité du système éducationnel de formation scolaire, même s'il est amené à jouer un rôle de coordonnateur entre la famille et lui d'une part, les autres acteurs scolaires et lui d'autre part.

3. Quelques exemples de co/laboration*

Il paraît important de signaler quelques pistes pour structurer la co/laboration entre famille et école de manière à garantir la complémentarité des deux formes de parentalité en jeu. Dans la pratique procédurale de cette triangulation, comment faire pour que l'enfant ne soit ni un enjeu des adultes, ni ne se trouve hors jeu? Comment agir ces parentalités de telle manière à ce que l'enfant y trouve un cadre compatible à son développement tout en étant à son niveau co/animateur du processus de co/laboration. Le contrat de formation est en effet l'enjeu de cette co/laboration.

Or, qui dit contrat, dit *engagement réciproque* des parties en présence. Dans ce cas, il s'agit des pédagogues familiaux (les parents), des pédagogues scolaires (les enseignants) et de l'enfant en devenir d'élève. Cet engagement signe une responsabilité partagée des parties prenantes sans pour autant que celle-ci aille de pair avec une confusion des rôles ou une soumission de certains partenaires à d'autres.

Ce contrat personnalisé doit par ailleurs servir à la construction du projet individuel de scolarisation de l'enfant, dans sa dimension prescriptive (il y a des tâches qui sont imposées, des règles, des obligations), propositionnelle (il y a des tâches que l'on peut suggérer à l'élève en lui laissant une marge de choix et d'autoorganisation au niveau de la tâche ou des stratégies à mettre en œuvre) et situationnelle (il y a des situations générales d'observation et de travail qui sont proposées dans lesquelles la marge d'autoorganisation et de collaboration entre élèves prime sur toute proposition du pédagogue), de manière à garantir l'égalité des chances dans le sens du «chacun fait de son mieux».

C'est dans cette perspective que les adultes pourront promouvoir une compatibilité des différences dans une dimension d'harmonisation de la démarche éducationnelle, sans que celle-ci n'abrase ou ne réduise la richesse des particularités interpersonnelles.

A partir de l'observation de chaque enfant, les adultes sont amenés à gérer des actes tels que ***l'accueil, les changements de lieux***, et les ***modes de participation***, cela si le plan structurel est prioritairement pris en compte. Sur un plan qualitatif, le problème de ***l'interculturalité*** constitue un bon thème de réflexion.

L'accueil

L'enfant qui bénéficie d'un lieu de vie hors de sa famille est amené régulièrement à quitter celle-ci pour retrouver cet autre univers qui est le sien. De même, après un temps donné, il quitte ce lieu pour retourner à son cadre familial. Ces passages d'un lieu à un autre impliquent à chaque fois la nécessité d'un accueil clairement géré par les adultes concernés.

Cet accueil peut être enrichi par des lieux complémentaires: famille d'accueil pour le repas de midi ou cantine scolaire, famille d'accueil en attendant le retour des parents du travail, classes «gardiennes», etc.

Il est essentiel qu'à chaque changement de lieu et de personne corresponde un accueil qui permette une identification claire par l'enfant du lieu où il se trouve et des règles qui gèrent celui-ci tant sur le plan social que pédagogique.

C'est à cette exigence près que l'enfant peut trouver un bénéfice à ces changements, alors qu'autrement, il se trouve ballotté d'un lieu à l'autre, d'une personne à l'autre, comme s'il était un enfant-objet du mouvement des adultes plutôt qu'un partenaire volontaire et consentant par rapport à ces divers déplacements.

Ce travail a tout son sens tant dans le passage du lieu «famille» au lieu «école» que dans le cadre scolaire lorsqu'il y a passage de la classe au lieu d'appui ou de la classe à la salle de jeu. Chacun de ces lieux est régi par des règles qui lui sont propres et ne sont pas interchangeables. Si l'enfant en est averti, il peut être acteur dans ce processus d'adaptation plutôt que victime de changements qu'il ne peut identifier ou assumer.

Le bon fonctionnement des personnes et des temps d'accueil assure à l'enfant la dimension qualitative de ses changements de lieux tout en déterminant clairement par ailleurs la complémentarité des divers apports adultes en termes de parentalité positive.

Tant la famille que les enseignants ont donc la responsabilité d'indiquer à l'enfant les règles et les attentes du lieu où il va (il est), tout en sachant que la manière d'intégrer ces différences relève strictement du mode de catégorisation des faits propre à l'enfant. Il s'agit pour nous de respecter les différences de modes de faire, que ce soit au niveau de l'enfant ou des adultes.

La deuxième règle d'or de l'accueil est régie par l'idée qu'on ne fait pas les choses à la place de l'autre. On co/labore, que ce soit entre adultes au profit de l'enfant, ou entre enfant et adultes. C'est cette collaboration qui est formative et garantit que chacun se trouve en situation mutuelle d'apprenant. Si papa ou maman accueille l'enfant à son retour de la classe, il le fera à sa manière et n'agira pas en copie plus ou moins conforme de l'enseignant. L'accueil de l'enseignant aura lui aussi sa valence propre et ne pourra pas être réduit à l'accueil parental familial. De même, un adulte ne fera jamais à la place de l'enfant (que ce soit une tâche ou un jeu): l'école n'est pas là pour évaluer la capacité de dessin ou de conjugaison du papa ou de la maman de l'enfant... Enfin, ce n'est pas à l'enfant de prendre en charge les tâches des adultes et à les régir en son nom propre, même si elles peuvent lui être partiellement déléguées.

«Au royaume des substituts, les fous sont rois»: mieux vaut que chacun soit lui-même, dans l'acceptation de ses particularités plutôt qu'un mutant qui

ressemble à s'y méprendre à l'autre dans ses actes ou ses attentes. Ce problème est particulièrement sensible pour des «apprentissages de base» tels que la liste des nombres, l'alphabet ou la «lecture» (au sens du déchiffrage): bien des parents pensent que, là au moins, ils peuvent faire aussi bien que les enseignants.

Or, la liste des nombres ne correspond en rien à leur sens et leurs fonctions, l'alphabet s'inscrit en contradiction avec l'apprentissage phonographique de la langue écrite en vigueur actuellement, et le déchiffrage est contraire à la dimension de prise d'information de la lecture qui doit partir du sens pour accéder à la forme. Comme toujours, *l'enfer est pavé de bonnes intentions...*

Ces quelques exemples mettent en évidence le risque du fonctionnement par «substitution des rôles», qui ne peut créer qu'une confusion dans la pensée de l'enfant, en particulier au niveau de la compréhension des différents rôles des adultes dans son développement personnel.

Il y a donc un accueil familial et un accueil scolaire: leur intention est identique (accueillir l'enfant dans son lieu actuel d'existence et lui permettre d'en assumer les règles) mais leurs moyens sont différents. Mieux vaut pour les parents demander à un enfant «comment s'est passée ta journée?» que «comment ça s'est passé en classe?»: c'est à l'enfant de jouer le rôle de narrateur et de filtre par rapport à sa journée, au même sens que si on demande à son époux comment s'est passée sa journée, on ne s'attend pas à ce qu'il nous en donne un descriptif exhaustif et détaillé. Pour l'enseignant, l'accueil passe par «comment ça va ce matin?» plutôt que par «as-tu bien dormi et bien déjeuné?», ce qui constitue un dépassement de la prise d'information par rapport à l'élève, et peut entraîner une confusion des rôles de parentalité.

Les espaces de transition

Pour que l'enfant puisse identifier clairement le bénéfice qu'il peut tirer d'un changement de lieu et de personne, il doit y avoir une distance suffisante (sur le plan psychologique en tout cas) entre les lieux relatifs à sa vie sociofamiliale et socioscolaire, de manière à lui permettre de différencier les règles inhérentes aux divers lieux. Il n'est pas toujours facile dans nos sociétés actuelles de laisser l'enfant maître d'un parcours spatial qui lui permet d'identifier clairement le passage d'un lieu à l'autre. Si cette perception physique du passage est limitée, il s'agit d'en favoriser une bonne perception psychique. Il ne s'agit pas d'amener l'enfant à séparer totalement ses lieux de vie, mais bien à les différencier suffisamment pour ne pas les confondre, tant au niveau des règles que des contenus. Le slogan serait plutôt « comment mieux différencier pour mieux s'adapter ».

On a beaucoup parlé ces derniers temps de « caissons de décompression » qui permettent à l'humain de se retrouver lui-même. Le plongeur qui est allé vers le fond des mers sait qu'il doit respecter des paliers pour remonter à la surface s'il ne veut pas être détruit par sa précipitation. Parfois, quand sa journée a été rude, l'adulte sait qu'il vaut mieux qu'il s'arrête au parc ou au café pour prendre le temps de se séparer des problèmes de la journée avant d'arriver au sein de son lieu de vie familial. Autrement, il risque d'utiliser sa famille comme exutoire aux difficultés professionnelles qu'il a rencontrées aux dépens de la relation familiale aux autres. L'enfant peut éprouver un même type de besoin de transition qui signale bien son passage d'un lieu à l'autre. Même s'il a très envie de raconter quelque chose de sa vie du jour à l'école, il sait qu'il va narrer cette histoire dans un ailleurs nommé famille.

Quel peut être le mode de collaboration du point de vue des adultes qui favorise pour l'enfant l'idée que chaque fois qu'il passe d'un lieu à un autre, il a avec lui sa « petite valise » de données et qu'il évaluera ce qu'il va partager ou non avec les autres, adultes ou enfants ? Comment en tant qu'adulte savoir s'intéresser au vécu de l'autre sans pour autant le mettre en situation d'interrogatoire ? Comment lui laisser entendre qu'on s'intéresse à ses lieux de vie mais qu'on ne souhaite en être ni le surveillant général, ni la mémoire ? Ce sont autant de questions que les adultes responsables de parentalité sont amenés à se poser en sachant que trop comme trop peu de collaboration nuisent et qu'il s'agit pour chaque enfant de déterminer un juste milieu aux échanges et aux partages, entre adultes comme entre enfant et adultes.

Congés et taux de participation

Dans le cours de sa vie scolaire, familiale et sociale, il arrive qu'un enfant soit soudain très fatigué, irritable, peu actif ou peu performant, alors qu'on le sait à d'autres moments jovial, participant, actif et performant. Un tel type de situation doit interpeller les responsables de parentalité que sont les parents et l'enseignant. Il s'agit de comprendre ces particularités plutôt que de les juger, à la fois en en parlant entre adultes, et entre adultes et enfant. Il s'agit d'évaluer le contexte situationnel qui peut justifier ce profil temporaire de fonctionnement de l'enfant dans son lieu-classe. Il ne s'agit en aucun cas de demander « pourquoi » à la famille, mais bien de cerner avec les parents si ce qu'on observe en classe a des résonances comparables à la maison, dans un climat de partage et de confiance loin de toute idée de jugement.

L'inscription au cycle de scolarisation initiale est une obligation. Elle signe pour chacun l'inéluctable de l'école obligatoire, pour tout enfant au même âge. Il est essentiel que chaque famille fasse le deuil de ***son*** enfant au profit de l'enfant qui s'engage sur le chemin de sa professionnalisation scolaire actuelle : ce geste est l'aube d'une règle de vie jusqu'en fin de carrière scolaire et professionnelle. Mais il est du devoir des adultes jouant leur rôle de parentalité respectif de cerner les conditions optimales de participation de l'enfant, celles-ci pouvant varier selon les moments et les particularités de son développement.

Tant les parents que les enseignants ont besoin d'un temps d'observation du fonctionnement et du mode de participation de l'enfant dans ses lieux de vie pour cerner dans quelle mesure ces lieux stimulent ou abrasent, temporairement ou durablement, son dynamisme. L'école est obligatoire mais elle se doit de garder sa pertinence aussi par le biais de la mobilité de ses attentes institutionnelles, en particulier en tant que donneur de temps [5].

Si l'enfant se rend compte que sa fatigue ou son désengagement donnent lieu à une réflexion, à une interaction constructive entre ses responsables de parentalité, il peut reconnaître qu'on le prend en compte à part entière, que le « contenant » adulte s'interroge sur le sens de sa particularité actuelle et qu'on s'intéresse à une remédiation* de ce problème qui est le sien. Il se sent alors étayé par ces réflexions adultes et disposé par là même à favoriser son propre changement dans une perspective interactive et productive. Ce n'est pas sur son dos que les adultes glosent et agissent, mais à son propos, et en dialogue direct avec lui. Le fait que des adultes prennent le temps de faire des hypothèses sur son dysfonctionnement actuel ouvre donc le champ à ses propres hypothèses, lui permettant de se situer dans le champ des hypothèses de l'autre. Ce sont là autant d'occasions de reprendre la barre avec un degré plus grand de sécurité, lié tant à une meilleure lecture de soi qu'à celle des adultes jouant le jeu de leur parentalité.

Différences culturelles et intégration

Les services de recherche pédagogique et sociologique, les travaux sur le développement sociocognitif, ont permis de mettre en évidence que l'école ne peut faire l'économie de son interculturalisation du fait de la multiplicité des origines sociales et culturelles des enfants. Enfants de migrants, de réfugiés, processus d'acculturation pour les enfants de deuxième et troisième génération d'anciens «travailleurs étrangers»: ces populations rendent nécessaire une évaluation du mode de décentration sociale et culturelle de l'école pour ne pas renforcer ségrégation et racisme.

Les développements récents de l'ethnopsychiatrie ont mis en évidence une nécessité qui jusqu'ici avait été souvent occultée: on ne peut pas dialoguer avec un Africain ou un Asiatique selon les mêmes principes auxquels on se réfère pour parler avec un Romand ou un francophone. Tant leur vision du monde que leur culture, leur pensée que leur langage s'étayent sur des bases différentes des nôtres, cela à des degrés divers[76]. La conviction ethnocentriste des médecins et des psychanalystes de se référer à des modèles universels les a conduits à tester et évaluer les gens selon un même modèle, quelle que soit leur culture d'origine. Or, ces modes de faire ont amené souvent des échecs importants au niveau des processus cliniques.

L'école est de plus en plus un creuset de l'interculturalité: comment gérer la triangulation famille/enfant/école de telle manière à faire un usage positif de ces différences?

Il s'agit pour les intervenants scolaires de favoriser cette interculturalité, ainsi que la pluriculturalité du lieu-classe. Il s'agit aussi de développer les processus de transculturation et d'acculturation positive dans le sens d'un gain, d'un enrichissement culturel plutôt que d'une perte et d'un deuil nécessaire de «ce qui était avant».

Ce travail est important tant au niveau des adultes que des enfants: on peut citer à cet égard le travail fait dans les classes d'accueil du Cycle d'Orientation à Genève[77] qui ont permis de mettre en évidence que l'organisation d'un souper de classe avec les parents, les enfants et les enseignants en fonction de la cuisine d'un pays ou d'un autre constituait un module important d'intégration: partager un repas et savoir comment se nourrit l'autre aide à identifier les règles sociales du nourrissement de l'esprit.

Ce même type d'expérience a été pratiqué dans des classes de deuxième primaire en regroupant parents et enfants de trois classes parallèles et en proposant aux parents la réalisation d'un buffet canadien. Bien sûr, il ne s'agit pas de contraindre chacun à goûter à tout, mais en tout cas de le suggérer, chaque parent ayant pour responsabilité d'amener un plat de son pays.

Les « petits déjeuners de l'Elysée » ont permis de constater que si les élèves de prégymnasiale prenaient le temps de manger et mangeaient sainement, les élèves de terminales quant à eux mangeaient rapidement et sur de mauvaises bases nutritives. La différence culturelle existe donc aussi bien entre races et cultures qu'au sein d'une même culture entre des populations de niveaux socioprofessionnels différents.

Pour les enfants, que cette interculturalité se situe au niveau culinaire, vestimentaire ou langagier, c'est toujours une reconnaissance de sa particularité par son partage avec d'autres. Qu'on chante en russe ou en anglais, qu'on récite des comptines en français ou en arabe, il y a accueil culturel de l'autre, curiosité partagée et jeu autour de la différence. C'est donc un objet essentiel de la promotion des enfants dans leur groupe de pairs. C'est aussi une occasion de promotion des parents qui peuvent constater que leur culture, bien qu'étrangère à celle de leur lieu actuel de vie, n'en est pas moins reconnue et acceptée, ce qui permet d'autant mieux que le système ethnosociofamilial entre en matière interactivement avec la culture de base du lieu scolaire.

Les savoirs culturels et sociaux des « autres » sont ainsi reconnus dans le cadre socioscolaire. Ils y ont leur place, sans interdit culturel. « L'école est un peu comme nous », même si elle est bien autre chose aussi : elle permet ainsi le consensus et le respect mutuel.

Il n'est pas besoin d'aller loin pour que certaines familles ressentent ce problème avec acuité : le Vaudois qui vient à Genève doit partiellement changer de culture. La réciproque est vraie. Le Vaudois du Gros-de-Vaud qui vient à Lausanne poursuivre ses études sait qu'il doit lui aussi moduler son style culturel et ses savoirs en conséquence. *A fortiori*, ce problème se pose quand il y a différence de langue, de pays ou de continent.

Si une ethnopsychiatrie s'est développée, semble-t-il avec profit pour les utilisateurs de ses services, ne s'agit-il pas de s'en inspirer pour créer une *« ethnopédagogie »* qui favorise la découverte mutuelle, la curiosité, sachant que ces différences sont des situations idéales pour que chacun soit en situation d'apprenant ? Toute curiosité sert à promouvoir la curiosité. N'est-ce pas une des questions essentielles de la pédagogie que de favoriser une participation active des élèves, fonction de cette curiosité bien aiguisée ?

Par là même, l'enfant peut s'intéresser progressivement à tous les objets de savoirs de la tradition scolaire, sans signer pour autant une mésalliance culturelle ou un esclavage consenti à la culture dominante. Au lieu d'un système de formation qui abrase progressivement l'origine culturelle et sa fonction dynamique dans les processus de développement et les apprentissages, l'école peut faire alliance avec ces différences qui deviennent ainsi productives et formatives pour tous, adultes et enfants.

Les règles de triangulation fonctionnelle, qu'elles portent sur le temps, l'espace ou les savoirs culturels, constituent bien des apports fondamentaux : pour les adultes qui se savent co/laborant entre eux sans pour autant se substituer à l'autre ; pour les enfants, qui peuvent observer le consensus qui se crée entre les adultes responsables de parentalité tout en leur accordant un statut d'interlocuteur (par le biais de l'observation et des échanges) et d'acteur. Ainsi, l'enfant est partie prenante de son contrat, sans peur d'alliances ou de mésalliances entre son appartenance sociofamiliale et socioscolaire. Il structure cet espace et le construit dans la liberté d'une curiosité consentie où il préserve à la fois sa part de collaboration et sa part de secret, sans se trouver réduit à l'un ou l'autre de ses espaces éducationnels et pédagogiques.

✦ ✦ ✦

3 L'enfant à l'école, lieu de vie

Si, dans le cadre des deux précédentes parties, les besoins supposés ont été définis du point de vue des enfants, puis de celui des relations utiles entre adultes et enfants par le biais de la parentalité familiale et scolaire, il est important de prendre maintenant en considération les répercussions essentielles de ces besoins sur la structure du lieu « école ». Partant du postulat de base de la nécessité de continuité par rapport aux axes du développement chez l'enfant d'une part, et de celle de la transformation progressive de leurs curiosités comme autant de moyens qui permettent aux enfants d'accéder au statut d'élève d'autre part, il s'agit de cerner les moyens imaginables pour répondre à ces besoins.

1. Pour que l'école soit lieu de vie...

Pour que l'enfant puisse investir son lieu de scolarisation initiale comme un lieu de vie, il est essentiel qu'il puisse y trouver un terrain d'expériences qui s'inscrive en continuité relative des expériences qu'il a conduites en famille, en pouponnière ou en jardin d'enfants. Ces activités de découverte et de jeu constituent le ciment qui permettra à l'enfant de construire sa fonction d'élève dans une perspective active et dynamique.

Dès l'âge de dix mois, les bébés développent des activités en rapport au monde physique, logique ou symbolique. Ils réalisent ces tâches tant individuellement qu'en groupe, ils apprennent à gérer les conflits inhérents à tout système relationnel ainsi qu'à promouvoir une éthosociologie de leur groupe de vie « entre pairs ».

Le cycle de scolarisation initiale doit être un contenant qui offre à l'enfant la possibilité de poursuivre ses démarches. Si l'école permet la promotion de l'image ou de l'estime de soi chez l'enfant, si elle favorise la multiplicité des axes d'engagement sociorelationnel, alors elle constitue un lieu de vie à la fois analogue et différent pour l'enfant par rapport à ses expériences antérieures.

Si l'école met à disposition de l'enfant des situations d'expérience qui sont pour lui autant d'occasions de manipulations, de transformations, d'observation, de découverte, alors elle s'inscrit naturellement dans la continuité de ses acquis socio familiaux et socio-institutionnels. Si elle favorise les aptitudes de l'enfant à classer, sérier, regrouper, dériver, apparier, catégoriser des matériaux divers, qu'ils soient liés à des objets ou à des actes, alors il y a continuité et changement au niveau de la stimulation de l'enfant: l'enfant peut d'autant mieux structurer sa curiosité, qu'elle se développe sans ruptures majeures ni dans les activités ni dans leurs significations cognitives, relationnelles et sociales.

Si, par le biais de ces propositions, issues tant de l'observation des enfants que des savoirs des pédagogues, l'enfant est amené à faire des mises en lien entre ses observations et ses classements, il entre de plain-pied dans son rôle d'élève qui observe, organise, compare et déduit à partir de divers outils (les moyens d'enseignement) pour traduire ses observations et ses déductions en savoirs et en connaissance (les buts de l'enseignement).

Dans de telles conditions d'apprentissage, l'enfant reste acteur de ses processus d'acquisition. En termes piagétiens, il travaille à son adaptation, par le jeu de l'assimilation (comparer ce qu'il découvre avec ce qu'il sait déjà) et de l'accommodation (adapter ses modes de faire aux particularités de situations nouvelles), et par une structuration progressive des savoirs. La fonction d'équilibration prend tout son sens puisqu'elle permet le classement en continu des savoirs anciens et nouveaux par l'enfant qui développe ainsi une économie de gestion des données. Chaque donnée, qu'elle soit cognitive, relationnelle ou sociale, se trouve placée dans un rapport entre tout et parties qui signe le dynamisme de l'intelligence du sujet.

Ce travail de «rationalisation des savoirs», l'enfant pourra le réaliser au niveau de la structuration de son intelligence. Il pourra aussi en faire une projection sur des systèmes de représentation et de traces qui lui permettent de dégager en partie sa mémoire, son savoir se trouvant partiellement formalisé par le biais de représentations diverses, telles que les représentations visuo-graphiques propres à l'humain.

Pour garantir la valeur de lieu de vie de la scolarisation initiale, *l'enfant doit pouvoir jouer son rôle intégrateur*: plus il se vivra comme celui qui intègre antériorité et actualité, savoirs anciens et nouveaux, moyens anciens et nouveaux, plus il sera porteur de la vitalité du lieu de scolarisation initiale, en interaction avec le pédagogue animateur qui peut se positionner en «personne ressource» face à la diversité et à la richesse des attentes et des apports enfantins.

Par ailleurs, plus l'enfant est partie prenante du dispositif dans la continuité de son histoire personnelle et l'actualité de son histoire d'élève, plus il procédera par auto-évaluation de son fonctionnement et de ses prestations : il peut en effet comparer ce qu'il était et faisait avec ce qu'il est et fait. Il peut comparer ce qu'il fait et ce que les autres font. Il peut comparer ce que pense l'adulte de ce qu'il fait et de ce que font les autres. Dans un tel processus se trouvent les racines de l'auto-évaluation et de l'évaluation participative. Nous y reviendrons dans la prochaine partie du présent document.

Comment se joue le rôle intégrateur de l'enfant ? Prenons l'exemple de la fonction du corps dans le développement. Le corps d'un enfant est un lieu de vie par excellence : cette vitalité se manifeste tant au niveau nutritif qu'à un niveau communicatif. Entre ses premiers jours de vie de nouveau-né et sa quatrième année, l'enfant va vivre son corps tant sur le plan de ses sensations qu'en fonction de l'effet de ses mouvements par rapport à autrui (qui constitue des prototypes de communication).

L'enfant passera du corps exprimé au corps joué, dans une perspective ludique et créative. Le développement de sa capacité de locomotion associée à la pluralité de gestes qu'il peut adjoindre à ses mouvements sera pour lui l'occasion de construire la vection de l'espace et du temps. Par ailleurs, la connaissance qu'il a de son corps sur le plan cinétique* et statique lui permet de développer son schéma corporel et son axialité orthostatique*. Si le corps se joue par le biais du mime, d'une rythmique ou d'une gymnastique, cette axialisation est essentielle : c'est elle qui sous-tendra l'adaptabilité de l'enfant au modèle et aux attentes proposées.

C'est aussi par le biais de la gestualité que l'enfant va développer son exploration des objets selon les différents axes de structuration de sa pensée (logique, physique, symbolique, sociorelationnelle). Toute la motricité fine va dépendre de la richesse et du plaisir du tout-petit à manipuler, toucher, tester les objets de son environnement. L'aptitude de l'enfant à manipuler adéquatement des instruments tels que les instruments scripteurs trouve ses origines dans ces explorations actives des objets.

Le lien que l'enfant développe entre corps et expression sert de base au développement d'autres fonctions essentielles : le corps s'exprime par le biais du geste, de la mimique, du mouvement corporel général. Il s'exprime par un autre geste moteur, celui de la voix. Rythmes et mélodies sont inscrits intimement dans le corps du sujet. Sur cette base expressionnelle va se développer l'aptitude langagière du sujet, le «verbe» se constituant progressivement, en continuité directe des échanges communicatifs par le biais du corps et du mouvement.

Tout le jeu de l'élocution phonoarticulatoire est un jeu moteur et sonore. Meilleures sont l'oreille et la motricité bucco-linguo-faciale* fine de quelqu'un, plus facile est l'accès aux différences entre langues: leurs particularités rythmiques et mélodiques sont l'équivalent de nouveaux jeux autour de la voix et de la parole. Cette «interculturalité» du geste langagier constitue par ailleurs un moyen d'intégration des différences entre enfants, qui sont souvent multiples sur ce plan, sans pour autant conduire l'adulte à servir de référence face à ces particularités.

Dans ce sens, il est essentiel que, par exemple, l'Education des Perceptions (EDP) puisse se réaliser dans une perspective globale où tous les canaux d'impression et d'expression du sujet sont mis en action dans une dimension interactive plutôt que dissociative. S'occuper de l'*un de nos sens* constitue un *atelier* de travail particulier, bien distinct d'une activité conduite dans la perspective d'une intermodalité sensorielle. Pour l'enfant, l'intermodalité sensorielle permet de partir d'un tout complexe qui s'inscrit dans la continuité naturelle de son vécu. Une spécialisation portant sur l'exercice d'un seul canal sensoriel ne touche à ses savoir-faire que d'un point de vue particulier. Le particulier ne devrait être que l'aboutissement d'une approche générale, mais la réciproque n'est pas vraie!

L'intégration par l'enfant des moyens anciens et nouveaux qu'il pratique et développe au niveau de ses connaissances se fait tout autant dans le cadre des salles de jeu, dans les cours de récréation, dans les activités de terrain: ce sont autant d'occasions pour lui d'intégrer ses savoirs et ses connaissances au niveau de la dynamique du corps et de promouvoir sa santé somatopsychique: *mens sana in corpore sano...*

Actions et perceptions seront ainsi coordonnées. Le classement se fera dans l'ordre de l'usuel: dans la vie, les situations ne sont pas calibrées en fonction d'une intention spécifique de type «atelier». Toute situation humaine est par essence complexe. La simplification est le résultat d'un travail d'approche, pas un moyen pour le réaliser.

Si les capacités de raisonnement, de mémorisation et de création de l'enfant constituent des objectifs de la scolarisation initiale, il est clair que celles-ci s'enracinent dans les expériences antérieures du sujet. L'école va intervenir pour que l'enfant puisse les promouvoir et les différencier. Cette différenciation pourra être porteuse des compétences métacognitives* des enfants dans la mesure où l'expérience concrète et immédiate sera progressivement moins nécessaire à l'enfant. Les compétences qu'il aura acquises par le classement de ses savoirs suppléeront progressivement à l'expérience directe et concrète. Par ailleurs, si la proposition pédagogique faite à l'enfant est en décalage optimal par rapport à son niveau de savoir (juste assez différent de ce qu'il sait et maîtrise mais pas trop), alors il peut en faire un usage actif utile à la promotion de son savoir.

2. L'accès à l'identité d'élève

L'identité scolaire est un processus qui se construit au gré des expériences que l'enfant fait dans le cadre de son espace de scolarisation initiale. Pour garantir une égalité des chances aux enfants, il s'agit que chacun, à sa manière, constitue son profil d'élève. C'est sur plusieurs plans que se réalise cette identité nouvelle qui permet à l'enfant de se dire et se savoir « élève », et d'agir en conséquence.

Cette construction ne peut se réaliser que s'il y a une distance suffisante entre enfant et adulte pour que l'enfant se place dans le processus d'acquisitions et d'apprentissages à titre de demandeur ou de consommateur intelligent. Si l'enfant « colle » trop à son enseignant, il risque de travailler par imitation et soumission au lieu de s'engager à la fois sur le chemin de l'imitation et de la différenciation.

Pour pouvoir se professionnaliser adéquatement, l'enfant doit pouvoir procéder par imitation et par identification tant à l'enseignant qu'aux pairs qui constituent sa classe. L'assimilation de ces différents modes de faire l'amènera progressivement à s'identifier lui-même comme partiellement semblable et partiellement différent d'autrui, adulte(s) et enfant(s).

On peut citer deux grands axes de structuration de la fonction d'élève, qui sont l'axe psychopédagogique (ou *sociocognitif*), et l'axe sociopédagogique (ou *sociorelationnel*).

Sur le *premier axe*, on peut mentionner les rapports que le sujet apprenant entretient avec les savoirs et les connaissances qu'il construit par le biais de divers supports matériels : l'apprentissage essentiel de l'enfant à ce niveau est de faire la distinction entre moyens (les situations d'expériences proposées) et buts (le savoir et la connaissance en jeu).

Le matériel qui lui est proposé ne doit pas exister en tant que tel, mais bien comme support à une pensée ou une action réfléchie qui utilise l'objet pour s'en abstraire et non pour s'y soumettre. Avec un matériel d'encastrement, si l'enfant construit une tour (c'est son but), il doit classer ses objets en fonction de leur base et les sérier de la plus grande à la plus petite (c'est son moyen). Avec ce même matériel utilisé pour l'encastrement (c'est le but), il classera également les objets du plus grand au plus petit, mais cette fois en fonction de leur nature contenante et non de leur nature support. Il peut faire cela seul (primat du cognitif) ou avec des pairs (primat du sociocognitif) centrés prioritairement sur la réalisation de la tâche.

Cette distinction est fondamentale très tôt dans la carrière d'élève, pour que la différenciation de ces plans favorise chez l'enfant une séparation entre expérience immédiate, résonance cognitive et résonance sociocognitive de ses actes. Cause et effet ne sont pas à confondre.

Sur le *deuxième axe* mentionné, on peut citer comme élément de construction de l'identité scolaire les engagements relationnels entre enfants et entre adulte(s) et enfant(s) : l'enfant pourra percevoir dans ce champ les modes d'adaptation verbale et comportementale en fonction des intervenants : les pairs (relations horizontales) ou les adultes (relations verticales ou obliques selon l'âge des copains, ou l'importance du rôle d'apprenant de l'adulte). L'identification de sa responsabilité au niveau du travail individuel, collectif ou en petit groupe constitue un axe nécessaire pour différencier ses apports. Ces conditions de travail impliquent des modes d'interaction et un type de prise en compte de la tâche bien différents pour l'élève (conduite du travail, pratique de recherche, autonomie).

Enfin, dans ce champ psychosociologique, il s'agit pour devenir « élève suffisamment bon » que l'enfant perçoive les règles (implicites ou explicites) qui gouvernent le fonctionnement du lieu « école ». A partir de ses observations au niveau des interactions en jeu, il construira son réseau de règles de conduites, réseau qui sera plus ou moins analogique avec les règles effectives de son lieu de formation scolaire.

Pendant son cycle de scolarisation initiale, l'enfant aura quatre années à disposition pour identifier, construire et faire fonctionner ces modes de structuration de l'identité scolaire tant sur le plan des interactions sociales que des interactions aux savoirs.

Au cours de ses expériences antérieures à la scolarisation initiale, l'enfant, dans sa famille ou dans le cadre de pouponnières et de jardins d'enfants, a pu développer ses premières stratégies d'interaction et construire sa pratique de l'éthologie de la communication[38]. Celle-ci s'est réalisée le plus souvent dans une perspective ethnoculturelle et interculturelle vu les diversités des enfants, de leurs origines et de leurs pratiques sociales. La différence des apports éducationnels des adultes, parents et pédagogues motive pour l'enfant des terrains d'observation et d'interaction plus ou moins variables. Ces capacités d'adaptation, l'enfant peut les transférer sur son espace de scolarisation initiale à la nuance près que les intentions de formation changent, en particulier sur le plan des contenus éducationnels en jeu.

On peut rappeler également que cet accès à l'identité scolaire n'implique pas une même règle de participation pour tous : les possibilités d'individualisation des horaires doivent rester possibles selon le contrat de scolarisation initiale passé entre famille et pédagogue. Plus le système de participation proposé par les adultes à un enfant est particulier par rapport aux modes de faire des pairs, plus le régime d'adaptation en jeu sur le plan de la construction de l'identité scolaire sera différent. Il s'agira donc d'évaluer si les conditions de participation définies par le contrat sont compatibles aux processus de construction de l'identité scolaire, ou si elles constituent une forme de « prescription paradoxale ». Si le mode de participation de l'enfant rend presque impossible son intégration sociocognitive et sociorelationnelle dans le lieu de formation, le contrat de scolarisation devrait être révisé en conséquence.

Par ailleurs, la dimension de « donneur de temps » du cycle de scolarisation initiale doit être progressivement respectée par tous. Ce processus de « normalisation » touchera aussi bien les horaires d'arrivée et de départ du lieu scolaire que l'organisation interne du travail. Dans le déroulement d'une journée scolaire, l'enfant aura à disposition des temps-sujet consacrés à des conduites autonomes d'activité. Le pédagogue choisira les moments de travail collectif et de présentation en fonction des périodes de « temps favorables » dans la perspective de la chronobiologie[5]. Les périodes consacrées au corps et au mouvement seront réalisées elles aussi aux moments les plus favorables, que ce soit pour la rythmique, le sport ou l'éducation physique, ou pour des sorties-promenades en lien avec la connaissance de l'environnement.

3. Quelle école pour garantir l'accès à l'identité scolaire?

Pour garantir que l'école soit un « lieu de vie », il s'agit qu'elle soit ouverte sur la communauté sociale dont elle fait partie. Un lieu scolaire qui se veut vivant ne peut se différencier de manière massive ou abusive de son environnement psychosocial. Le quartier où se situe l'école a ses normes sociales et culturelles propres. Sa population constitue un échantillon spécifique au niveau des classes socioprofessionnelles des habitants: cet échantillon a une variance* qui lui est particulière. L'hétérogénéité relative du groupe social du quartier va de pair avec un échantillon d'enfants « en voie de scolarisation » qui sont souvent différents non seulement du point de vue d'eux-mêmes, mais encore de leur famille. Par ailleurs, selon le type de quartier, il y aura une population de pendulaires plaçant leurs enfants dans les écoles proches de leur lieu de travail: ces placements motivent un autre type de variance de la population de quartier sur le plan culturel et socioprofessionnel.

Cette hétérogénéité joue un rôle particulièrement important dans le cadre du cycle de scolarisation initiale où les enfants ont des expériences de vie très différentes (vie familiale seulement, vie familiale et groupale dans le cadre de pouponnières ou jardins d'enfants, vie familiale dans le cadre de la famille et d'une famille d'accueil, ...) indépendamment de leurs particularités sociales, langagières et ethnoculturelles. L'ouverture de l'école sur cette diversité est fondamentale si on veut permettre à l'enfant un processus d'acculturation positive qui ne soit pas vécu comme une rupture culturelle ou un jeu d'alliance de l'enfant avec ses différents partenaires éducatifs.

Plus un quartier est marqué par l'interculturalité et le plurilinguisme, plus l'école devra cerner ce qui de cette diversité est vraisemblablement commun à tous (ou à une majorité d'enfants) et ce qui est propre à des sous-groupes plus ou moins importants d'enfants. Plus les niveaux socioprofessionnels des parents sont spécifiques ou diversifiés, plus les types de contrat de scolarisation initiale seront à moduler en conséquence. Selon les différences sociales en jeu, les modalités d'accueil scolaire seront à modifier.

Quels peuvent être les rôles de l'école dans ce dispositif d'accueil ?

L'école peut bénéficier des données générales des services de recherche pédagogique et sociologique pour avoir une idée plus précise de ses conditions d'insertion dans le quartier. Les services de psychiatrie infanto-juvénile peuvent fournir des données cliniques spécifiques, complémentaires aux informations sociologiques générales. Une évaluation de la situation des enfants en collaboration avec les familles sur le plan des caractéristiques socioprofessionnelles et culturelles de la population du quartier précisera encore le contexte d'insertion scolaire en jeu : qu'existe-t-il sur le plan de l'accueil d'enfants, y compris pour ceux des pendulaires travaillant dans le quartier ou la région concernée, que ce soit le matin, au moment des repas ou dans la fin de l'après-midi ? Y a-t-il des centres de loisirs qui peuvent accueillir des enfants et leur proposer des activités ? Les pédagogues pourront alors évaluer pour quels enfants, respectivement quelles familles, par exemple, un accueil du matin s'avère nécessaire et identifier les moyens privilégiés de sa réalisation.

Pour quels enfants faudrait-il envisager une journée continue incluant repas et moment de repos ? Pour quels enfants un accueil post-scolaire s'avérerait-il essentiel ?

Dans un quartier à prédominance ouvrière, les besoins parentaux rendront nécessaire un accueil du matin qui se fasse de sept heures à neuf heures, et se poursuive jusque vers dix-neuf heures trente, dès la fin des heures de classe de l'après-midi. Cette forme de continuité a l'avantage de permettre à l'enfant de rester dans un même type de lieu tout au long de sa journée. Mais dans ce cas, il est impératif qu'il ait des possibilités d'isolement et de repos pour éviter qu'il ne se trouve en situation de surstimulation sur le plan social et expérienciel.

Un même type d'horaire dans un quartier « résidentiel » aurait de toutes autres incidences puisqu'il permettrait aux parents de se décharger sur l'école pour mieux organiser leur vie privée, par exemple au niveau des loisirs. Dans ce sens, un accueil des enfants selon des horaires comme définis plus haut devrait être considéré comme regrettable car, si ces parents ont un temps de disponibilité pour l'enfant et une compétence adéquate d'accompagnement éducatif, l'enfant comprendra mal pourquoi ils délèguent ces tâches sociales à l'école plutôt que de les assumer conformément aux responsabilités qui sont les leurs. Si l'enfant, dans le cadre des dispositifs d'accueil, a le bénéfice de ses relations avec les pairs, cela ne justifie pas pour autant une réduction de ses relations avec ses parents au niveau éducatif et social.

Le redéploiement des ressources des bâtiments scolaires et leur insertion active dans leur cadre social demandent une réflexion générale tant au niveau du rôle des adultes que des propositions faites aux uns et aux autres, si l'on veut garantir une structure institutionnelle qui satisfasse aux besoins identifiés de la population desservie par une école de quartier. Nous y reviendrons au chapitre suivant.

De telles réflexions conduisent à l'idée d'une *école pour tous, mais pas de la même manière pour tous*. Dans la mesure où un contrat de scolarisation initiale est assumé entre les répondants familiaux et scolaires en fonction de l'enfant, on peut considérer que le réglage de l'accueil est le fruit d'un compromis individualisé entre personnes responsables, et non une tentative de décharge sur l'autre espace de pratique «parentale». Si ces modulations peuvent être envisagées en fonction de la dimension de l'accueil pré- et postscolaire, par contre les règles de participation à la journée scolaire en tant que telle (p. ex. 09h00 à 12h00, 13h00 à 16h00) ne permettent en principe pas de modulation entre famille et école. Selon les enfants, l'organisation des temps forts et des temps-sujet pourra être modulée par l'enseignant d'entente avec l'enfant.

Temps forts et temps-sujet sont à penser dans la perspective de la chronobiologie[5], science qui donne des indications utiles au praticien sur les organisations usuelles des enfants, adolescents et adultes en termes d'énergie disponible et de rentabilisation positive de celle-ci. De telles prises en compte sont particulièrement importantes dans le cadre du cycle de scolarisation initiale, puisque c'est à cette période de vie (quatre/huit ans) que l'enfant peut construire son identité d'élève et se rendre compte des règles de fonctionnement du système scolaire dans une perspective interactive et constructive. Il peut constater que les règles du jeu sont partiellement collectives et partiellement modulées en fonction des enfants, sans que ces différences donnent lieu pour autant à un classement hiérarchique des élèves associé à un jugement de valeur.

Certains enfants seront là tôt et resteront tard, d'autres ne viendront que pour l'heure officielle du début des «cours» consacré à un accueil du groupe, par exemple sous forme d'une assemblée des enfants avec les adultes concernés. Certains seront là le matin, d'autres l'après-midi, d'autres matin et après-midi. Certains mangeront et feront la sieste à l'école, alors que d'autres retrouveront leurs parents à midi ou dès la fin des heures de classe. Cette diversité va de pair avec une organisation des adultes (présences/absences) sachant que leur groupe d'enfants est à «géométrie variable» (présence de MDS, duos, présence d'éducateurs ou de parents à titre de co/animateur ou d'animateur).

Mais, pour les enfants, cette variabilité entre enfants sera synonyme de différence dans les modes de participation à la classe. Ces différences ne seront pas l'occasion de tentatives d'exclusion de l'absent devenu intrus, chaque enfant devant remplir son contrat de scolarisation tel qu'il a été défini par ses répondants, à la fois en fonction de ses ressemblances et de ses différences avec le contrat d'autres élèves de son groupe.

La reconstruction en continu d'un groupe d'enfants à géométrie variable selon sa composition actuelle fait de la différenciation des moyens et des conditions d'enseignement un droit pour tous plutôt qu'un passe-droit pour des enfants privilégiés ou différents. Si l'accueil est ouvert à tous, les objectifs de cet accueil seront bien différents selon les enfants et leurs besoins supposés. Le groupe-classe devient autre chose qu'un réseau d'habitudes puisqu'il devient lui-même un terrain d'expérience diversifié. Le groupe reste porteur d'une continuité, le pédagogue constituant l'autre pôle essentiel de celle-ci. L'enfant peut ainsi identifier ce qu'il peut placer comme attentes dans le groupe et ses variations successives au cours du développement du cycle de scolarisation initiale. Il verra aussi ce qu'il peut avoir comme attentes face à l'adulte (aux adultes) animateur(s) de son lieu-classe/lieu de vie.

C'est sur cette base que les intervenants peuvent construire une éthique des conditions d'insertion psychosociale du bâtiment scolaire dans le quartier (ou le village) où ils travaillent. Cette éthique sera modulée en fonction des variations des populations d'usagers et de leurs besoins d'une part, des modifications du fonctionnement du groupe des répondants pédagogiques d'autre part. La mobilité de chacun est d'autant plus sollicitée. Cette dynamique permet également la mise en place de règles générales et particulières de classe et de bâtiment en fonction de la variance en jeu. Ce sont autant d'occasions de décentration pour les adultes et les enfants, ce qui ne peut que stimuler leur mobilité de pensée et d'action sans pour autant conduire à enfreindre les règles du jeu.

En ce qui concerne la mise en place d'un horaire continu ou discontinu, il s'agit d'apprécier pour quels enfants le retour quotidien ou fréquent à domicile pour le repas de midi est un élément dynamique de participation scolaire et familial. Pour d'autres, cette rupture peut avoir une valeur déstabilisatrice : s'adapter à un type de lieu constitue un travail important, en changer deux ou trois fois dans la journée peut constituer une surcharge adaptative qui peut devenir toxique.

Ces réflexions doivent être conduites dans l'idée que l'enfant devrait être en position optimale pour interagir sur le plan social et intellectuel dans des conditions qui nourrissent sa curiosité et son besoin tant de partage que d'individuation*. Cette optimalisation de la disponibilité des enfants à leur scolarisation initiale ne peut que rendre attrayant l'accès à la fonction (l'identité) d'élève. Pour les pédagogues qui animent le groupe, un tel mode de faire rend plus complexe le dispositif d'accueil. Il demande de porter une attention particulière aux modalités de structuration des propositions pédagogiques, tant au niveau des contenus que des moments. Mais, si la structure mise en place est dans un bon rapport d'adéquation avec les besoins supposés des enfants, le travail réalisé est optimalisé pour tous par le renforcement de la disponibilité des élèves dans les moments de classe.

De manière générale, la classe ne peut être considérée comme le lieu où tout un chacun fait *au même moment la même chose dans les mêmes conditions*, ce qui souvent reste encore la règle dans les degrés primaires ou secondaires. Les classes enfantines bénéficient heureusement d'une plus grande liberté d'action et d'organisation. Par cette liberté même, la classe peut accéder à la dynamique d'un lieu de vie, respectueux autant des différences entre enfants que de la convergence des intentions formatives en jeu.

Cette différenciation des apports et des interactions peut aussi être prise en compte au niveau des relations des élèves avec les responsables des locaux : dans une visée traditionnelle, les « concierges » sont souvent amenés à faire la « police » de surveillance des locaux et des enfants, pour éviter toute déprédation ou tout acte dangereux. Ils se superposent aux surveillants de récréation qui sont garants des actes des enfants, en particulier sur le plan des risques encourus et des limites supportables par rapport aux jeux pratiqués.

Dans une perspective plus sociologique des rôles, les responsables de locaux peuvent devenir des interlocuteurs qui permettent aux enfants de construire leur sens des responsabilités par rapport au matériel, aux bâtiments, aux parcs et aux jardins. Ils accèdent alors de plain-pied à leur fonction réelle, sans avoir à se constituer en garde-chiourme ou surveillant général. Ils deviennent eux aussi des acteurs dans la transmission des règles propres au lieu scolaire, permettant aux enfants la promotion d'une « morale des lieux » qu'on ne saurait négliger ou sous-estimer au niveau des interactions sociales entre individus.

Si le responsable des locaux peut soutenir la morale des usagers des lieux, les pédagogues soutiennent les processus d'individuation et de différenciation, dans une perspective personnalisée au service d'interactions constructives. Plus un groupe d'enfants avance dans le dispositif de scolarisation initiale, plus l'harmonisation de ces règles pourra donner lieu à des modes de fonctionnement et de gestion du groupe proche d'un dispositif qui permette à l'élève d'identifier son rôle et la compatibilité de celui-ci avec le rôle des autres. Il ne s'agira pas d'une *uniformisation des rôles* mais bien d'une *compatibilité des rôles*, tant dans les interactions entre pairs qu'entre adulte(s) et enfant(s).

On peut comparer la finalité de ce dispositif à un orchestre : d'abord chacun sort son instrument, puis il l'accorde et le chauffe selon son habitude. Quelqu'un donne alors le ton. Il s'agit d'harmoniser son instrument avec les autres. Les cordes constituent un groupe. Les vents, un autre. Les percussions, un troisième. Les cuivres, un quatrième. Quand ce travail est réalisé, on fait silence, un « conducteur » arrive. Chaque instrument, à la fois individuel et collectif, reste essentiel à la polyphonie du tout. Tous ces sous-groupes se conjuguent hardiment pour donner toute la richesse du dispositif, toutes les finesses des interactions en jeu. A chaque œuvre son rapport entre instruments et sa résonance collective. N'en est-il pas de même dans une école lieu de vie ?

Dans un tel dispositif, chacun est responsable du point de rencontre qui est fixé. La famille respecte le contrat en termes d'heure(s) d'arrivée et de départ. L'enfant y perçoit l'accord entre ses deux répondants éducatifs. De son côté, le pédagogue s'engage à respecter les règles du contrat et l'assume en particulier par la réalité de son accueil de l'enfant. L'accueil est un moment de relation vraie. Ce n'est pas simplement un lieu de passage et de rencontre fortuite...

Quel personnel pour assurer un tel dispositif?

Un dispositif «lieu de vie» tel qu'il vient d'être évoqué a des incidences sérieuses sur le type de personnel engagé pour de telles réalisations. Il s'agit de promouvoir une éthique du rôle. Cette question a déjà été abordée au niveau des relations de parentalité entre famille et enseignants. Si l'idée d'un partenariat actif ne préside pas aux rapports entre personnes responsables chacune à sa manière, il ne peut y avoir un contrat réel de scolarisation initiale. Pour se faire, il faut se détacher de quantité de stéréotypes dont nous sommes souvent victimes: *«ces gens sont d'autres cultures», «ils sont socialement inadaptés», «on ne devrait pas agir comme ça», «quelle idée de manger si tard»*. De tels jugements ou hypothèses sont autant de limites imposées à une interaction constructive entre les différents partenaires concernés.

On fait avec les gens tels qu'ils sont. Mais le pédagogue conscient de sa mission socio-éducative se doit d'être un spécialiste en «sciences de l'éducation», au-delà de ses compétences didactiques et méthodologiques. Il est celui qui peut s'adapter et chercher avec ses interlocuteurs la voie du compromis constructeur. Chacun y met du sien, pour faire au mieux en fonction des moyens en jeu. S'il y a des connaissances de base qui favorisent cette réflexion, il n'y a pas de règles quant au «comment», qui se découvre par le jeu et la dynamique des interactions.

Un autre point de ce dispositif est important. Depuis de très nombreuses années, on constate que l'échec scolaire touche beaucoup plus fréquemment les garçons que les filles. Cette règle est d'ailleurs aussi vraie concernant les troubles du langage et du comportement, si on en croit les analyses statistiques des services s'occupant des enfants et adolescents.

Une hypothèse explicative ou interprétative existe-t-elle à ce sujet? Un constat existe en tout cas: les écoles enfantines actuelles sont le «fief» des femmes pédagogues, jeunes et moins jeunes. L'homme enseignant en enfantine est une rareté, pour ne pas dire une curiosité. Par ailleurs, souvent dans les familles, c'est aux mères qu'est dévolu le travail d'accompagnement de la scolarité des enfants, les pères restant «en réserve de la nation» pour les «cas graves».

Dans le processus de scolarisation, garçons et filles se trouvent ainsi confrontés essentiellement à des femmes: «femmes-maîtresses», «mères-maîtresses» et « maîtresses-mères ». Nonante pour cent environ des enseignants du primaire sont des femmes. Les filles se trouvent en terrain de connaissance. Le transfert relationnel et l'identification à l'autre sont faciles puisqu'elles passent d'une femme éduquant à une autre femme éduquant. Le garçon, confronté à une mère en famille (couplé souvent avec une absence du père) se trouve pour apprendre (et devenir un homme) dans l'obligation une fois encore de s'identifier à une femme… Déjà pendant la vie intra-utérine, le garçon a lutté pour préserver son « XY », alors que la constitution chromosomique de l'embryon fille se trouve en harmonie naturelle avec son terrain d'accueil[25]. Si, pour certains garçons, ça ne pose pas problème, on peut légitimement se demander si, pour d'autres, ce n'est pas *« la goutte qui fait déborder le vase »* : mère exigeante, maîtresse exigeante, et l'homme dans tout ça ? N'est-il qu'un rêve de liberté, un personnage de télé ou de BD, ou un esclave du travail ?… Si l'éducation, tant du point de vue des adultes que des enfants, admettait comme postulat l'androgynie de base de tout être humain, la question se poserait autrement. Mais le privilège actuel de l'identité masculine au sens du « cow-boy » viril et solitaire est bien loin de la sensibilité à l'androgynie. Les problèmes des petits garçons entourés de femmes à responsabilité éducative prioritaire restent donc bien d'actualité. Pour quelque temps encore en tout cas…

Cette forme de « matriarcat » dans les deux lieux principaux de vie de l'enfant peut constituer un frein dans le jeu d'identification et de projection de l'enfant, dans son rapport transférentiel* à l'autre qui le conduit sur son chemin de l'éducation. Y a-t-il une forme de déprivation du « petit mâle » dans cette éducation aux mains des femmes ? Celle-ci débouche-t-elle sur des comportements de refus d'apprendre ou de se socialiser selon les règles de ce milieu (trop) féminisé ? Bien sûr tout être humain est le siège d'une identité féminine et masculine, indépendamment de son identité sexuelle. Mais l'une est évidente (l'identité sexuelle), alors que l'autre ne se démarque que dans l'engagement relationnel et la différenciation qui l'accompagne. Si un garçon réfute l'autorité de la femme globalement, il ne peut entrer en relation : il ne peut donc pas non plus accéder à la différenciation des rôles que cette relation peut favoriser. Ce problème est d'autant plus crucial face à des populations venant d'autres horizons culturels où la règle de soumission éducative passe de l'homme au garçon, ou de la femme à la fillette, sans croisement aucun.

Quelles que soient les hypothèses à faire, il serait certainement très utile que des hommes s'engagent dans le cadre de la scolarité initiale et qu'on évalue par la suite l'évolution des courbes d'échec scolaire entre garçons et filles, sachant que les processus d'identification peuvent aussi bien aller dans le sens du primat des relations aux partenaires de même sexe qu'à celui des relations aux partenaires de sexe «opposé». Par ailleurs, ce jeu est pondéré par la nature de l'objet enseigné qui lui aussi est vu comme plus ou moins «viril» ou «féminin». Heureusement, les choses changent au niveau des objets d'enseignement: la couture, la cuisine ou la ferronnerie sont devenues des activités bien souvent unisexes et bien des garçons se passionnent pour le tricot quand des filles rêvent de menuiserie.

Certains appellent actuellement au retour à la non-mixité des classes, cela bien que tous les enseignants de grands degrés précisent qu'elle joue un rôle régulateur chez les jeunes tant au niveau du comportement social que des apprentissages. Mais il ressort que les filles avec des meilleurs résultats ont cependant une moins bonne image d'elles-mêmes que les garçons qui seraient plus vite satisfaits d'eux-mêmes et plus «frimeurs». Ils s'affirmeraient en fonction de leur appréciation personnelle des résultats scolaires, alors que les filles seraient plus conscientes des normes et de la relativité de leurs prestations. Par ailleurs, il faut noter sur un plan de sociologie de la communication[78] que les femmes recherchent dans les échanges surtout de la compréhension et un accroissement de leur intimité avec l'autre, alors que les hommes centrent leurs échanges sur l'idée de recherche de solution aux problèmes rencontrés. L'affirmation de sa réussite (pourtant relative) est une manière de résoudre le problème de son estime de soi chez le garçon, alors que la relativité de la réussite chez les filles serait l'occasion de tester une communication centrée sur l'échange, la compréhension mutuelle et la dimension intimiste de ce réseau. Bien évidemment, si les jeunes filles se prononcent sur leurs limites en attendant de l'autre (jeune homme ou enseignant) un dialogue intimiste, elles risquent d'être le plus souvent déçues dans leurs attentes et, par là même, confirmées dans leur sentiment d'«infériorité» et leur éventuelle révolte à cet égard. Par ailleurs, on a constaté dans les petites classes, que c'est de plus en plus tôt que les enfants se séparent dans leurs activités de jeu: dès quatre ans, la majorité des garçons ne jouera qu'avec des «mecs», alors que les fillettes rechercheront surtout des échanges avec des petites copines. Nous sommes loin d'une éducation qui fasse sa place à la dimension naturellement androgyne de l'humain et de ses désirs.

Pour certains, l'apologie de la non-mixité est une preuve du «sexisme» indirect de l'école. Nombreux sont ceux qui parmi les enseignants ont des souvenirs dramatiques des classes non mixtes dont le climat est trop marqué par l'apathie ou le bizutage. La non-mixité par ailleurs risque de prolonger la durée du chemin d'acceptation de l'androgynie, en renvoyant dos à dos filles et garçons. C'est donc vraisemblablement une solution à courte vue... et qui ne résout pas non plus le problème de la mixité des enseignants dans le cadre de la scolarité. Si cette règle de mixité régulatrice est vraie pour les adolescents, qu'elle l'est tout autant chez l'enfant petit, pourquoi ne le serait-elle pas pour les adultes aussi? Trois enseignants pour deux classes dont un homme serait peut-être une solution idéale?

Il y a sûrement un équilibre à trouver pour que chacun, adultes et enfants, y trouve son compte. Selon l'équilibre choisi, les enseignants-hommes permettront au garçon un jeu d'identification au savoir défini par l'attente de devenir soi-même un homme, riche de sa dualité mais sans ambages ni ambiguïté. Avec les filles, il servira de support intellectuel et permettra une relation où le désir du père peut être sublimé par le plaisir de l'esprit. En famille, les pères pourraient se sentir réhabilités dans leur rapport éducatif aux savoirs scolaires. Il s'agit là aussi d'une éducation paternelle et masculine, comme tout ce que les pères partagent virilement avec leurs fils au niveau du foot ou de la boxe.

Si, pour que l'école enfantine soit un lieu de vie, il importe que l'enfant soit au bénéfice de changements de lieux et à la découverte de leurs complémentarités fonctionnelles, il serait tout aussi important qu'il soit au bénéfice d'un changement de personnes et que son jeu d'apprenant puisse s'adresser tant à un enseignant homme que femme si on souhaite promouvoir l'identité et l'adaptabilité des enfants sur le plan social, relationnel et cognitif.

Alors, un cycle de scolarisation initiale?

Si l'école répond à l'exigence de lieu de vie, en tenant compte des différences entre enfants, entre familles, en cherchant à s'intégrer dans la dynamique psychosociale de son environnement immédiat, alors on peut considérer que la scolarisation initiale peut prendre la forme d'un cycle de scolarisation que les enfants (et les adultes répondants) vivront sur quatre ans.

Pendant ce laps de temps, chaque enfant, quelles que soient ses spécificités, aura la possibilité de saisir les règles de fonctionnement de l'école, de la classe. Il aura saisi comment se joue le jeu des relations entre pairs et des relations aux adultes. Il saura s'identifier aux adultes pédagogues sans pour autant s'y sou(s)mettre. Il saura relativiser ses apprentissages par rapport à ses maîtres et maîtresses. Il aura compris que les objets de savoir qu'on lui propose méritent d'être organisés en structures de co/naissance. Il aura compris que l'école comme la classe sont des lieux ouverts sur les spécificités, curieux de les connaître et de les intégrer dans son processus de formation. La relativité des sexes fera partie de sa conscience, confusément ou clairement, enrichissant d'autant la dynamique de son processus d'hominisation. Il aura compris aussi la complémentarité nécessaire qui existe sur le plan éducatif entre ses répondants familiaux et scolaires.

Cet ensemble de prises de conscience lui aura permis de construire son identité d'élève clairement, le rendant disponible aux apprentissages que l'école souhaite lui proposer. Au cours de son cycle de scolarisation initiale, il aura abordé globalement quantité de savoirs divers qu'il aura l'occasion de re/structurer sur le plan de la pensée opératoire. Pendant cette période, il aura passé de la pensée préopératoire à la pensée concrète et il pourra transférer ses savoirs et ses connaissances dans cette nouvelle organisation cognitive, à la fois dans une perspective économique et synthétique. Sa curiosité se sera aiguisée et sa soif de savoir en augmentera d'autant au profit de la régulation de ses apprentissages, tant sur le plan cognitif que social et relationnel, tant au niveau du corps que de la main et de l'esprit.

Alors, pourquoi pas ?

✦✦✦

4 L'enfant et ses besoins supposés du point de vue des acquisitions, des apprentissages et de l'évaluation

Cette partie est organisée en quatre sections complémentaires. La première est consacrée à la problématique du *développement des acquis des enfants*. La deuxième est organisée autour du problème des *contenus*: ils seront abordés du point de vue des intentions et des modalités d'interaction, puis en tant que tels. La troisième partie rappelle le *travail de l'enseignant* dans ce dispositif, la quatrième étant centrée sur les divers *processus d'évaluation* qui peuvent être mis en œuvre.

1. Accompagner le développement des acquis des enfants

Le fil conducteur de notre réflexion jusqu'ici est la perspective de continuité qui doit exister entre les acquis sociofamiliaux des enfants et les propositions pédagogiques qui leur sont faites dans le cadre scolaire. Le cycle de scolarisation initiale (CSI) doit être articulé sous forme d'un accompagnement des enfants sur la base de situations d'expérience et de découverte où les enseignants jouent un rôle d'animation pédagogique dans une perspective interactive.

Pendant la période de la naissance à quatre ans, le tout-petit a développé un formidable travail d'observation et d'intégration au monde qui l'accueille. Il a développé des stratégies tant dans le domaine relationnel que cognitif et langagier. Il a abordé la construction du réel tant sur le plan de la connaissance du monde physique (et de ses lois) que du raisonnement (avec sa logique propre). Il a construit diverses formes de représentation telles que le jeu symbolique, l'image mentale et le langage dans ses formes orales et visuographiques. Il a acquis une connaissance globale de l'espace, des rythmes et du temps. Il a intégré son corps dans son espace vital, tant par le biais des perceptions que des actions, de l'imitation que de la création.

Le «petit d'homme» connaît ainsi son milieu de vie, les relations d'amour qu'il entretient avec sa famille, les relations dynamiques avec ses groupes sociaux proches, par le biais de sa participation à des lieux d'accueil tels que crèches, pouponnières et jardins d'enfants.

Dans des conditions usuelles de vie familiale et groupale, tout ce travail d'adaptation a été réalisé par l'enfant qui se prépare à une nouvelle vie: celle d'élève dans le cadre du cycle de scolarisation initiale.

La scolarisation initiale de l'enfant a pour but de développer ces acquis, que ce soit sur le plan sociorelationnel ou sociocognitif. On accordera priorité au développement sociorelationnel de l'enfant dans ce nouveau lieu de vie qu'est l'école: il doit pouvoir progressivement différencier ses modes de relation, que ce soit entre pairs ou avec les adultes. Il peut profiter du lieu «école» pour développer sa mobilité relationnelle. Les travaux en éthologie de la communication[30/38] ont mis en évidence combien l'enfant, très jeune déjà, peut organiser son champ relationnel et ses interactions avec autrui (rôle de leader par agression ou séduction p. ex.). L'enfant sait se faire comprendre d'autrui, même si l'autre n'a pas les mêmes outils de communication que lui.

L'enfant, bien que très sensible aux différences interindividuelles, leur accorde une valeur discriminative mais sans discrimination *a priori*. Même s'il a des habitudes culturelles qui sont propres à son milieu, il est ouvert aux cultures et aux races dans leur pluralité. Les particularités d'autrui ne sont pas des occasions de ségrégation aussi longtemps qu'il n'a pas pris à son compte certains stéréotypes comportementaux des adultes en la matière.

Toutes les situations d'expérience qu'il a vécues, en famille ou ailleurs, lui ont permis de développer sa personnalité et d'isoler son Moi du non-moi que représentent l'autre, l'objet et l'environnement. Sur cette base il peut développer ses capacités de catégoriser, sérier, grouper, relier des faits, des actes ou des objets entre eux. Son environnement lui a donné des occasions de manipuler les objets, d'observer et de découvrir, de transformer ou de dériver la nature ou la fonction d'un objet vers un autre usage. Sa famille a constitué également un espace où l'on jouait, seul ou à plusieurs, sur la base de règles implicites ou explicites.

Autre acquis cognitif et affectif: choisir. C'est peut-être ce qu'il y a de plus difficile, dans la mesure où choisir, c'est à la fois accéder à une chose et renoncer (temporairement) à toutes les autres. Selon l'éducation reçue, cette capacité de choix qui permet l'identification et la relativisation du désir sera bien ancrée dans la vitalité du sujet. Parfois, et particulièrement dans le cas où l'enfant a été soumis prioritairement à l'obéissance, cette aptitude à choisir semble inexistante ou conflictuelle surtout.

Un enfant vivant est un enfant actif. L'enfant construit activement ses savoirs (ils sont nombreux) par le biais de la connaissance (co-naissance) et des savoirs des autres. Connaître, c'est mettre ces données en relation, que ce soit de soi à soi, ou de soi à autrui. Dans le cadre de la scolarisation initiale, il s'agit de favoriser chez l'enfant l'aptitude à mettre en lien ce qu'il sait déjà avec ce qu'il découvre. Dans ce sens, le rôle du pédagogue est bien d'accompagner les découvertes des enfants et de soutenir chez eux la recherche d'un cadre explicatif ou englobant, d'un contenant qui permet l'organisation des rapports existant entre les différentes pièces du puzzle du savoir.

C'est pour favoriser ces procédures de classement, ces aptitudes à choisir, que le pédagogue propose des situations d'expérience aux élèves, *situations assez complexes* pour susciter chez l'intéressé un travail d'organisation et de catégorisation. Mais, il proposera des *situations pas trop complexes* pour éviter que l'enfant ne se trouve dans une position impossible ou paradoxale qui empêche toute procédure de catégorisation adéquate. Dans la pédagogie Montessori, on précise bien que « le choix ne peut pas s'exercer n'importe quand, n'importe comment. L'enfant n'est pas toujours capable de choisir. C'est l'observation qui nous montre le moment. [...] Un petit enfant peut choisir entre deux ou trois objets progressivement, mais pas parmi une quantité d'objets »[79]. Face à des situations d'expérience adéquates (c'est souvent ce qui demande à l'adulte le plus de temps de préparation à partir de ses observations des enfants !), l'enfant peut tester (plutôt que détester) situation et acquis.

Pour tester ses connaissances et ses savoirs, l'enfant fait appel à des stratégies diverses, à des modes de traitement des données qui lui sont propres : il s'agit de créations personnelles et individuelles. Tout individu organise sa perception du monde sur la base de qui il est, même si cette organisation rencontre progressivement une perception plus collective du « réel ». Ces règles de catégorisation ne sont pas directement observables pour le pédagogue : c'est à partir des actions et des modes de classement des faits par les enfants que l'adulte peut inférer des stratégies mises en jeu. C'est par le biais de ces inférences qu'il peut tenter de situer l'organisation actuelle de la pensée réflexive d'un enfant.

La pédagogie, centrée sur l'enfant plutôt que sur l'institution, est une *procédure inférentielle* qui part des produits des enfants en lien avec les situations proposées par les enseignants. Ceux-ci sont d'autant plus riches que les situations d'expérience sont suffisamment ouvertes et dynamiques pour stimuler la réflexion des élèves. Dans le cadre des arts martiaux, l'élève observe le maître puis agit en s'observant lui-même : il ne reçoit que peu d'indices d'assistance de la part du maître. Dans le cadre de la scolarité initiale, il s'agit de proposer des situations d'expérience qui permettent à l'enfant d'observer le matériel proposé, le pédagogue ne constituant qu'un recours en cas de besoin. Ce modèle n'est par ailleurs vraisemblablement pas différent de l'enseignement assisté par ordinateur (EAO) qui place l'élève face à un matériel à comprendre et des démarches à structurer en dialoguant avec l'ordinateur. L'enseignant a dans ce cas un rôle d'accompagnateur et une fonction de soutien pour l'élève.

Quelques perspectives neuropsychologiques

Selon la *neuropsychologie*[80], tout humain a deux cerveaux. Chaque hémisphère cérébral joue un rôle particulier dans le développement. La *kinésiologie éducative*[81] constitue un mode de stimulation des deux cerveaux et de leur connexion par le biais du corps calleux, inspiré des effets des premières expériences de rampement du bébé. Les situations d'expérience proposées doivent donc être l'occasion d'une stimulation active tant de l'un que de l'autre des hémisphères. Ces deux espaces de traitement des données sont l'un et l'autre fondamentaux pour le genre humain.

Si on se réfère aux travaux de LABORIT[82] ou de FRADIN[83], on ne peut faire l'économie d'une autre nomenclature, celle des trois cerveaux humains : le cerveau reptilien (le plus ancien), siège des instincts, le cerveau limbique, siège des conduites instinctives, enfin le néocortex, siège de l'intelligence adaptative, de la logique et de la créativité. Pour FRADIN, les instincts, chez l'homme comme chez l'animal, sont la fuite (qui se manifeste au niveau psychologique par l'anxiété, la peur et l'agitation), la lutte (manifestée par l'agression, le paternalisme et la compétitivité) et l'inhibition (dont le sujet témoigne par le biais de la fatigue d'ordre psychique, la dépression et la recherche d'un protecteur).

Le cerveau limbique, quant à lui, est le siège des conduites instinctives : c'est le lieu de la répétition, de l'automatisation, du conditionnement. C'est à la fois un espace dynamique qui permet l'économie progressive de la pensée du sujet, mais aussi un « traître de l'intelligence » dans la mesure où l'humain tend progressivement à confondre rituels et habitudes avec le « vrai », alors que les processus d'automatisation devraient favoriser le dynamisme de l'intelligence adaptative et créative qui siège dans le néocortex...

Le Système Régulateur Activateur Ascendant (SRAA) est le siège de l'attention : il permet la concentration et la mise en mémoire (à court, moyen et long terme). Un lien direct peut être fait entre cette capacité d'attention et l'intelligence d'un sujet. Selon POSTNER[84], la régulation de la vigilance permet de distinguer une « attention gluante » qui, par sa viscosité même, pourrait être synonyme d'intelligence puisqu'elle garantit la fixation des traces neurologiques en jeu.

Selon les travaux de BOULU[85], le cerveau est formé du *tronc cérébral* (dit aussi cerveau reptilien) qui inclut la substance réticulée (siège de l'attention et de la vigilance), du *cervelet* (adaptation de la posture et des mouvements volontaires), du *système limbique* (au centre des hémisphères cérébraux) qui fonctionne en symbiose avec le cerveau reptilien et assure la vie végétative, et enfin, au niveau cortical, de l'*hémisphère droit* (centré sur la pensée associative libre) et de l'*hémisphère gauche* (centré sur l'analyse et la synthèse), reliés par le *corps calleux*.

> « Un cerveau que l'on saisit à deux mains se présente comme deux gants de boxe que l'on serrerait l'un contre l'autre, paume à paume, devant soi, comme pour enserrer une canne. La canne représenterait la moelle épinière et le tronc cérébral. Chaque gant serait un hémisphère cérébral avec l'extrémité du gant pour lobe frontal, le dos de la main pour lobe pariétal, le poignet pour lobe occipital et le pouce pour lobe temporal. »[86]

Le *lobe frontal* est le plus étendu des quatre lobes cérébraux. Il comprend dans sa zone postérieure l'aire motrice primaire. Le reste du lobe frontal constitue une aire associative d'échange d'informations. Il joue un rôle central dans la programmation de la vie psychique (décisions, actes volontaires, comportements) : c'est par le travail de cette zone que l'être humain peut se concentrer et s'adapter à des situations nouvelles. Dans le cas où le travail de cette zone est ou devient impossible, le sujet devient indifférent et non motivé. *« C'est grâce à la partie associative de son lobe frontal que l'homme peut échapper aux conduites instinctives de son cerveau limbique reptilien pour accéder au domaine de l'intelligence créatrice »*[87].

Il faut signaler également que la maturation des lobes frontaux est lente : chez l'être humain, elle se poursuivrait jusque vers vingt-cinq ans. La régulation du cognitif et de l'affectif constitue des synergies tardives dans le développement humain.

L'*hémisphère gauche* est concerné par le langage, les activités gestuelles, analytiques, le calcul mental et le raisonnement logique. L'*hémisphère droit* est plus spécialisé dans la perception de l'espace, la créativité, la musique, l'approche globale et synthétique de l'environnement. [88]

Si l'on tente de transposer ces données dans le champ de la pédagogique, on constate que bien des difficultés de comportement des enfants (p. ex., agressivité, inhibition ou passivité) sont liées aux impulsions du cerveau reptilien. Bien des tracas de la pédagogie de répétition (p. ex., les règles sues par cœur mais non appliquées, la lecture orale déchiffrée sans compréhension du texte) rapportent au cerveau limbique : mais ni l'un ni l'autre ne sont le siège de l'intelligence que l'école a pour tâche de former. L'intention de l'école est bien de développer les aptitudes de l'humain au niveau de la logique et de la créativité, tout en faisant usage du cerveau limbique comme réservoir de stabilisation. Le sujet doit pouvoir s'engager dans un climat de formation personnelle qui lui permette d'éviter un appel fréquent à la fuite, à la lutte, voire à l'inhibition de la pensée ou du comportement...

La pédagogie peut ainsi permettre à l'élève un développement tant au niveau des attitudes (curiosité) que des compétences liées au travail réalisé (capacité d'organisation, de raisonnement, d'inférence, traces et mémoires) ce qui concourt au développement cérébral de l'être humain.

LEVINE [61] propose une *classification psychodynamique* des élèves au niveau des attitudes : le *co-dirigeant* part d'une proposition d'autrui, adulte ou enfant, l'intègre immédiatement et peut la compléter et la différencier. Le *suiveur* quant à lui peut intégrer la consigne en tout ou partie, mais ne peut que faire ce qui lui a été intimé sans participer créativement au dispositif. Le *marginal* enfin peut tenir compte d'une consigne ou l'ignorer : il est centré sur ses propres tâches ou ses propres stratégies à l'exclusion de tout compromis « sociocognitif » en la matière. Lui faut-il deux à trois fois plus de temps pour réaliser telle ou telle tâche ? qu'il en soit ainsi ! Il n'a rien à faire des modes de faire des autres dont il ne peut que se méfier. C'est un intégriste du « faire autrement ou autre chose à sa manière ».

Dans cette perspective, on pourrait considérer au niveau des *attitudes* que l'enfant temporairement *co-dirigeant* fait vraisemblablement appel à l'ensemble de ses cerveaux en privilégiant son néocortex comme angle d'approche des tâches qu'il se donne ou qui lui sont proposées, tout en prenant appui sur son cerveau limbique pour ce qui est de la mémoire et de la constitution de routines et d'habitudes. L'enfant temporairement *suiveur* serait le plus souvent centré sur le cerveau limbique qu'il solliciterait trop par rapport à son utilisation du néocortex : il serait trop soumis à des règles d'habitude aux dépens de la créativité et de l'adaptabilité. L'enfant temporairement *marginal* centrerait son attention au niveau du cerveau reptilien (d'où l'attitude de ne pas agir comme les autres) et s'organiserait au niveau néocortical pour ce qui relève de sa débrouillardise : ce mode de faire l'empêcherait de faire siennes les procédures des autres, qu'il rapporterait à une forme de conditionnement dans l'immédiat ou le long terme.

Pour nous, un élève suffisamment bon serait l'élève qui admet que selon son seuil de maîtrise d'un objet de savoir, il peut temporairement se mettre en situation de suiveur, de co-dirigeant ou de marginal. Dès qu'il a compris, il agira en co-dirigeant, virera son acquis dans son cerveau limbique et libérera sa disponibilité pour du nouveau. Il est primordial au niveau du développement des acquis que l'enfant accède à cette variance des rôles selon les objets et les situations. L'enfant a besoin que l'adulte accepte cette variance, même si elle peut surprendre. Si les réactions du groupe ou de l'adulte tendent à signifier à l'élève qu'il est « toujours cloche » ou « toujours le meilleur », il y a appauvrissement et sur-détermination du rôle, ce qui est contraire à la dynamique développementale et groupale en jeu. On peut citer une bonne élève (l'histoire est vraie) qui, en fin de division primaire, ne rêvait que d'une chose : *« enfin faire une mauvaise note, se payer un 1 ou un 2 »*. C'en était devenu une obsession qui menaçait sa santé mentale, car elle avait toujours été (elle s'était ?) « privée » de ce frisson de l'échec et de la « faute »...

Cette variabilité des rôles a autant de sens dans le domaine des acquis relationnels que cognitifs. Elle implique donc une gestion des situations et des productions des élèves par le pédagogue qui ne traite pas seulement de la qualité cognitive ou relationnelle du produit, mais encore de sa résonance en termes d'attitude d'apprenant de l'élève. Le but de la pédagogie est bien de libérer les élèves, quels qu'ils soient, de leurs « compulsions de répétition » précoces et tardives, que ce soit à la réussite, à la marginalité ou à l'échec obligés. Pour le développement des acquis, l'observation est fondamentale ainsi que l'aptitude du pédagogue à formuler des hypothèses sur les stratégies et les procédures que les élèves mettent en jeu, que ce soit sur le plan cognitif, relationnel ou au niveau du rôle « psychologique » (le statut d'élève que se donne l'enfant) : c'est sur ces bases que pourront être développés tous les actes formateurs qui conduisent l'enfant sur le chemin d'une scolarisation viable et vivante.

2. Les contenus: une affaire de différenciation ou d'incitation?

Dans le cadre du cycle de scolarisation initiale, faut-il traiter du problème des contenus au niveau d'une incitation à la découverte d'objets inconnus ou de la continuité et du changement à partir des acquis antérieurs? Tout ce qui précède tend à souligner l'importance de la continuité relative qui s'instaure entre les acquis avant l'école et ceux que la scolarisation va permettre d'affiner, de différencier, et surtout de mettre en lien entre eux. La scolarisation initiale est donc d'abord une affaire de différenciation, d'affinement des acquis antérieurs, puis de sensibilisation et d'incitation à des acquis nouveaux propres à la dynamique scolaire. Les deux dimensions du connu et de l'inconnu sont donc nécessaires au développement de l'enfant, mais pas dans n'importe quel ordre de proposition.

Ce mode de faire s'appuie sur deux perspectives complémentaires: la promotion de la *dynamique im-pressionnelle* (compréhension, perception, sensation) qui signe le niveau de disponibilité de l'enfant aux propos d'autrui) et la *dynamique ex-pressionnelle* centrée sur les capacités de production et de réalisation des enfants, qui signe ses aptitudes propositionnelles. Pour qu'un pédagogue puisse cibler adéquatement ses propositions, il s'agit bien qu'il observe les compétences expressionnelles des élèves, celles-ci lui servant de base à la structuration de situations pédagogiques qu'il peut offrir aux enfants. Ces situations stimuleront les compétences impressionnelles des élèves en retour et donneront lieu à des propositions expressionnelles, ce qui permet au pédagogue de poursuivre son propos de différenciation.

Disponibilité et propositionnalité des élèves sont à envisager du point de vue des interactions de soi à soi (pratiques réflexives), de soi à l'autre ou aux autres, de l'autre ou des autres à soi (pratiques interactives). Le but de ces interactions diverses est de promouvoir la capacité d'observation, de découverte, de raisonnement, de création, de sensibilité et d'intuition chez l'élève. Dans une telle procédure, la mémoire n'est qu'un outil de travail («La mémoire n'est que la trace matérielle que laisse une expérience dans le système nerveux, qui l'éprouve»[89]), certes essentiel, mais en aucun cas «nécessaire et suffisant».

Quels sont les contenus qui peuvent favoriser le cheminement des enfants des acquis aux apprentissages?

L'un des fils conducteurs de la scolarisation initiale semble lié à la différenciation et la structuration progressive par l'enfant de l'espace et du temps, en rapport avec le corps et la parole, sur un plan immédiat ou sur un plan abstractif et métacognitif*.

L'Education Des Perceptions dans une visée intermodale* permet à l'enfant de spécifier ses sensations et ses perceptions. Le rapport entre corps et esprit est sollicité en permanence, que l'EDP touche globalement ou spécifiquement aux sens ou à la corporalité. De cette éducation globale les enfants retirent une capacité à traiter des situations à la fois dans leur ensemble et dans leurs particularités: ils se trouvent dans une situation de mise en lien et de connexion dynamique intersensorielle. Qui plus est, ce dispositif de travail devrait leur permettre un plus grand bien-être dans la prise de contact avec l'environnement qui est le leur.

La dynamique langagière développe au niveau de la parole des intentions similaires: comment favoriser chez l'enfant une aptitude au langage qui fasse de celui-ci un objet mobile, adaptatif et performant[90]? Comment favoriser une capacité de narration (le récit oral[91]) qui lui permette de transmettre ses pensées, son vécu antérieur ou imaginaire à autrui en se faisant clairement comprendre, en suscitant une participation active de la part des auditeurs (les coproducteurs[92]), qui signe le bien-fondé de la prestation en jeu? Dans ce domaine, au-delà des productions de l'enfant, la capacité d'écoute de l'adulte est fondamentale, mais aussi son aptitude à raconter des histoires et à susciter l'intérêt des enfants quant au déroulement spatio-temporel du récit.

L'enfant jeune est un polyglotte en puissance: sachant que dans les classes enfantines actuelles, plusieurs «langues maternelles» sont parlées par les enfants, il y a une occasion en or de faire du *plurilinguisme actif* en cherchant à savoir comment se dit tel ou tel mot dans les différentes langues parlées par les élèves, d'apprendre chansons, poésies ou comptines dans ces langues, de voir comment elles s'écrivent aussi. C'est pour l'enseignant et les enfants une bonne occasion de s'ouvrir aux autres cultures et de développer leur oreille au profit de l'apprentissage ultérieur des langues étrangères, tel que programmé à l'école. L'espace et le temps sont aussi présents dans cette interculturalité puisqu'elle est l'occasion de regarder la carte du monde, des photos d'ici et d'ailleurs, de connaître la diversité des choses pour en cerner l'essentialité par le jeu des différences et des ressemblances.

L'histoire de la vie est un autre chapitre universel de l'humanité : c'est un moment privilégié où l'on parle de l'enfant lui-même, avec une centration sur la corporalité et les affects. Ce travail devrait permettre à l'enfant de développer une conscience de soi élargie. Il permet d'aborder tant l'histoire de l'homme que celle de l'animal et des plantes, l'histoire de la Terre et des planètes. Il permet d'aborder ce qui relève de la raison et de l'objectivation mais aussi d'évoquer la spiritualité. L'*histoire des religions*, indépendamment de tout dogmatisme, est une occasion de saisir la diversité des peuples et des philosophies selon les lieux. L'*histoire de l'environnement* est une autre occasion de mettre en lien l'homme et la nature, leur interdépendance plus ou moins heureuse ou conflictuelle, leur capacité de respect mutuel ou la tendance de l'homme à faire de la Terre une esclave tout à son service, aux risques et périls de l'humanité. Autre occasion de s'approcher de la dimension vitale de la relation entre l'homme et Gaïa, la planète Terre.

Au-delà de ces éléments qui permettent d'aborder les fondements du rapport humaniste qui devrait régir les peuples et la Terre, on peut dans ce cycle de scolarisation initiale aborder des éléments plus directement abstractifs, que ce soit au niveau du *fonctionnement du langage* ou de la *pensée logico-mathématique* : c'est entre quatre et huit ans qu'on peut partir de la *grammaire naturelle* des enfants (elle leur est non consciente mais leur sert à organiser leur parole et leur langage) ; c'est une grammaire sémantique centrée sur la signification des constituants de l'énoncé (qui sont les acteurs, quels sont les éléments du décor, les éléments de causalité ?). L'enfant qui parle organise son énoncé pour dire *qui fait, ce qu'il fait, à qui il le fait, pour qui/quoi, où, quand, comment.*

Ces fonctions sémantiques sont les prototypes fonctionnels des grammaires formelles ultérieures, que celles-ci utilisent le terme de sujet ou de groupe jaune (l'agent), de COD ou de groupe bleu (le patient), de complément circonstanciel ou de groupe vert (les circonstants).

L'enfant sur cette base peut différencier, dans le théâtre de l'énoncé, les acteurs (sujet, objet, objet indirect ou agent, patient et bénéficiaire en grammaire sémantique) et les décors (où, quand, circonstanciel de lieu et de temps).

Les circonstanciels de manière qualifient l'action et l'acteur concerné («frappe brutalement», «embrasse avec transport»); les circonstanciels de but spécifient quant à eux les intentions des acteurs.

De même, pour l'enfant, ce que l'adulte appelle «temps du verbe» sert à définir des fonctions sémantiques: sur le plan aspectuel, l'imparfait signifie la répétition d'une action. Le passé composé, le fait que l'action est révolue[93]. Le futur et le conditionnel sont des temps de l'hypothétique qui servent à l'organisation de jeux de simulation (*« moi je serais la maman, et pi toi tu serais le bébé, et pi alors on irait à la plage... »*). Par ailleurs, peu à peu les temps des verbes correspondront à des marques temporelles: maintenant, avant, après, peut-être (hors du temps puisque dans le champ de la prévisibilité seulement).

Toutes ces réflexions peuvent être menées à partir d'énoncés complexes que le groupe essaie de découper en parties sur la base d'une raison sémantique, et sert de prototype au découpage formel de la grammaire que nous connaissons. Le fait de partir du sens permet à l'enfant une gestion du découpage en continuité de sa pratique du langage, puisque celui-ci ne fait que mettre en évidence le fonctionnement stratégique naturel de l'enfant: il peut dès lors re/connaître dans ce processus de découpage un mode de fonctionnement de sa pensée et de translation de celle-ci en langage. L'enfant traite à nouveau de l'espace et du temps, mais cette fois c'est un espace interne du sujet qui est en jeu, associé à un processus cortical et physiologique de linéarisation fonctionnelle (les constituants d'un énoncé sont produits dans un certain ordre que le sujet choisit).

D'autres activités permettront la *différenciation de l'espace physique*, y compris du corps, pour l'enfant. Au-delà de la psychocinétique corporelle[51] qui favorise une axialisation et une différenciation du schéma corporel et sa spatialisation progressive, on peut travailler à faire des pliages qui donnent des formes volumétriques (celles-ci sont plus proches du réel que les formes planes qui témoignent d'une représentation plus abstraite), des sculptures (pâte à modeler, terre, sable, objets divers tels que ficelle, papier collant, carton, élastiques, colle), toutes occasions pour l'enfant de traiter de l'espace en trois dimensions, non pas pour faire un bel objet présentable à qui de droit, mais simplement pour le jeu de construire, de tester l'espace et le volume. C'est une autre manière d'aborder le jeu des conservations, dont on sait l'importance à la suite des travaux piagétiens[94].

Dans une perspective proximale mais non identique à ce qui vient d'être mentionné, le cycle initial de scolarisation permet aussi d'aborder la **genèse du nombre** ou son développement chez l'enfant : à partir des structures logiques élémentaires[95] centrées sur des collections, sériations ou classements divers, l'enfant peut développer les correspondances terme à terme entre des objets en tous genres qui lui permettent d'aborder le nombre en tant que concept plutôt que la comptine du comptage. Sur cette base conceptuelle, l'enfant peut développer différentes formes de comptage qui serviront de base aux techniques que le pédagogue proposera ultérieurement.

Parallèlement à ces contenus portant sur la connaissance du monde et sur leur catégorisation progressive en systèmes organisés et interactifs, le cycle de scolarisation initiale est l'occasion du développement chez l'enfant de sa capacité à **produire des traces** de ses activités et de ses pensées : les jeux de pistes sont l'occasion de cerner des indices (des traces de pas par exemple), des signes divers (les panneaux routiers, les plaques minéralogiques des voitures) ; actuellement, les murs regorgent de traces graphiques telles que les tags. En production, l'enfant passe par une période de gribouillage : de ces derniers, sortiront les dessins qui relèvent d'une représentation iconique du réel d'une part, les premières productions de textes écrits par le biais d'une « protoécriture »* d'autre part : ces premières productions écrites peuvent relever d'une représentation codée par le biais d'idéogrammes (comme en chinois) ou « alphabétiquement » (comme en français), même si les « lettres » formées par les enfants ne correspondent souvent que partiellement encore à notre codification alphabétique.

La capacité d'écrire des enfants existe avant l'école si on veut bien se mettre « à l'écoute » de leurs productions. Il est toujours intéressant de proposer à des enfants de quatre ans d'écrire une comptine qu'ils connaissent. Bien sûr, leur première réponse est généralement du type « on peut pas, on a pas appris ». Mais si le pédagogue les encourage et leur demande de faire « à leur manière et comme ils pensent », les enfants organisent des systèmes d'écriture pour répondre à la proposition qui leur a été faite. C'est alors à l'adulte de chercher à identifier les stratégies mises en jeu par les enfants dans cet acte de « protoécriture » (de notre point de vue), d'écriture (du leur). C'est sur cette base, souvent existante entre quatre et cinq ans chez les enfants, qu'on pourra proposer une spécialisation progressive de ces modes de faire initiaux pour que l'enfant puisse « normaliser » ses modes de faire en fonction des exigences sociales de nos systèmes d'écriture.

De même, il est toujours intéressant, et souvent surprenant pour l'adulte, de constater que s'il propose à l'enfant de choisir un livre et de le « lire » (à sa manière), et cela pour autant qu'il insiste comme précédemment lorsque l'enfant dit « j'ai pas appris » (position de suiveur), la narration qu'il obtient à partir du livre (texte/images) fait preuve d'une compréhension généralement adéquate. L'enfant s'est donné des repères pour traiter l'information en jeu. Cette fois encore, la validation par l'adulte de ces comportements « naturels » de l'enfant donne un terrain de base aux apprentissages ultérieurs qui viendront se greffer sur ces compétences initiales et ne seront donc pas à apprendre « en partant de rien ».

Un dernier champ de travail qu'il s'agit d'évoquer est celui de la compétence de **découpage**: il s'agit d'une fonction essentielle dans le développement de l'enfant. Il existe en effet une quantité de tâches pour lesquelles l'enfant sera amené à découper des entités de dimensions variables pour en faire une somme de parties (le rapport de parties à tout[96]): qu'il s'agisse d'objets physiques (un personnage dessiné ou un gâteau à découper, une maquette), d'objets acoustiques (un mot à découper en syllabes en tapant dans ses mains), d'objets alphabétiques (un énoncé à découper en groupes, en mots, ou un mot à découper en lettres), la fonction du découpage en parties, identiques ou non, constitue une tâche que l'enfant est très souvent amené à réaliser et qui porte une valeur heuristique*.

« On n'est pas coupable de couper »: c'est une règle fondamentale pour l'enfant qui ne fait que rarement l'expérience de la relation du tout à la partie. Lorsqu'on lui donne une tranche de pain ou de viande, la partie est prioritaire et le tout souvent absent. Parfois l'enfant qui mange du lapin, et auquel on parle par inadvertance du lapin de Pâques ou de celui de la ferme, se trouve l'appétit momentanément coupé, car ce qu'il a dans son assiette est soudain rapporté au tout, cette jolie bête qu'il aime caresser, nourrir et voir courir dans les prés...

Identifier le rapport existant entre tout et partie est un fondement de la pensée, que ce soit sur un plan expérienciel, scientifique ou spirituel. Il s'agit d'une coordination de points de vue qui permet la composition ou la recomposition d'un tout. C'est le sens de tout puzzle qui permet de mettre en rapport parties et tout, pour aboutir au tout qui sert de référence (l'image sur le couvercle de la boîte ou associée au jeu).

Découper un bonhomme en carton pour en faire une marionnette articulée, reconstituer une image par le biais d'un puzzle, défaire une saucisse de pâte à modeler pour en faire des boulettes et vice versa, ce sont autant d'occasions pour tester la transformationalité relative de la matière et sa recomposition pour aboutir finalement à ce travail de découpage et recomposition uniquement par le biais de la pensée.

Ces démarches et ces contenus sont donc l'occasion pour l'enfant en cycle initial de scolarisation de développer son bien-être physique et psychique à la fois sur le plan du classement de ce qu'il produit et de ce qu'il reçoit par le biais de son environnement. C'est l'occasion de spécifier ses compétences tant au niveau langagier que logique et mathématique, au niveau de son environnement proche ou lointain, du temps de l'avant, du maintenant et de l'après potentiel. C'est l'occasion de se différencier tant sur le plan culturel que sur celui de la pensée. C'est aussi l'occasion de promouvoir sa pensée abstractive pour préparer le terrain aux apprentissages scolaires formels tels que la grammaire, la morphosyntaxe du verbe, le lexique, et l'orthographe (qui est un matériel prioritairement visuel, même si les enfants développent des stratégies intermodales* audiovisuelles dans l'acquisition de la maîtrise du langage écrit).

L'ensemble de ces démarches au niveau des perceptions objectives et subjectives est aussi l'occasion de spécifier le rôle de l'audition et de la vision comme sens directeurs de quantités d'apprentissages ultérieurs, cela du fait de leurs modes de présentation usuels. La capacité de découper et reconstituer permet à la fois la conservation et la transformation de la « substance » des savoirs en rendant d'autant plus dynamique la connaissance. Sur ces bases, l'enfant en fin de cycle initial de scolarisation peut aborder sur un plan formel et métacognitif tout ce qu'il a déjà abordé et entrevu au cours du déroulement du cycle. Il peut constater la nécessaire récursivité qu'il y a entre ces diverses manières d'aborder les savoirs et de construire ses connaissances.

Le cycle initial de scolarisation est porteur de cet ensemble d'aptitudes potentielles chez l'enfant : il est essentiel que le processus de formation proposé soit le germe des pratiques formatives ultérieures si l'on souhaite garantir à chacun « son égalité des chances ».

3. Implications de cette définition des contenus sur l'enseignement

Pour enseigner dans cette perspective, il s'agit de partir de ce que savent les enfants du groupe-classe concerné. L'adulte qui a observé les modes de faire des enfants et a construit des hypothèses et des raisonnements inférentiels à partir de ses observations (il s'agit d'une pratique d'artisan-chercheur), peut alors créer et identifier les meilleurs modes de stimulation des enfants pour qu'ils développent leurs acquis et y intègrent les propositions d'apprentissage qui leur seraient plus étrangères. L'adulte dans ce sens est amené à chercher et trouver des stratégies d'interaction formative plutôt qu'à donner (en particulier d'emblée) ses solutions ou ses modes de faire préférentiels. La structuration du travail devient plus une affaire d'interaction entre adulte et enfants, les solutions choisies pouvant être groupales et/ou individuelles selon le mode d'assimilation que chaque enfant en fait. L'enseignant peut enfin quitter la lourde charge de transmetteur de savoir, d'encyclopédie vivante et infaillible pour entrer dans sa nouvelle charge d'animateur et d'accompagnant, étant lui-même formé au travers des propos des enfants qu'il accompagne. Sa situation devient naturellement interactive au lieu d'être prioritairement prescriptive. Enfants et adulte se trouvent en situation de découverte et de recherche. La charge fondamentale de l'adulte relève de sa capacité d'aider les élèves à faire toute mise en lien utile entre savoirs pour que se développe leur co-naissance dans le champ de la culture et de la civilisation humaines.

On peut associer ces arguments à une anecdote interculturelle : si on demande à un Occidental de décrire un mur, il dira qu'il s'agit de briques qu'on a mises les unes sur les autres et cimentées. Si on pose cette même question à un Oriental, il dira qu'il s'agit de ciment qui unit des briques : une visée orientaliste de l'école s'avérerait certainement plus productive que la visée occidentaliste : dans celle-ci, on se préoccupe de contenus (les briques du savoir). Dans celle-là, on s'occupe de la relation entre contenus (les relations entre savoirs qui permettent la connaissance). Ce changement de point de vue constitue un changement radical de la conception de la scolarisation et du rôle du pédagogue. Accompagner un enfant dans les rayons d'un supermarché n'a pas grand-chose à voir avec la planification des achats en fonction d'un menu et l'organisation de son trajet fonctionnel dans le lieu.

Ces réflexions ne sont pas étrangères à des discours anciens sur la pédagogie, ni aux critères évoqués par la commission fédérale de maturité et la commission pédagogique suisse pour la restructuration de la maturité fédérale (RRM). Ce qui est nouveau, c'est que cette préoccupation devient un fondement de la scolarité dès son initiation et non pas une affaire de «grands élèves» au-delà de la scolarité obligatoire. Les qualités requises des enfants dans le cadre du cycle de scolarisation initiale sont en correspondance directe avec celles qu'on attend d'un gymnasien (et de l'étudiant universitaire) au niveau de leurs qualités propres et de leurs connaissances. On demande à un élève de développer aussi bien ses compétences intellectuelles que physiques et sociales. Ce choix a bien évidemment une incidence tant sur les bases de la structure institutionnelle scolaire que sur les processus de formation des maîtres. Nous y reviendrons dans les chapitres suivants.

Enseigner devient un processus déterminé par des situations et des objets, sur la base des compétences observées des enfants qui sont fonction de leur niveau de développement et de l'évolution de leur fonction d'élève. Il s'agit dès lors d'équilibrer soigneusement ce qui des propositions de l'adulte s'appuiera sur des propos non-directifs ou directifs, ce qui sera formulé en termes de question ouverte ou fermée, ce qui sera réalisé à partir des propositions des enfants, de l'adulte ou de banques de données comme les ordinateurs...

Dans une telle perspective, apprendre le nom des couleurs, des jours de la semaine, des mois de l'année, des lettres et des chiffres perd beaucoup de sa signification: les listes sont de bons objets de mémorisation mais pas de formation. L'espace-temps doit exister avant d'être nommé, l'écrit et le nombre doivent exister avant d'être re/présentés langagièrement ou graphiquement. Les couleurs existent par leurs résonances propres et par leurs compatibilités dynamiques: leur nom n'est qu'une affaire d'appellation contrôlée qui est une formalisation du processus de connaissance mais ne saurait être une stratégie utile à son initiation. C'est ainsi que l'encyclopédisme peut céder le pas à la connaissance et à la dynamique de l'intelligence.

Les moyens que le pédagogue peut mettre en jeu, ce sont les situations d'expérience qu'il peut construire pour susciter chez les enfants et lui-même une pratique d'artisan-chercheur: chercher à comprendre les stratégies en jeu, leurs filiations et leurs interactions. Les situations de jeu sont des situations d'expérience, mais pour autant qu'elles ne se fondent pas sur du matériel didactique linéaire, qui favorise plus l'ennui que la recherche. Le jeu de règles qui peut être pratiqué en fin de cycle initial de scolarisation est quant à lui un jeu autodirigé, où l'enfant a pour charge d'agir dans la limite des règles prescrites. La découverte et la recherche sont déjà beaucoup plus ciblées et expérimentales. C'est pourquoi ce type de jeu n'a guère de sens avant sept ans, période où l'enfant en sait assez pour s'occuper des choses concrètes et réelles sans trop chercher à les redistribuer : il connaît assez bien les pièces du puzzle pour ne plus confondre tout et parties.

4. Dans cette perspective, que devient l'évaluation ?

Si l'on veut rester cohérent avec les propositions concernant acquisitions et apprentissages telles que données plus haut, l'évaluation pratiquée ne peut être que formative et interactive. Elle doit se donner une base participative liée à la collaboration entre adultes et enfants : évaluer constitue l'une des démarches pédagogiques de promotion de l'élève et de la connaissance. C'est peut-être celle qui est la plus nouvelle pour un certain nombre d'enfants : non pas que leurs compétences n'aient pas été évaluées dans le cadre socio-familial ou au jardin d'enfants, mais parce que, dans le cadre de la scolarisation initiale, l'évaluation devient une constante nécessaire et formative.

C'est dès l'aube de la scolarisation qu'il est important de solliciter des enfants leur(s) avis sur ce qu'ils ont produit, eux ou eux avec d'autres, et de susciter un échange dialectique entre enfants, et entre adulte et enfants, pour que le processus d'évaluation soit bien compris comme ce qu'il est : une procédure subjective (quelles que soient ses tentatives d'objectivation) et interprétative qui donne donc une place à chaque intéressé dans le dispositif de formation en jeu. Une pédagogie promotionnelle et humaine ne peut faire l'économie de l'aptitude de l'enfant à dire *« je sais/je ne sais pas », « j'ai assez bien fait/j'ai plutôt mal fait », « c'est bien/c'est mieux/c'est moins bien »*, sans que ces façons de dire ne rapportent à une notion religieuse du « bien et du mal » qui n'est que le fait d'une mauvaise traduction. En effet, en hébreu, la Thora n'évoque que l'« accompli » et le « non encore accompli », ce qui parle en fonction d'un processus évolutif et non d'un jugement de valeur [97]. Dans une telle perspective se forgent à la fois un sens moral, une forme de solidarité et un sens critique dont l'humanité a bien besoin pour que chacun sache prendre position, argumenter celle-ci et traiter interactivement des différences d'avis sans recourir au conflit ou à l'agression.

Sous cette forme, l'évaluation mérite d'être continue : chaque fois qu'un travail a été réalisé, une recherche accomplie, groupe et individus, adulte et enfants, peuvent s'atteler à un temps d'évaluation formative qui permette à chacun de se situer dans le champ des compétences individuelles et groupale auquel il appartient.

Pour que l'évaluation se situe elle aussi dans la continuité des acquis antérieurs des enfants, elle doit porter sur ce que l'enfant a comme acquis et comme savoirs, sur ses compétences à conaître dans le climat formateur de la classe. Il s'agit de promouvoir les acquis, pas de souligner les manques. C'est à ce prix que se construit l'égalité des chances au sens du *« chacun va au plus loin de ses limites propres en fonction de ce qu'il est et de ce qu'il devient »*.

Le pédagogue a pour rôle d'identifier par l'observation ce que l'enfant sait et connaît, ainsi que ce qu'il **re**/connaît sur la base des propositions des pairs ou de l'adulte. La manière dont un enfant se positionne face à un apprentissage nouveau (quelque chose dans le domaine du savoir dont il n'aurait aucune prémisse, aucun savoir constitutif réel ou potentiel) n'est qu'un cas très particulier de l'évaluation. Qui plus est, il est très peu significatif puisqu'il se situe hors du champ de connaissance de l'élève et qu'il ne témoigne donc que de sa capacité à relier plus ou moins arbitrairement un « objet pédagogique non identifié » avec l'univers de ses savoirs et de sa connaissance. Ce n'est pas inintéressant mais ce n'est pas l'essentiel !

En cycle de scolarisation initiale, l'évaluation sera centrée prioritairement sur tout ce qui réfère aux compétences sociorelationnelles et participatives des élèves : l'enfant apprend une nouvelle fonction sociale, un nouveau lieu avec ses règles implicites et explicites. Il apprend aussi un nouveau rapport au savoir. Le savoir, et le processus de connaissance qui lui est lié, ne sont que des moyens proposés à l'apprentissage de la fonction d'élève. Au cours du premier cycle de scolarisation, ce centre de gravité va se déplacer sur les processus d'apprentissage, mais l'évaluation de ceux-ci n'aura de sens que si l'enfant a acquis sa fonction, s'est professionnalisé dans celle-ci, et sait jouer les rôles inhérents à l'élève.

L'évaluation des performances cognitives ne constitue donc qu'un cas particulier de l'évaluation des performances sociales et relationnelles de l'enfant. C'est ces dernières qui sont les objets principaux du contrat de scolarisation initiale passé entre les représentants de la parentalité familiale et de la parentalité scolaire.

Evaluer (normativement) trop tôt les acquis cognitifs ou les apprentissages nouveaux, c'est augmenter les inégalités au lieu de répondre aux conditions d'une scolarisation respectueuse de l'enfant-élève. C'est certainement dans le domaine des prestations intellectuelles que les différences sont les plus marquées entre enfants : dans ce sens, elles ne peuvent être que discriminatives, même malgré elles... Il est donc bien inutile, dangereux, voire criminel (au sens d'une maltraitance) de souligner cette perspective discriminative par une évaluation normative.

De même, il sera important d'évaluer la mobilité de l'élève au niveau de ses rôles d'apprenant : à quelle fréquence, à quel niveau de connaissance et de savoir peut-il jouer le rôle de co-dirigeant ? Dans quelles conditions reste-t-il suiveur et comment accepte-t-il ce rôle ? Y a-t-il des caractéristiques particulières de la situation, du groupe, des adultes qui conduisent l'élève à se cantonner dans un rôle de marginal ? En tire-t-il profit ou souffrance ? Comment joue-t-il son retour ou son non-retour dans le groupe de pairs ? Cette évaluation nous permet de dresser un portrait des modes de fonctionnement sensible de l'enfant, de cerner ses capacités d'adaptation et de désadaptation aux systèmes en présence, d'évaluer la durée de ses éloignements, de ses rapprochements, de ses exclusions et de ses inclusions dans le processus de formation.

Mieux le pédagogue saisira ces variances et ces caractéristiques, mieux il pourra proposer ou susciter des modulations du fonctionnement au niveau du travail du groupe ou de son évaluation pour éviter que certains élèves ne se cristallisent sur un rôle qui a l'avantage de l'habitude (c'est économique et limbique) mais l'inconvénient de figer les choses (c'est le rejet de l'intelligence adaptative et néocorticale). Dans ce sens, il paraît favorable de confier la responsabilité du cycle de formation de quatre ans à un titulaire, secondé par des collègues avec d'autres statuts[98]. Dans de telles conditions, la connaissance de l'autre et le rapport positif que le pédagogue développe avec l'élève peut s'avérer un atout majeur si tant est que la patience prime sur l'impatience, le respect de l'autre sur sa sadisation*. Cette réflexion nous rapporte bien évidemment également au problème de la formation des enseignants[99], car garantir de telles disponibilités dans le respect de l'autre est loin d'être chose facile.

Une bonne connaissance de l'élève, un engagement relationnel structurant et dynamique, tant entre pairs que dans les relations adulte/enfant, sont des conditions nécessaires à une remédiation des situations difficiles. C'est ainsi qu'on peut éviter les «agressifs» et les «caractériels», les réputés «forts en thèmes» et les «forts en math», toutes catégorisations qui servent de carcans et de réducteur du droit et du devoir de l'enfant au changement et au devenir. C'est le risque de toute étiquette: les appellations contrôlées sont une nécessité pour les produits industriels et manufacturés, mais n'ont guère de sens dans la mouvance de l'être et la diversité de ses actes.

Une telle perspective au niveau de l'évaluation permet également d'éviter le développement de l'«excellence scolaire»[100]: dans tout groupe, il y a toujours les petits malins qui comprennent plus vite que les autres et qui savent se positionner en conséquence, que ce soit pour des questions de travail ou des questions de règles sociales. Ils ont «pigé» les règles implicites de l'école, alors que les autres en sont encore à se positionner par rapport aux règles explicites. Ils ont compris les attentes implicites du pédagogue («ces enfants actifs qui avancent, se responsabilisent, mais qui sont freinés par tous les autres...») qui parfois court-circuitent ses responsabilités réelles (s'occuper d'abord des enfants les moins performants pour leur garantir leurs chances, les plus doués ayant beaucoup moins besoin d'un accompagnement immédiat de l'adulte pour s'en sortir).

Les enfants plus performants peuvent travailler avec des fiches, des jeux autocorrectifs, des ouvrages de référence pour nourrir leur soif de savoir. Ils développent par là même leur autonomie face à la tâche, alors que dans les moments de solidarité interactive, ils développent leur sens moral et leurs capacités formatives. Il n'y a donc pas de nivellement par le bas, mais, au contraire, une évolution respectueuse des compétences relatives de chacun. Savoir quelque chose, ce n'est pas seulement identifier la «bonne réponse», c'est aussi savoir aider son voisin à faire le chemin de cette découverte en l'accompagnant, sans lui donner la réponse (tutorat). Ce que l'on sait vraiment, on sait l'enseigner à autrui. C'est lorsque les plus rapides et plus doués savent rester solidaires des autres tout en se respectant eux-mêmes qu'ils accèdent à une conscience morale et sociopolitique qui constitue un ferment fondamental du développement tant de l'individu que de l'humanité.

C'est pour eux l'occasion rêvée d'accéder aux plus hauts niveaux de formation personnelle: l'éveil de l'autre et la solidarité avec l'enfant différent. Bien sûr, il y a une juste limite à trouver entre le respect de soi et le respect des autres. Mais c'est par la co-laboration avec autrui que se forgent l'identité personnelle et la dialectique de la formation mutuelle. Et c'est irremplaçable. L'apprendre plus tard en fera une théorie appliquée au vivant, alors que l'apprendre en scolarisation initiale en fait une règle de vie qui peut soutenir les échanges et les partages, quels qu'ils soient.

L'évaluation ne peut plus se faire en fonction d'une « pédagogie des attentes »[101], celles-ci étant définies sur la base des programmes et des normes en jeu. L'évaluation devient une construction partagée en fonction des savoir-faire et des savoir-être de chacun, collectivement et individuellement, entre pairs et entre adultes et enfants, dans le respect des différences actuelles. Dans cette perspective, on voit l'intérêt des classes multidegrés qui, par les différences d'âges et de compétences entre enfants, permettent d'enrichir les processus d'évaluation et de donner une bonne « profondeur de champ » tant aux enfants qu'au pédagogue.

Evaluer, c'est donc l'affaire des « travailleurs en classe », pédagogues et élèves. Evaluer, c'est permettre à chacun de cerner sa propre évolution (moi avant, moi maintenant), sa position par rapport au groupe (les autres et moi), sa position par rapport aux normes scolaires (moi et les moyennes de passage p. ex.). L'évaluation normative et docimologique ne devrait pas avoir cours pendant le cycle initial de scolarisation : au mieux, elle peut être abordée en fin de cycle pour que les enfants en fassent une autre représentation de l'évaluation, une nouvelle forme qui n'a pas valeur de norme. Autrement, l'évaluation devient à nouveau l'affaire de l'institution et non pas celle des travailleurs directement concernés...

Et les parents ? Ils n'ont pas de rôle à jouer au niveau de l'évaluation. Par contre, il vaut la peine d'instaurer avec eux un dialogue, sans qu'on débouche sur une évaluation normative ou sommative que feraient les parents à leur manière sur la base des données qui leur sont proposées. On les informera de l'évolution des capacités sociales et relationnelles de l'enfant, de sa capacité à penser, à catégoriser le « réel » proposé en classe. De sa capacité à être autonome. De sa mobilité d'élève (suiveur, marginal, co-dirigeant). Le but de tels échanges est celui d'une entente et d'une compréhension. Il ne s'agit pas d'utiliser l'autre pour qu'il sanctionne ce que l'on ne sait pas sanctionner soi-même ni de faire une alliance contre nature « sur le dos » de l'enfant...

Pour les tâches spécifiques, la question est encore plus délicate : souvent les parents n'ont d'autres références que leur(s) souvenir(s) du comment ils ont appris, et encore, celui-ci est généralement réduit à un stéréotype collectif et sociologisant : c'est en fait une reconstruction a posteriori faite de bric et de broc pour satisfaire au look traditionnel de l'élève (ou du potache). Dans ce sens, les trésors d'ingéniosité des pédagogues et des enfants sont souvent trop distants, trop surprenants pour les parents pour qu'ils puissent en faire un élément positif du processus éducatif en jeu. La prudence est donc de règle si on ne souhaite pas se trouver soudain face à un réseau de règles « archaïques » (« savoir l'alphabet, c'est savoir lire », « compter jusqu'à vingt, c'est savoir compter ») qui mettent l'enfant en position paradoxale (et par là même improductive) et l'enseignant en situation de justification.

Dans un couple, tout ne se dit pas de ce qu'on a fait avec l'enfant. Une zone d'ombre est nécessaire à l'harmonie des relations en jeu. Dans le jeu de parentalité familiale et scolaire, c'est la même chose. Un peu d'ombre ne fait de mal à personne. Un peu, mais pas trop. Là encore, il s'agit d'évaluer la marge du nécessaire et du non-nécessaire. Là encore, il s'agit de former les pédagogues en conséquence.

Si des graphiques d'évaluation (comme des graphiques de température dans les hôpitaux) sont une base partageable puisqu'ils situent bien l'enfant-élève face à lui-même, face aux autres (la classe) et face à la norme, ce mode de faire est généralement lié à une évaluation docimologique* qui n'a que peu de sens dans le développement du cycle initial de scolarisation. Les échanges avec les parents restent donc de mise (puisque les notes ne sont plus là pour juger d'une évolution de l'enfant), si tant est qu'ils se font dans le respect des différences et dans une perspective réelle de dialogue. Pour autant que chacun n'ait pas à avoir peur de l'autre.

Pour un tel travail au niveau des acquis, des apprentissages et de l'évaluation, LABORIT parle d'un enseignant qu'il nomme *polyconceptualiste*[102]*. Le terme dit bien ce qu'il veut dire et souligne l'effort de conception qu'il faut faire pour centrer la scolarisation initiale sur les besoins des enfants plutôt que sur des attentes formelles et souvent réductives. Il signale aussi l'incidence sur la formation des pédagogues que revêt une telle perspective de travail. En même temps, ce terme souligne l'importance d'une école mieux placée dans le temps de la société dont elle fait partie, pour une visée de la formation centrée sur la mutualité et le respect des uns et des autres. Elle répond aussi à la souffrance de beaucoup d'enseignants qui cherchent à bien faire, mais s'en trouvent plus souvent pénalisés que gratifiés par un système de formation et d'évaluation qui a pris du retard sur l'évolution de l'homme et de la société. Elle répond enfin au problème des aménagements scolaires qui n'ont finalement pu que charger le bateau sans changer son allure, alors que la société de demain a besoin d'enfants qui soient actifs, rapides, efficaces, ouverts, critiques et constructeurs pour garantir la civilisation à venir.

✦✦✦

CHAPITRE III

Nécessités institutionnelles

Dans le présent chapitre, il s'agira de préciser les implications des données précédentes sur la conception du cycle de scolarisation initiale. Si, au chapitre I, on a défini un portrait de l'enfant de sa conception à sa naissance, le chapitre II quant à lui a été centré sur les besoins supposés des enfants de quatre à huit ans, que ce soit du point de vue de l'enfant, de sa famille, de celui de l'école comme lieu de vie, et enfin, du point de vue de l'évaluation et des apprentissages. La lecture de ces réflexions et les propositions qui les sous-tendent rendent nécessaire une évaluation des différents *contrats institutionnels* qui pourraient être garants de conditions optimales de scolarisation initiale, que ce soit du point de vue des utilisateurs, des collaborateurs directs et indirects, ou des autorités et services généraux de l'Etat.

Pourquoi le terme de *CONTRAT* dans ce chapitre ? Il a semblé utile de définir, non pas des contrats d'engagement, mais des contrats généraux, centrés sur les rôles et fonctions des intervenants concernés par le système scolaire, soit les enseignants, les parents, les élèves, les spécialistes. Sur un deuxième plan institutionnel, il fallait définir les contrats qui lient le directeur d'école, le municipal des écoles et la commission scolaire. Il s'agissait également de définir le contrat de collaboration avec les conseillers pédagogiques du Département. Enfin, le projet touchant à la conception des locaux scolaires, il s'avérait judicieux de définir les enjeux par rapport à l'Etat.

C'est pourquoi vous trouverez dans le présent chapitre six sections qui définissent les bases conceptuelles et fonctionnelles de cinq contrats particuliers : premièrement, le contrat de co-laboration entre enseignants et parents, deuxièmement le contrat de co-laboration entre enseignants et enseignés, troisièmement le contrat de co-laboration entre enseignants généralistes et spécialistes (enseignants et non-enseignants), quatrièmement le contrat de co-laboration entre équipe pédagogique, direction d'école et commission scolaire. Cinquièmement, nous aborderons le contrat de co-laboration entre commune et Etat.

Suite à ces différents contrats de base, il s'agira de définir le profil de fonction (et les conditions d'engagement dans ce sens) de l'enseignant du cycle de scolarisation initiale, profil qui servira de base à la définition de son contrat de travail.

Il s'agit donc bien de parler de contrats de co-laboration. Nous n'aborderons pas leurs bases légales et financières. Mais sur la base de ces contrats, un travail tant sur le plan juridique que budgétaire pourra être envisagé par les départements concernés. Pourquoi utiliser cette manière d'écrire **co-labora-tion** ? C'est pour insister sur les origines de ce terme. En latin, le mot « *labor* » signifie le travail. Le préfixe « *co* » quant à lui vient de « *cum* » et signifie *avec*. Enfin, le suffixe « ation » définit que ce travail avec est un *processus* continu portant sur une certaine durée. Il s'agit de définir les conditions d'un travail commun, d'un engagement durable, mutuel et solidaire, où chacun porte la part de responsabilité qui est la sienne en tenant compte d'une conception et d'une éthique communes.

✦✦✦

1 Le contrat de co-laboration enseignant(s)/parent(s) : un espace de parentalité responsable et partagée

Si on fait une analogie avec les contrats de mariage, alors il faut le dire tout net : le contrat de co-laboration entre enseignants et parents n'émarge ni du régime de la séparation de biens, ni de celui de la communauté de biens. Ce contrat est régi par le régime légal, celui de l'*union de biens*. Il s'agit pour enseignants et parents de mettre en commun leurs biens... pour le bien de l'enfant. Les biens en question ne sont généralement pas des biens matériels, mais des biens culturels, psychoéducatifs, éthiques et promotionnels. C'est de par la convergence relative des intentions éducatives des parents et des enseignants qu'il peut y avoir « parentalité » partagée (cf. pp. 105 ss), celle-ci étant garante de la non-paradoxalité de l'accompagnement proposé à l'enfant par ses parents et ses enseignants. Dans le cadre de ces échanges, de ce contrat de co-laboration, il ne s'agit pas de défendre « son » institution (la famille *vs* l'école) comme un bastion inexpugnable, mais bien de co-opérer au niveau des démarches éducatives, enjeu du processus d'hominisation de l'enfant, tant sur le plan personnel que social, culturel et civilisationnel. Un enfant se construit en partie par lui-même. Il est de la responsabilité des parents et des enseignants de proposer des matériaux qui servent au renforcement ou à l'embellissement de la construction que l'enfant a faite. L'enfant assimilera ces matériaux selon sa convenance, à la fois parce qu'il est maître d'œuvre et que sa personnalité est unique.

1. Comment gérer l'espace de co-laboration entre enseignants et parents dans ce sens ?

Le contrat prescrit des *rencontres régulières* entre les intéressés, pour des échanges de points de vue et d'informations. Il s'agit d'invitations à se voir, pas de convocations. Celles-ci n'ont de sens qu'en cas d'urgence, et si aucune autre solution n'est possible. Une convocation est un acte de pouvoir, alors qu'une invitation est une proposition de rencontre. Idéalement, ces rencontres devraient se faire toutes les six à huit semaines (ce qui correspondrait pour l'enseignant à rencontrer une famille par jour ouvrable s'il a dans sa classe trente élèves). Ces rencontres sont à organiser après les heures de travail avec les enfants dans toute la mesure du possible. L'accueil des parents (voire des familles) concerné(e)s devrait être informel et convivial, sans pour autant aller jusqu'à prendre le thé ou boire un coup de blanc. Mais pourquoi pas ? L'invitation est faite au père et à la mère ainsi qu'aux enfants. La famille est reçue par l'enseignant titulaire du groupe « Cycle de Scolarisation Initiale » (CSI, cf. pp. 135 ss), et l'enseignant qui collabore avec lui à temps partiel en duo pédagogique.

Idéalement, la famille devrait être accueillie par un couple d'enseignants (homme et femme), cela pour favoriser des échanges et des identifications tant entre ces messieurs que ces dames. L'école enfantine passe trop souvent aux yeux des pères (est-ce le pourquoi de leur faible présence à l'école quand l'enfant est jeune ?) pour un repaire de femmes. Pour le père issu d'autres cultures (orientales ou africaines), il est parfois exclu de parler de son enfant et de sa famille avec une femme… C'est pourquoi, dans l'idéal, un couple de parents devrait créer un réseau d'échanges avec un couple d'enseignants. Ce sont là les conditions optimales pour gérer la discussion autour de l'éducation de l'enfant, du point de vue de l'éducation familiale d'une part, de l'éducation scolaire d'autre part.

Un autre point important dans ce processus de co-laboration réside dans le fait qu'il ne doit pas y avoir, implicitement ou explicitement, de hiérarchie entre les deux groupes de parents. Les parents géniteurs n'ont pas à se croire supérieurs aux enseignants, et réciproquement. Pour qu'il y ait réellement échanges, il s'agit d'instaurer une *communication horizontale* entre les partenaires : dans ces conditions, chacun a le droit à la parole et le pouvoir de s'exprimer. Bien sûr, il y a toujours entre partenaires une différence (pourrait-il exister un partenariat entre éléments indifférenciés ?), et c'est heureux. Car c'est de cette différence que naissent le dialogue et la co-laboration. Mais *en aucun cas* cette différence ne peut être érigée en hiérarchie. Sinon, aucune co-laboration n'est possible. Qu'on se le dise !

Un troisième facteur est fondamental pour la garantie de cette co-laboration : dans ces échanges, il n'y a *pas de place pour une ingérence dans les affaires des autres*. Collaborer entre Etats n'implique pas s'ingérer dans les affaires d'autrui. Et cette non-ingérence est réciproque : aucun parent ne peut intervenir ou juger de la pratique d'un enseignant. Aucun enseignant ne peut intervenir ou juger de la pratique de parents. On peut toujours parler de différences de points de vue, dialectiser ceux-ci. Mais à chacun sa part. On n'agit pas « à la place de ». Rappelons l'adage qui dit *« Au royaume des substituts, les fous sont rois »* !

Un quatrième facteur d'importance dans cette co-laboration entre parents et enseignants se trouve dans la recherche de *cohérence* des échanges et de leurs contenus. Bien évidemment, il s'agira parfois de trouver des compromis, mais si et seulement si ceux-ci ne sont pas compromettants... C'est en particulier au niveau de la compréhension des intentions et des finalités du cycle de scolarisation initiale, de leur rapport avec les enjeux pédagogiques des uns et des autres, que se situe cette notion de cohérence. Les valeurs propres à ce cycle de scolarisation initiale (qui ne sont certainement pas étrangères à tout processus de formation) sont centrées sur une promotion de la curiosité de l'enfant, sur le développement de sa capacité de recherche et d'expérimentation, sur l'accompagnement d'une socialisation interactive dans quantité de situations d'expérience. Cette cohérence doit exister tant dans les intentions que dans les faits, dans les pratiques effectives que les attentes de chacun, enfants et adultes concernés. C'est à ce prix que nous pourrons éviter à l'enfant de se trouver dans des positions paradoxales, dans celle d'un *«go-between»* qui doit résoudre les enjeux de son éducation par le jeu des alliances (toujours néfaste) et non par celui de la complémentarité des intervenants.

C'est dans le cadre de ce contrat de co-laboration enseignant/parents qu'il s'agira aussi de discuter du pourquoi de *l'hétérogénéité du groupe*, à la fois en termes d'âges et de compétences. En effet, pendant de nombreuses années, le discours enseignant était inverse: plus le groupe est homogène en âge (ce qui ne garantissait pas l'homogénéité de compétences...), mieux on peut travailler. Ce discours était correct dans la perspective d'un enseignement directif, programmé et sélectif. Même s'il a donné lieu à un volume énorme de souffrances d'enfants, de parents et d'enseignants. Le projet de cycle de scolarisation initiale va de pair avec une tout autre conception pédagogique: il s'agit d'une part de partir des acquis des enfants, de toute la richesse de leurs vies entre leur conception et leur âge d'entrée en scolarisation. Un groupe hétérogène est analogue à une fratrie: sauf en cas de triplés, les enfants sont tous d'âges différents. Même en cas d'adoption. Dans les familles, on ne peut nier la richesse des enjeux que représentent les échanges entre enfants et, bien souvent, les plus jeunes font bien plus tôt que leurs aînés ce que ceux-ci font ou ont fait. Si on veut faire de l'école un lieu de vie, pourquoi ne pas remettre sur le plateau de la balance le facteur «hétérogénéité»? Des recherches récentes sur les classes de montagne à degrés multiples ont permis de mettre en évidence que les charges et bénéfices de ces classes, pour l'enseignant et les élèves, sont à la fois viables et riches.

Il faut changer la pédagogie alors? Il s'agit d'en modifier le profil et les intentions. Le but de l'hétérogénéité, c'est de favoriser une **pédagogie interactive**[103] dans laquelle des enfants, travaillant en groupes hétérogènes, peuvent pratiquer un « compagnonnage pédagogique » : les savoirs des uns peuvent servir à ceux des autres. Les hypothèses d'enfants moins compétents peuvent permettre aux enfants plus avancés d'approfondir et de stabiliser leurs savoirs, car ils se trouvent en situation d'expliquer et pas seulement d'affirmer. L'hypothèse inattendue d'un autre enfant peut motiver la restructuration active et productive d'un savoir jusque-là figé, voire mémorisé seulement. Ces échanges sociocognitifs permettent à la fois l'approfondissement de savoirs et l'accélération de l'accès à ces savoirs. Les échanges entre enfants donnent à ces savoirs un statut réel de co-naissance : c'est ensemble, mutuellement et solidairement, qu'on a accédé à un niveau de connaissance plus élaboré que le précédent. Pas pour que l'un imite ou singe l'autre, mais que chacun se trouve pris dans un mouvement de découverte, de travail en commun qui serve à son évolution personnelle et à celle de chacun.

Un pour tous, tous pour un ! Souvenir d'une solidarité à préserver et activer, au présent et pour l'avenir. L'hétérogénéité favorise une construction commune des règles de fonctionnement du groupe : c'est ensemble, enfants et adultes, qu'on peut construire la charte qui régira les échanges dans ce cadre. C'est ensemble qu'il s'agira d'évaluer le sens et les manques de cette charte pour la compléter, la modifier. C'est ensemble qu'il faudra définir les marges de l'acceptable et de l'inacceptable. Il y a toute une jurisprudence à constituer dans la pratique de cette charte. On dit de la loi qu'elle est faite pour être appliquée. D'aucuns disent contournée. Dans les faits, sur le plan des tribunaux, c'est autant la loi que la jurisprudence qui font foi, parfois au profit de la seconde...

Cette charte des droits et devoirs de chacun est importante puisqu'elle va régir quatre années de vie scolaire des enfants concernés, et leur donner une compréhension de base de ce qu'est la citoyenneté responsable. Elle trouvera d'autres occasions de modulation : dans ce groupe constitué, où se trouvent des enfants de quatre à huit ans, les plus « vieux », les « partants », vont changer de groupe, entrer dans le deuxième cycle de scolarisation. De nouveaux enfants de quatre ans vont arriver, avec leurs idées, leurs désirs, leurs choix. En début d'année, il s'agira de remettre sur le métier la charte de groupe, pour l'amender ou la compléter. En cours d'année, d'autres faits seront à prendre en compte qui seront autant d'occasions de la modifier. Et ainsi de suite, puisque cette charte est une loi-processus. Les enfants par le biais de cette hétérogénéité apprendront à gérer le deuil (des partants) et l'accueil (des nouveaux). Ils ne pourront plus constituer une «classe» qui peu à peu s'organise en groupe fermé, en clan. Gare alors à celui qui arrive comme nouveau ou comme doublard, il risque fort le bizutage, voire le rejet: que vient faire ce nouvel organe, cette verrue dans un corps si bien constitué? Deuil et accueil ne permettront plus ce type de figement groupal, cet orgueil d'appartenance qui parfois confinait à la paranoïa dans certains bâtiments scolaires...

Pour garantir cette hétérogénéité, il s'agit aussi d'augmenter le nombre d'élèves par groupe. Si on pense pédagogie interactive, si le rôle de l'enseignant est d'animer, d'accompagner des réalisations de sous-groupes, de déléguer à l'hétérogénéité des espaces de travail toute une part de la pédagogie, travailler avec plus d'élèves devient un plus grand confort. Sauf si on veut tout contrôler. Mais le propre de la pédagogie interactive est bien de permettre à chacun de développer son «self-control» dans les différentes conditions de travail et d'échange qu'il vit. L'autocontrôle vaut mieux que le contrôle. Pour tout le monde, c'est plus formateur.

Un autre facteur doit être évoqué: l'hétérogénéité de ces groupes permet aussi la continuité de la relation pédagogique engagée. Au départ, pour quatre ans pour les plus jeunes, puis pour tous. Quatre ans pendant lesquels tant la continuité du cadre que la diversité des échanges sont garanties; la pluralité des apports adultes aussi: il y a l'enseignant titulaire, il y a l'enseignant qui travaille en duo à mi-temps dans le groupe, il y a aussi tous les autres adultes, plus ou moins spécialisés qui peuvent participer à ce processus éducatif complexe. Cette continuité devient possible aussi pour les enfants «différents», quelle que soit l'origine de cette différence (culturelle, linguistique, psychopathologique ou physiopathologique), qui à cet âge tendre de la vie vont se retrouver dans le champ de leur monde réel plutôt que d'être déjà une «population déplacée» dans un ailleurs supposé meilleur...

C'est de cas en cas, en dialoguant avec les parents, que la question d'un éventuel dé-placement, partiel ou total, pourra se traiter. En prenant du temps. En donnant du temps à l'enfant pour qu'il tire un bénéfice maximal de sa participation à son monde réel et direct, qu'il accumule toute énergie utile pour faire face s'il y a lieu à un changement de lieu, de règles et de vie, que représente toute institution *spécialisée*. Ces espaces ne sont plus ceux des généralistes. Avec tous les risques et les bénéfices que cela peut supposer. Quand on se sent «peu bien», on consulte son entourage d'abord, un généraliste ensuite. On ne va pas commencer par faire le tour des spécialistes. Pour l'enfant différent, c'est la même chose, et pour sa famille aussi. Pour le groupe concerné vivant sa scolarisation initiale également, puisqu'il apprend avec ces enfants à vivre la différence au quotidien quitte à lui enlever ce statut de différence, qui réfère plutôt à une vision adultomorphique des choses.

L'hétérogénéité et l'augmentation des effectifs, autant d'occasions d'enrichir une pédagogie interactive, tant entre enfants qu'entre adultes et enfants. Une occasion aussi de travailler avec un échantillon d'humains tout à fait réel. On y trouve de tout. On n'a pas sélectionné à l'entrée sur des critères formels ceux qui ont leur place et ceux qui ne l'ont pas. Il sera toujours assez tôt pour jouer la discrimination, même si elle semble liée aux meilleures intentions du monde. *L'enfer est pavé de bonnes intentions,* ne l'oublions pas! Pour conduire un dialogue avec les parents, ces conditions sont essentielles, puisqu'elles permettent de miser sur l'expérience d'abord, son appréciation et l'évaluation de sa valeur ne venant que dans un deuxième temps. C'est à partir de ce qui est vécu qu'on peut faire des choix, pas sur des *a priori*.

Pour que les choses soient claires dans ce dialogue avec les parents, il s'agit aussi de rappeler les *contenus généraux du cycle de scolarisation initiale*. Dans le cadre de ce cycle initial, le travail est organisé en termes de pédagogie de projet, de *centres d'intérêts* recensés à partir tant des enfants que des adultes, qui sont accompagnés d'*activités-cadre* dont le thème est en lien avec les premiers. On partira toujours de situations complexes, beaucoup plus proches de la réalité, et auxquelles l'enfant dès la naissance s'est confronté, pour parvenir par classements successifs à des tâches spécifiques, qu'on peut nommer *ateliers*. Ceux-ci étant issus des activités complexes, ils permettent à l'enfant de repérer leur cadre de référence spécifique. Comme avec un puzzle, il s'agit de mémoriser l'image, construire son cadre pour ensuite s'occuper des détails intérieurs.

Dans ce sens, pendant ce cycle, il n'y a pas de branches d'enseignement: on s'occupe d'arbres de connaissance avant de se préoccuper de leurs branches. En effet, dans les situations pédagogiques complexes d'expérience proposées, les enfants rencontreront toujours des éléments de raisonnement portant sur le langage, d'autres sur la logicomathématique, d'autres sur les connaissances physiques. Il s'agira toujours de sérier, classer, trier, organiser des matériaux, *a priori* différents mais cependant compatibles. Il s'agira aussi d'organiser son expressivité, ses capacités ludico-créatives. [47]

Ce travail peut être fait aussi bien dans la réalisation d'un herbier (recherche de feuilles et plantes qu'on peut rapporter dans les programmes actuels à la connaissance de l'environnement) avec séchage (atelier de biologie), pressage (atelier de physique), collage (atelier de comptage, de correspondance terme à terme, assorti d'un travail manuel et d'art), d'étiquetage (recherche de lexique, mémorisation visuelle, écriture ou copie, mise en page), l'objet final permettant une exposition et une présentation orale sur la base du matériel construit (atelier de texte permettant de savoir présenter des données sur la base d'un matériel de référence), tout en captivant son public (atelier de rhétorique) et en répondant aux questions posées (atelier de dialectique). Ce qui vient d'être dit pour un herbier peut être évoqué dans des termes proches pour la mise sur pied d'un spectacle avec des marionnettes ou la création d'une fresque collective sur les animaux du monde des origines à nos jours.

Ce mode de travail favorise chez l'enfant la capacité de recherche, d'organisation, de planification, les capacités de mémorisation tant orale qu'écrite, l'habileté manuelle et la persévérance, ainsi que le comptage et la numération (ne serait-ce que pour numéroter les pages). Ce travail sera d'autant plus productif qu'il aura été organisé sur la base d'échanges entre enfants, de suggestions de leur part à partir d'une idée (d'eux-mêmes ou des adultes) et que les adultes se seront efforcés de donner différents exemples mais avec un minimum de modèles pour que l'aptitude créatrice des enfants soit sollicitée activement.

Pour évaluer ces tâches et ces produits, pas de carnet : ce mode de faire n'est pas à la hauteur. Mais une invitation aux parents, un dialogue autour de l'objet créé et une discussion sur les valeurs relatives qu'on peut déceler à la réalisation de cette tâche. Enfants et enseignants font le bilan de productivité de la tâche. Il sera fait ensuite avec les parents concernés qui pourront aussi bien donner leur avis que se familiariser aux avis des autres.

Si les activités ici mentionnées sont classiques en termes de contenus d'enseignement, et peuvent permettre à des enfants de toute origine d'y trouver un intérêt direct qui justifie leur participation active, il s'agira aussi dans le cadre de ce cycle de *pratiquer l'interculturalité*[104], que ce soit au niveau langagier, artistique, culinaire ou culturel. Si des enfants du groupe parlent d'autres langues (et peu ou pas de français), les ateliers de langage porteront sur la création d'un dictionnaire interlangue où chacun aura l'occasion d'apprendre comment se dit tel ou tel mot dans d'autres langues que la sienne : une occasion de se faire l'oreille et de se rendre compte des ressemblances et différences entre langues. De même, certains chants, certains contes, certains poèmes existent en traduction sous différentes formes. Ce matériel pourra être utilisé lui aussi, non pas en parallèle, le français restant le point d'entrée global, mais pour comparer des mots, des tournures de phrases. Et quand l'adulte ne sait que lire phonétiquement, et ne comprend pas trop, ce sera aux enfants compétents de faire acte de leur savoir au profit de tous. Et les enfants verront en acte que, adultes et enfants, tous sont là pour apprendre : pour tout le monde, le savoir et la connaissance touchent à l'infini.

On peut aussi imaginer qu'en début d'année, les enseignants mettent à disposition des enfants une liste des fêtes du monde entier, qu'on décide que dans ce groupe, on fêtera une fête par mois et qu'on tire au sort celles pour lesquelles on fera quelque chose de spécial. Selon l'année, il y aura telle fête nationale, telle fête chrétienne ou islamique, tel jour vénéré par les hindous, les Inuit, les Amérindiens ou les Pygmées. Il n'y a en effet aucune raison de se soumettre au calendrier des fêtes européennes ou chrétiennes seulement, dans un monde visant l'ouverture et le respect mutuel. Cela est d'autant plus vrai actuellement que les fêtes telles que Noël, Pâques ou le 1er août sont commercialisées à outrance et ne sauraient passer inaperçues.

La fête officielle, ou faire la fête, ce sont deux choses bien différentes. La fête a un statut de spontanéité et de gratuité en termes d'événement. Pourquoi ne pas fêter le retour d'un enfant du groupe, longtemps absent ? C'est aussi une forme de retour de l'enfant prodigue, quelles qu'aient été les raisons de son absence... Ce mode de faire permet d'aborder aussi bien l'histoire que les cultures et les civilisations évoquées. On peut ainsi pratiquer aussi bien l'interculturalité que l'interconfessionnalité sur une base vivante, active et participative. Autant d'occasions de découvertes pour les uns et les autres.

L'idée n'est pas nouvelle en soi, l'école n'est plus confessionnelle même si l'histoire des religions est une histoire essentielle de l'humanité, plus encore que celle des faits de guerre et de paix. Dans le fascicule ENBIRO[76] « Vive la Vie ! » destiné au début du premier cycle, il est fait mention de deux fêtes, l'une islamique, l'autre juive, qui sont des occasions de comparaison, de compréhension mutuelle et de familiarisation à des cultures différentes. La curiosité, le désir de savoir ne peuvent être que nourris par la différence, que celle-ci nous soit proche ou lointaine. Qu'elle soit amenée par des parents directement concernés ou par un travail de découverte sans acteur de terrain.

Cette même perspective peut être prise en compte pour ce qui concerne les activités de jeux sportifs et corporels : les enfants dans chaque pays ont développé des stratégies particulières de jeu ; certaines sont universelles, d'autres sont culturellement marquées. Ces jeux ont à la fois une histoire et une actualité : ils sont autant d'occasions de découvertes, physiques, culturelles et ludiques. Ce serait bien dommage de s'en passer. Même si, dans le lieu actuel de vie de ces enfants, certains jeux ont la cote et d'autres pas ; même si certains jeux sont connus et usuels alors que d'autres ne le sont pas. L'environnement réel des enfants aidera ceux-ci à trier entre l'usuel et l'exotique, mais sans oublier celui-ci.

C'est par la multiplicité des situations d'expérience, par leur articulation entre activités globales et activités spécifiques, par leur richesse en termes de classement, de traitement par le langage, de traitement numérique dans tous les cas où il y a lieu qu'on parviendra en fin de cycle à respecter *de manière intégrée* les objectifs classiques tels que *« LIRE, ÉCRIRE, COMPTER »*, ces objectifs ayant clairement acquis leur valeur réelle, soit celle de ***moyens*** de connaissance et non pas d'***objets*** de connaissance. Si on lit, on écrit ou compte, c'est en fonction d'un but que l'on s'est défini. Ce n'est pas un acte gratuit.

En pratiquant la pédagogie par situation dans une visée interactive, on permet aux élèves d'identifier comme clairement différents moyens et buts. Et c'est loin d'être négligeable, puisque les activités existent alors par leur sens et non par leur nécessité. Elles se justifient d'elles-mêmes au lieu d'être soumises au sens du devoir, elles sont affaire d'intérêt et non pas d'obéissance. Il y a là une forme de révolution copernicienne qui est aussi importante pour les enseignants que les parents : elle change du tout au tout la conception éducative et pédagogique puisqu'elle met en priorité la continuité des intérêts et la problématique du sens plutôt que l'obéissance et la soumission. Elle va de pair avec une autre idée de l'homme et du citoyen, de la responsabilité et de l'engagement au travail. On ne travaille plus tant par devoir et nécessité que par plaisir et curiosité. Bien sûr il y a devoir (être présent, être actif), mais celui-ci va de pair avec une finalité projective (qui permet des projets) et non pas avec des finalités immédiates seulement. On travaille pour atteindre des buts à moyen et long terme. On ne pratique pas la politique à courte vue du court terme.

Tous ces éléments sont en toile de fond dans les échanges à conduire avec les parents, selon leur mode de fonctionnement actuel et leurs possibilités de changement. Il y a toujours eu, et il y aura toujours, des modalités éducatives différentes dans un même temps culturel. Il s'agit de favoriser par l'échange leurs potentialités de changement et d'évolution pour un mieux-être de tous. C'est pourquoi le contrat de co-laboration inclut l'invitation ferme à la *participation des parents et des adultes de la communauté* aux processus éducatifs en jeu. Les adultes du village, de la commune ou du quartier sont des formateurs en puissance. Ils ont d'autres points de vue, d'autres ancrages que ceux de l'école, et c'est tant mieux. Mais il est important qu'ils soient partie prenante de la démarche de scolarisation initiale, qu'ils présentent leur activité, leurs intérêts ou leurs recherches personnelles. Cette participation est utile puisqu'elle permet de constituer une plate-forme entre formateurs de terrain et formateurs scolaires, entre citoyens vivant dans un même espace.

Trop souvent, les jeunes licenciés de hautes écoles sortent avec un diplôme remarquable de sophistication et une pratique remarquable par son absence. Les maisons qui les engagent comptent souvent qu'il faut un trimestre pour que le sujet, brillant s'il en est, adapte ses savoirs aux conditions d'un terrain, pour qu'il transfère ce savoir en connaissance par la mise en lien qu'il en fait avec le réel d'un travail. On commence à l'Université à poser le problème d'une praxis[105] pour les étudiants afin de leur permettre de « nager » aussi bien dans les modèles abstraits que les paradoxes de la réalité…

La présence de parents (qui pour la majeure partie d'entre eux ne sont pas formés en tant qu'enseignants) dans le processus de formation des enfants permet à ceux-ci de cerner la variance des moyens d'apprentissage en jeu, la diversité des modes de faire des adultes. Ils savent alors qu'un « maître » connaît beaucoup de choses et peut être admiré pour cela, même s'il est plus admirable encore lorsqu'il accepte ses limites et ses ignorances. Mais ce maître peut être aussi bien un père ou une mère, un enseignant ou une enseignante, voire des copains. Auprès de chacun, nous avons à apprendre. Chaque humain a sa vision du monde, sa manière d'aborder le savoir et la connaissance : cette manière est unique. Elle est pour tout autre l'occasion d'une décentration, d'une ouverture, d'une différenciation de point de vue, toutes valeurs qui sont autant de fondements à la construction d'une culture ou d'une civilisation.

La recherche de ce que peut apporter tel ou tel parent, tel ou tel adulte proche, permet aux enseignants d'insérer le processus de scolarisation initiale dans le cadre social environnant. Il ne s'agit pas de proposer aux adultes concernés de « faire la leçon » à la place de... mais bien de présenter un domaine d'action ou de connaissance qu'ils maîtrisent bien, à leur manière, selon leurs idées à propos de ce qu'on peut transmettre aux enfants. Pour les enfants, ce sera l'occasion d'observer un autre mode de faire, d'interagir avec un autre type de partenaire. Pour l'adulte, ce sera l'occasion de se rappeler qu'il n'est pas si simple d'enseigner et d'intéresser ou de captiver un auditoire. Pour les enseignants, les élèves et les adultes concernés, ce sera aussi l'occasion d'un bilan de la situation, d'une réflexion sur le « comment fait » et le « comment faire » à une prochaine occasion. L'enfant comme les adultes concernés ont tout avantage à se familiariser à l'hétérogénéité des modes de faire : ils représentent tous un type d'engagement magistral, indépendamment de leur actualité ou de leur historicité.

C'est avec les adultes intéressés qu'on pourra définir les thématiques qui pourront être abordées, la durée nécessaire à leur présentation. Cet appel pourra être fait tant aux parents qu'aux grands-parents, aux citoyens jeunes et moins jeunes : l'assise communautaire et sociale de la formation n'en sera que renforcée. La pratique de chacun permettra à tous de connaître les difficultés et les enthousiasmes de la pédagogie. Ce qui devrait amener un respect mutuel d'autant plus grand qu'on aura vécu par soi-même ce que les enseignants vivent quotidiennement. Et joué cartes sur table.

Le contrat de co-laboration doit permettre également d'aborder le problème de l'*évaluation*, soit tout ce qui concerne les appréciations qu'on peut porter sur sa propre tâche ou sur celle d'autrui. Cette évaluation devrait être ***mutuelle*** et ***participative*** : il est aussi important pour l'enfant de construire un avis sur ce qu'il a produit que de recevoir une appréciation de l'extérieur, qu'elle soit issue d'un autre enfant ou d'un adulte. Je peux dire ce que je pense de mon travail, je peux entendre ce que mon collègue pense de mon travail, je peux entendre ce que l'adulte qui enseigne pense de mon travail. L'évaluation réelle, c'est la somme de ces différents points de vue. C'est en ce sens que l'évaluation se doit d'être mutuelle et participative. Dans ces conditions, elle ne se fait pas « sur le dos » de l'enfant, mais en le consultant et le respectant. Chaque avis a un sens. En la matière, la recherche d'un consensus est prioritaire.

D'autre part, cette évaluation est conçue pour être ***promotionnelle*** pour l'enfant : dans cette mesure, elle peut porter une valeur formative. Si l'évaluation constitue un jugement, elle prend une valeur de sanction et de classement. Selon les objets de savoir et de connaissance en jeu, un même enfant peut être très performant dans un domaine, alors qu'il l'est actuellement moins dans d'autres. Les situations d'expérience ont l'avantage de faire appel à des savoirs et des stratégies différents, ce qui peut permettre à chacun de mettre en valeur ses compétences. Les ateliers sont plus spécifiques et peuvent amener l'enfant à se confronter à des zones de difficultés propres qui nécessitent un autre investissement de la tâche. Mais, quelle que soit la situation, l'évaluation devrait garder sa valeur promotionnelle, puisque c'est elle qui peut rassurer l'enfant sur ses compétences et son devenir d'apprenant.

Si parfois on met des notes pendant le cycle initial de scolarisation, ce sera pour pratiquer un ***jeu*** bien connu : celui de la docimologie* et de l'évaluation normative*. Ce mode de faire servira d'indice à des pratiques possibles plus tard dans la scolarité de l'élève, qui deviendront peut-être la norme. Mais il ne constituera encore et toujours qu'une forme d'évaluation, l'élève ayant à charge de cerner la part promotionnelle de ce mode de faire.

Cette fois encore, l'enjeu est de taille : les parents pour la plupart ont subi une évaluation par notes, moyennes de classe et « tutti quanti ». Combien de ces adultes actuels étaient des enfants qui avaient mal au ventre le jour où l'on rendait la dictée, ou celui où on recevait le carnet ? Combien ont été récompensés (plus ou moins adéquatement), combien ont été punis et privés (plus ou moins adéquatement) de tel ou tel plaisir parce que les notes ne correspondaient pas aux attentes subjectives des parents ?

L'évaluation des compétences d'un élève, c'est la part la plus importante de son salaire de fonctionnaire scolaire. Plus cette évaluation est formative, mieux l'élève peut identifier son salaire réel. Autrement, il est abusé par le fait qu'un individu qui parle en millions se réfère à des centimes et non à des francs : ce n'est pas la même fortune qui est en jeu. A ne pas connaître les changes, on se fait avoir. En tant que touriste à l'étranger, mieux vaut avoir toujours à l'esprit une table de conversion plutôt que de se dire que « ce n'est pas cher » quand le chiffre est libellé en dollars et que c'est « très cher » quand c'est libellé en pesetas ou en lires... De ce point de vue, l'évaluation normative par la docimologie (les notes) ne permet que rarement à l'enfant de construire une table de conversion en valeurs significatives et productives.

Autant de raisons pour proposer dans le cycle initial de scolarisation une évaluation formative, mutuelle et participative qui permette à l'enfant d'acquérir les règles d'échange avant d'entrer dans le marché des changes !

2. Quel va être le contrat de base de participation au cycle de scolarisation initiale ?

L'inscription est obligatoire pendant la quatrième année (soit avant que l'enfant ait quatre ans révolus), pour tous les enfants. Les principes généraux de fonctionnement du cycle de formation initiale donnent lieu à une première approche. La plaquette IPC (106) leur est remise ensuite avec mention du fait qu'on en rediscutera régulièrement en fonction de la participation de l'enfant à sa scolarisation. *Après une période d'observation obligatoire* de six semaines suivant la rentrée scolaire de l'enfant, parents et enseignants pourront négocier ensemble le taux de participation de l'enfant, cela à partir des caractéristiques personnelles qui auront été mises en évidence au cours de la période d'observation. De cette manière, les échanges porteront sur un vécu, tant pour l'enfant, l'enseignant et les parents concernés : on pourra parler de scolarisation à partir de réalités, et non en fonction d'un imaginaire ou de fantasmes. Lors de cet échange de points de vue, on pourra discuter par exemple d'une participation à mi-temps, en particulier si les horaires du cycle sont organisés en continu de 9 h 00 à 15 h 00. Pendant la première année du cycle, lorsqu'il y a aménagement du taux de participation, le contrat est revu et modulé selon les besoins lors d'entretiens réguliers entre parents, enfant et enseignants. Il est reconduit au maximum deux fois selon les mêmes règles. Toute modification constitue une forme d'avenant au contrat initial et donne lieu à un accord écrit des deux parties, la garantie que l'enfant a été consulté à titre indicatif étant mentionnée dans tout accord. Chaque partie reçoit copie du contrat concerné et des avenants.

S'il y a eu *consultation(s) de spécialistes* motivée(s) soit par les parents, soit par les enseignants, lorsqu'il s'agit d'échanges dans le cadre scolaire, parents et enseignants s'engagent à faire état des avis reçus et de les discuter pour motiver toute décision de leur part. Les arguments principaux avancés suite à ces consultations sont mentionnés explicitement dans le cadre du contrat ou des avenants.

Les absences

Les absences sont annoncées aux enseignants lorsqu'elles sont prévues. Elles sont justifiées lorsqu'elles n'étaient pas prévisibles. Un formulaire est mis à disposition des parents qui précisent s'il s'agit de causes familiales, de maladie, ou d'autres obligations : dans ce dernier cas, les parents peuvent donner une justification particulière à l'absence. Le formulaire en deux exemplaires est certifié exact et signé par les deux parents : les parents en gardent une copie, l'enseignant l'autre. Ce mode de faire se justifie pour éviter toute ingérence inutile dans la vie des familles et toute curiosité déplacée.

D'emblée lors des premières rencontres, le problème des absences sera évoqué : il s'agit d'en fixer les limites admissibles (en termes de nombre de demi-journées par exemple) qui, par rapport au nombre de jours de scolarisation annuelle, n'impliquent pas de pénalisation de l'enfant, que ce soit sur le plan sociocognitif ou sociorelationnel et affectif. Autrement, la règle de co-laboration enseignant/parents risque d'être transgressée, l'enfant se trouvant malgré lui dans un réseau d'alliance en lieu et place d'un réseau de complémentarité.

On portera une attention particulière aux enfants (très) souvent malades pour cerner dans quelle mesure la maladie a une valeur de résistance par rapport au contrat de scolarisation initiale. Il est clair que trop d'absences et de discontinuité des processus de formation peuvent pénaliser (pénalisent) l'enfant et le groupe auquel il appartient. La pratique consistant à fournir des certificats médicaux ne sera pas jugée comme suffisante à la justification des absences, puisqu'elle constitue *de facto* une déresponsabilisation des parties sur un tiers.

Lorsque l'un des enseignants est amené, de manière prévisible ou non, à s'absenter, il fait une note aux parents dans laquelle il précise sous les rubriques « famille, santé, autres » ses raisons. Il mentionne également qui le remplacera en tant que titulaire (soit, dans le cadre du cycle initial, l'enseignant avec lequel il enseigne à mi-temps en duo) et qui assurera l'enseignement (soit le remplaçant, attitré ou non, qui travaillera à plein temps). De cas en cas, l'enseignant à mi-temps peut être dégagé temporairement d'une partie de son autre mi-temps pour assurer au mieux la charge de titulaire.

Les dispositifs d'accueil

Selon le quartier, les conditions socioprofessionnelles des parents et l'encadrement psychosocial existant, l'institution scolaire peut mettre sur pied un accueil du matin entre 7 h 00 et 9 h 00, heure d'entrée obligatoire, ainsi qu'entre 12 h 00 et 13 h 00 (repas en cantine) et enfin entre 15 h 00 et 18 h 00 (activités post-scolaires). Ces activités peuvent être assurées par des éducateurs ou des enseignants intéressés, si tant est pour ces derniers que cette charge ne réduise par leur disponibilité aux rencontres avec des familles. Cet accueil se fait dans des locaux spécifiques différents des lieux d'enseignement.

L'utilisation de ce type d'équipement doit être contractualisé avec la famille de l'enfant concerné. Le contrat porte sur un engagement trimestriel, qui sera reconduit après discussion avec les parents concernés et l'enfant, si tant est que cette solution reste la plus adéquate du point de vue de l'encadrement. Ces accueils sont centrés sur l'idée d'une aide psychosociale et ne constituent en aucun cas une décharge parentale. La question d'une participation financière est à évaluer, ainsi que celle d'un fonds de solidarité communal, en particulier du fait de l'augmentation actuelle du chômage.

Le chemin de la maison à l'école

Il s'agit en principe d'un espace-enfant, vécu au rythme de l'enfant. Dans toute la mesure du possible, l'enfant devrait pouvoir faire ce chemin avec d'autres enfants de son groupe, pour que la gestion du temps soit compatible entre enfants. Si un adulte accompagne l'enfant, c'est à lui de se plier au rythme de l'enfant et non l'inverse. Dans le cas contraire, l'enfant risque de constituer un « enfant-paquet » qu'on se passe de main à main : il serait alors dépossédé de son chemin de l'école.

Sachant que les enseignants ont pour responsabilité d'être dans leur lieu de travail dès 7 h 45, les enfants peuvent arriver de manière échelonnée dans les lieux en fonction des horaires de leurs parents.

Voilà donc quelques règles de contractualisation qui sont à prendre en compte par parents et enseignants, au cycle de scolarisation initiale des enfants : ces règles devraient favoriser une égalité de traitement des différentes situations familiales et enseignantes, ainsi qu'un consensus réflexif continu qui motive une compréhension accrue des responsabilités et des rôles de chacun, le monde scolaire étant par ailleurs ouvert sur le monde du quartier ou de la communauté environnante. Dans de telles perspectives, l'idée d'échanges horizontaux, de la démystification de l'école comme de la famille au profit du dialogue devrait trouver sa place et son sens au profit de tous.

3. Le contrat de co-laboration enseignants/enseignés : un espace de formation mutuelle

Ce contrat se fonde sur deux concepts fondamentaux : celui de la ***mutualité des rôles*** d'apprenant (et de formateur) entre adultes et enfants. Cette mutualité, qui ne constitue pas une négation ni une annulation des différences entre intervenants, sert de ciment au développement de la ***solidarité*** entre les divers intéressés. Il s'agit bien sûr d'un processus qui ne saurait être explicité d'emblée, mais se construit au gré des événements vécus et de la pratique de la vie de groupe dans le cadre du cycle initial de scolarisation.

Le contrat amène à définir entre adultes et élèves l'importance du cadre d'expérience du cycle de scolarisation initiale. La ***charte de classe*** sera construite en commun à partir des expériences de chacun et des « lois du bâtiment scolaire ». Si la mise sur pied de la charte se fait sur la base d'un débat où chaque partenaire a voix délibérative, la pratique de la charte donnera lieu elle aussi à des échanges : tout événement particulier dans la vie du groupe pourra donner lieu à la définition de la marge d'acceptabilité ou d'inacceptabilité des actions évaluées. Ce travail permettra à la fois de préciser certaines règles de fonctionnement, de compléter la charte par des avenants et de créer une forme de jurisprudence. Ce travail constitue un processus continu de régulation qui portera tant sur le fonctionnement des enfants et des adultes dans le cadre du groupe que des lieux communs tels que couloirs, cours de récréation, etc.

On parlera de l'*importance formative de l'hétérogénéité du groupe* d'enfants et d'adultes concernés, tant en âges qu'en compétences : ces différences sont le ferment des échanges et des acquisitions. Elles sont à la base d'une **pédagogie interactive, mutuelle et solidaire** qui favorise le respect de tous. On peut ainsi dépasser des tendances à s'ériger en juge, en censeur ou en milice, au profit d'échanges ouverts et d'une complémentarité fonctionnelle entre intervenants. Les échanges sont multiples du fait de la variance du groupe et des différentes organisations possibles de sous-groupes. Le travail individuel est une occasion de faire face à soi-même sans craindre le jugement d'autrui au moment d'une mise en commun. Les adultes présents quant à eux peuvent s'engager tant par le biais de l'observation, que de la participation et de l'animation pédagogique. Cette variance de rôles leur permet une bonne appréciation de leur engagement sur le plan cognitif, relationnel, social et affectif.

On abordera en groupe l'importance de la *co-laboration entre enfants différents en âges et en compétences* qui permet la décentration de points de vue et le « conflit sociocognitif ». En effet, chaque individu a une approche du monde qui lui est propre, développe des stratégies de rapport à la réalité qui lui sont personnelles. Tout échange autour d'une situation d'expérience permet la mise en évidence de ces différences et la recherche de leurs possibles complémentarités. La différence d'âge ne peut permettre à un enfant de juger l'autre comme bête s'il n'a pas les mêmes idées que lui, et devrait secondairement favoriser le respect entre pairs également. Cette co-laboration sera d'autant plus riche que les enfants sont différents en termes de stratégies et procédures de traitement du réel, de modes de penser, de cultures et de modes d'être, d'organisation expressionnelle enfin.

On peut comparer ce processus de co-laboration aux nouvelles techniques d'approche des langues étrangères qu'on propose aux jeunes adultes. On met ensemble un Italien et une Roumaine par exemple, qui souhaitent apprendre tous deux l'anglais. On leur donne un manuel de base en anglais et à eux de se débrouiller. Ni l'un, ni l'autre ne peuvent jouer le rôle d'enseignant de référence par rapport à la nouvelle langue, mais chacun peut apporter ses hypothèses, ses déductions à partir de la connaissance qu'il a de sa propre langue. Cette démarche permet aux étudiants de définir ce qui dans leur langue paraît référer à des universaux linguistiques et ce qui est propre à une structure idiomatique de la langue-cible, de l'italien et du roumain. Le recours à un formateur se fera ensuite, mais à partir de questions et d'hypothèses construites par les étudiants, qu'ils vont tester auprès de la personne qui a une bonne maîtrise de la langue-cible. Ils se posent donc non pas en consommateurs mais en interacteurs de formation.

Les particularités individuelles motivent l'acceptation des *temps-sujet*[5] dans le cadre de la pratique de la pédagogie. En effet, chaque enfant au cours de son développement intra-utérin et extra-utérin a développé des rythmes biologiques qui lui sont propres et qui varient selon les individus. Par rapport à la chronobiologie[5], un enfant peut être en avance ou en retard de phase : il intègre plus ou moins facilement des donneurs de temps que sont les horaires scolaires et familiaux. Collectivement, on sait qu'il y a des moments dans la journée où les enfants sont nettement moins disponibles à la concentration et au travail que d'autres. Il s'agit en particulier d'une période vers onze heures et d'une autre vers treize heures trente. Sachant ces variances de disponibilité des sujets (qui semblent d'ailleurs exister tant par rapport au rythme circadien que par rapport au rythme des saisons), il est important de placer des « temps-sujet » sur ces moments de la journée, moments pendant lesquels l'élève choisit librement une activité qui lui convient et la gère en conséquence. Ce moment est plutôt un temps de travail solitaire et autonome, les besoins des enfants dans ces périodes de faible énergie ne pouvant *a priori* être comparés.

Il est important également de discuter entre intéressés, adultes et enfants, de l'accueil et des échanges avec des *enfants différents de par un handicap spécifique,* que celui-ci soit de type physique ou sensoriel, culturel ou caractérologique. Les enfants différents ne sont pas des objets de curiosité, plus ou moins assortie de pitié ou de rejet. Nous sommes tous différents à des degrés divers. Face à ces enfants plus particuliers, il n'y a qu'une différence (qualitativement ou quantitativement) apparemment plus marquée. Il s'agit donc de parler de ces différences spécifiques pour les mettre en balance avec nos propres différences. Il s'agit aussi de ne pas porter *a priori* un regard différent sur ces enfants-là. Ils ont autant besoin d'être vus comme tout un chacun que reconnus dans leurs spécificités. Selon les tâches, les situations proposées, ils peuvent se comporter comme n'importe quel enfant. Dans d'autres situations, leur handicap sera mis en évidence et chacun s'adaptera en conséquence. Mais nous avons tous nos handicaps : nous les cachons plus habilement peut-être. Cela ne les annule pas pour autant. Le groupe hétérogène permet à chacun de faire face aux handicaps de l'autre et aux siens. Il faut enfin se garder de jouer la surprotection face à ces enfants, car si gentille soit-elle, elle ne fait que confirmer le handicap, voire permet à l'enfant différent de jouer sur la « corde sensible » pour en tirer des bénéfices immédiats : mais ceux-ci se retournent tôt ou tard contre lui. Il y a double risque dans ce cas : profit autour de la compassion et souffrance autour de l'abandon.

Le contrat de co-laboration enseignants/enseignés permet d'aborder aussi l'importance de la *variance des rôles d'apprenant* dans le sein d'un groupe de travail : selon la situation, le thème ou le contenu d'une activité, un enfant peut se trouver capable d'agir en co-dirigeant du processus en jeu ; ou il n'a pas actuellement les stratégies et les savoirs à disposition, et se trouve temporairement en situation de suiveur. Selon sa disponibilité ou ses compétences particulières, il peut aussi prendre une position marginale par rapport à la tâche, qui surprend et déroute ses collègues.

Il est fondamental pour tous que cette variance des rôles selon le contexte et la situation soit acceptée, voire valorisée, puisque c'est la *mobilité du style de participation* du sujet à son environnement qui signe sa vitalité. Il ne s'agit pas dans la perspective d'une pédagogie interactive qu'il y ait le sujet toujours bon en mathématiques (il faillirait à son honneur en cas d'échec dans ce domaine) ou en dictée (il se ferait hara-kiri s'il avait plus de trois « fautes »), mais bien que chacun développe sa compétence dans tous les domaines de savoirs et de connaissance. L'erreur est permise, nécessaire, quel que soit le domaine de réflexion auquel on s'adresse. Si le sujet admet cette variabilité des rôles, cette mouvance des performances, il peut *vivre l'erreur comme constructive*. Il peut admettre que, parfois, il peut être le « meilleur », parfois d'autres prennent ce rôle. La mobilité de ces enjeux permet de réduire d'autant la compétition, parfois acharnée, qui peut se faire entre élèves au profit d'une mobilité et d'une acceptation heureuse de la mouvance des performances.

La réussite n'est pas une occasion de pouvoir, mais une ouverture au partage. La variance des rôles est donc productive. C'est lorsqu'il y a figement que chacun, enfant et adulte, peut s'inquiéter pour celui qui s'immobilise, se fixe dans un rôle et n'en peut plus sortir. Que ce figement se fasse au niveau cognitif, relationnel ou affectif. C'est là qu'il y a danger, c'est là qu'on peut craindre pour la santé d'autrui, c'est là qu'il s'agit de parler et de réfléchir ensemble à comment permettre à l'enfant figé de se remettre en mouvement.

Toujours dans le cadre de ce contrat enseignants/enseignés, et de par la structure du cycle de scolarisation initiale, il s'agira de parler de la *mouvance relative du groupe* de par le fait que, chaque année, il y a des partants et des arrivants. Les plus âgés passent dans le deuxième cycle de scolarisation. De nouveaux enfants de quatre ans arrivent. Deuil des premiers, accueil des seconds : dans les deux cas de figure, il s'agit de témoigner de l'ouverture du groupe au changement. Les anciens sont partis, et avec eux une configuration du groupe est morte. Mais on en a le souvenir, quel qu'il soit. Il y a d'ailleurs de nouveaux futurs partants, les nouveaux anciens qui peuvent reprendre le flambeau de ce rôle. Et il y a des nouveaux, avec d'autres idées, d'autres désirs : une occasion pour tous d'une nouvelle écoute. Le groupe est différent ? Qu'à cela ne tienne, revoyons notre charte, dépoussiérons-la avec ce nouveau regard que le changement du groupe implique. Accueillir, c'est faire une place à l'autre, tant dans l'espace que dans la règle. Cette ouverture du groupe est par ailleurs une aide au décloisonnement, à la variance des regroupements, à la mouvance des rôles de chacun.

Sur le plan des contenus de travail, on mettra l'enfant face à des *situations complexes d'expérience*, pour qu'il teste sa capacité de recherche, de découverte et d'échange stratégique puis, cette expérience faite, on discutera ensemble de son intérêt, de ses difficultés, de ses valeurs supposées. On n'en parlera pas en termes de type « j'aime/je n'aime pas », puisque c'est là la base du travail qui se fait dans le cycle initial de scolarisation. Mais bien en termes de « comment m'organiser au mieux dans ce genre de situation ». On évoquera entre tous les intérêts de chacun, les curiosités que chaque enfant voudrait satisfaire, les passions qu'on pourrait aborder. On précisera ainsi les centres d'intérêts identifiés pour les traduire en pédagogie de projet. Les adultes pourront définir alors des activités-cadre et des ateliers qui répondent aux intérêts des uns et des autres, adultes et enfants. Il n'y aura pas de « branches scolaires » au départ, puisqu'elles constituent un découpage totalement artificiel de la réalité. Mais il s'agira de classer et sérier les expériences vécues, les activités conduites dans le cadre de celles-ci. On découvrira ensemble la part de raisonnement logicomathématique, celle du numérique, du physique, celle de l'expression langagière, du raisonnement sur le langage, celle de l'expressivité et de la créativité manuelle et artistique.

C'est à partir de ce découpage *a posteriori* de la situation d'expérience qu'émergeront les « branches », mais elles ne cacheront pas l'arbre... Les enfants vivront ainsi une approche raisonnée des savoirs scolaires, mais de manière concentrique et progressive. Ils pourront construire la spirale de la connaissance en passant du tout à la partie (96) pour situer et préciser la partie sans perdre la conscience du tout : c'est la seule manière qui satisfasse à une mémorisation active et durable des faits observés, des stratégies qu'on leur applique et des résultats qu'on en tire. Comme on est parti des savoirs et des compétences des enfants, respectant ainsi leurs acquis antérieurs, comme on travaille dans l'hétérogénéité des compétences et des rôles, les différences à l'arrivée seront d'autant mieux intégrées au dispositif, étant placées dans un bain où la différence est de règle. Par ailleurs, dans le vivant de la différence, on s'intéresse autant aux savoir-être qu'aux savoir-faire et aux savoirs savants des enfants.

Ce mode de faire permet un autre bénéfice : on peut réduire la charge en mémoire passive au profit de la promotion de l'intelligence, tant cognitive que relationnelle. L'enfant se souvient mieux, et durablement, de ce qu'il mémorise en lien avec un acte intelligent. S'il doit mettre en mémoire des données qui pour lui ne réfèrent pas à une action construite, il risque de les mémoriser seulement. Combien d'enfants savent leurs règles d'orthographe par cœur mais ne les mettent jamais en application dans leurs textes : ils les ont apprises, comprises peut-être, mais ils ne les ont ni découvertes, ni mémorisées en lien avec l'action. Apprendre une règle et faire un exercice d'application, c'est agir à l'envers du bon sens. Une règle n'a de sens que par sa fonctionnalité, or celle-ci émarge du texte, pas de la règle… Dans ce sens, les ateliers proposés par les adultes (ou les élèves les plus compétents) doivent être des occasions de dé/couverte (on enlève la couverture qui cache le trésor à saisir). On y trouve une signification fonctionnelle qui peut être mise en lien avec l'activité-cadre ou le centre d'intérêt travaillé dans la perspective d'un projet pédagogique. Cette mise en lien (*re-ligare* terme latin à la base du mot « religion ») permet l'interactivité entre savoirs et, par là même, l'accès à la co-naissance, puisque, tout soudain, les choses s'éclairent, se mettent en place « comme par miracle » : il y a naissance d'un nouveau paysage du savoir, la connaissance.

Le bébé part de situations complexes pour en identifier progressivement les composantes et les spécificités. A quatre ans, l'enfant est devenu un champion du complexe à organiser. L'école doit respecter ces compétences. En partant du complexe, on permet de classer, sérier, organiser les données et les faits. On peut identifier le rapport du tout à la partie et de la partie au tout sans perdre la complémentarité de ces points de vue. C'est à partir de là que se structure l'intelligence et la curiosité. Et, finalement, une tête « bien faite » ne vaut-elle pas mieux qu'une tête « bien pleine » ?

On pourra aborder aussi le problème du *matériel de travail* : il vaut mieux que le matériel mis à disposition dans le cadre scolaire soit simple, modulable et permette la manipulation active. Rien ne sert d'avoir de beaux jeux didactiques, de merveilleux jouets : plus un matériel est sophistiqué, plus il surdétermine les actions qu'on peut mener avec lui. C'est le problème actuel de beaucoup de jeux et jouets qui ne peuvent avoir qu'un usage limité. Alors que des plots (avec ou sans labyrinthe) permettent une quantité d'enjeux différents. Légos ou mécano donnent lieu à des constructions multiples et variées. Ficelle, carton, papier collant permettent des constructions multiples. Un matériel créé vaut souvent mieux qu'un matériel consommé ! Le propre d'un matériel pédagogique est de pouvoir porter plusieurs activités constructives. Alors il est rentable. Des collections de formes géométriques en bois de couleur et des réglettes Cuisenaire permettent tellement plus de créations que le jeu avec la maison de Barbie. Cela ne veut pas dire que cette dernière est un mauvais jouet, mais c'est un jouet pédagogiquement peu intéressant parce qu'il ne véhicule pas de conflit constructeur pour l'enfant. C'est un bon objet de simulation sociale, de répétition d'actes de la vie quotidienne, mais il n'est pas porteur (ou peu) de recherche et d'expérimentation productive.

Dans le cadre d'ateliers spécifiques, le matériel peut être plus déterminé (ce qui n'implique pas sophistiqué pour autant), parce qu'il porte sur un univers plus précis et une tâche plus déterminée. C'est l'occasion d'un mouvement de la pensée de la partie vers le tout, ce qui peut justifier sa spécificité. On structure dans le détail, on automatise certains gestes et certaines procédures de traitement. Pour mieux se libérer l'esprit de ces contraintes, pour automatiser tout ce qui peut l'être au profit de la mobilité de l'intelligence.

Tout au long du déroulement du cycle initial de scolarisation, on aborde un problème majeur, celui de *l'évaluation* des productions des enfants. Non, on ne mettra pas de notes, ou, si on le fait, ce sera pour ***simuler*** un mode de faire classique. L'évaluation normative est réductrice. On procédera donc par une évaluation promotionnelle sur une base participative, interactive et différenciée. L'enfant qui a produit quelque chose a un avis sur la valeur de son produit. Ce même produit peut donner lieu à une appréciation par un autre, enfant ou adulte, qui ne sera pas forcément conforme à l'évaluation du producteur. C'est la différence de ces évaluations qui peut permettre à l'enfant de comprendre la relativité et la subjectivité de toute évaluation. Et assimiler ainsi la règle du jeu. Dans un groupe, chacun peut avoir un regard sur le travail d'autrui, chacun peut avoir un avis sur la qualité de la performance de l'un ou de l'autre. Vaut-il mieux que ces regards soient explicités, en tout ou partie, lorsqu'il y a solidarité des enjeux, ou vaut-il mieux taire son avis et laisser à l'autre le droit à sa subjectivité ? Il n'y a pas de réponse universelle à ces questions. La pratique sera modulée de l'un de ces extrêmes à l'autre, cette modulation garantissant la différenciation des perspectives en jeu. Ce qui est constant, c'est la *dimension promotionnelle de l'évaluation.* On n'évalue pas pour sanctionner ou juger, mais pour concourir au mouvement du développement. Chez un adulte, l'auto-évaluation a plus de sens et de pertinence que le regard de l'autre, même si elle a besoin de celui-ci : il est clair que dans la vie de l'humain, la capacité de chacun d'évaluer le sens de ses actes est la meilleure garantie de citoyenneté et d'appartenance à une communauté, quelle qu'elle soit. Le cycle de scolarisation initiale est l'un des chaînons d'accès à une auto-évaluation différenciée et formative.

2 Le contrat de co-laboration enseignants/spécialistes(s) : un espace de dialogue et d'échanges

Comme on a pu le constater au travers des pages précédentes, le concept de cycle initial de scolarisation motive de nombreux changements dans les règles de dialogue et d'échanges, tant avec les familles qu'avec les enfants. Il s'agit pour nous maintenant de définir les implications de ces changements sur le fonctionnement de la collaboration entre enseignants généralistes et spécialistes, que ceux-ci soient enseignants ou non. Les remarques qui vont suivre mettent en évidence la nécessité de repenser le fonctionnement de l'équipement actuel en matière de spécialistes tels que psychologues, logopédistes, psychomotriciens et médecins, du point de vue en particulier d'une fonction de consultant psychopédagogique auprès des enseignants responsables de cycles de scolarisation initiale. Il nous paraît essentiel que s'instaure un *fonctionnement d'équipe dans une perspective de coopération interinstitutionnelle* pour évaluer la situation d'enfants et d'enseignants dans ce cadre, ainsi que les diverses problématiques individuelles qui ne manqueront pas de se poser dans la gestion de ce cycle.

Le principe de *trois enseignants pour deux classes* est prioritaire (ce qui permet d'assurer un 150 % avec chaque groupe suivant le cycle de scolarisation initiale). Ce principe de base est assorti d'une deuxième règle de fonctionnement : l'enseignant assurant les mi-temps devrait être au bénéfice d'une formation d'enseignant spécialisé. Cette clause nous paraît la meilleure pour assurer aux enfants des apports différenciés dans la mesure où chaque enseignant prend appui sur sa pratique antérieure, sur ses connaissances de la population et des familles : pour garantir un enseignement interactif intégratif et multiculturel, la *complémentarité des compétences des enseignants, ordinaires et spécialisés,* nous paraît primordiale.

Nous concevons l'enseignant titulaire et son collègue à mi-temps comme les acteurs de terrain principalement responsables de la conduite de l'accompagnement pédagogique et didactique des enfants. Mais, tant du fait du nombre que de l'hétérogénéité des enfants, et d'autre part du point de vue de la promotion d'une pédagogie interactive, la participation d'un spécialiste de la psychologie, voire de la psychiatrie de l'enfant, est plus que souhaitable pour gérer cette démarche à la fois intégrative et pluriculturelle. Le fait par ailleurs d'avoir pour règle le maintien des enfants différents dans le cadre du cycle de scolarisation initiale devrait permettre le transfert d'un certain nombre de charges des classes de langage et classes de l'enseignement spécialisé, voire de temps, qui actuellement sont impartis aux centres logopédiques et pédagogiques d'une part, aux hôpitaux de jour et institutions pour petits d'autre part.

A signaler que la mise sur pied de ces cycles de scolarisation initiale sur le territoire cantonal est l'occasion de promouvoir un terrain de recherche qui peut être assumé en commun tant par des enseignants conscients de leurs responsabilités que par des spécialistes intéressés à la promotion de ce nouveau mode d'encadrement pédagogique et de stimulation du développement.

Il ne s'agit en aucun cas de considérer ces échanges interdisciplinaires comme des occasions de conflit idéologique et de défis institutionnels. Dans le cycle de scolarisation initiale, les enseignants sont face à des responsabilités nouvelles pour beaucoup. Les spécialistes quant à eux ne sont pas là pour faire de l'import/export illicite de la psychiatrie à la pédagogie. Ils doivent apprendre à repenser leurs savoirs et leurs connaissances de l'enfant en fonction de groupes hétérogènes d'une part, d'une politique de maintien des enfants avec leurs différences d'autre part. Chacun dans ce sens a une expérience antérieure utile à conduire une réflexion nouvelle, mais personne ne détient la clé de réalisation de ce nouveau mode d'accompagnement pédagogique : tout est à construire, il s'agit de réfléchir de manière conjointe, complémentaire et productive pour favoriser chez l'enseignant des prises de décisions optimales par rapport à un terrain encore vierge d'expériences et d'habitudes.

1. Quels sont les constituants principaux de ce contrat de co-laboration ?

La première règle porte sur le fait que le travail en question, qu'il se fasse avec des cliniciens ou des universitaires, est par nature et par essence une *co-laboration non hiérarchique* qui procède par recherche de complémentarité des savoirs, et qui permet l'accès conjoint à une co-naissance mutuelle, tant sur le plan inter- que transdisciplinaire. Il y a en fait *consultance mutuelle*, l'enseignant consultant un spécialiste, le spécialiste consultant un enseignant : ce sont là les conditions « sine qua non » de cet échange. Il ne s'agit pas que le spécialiste devienne enseignant (au rabais) et l'enseignant spécialiste (lui aussi au rabais). Chacun a sa fonction, son centre de gravité : ce qu'on cherche par le dialogue et l'échange, c'est à définir et développer une aire en intersection fonctionnelle à ces deux champs de compétences spécifiques.

Aucune raison dans ce sens d'y mettre des enjeux, qu'ils soient de type narcissique ou institutionnel.

On peut concevoir « à la Dolto »[67] les liens entre enseignants et spécialistes par rapport aux enfants des cycles de scolarisation initiale : il s'agit de ceux existant entre un *« parent continu »* et un *« parent discontinu »* : si Dolto fait appel à cette différenciation (par rapport aux parents divorcés), c'est pour rappeler que ce n'est pas parce que les parents d'un enfant ne vivent plus (pas) sous le même toit, qu'ils ne restent pas co-responsables des enfants concernés. Nous considérons donc l'équipe minimale regroupant l'enseignant titulaire, le co-enseignant à mi-temps dans la classe et un spécialiste attitré comme présentant un fonctionnement analogue à ceux des couples séparés mais respectueux de leur responsabilité de parent. On fait « institution à part » mais on garde ses responsabilités face aux enfants. Si autour de cette équipe minimale gravite d'autres enseignants tels qu'enseignant d'appui, il fera partie des interlocuteurs de l'équipe minimale. Si d'autres spécialistes suivent en traitement tel ou tel enfant et souhaitent parler ou entendre parler de celui-ci, ils pourront participer eux aussi à un moment d'échange avec l'équipe minimale porteuse des projets d'enfants et de ceux de leur groupe d'appartenance. Mais ils ne porteront pas de statut de « parentalité » fonctionnelle par rapport au cycle de scolarisation initiale.

Dans cette même perspective, le fil rouge de la scolarisation des enfants du groupe concerné est bien dans les mains des enseignants responsables (le titulaire et l'enseignant à mi-temps) d'une part, du spécialiste consultant attitré d'autre part. On peut espérer que la dimension du temps du cycle (quatre ans), le fait du non-redoublement dans le cursus du cycle comme règle générale, seront autant de facteurs qui concourront à une harmonisation du temps pédagogique et du temps psychologique. Actuellement, l'hiatus est souvent sévère entre les délais auxquels sont soumis les enseignants (passages et programmes) et le temps du développement ou du changement d'un enfant au niveau des compétences, des performances et de la personnalité. Par ailleurs, les échanges en équipe ne portent pas sur une comparaison entre évolution « en classe » et « en thérapie », puisque le spécialiste attitré de l'équipe du CSI *dans la règle* ne prend pas d'enfants du cycle auquel il collabore en traitement. Il y a dans ce sens peu de risque de compétition narcissique ou de recherche d'alliances entre les intervenants qui sont là pour *penser en commun le devenir des membres du groupe*, enfants et adultes, sans du tout réaliser par ce biais de thérapies sauvages au service des uns ou des autres.

2. Quel sera le contenu des échanges interdisciplinaires en équipe minimale ?

Les échanges sont centrés sur des situations plus ou moins complexes, évaluées dans la visée d'une pédagogie interactive, tenant compte de la dynamique des groupes restreints. Ces situations peuvent être évoquées à partir d'observations, plus ou moins assorties de produits d'enfants. Les intentions de cette réflexion sont, d'une part, de mieux comprendre certains modes de fonctionnement interactif entre enfants ou entre adulte(s) et enfant(s), et, d'autre part, de développer des hypothèses nouvelles par rapport à certains produits des enfants, que ce soit par rapport à la situation de production ou aux particularités de la production elle-même. Il s'agit par ailleurs de favoriser, par le biais d'une action des enseignants, un repositionnement des intéressés sur le plan à la fois cognitif, didactique, méthodologique et sociorelationnel. A nouvelles conditions, nouveaux mouvements formateurs pour chacun des intervenants. Il est clair que le spécialiste ne peut que suggérer des pistes d'action de son point de vue (il n'est pas enseignant), que les enseignants auront à charge de métaboliser à leur manière dans leurs pratiques auprès des enfants. Le spécialiste attitré de l'équipe minimale n'agit que de façon médiate dans le dispositif en jeu. Ce n'est que dans des situations très particulières, et sur la base d'un contrat motivé en conséquence par l'équipe, qu'il pourra agir directement. Cela est important pour que soit affirmée clairement la responsabilité de parent continu qu'est celle des enseignants dans le dispositif.

Dans le cas de *pratiques de recherche*, il peut y avoir exception à cette règle, cela à condition qu'il s'agisse d'une recherche académique universitaire, voire d'une recherche liée à l'IRDP ou au CVRP car, selon les objets d'étude, dans de telles situations, la prise de données obéit à des règles particulières qui ne sont ni de pédagogie clinique, ni de psychologie clinique. Il est clair que de telles interventions ne peuvent se faire que lorsqu'il y a accord entre les parties concernées, en particulier entre le chercheur et l'équipe minimale responsable de l'accompagnement des enfants.

La finalité de ces divers types d'échange réside toujours dans la promotion d'un meilleur savoir-être/savoir-faire, tant sur le plan sociorelationnel que sur le plan sociocognitif, tant du point de vue des échanges didactiques que de la réflexion psychopédagogique. Mais soyons clairs : ce travail se fait par questionnement, recherche et hypothèses. Il ne s'agit pas d'un jeu de questions/réponses...

Les *réalisations pédagogiques* suite aux échanges en équipe minimale sont strictement l'affaire des enseignants, du titulaire et du collègue à mi-temps dans la classe, qui seuls sont habilités à transcrire les propositions et hypothèses de l'équipe dans le cadre de la quotidienneté du travail en groupe. Bien sûr, ils en rapporteront les conditions d'application et de réalisation, ainsi que les éventuels produits et bénéfices, dans une discussion ultérieure de l'équipe, pour que celle-ci puisse évaluer la pertinence de la réflexion et des propositions qui en sont issues et la consigner dans le « grand livre des bonnes idées » qui relate échanges et expériences.

Sur le plan d'une philosophie de l'éducation et d'une éthique du geste pédagogique, il est clair que la base qui sert de fondement à tout ce dispositif est celle d'une *politique de maintien* de tous les enfants de quatre à huit ans dans le cadre du cycle de scolarisation initiale, quelles que soient les difficultés que ceux-ci semblent vivre au niveau de leur développement. A partir d'une observation durable et approfondie, on pourra déterminer dans quelle mesure une aide particulière, dans le cadre scolaire ou à l'extérieur de celui-ci, est à pourvoir, tout en sachant le risque que représente tout dé-placement partiel ou total d'un enfant dans un autre lieu.

Bien évidemment que si un enfant de trois ans bénéficie de mesures spécifiques d'encadrement, son entrée dans le cycle initial de scolarisation n'implique pas l'abandon de celles-ci. Elles feront partie du contrat de scolarisation négocié entre parents et enseignants pour autant qu'elles soient encore justifiées et adéquates. Il en est de même pour les enfants présentant un handicap sensoriel (par exemple, enfants malvoyants, malentendants) qui bénéficient pour beaucoup d'entre eux d'une aide à l'éducation précoce.

Lorsqu'on constate au cours du déroulement du cycle initial de scolarisation des difficultés particulières qui pourraient rendre nécessaire une consultation ou un traitement, il ne s'agira pas de s'y opposer, mais bien de situer le sens de ces actes dans le processus de formation de l'enfant. On en parlera entre parents et enseignants conformément au contrat de co-laboration qui les lie. Lorsqu'on envisage, ce qui est beaucoup plus grave, un processus de déplacement d'un enfant, l'équipe minimale devra prendre toutes les précautions utiles tant du point de vue des parents que des espaces d'accueil possibles pour que ce déplacement puisse être vécu comme un bénéfice de changement de lieu et de personnes, et non comme prioritairement une sanction privative par rapport au milieu naturel de vie de l'enfant. Il s'agira de prendre son temps sans pour autant perdre du temps... Dans de telles situations, les avis de l'équipe minimale, des parents et des divers spécialistes extérieurs seront autant de garde-fous par rapport à une précipitation nocive ou réductive, aussi bien qu'à un laxisme ou un attentisme hyperprotecteur ou pervers. Le déplacement d'une population est toujours l'occasion de souffrances nombreuses, pour ceux qui partent comme pour ceux qui restent. Il en est de même avec un dé-placement d'enfant. Il est donc de la responsabilité de chaque adulte concerné de peser le pour et le contre d'une telle décision, par rapport à l'enfant, à sa famille et à son cadre de vie usuel. Il ne s'agit pas de valider des théories ou des institutions, de rentabiliser des équipements. La question est toujours celle du bénéfice de changement de lieu et de personnes. Le *« pour lui, c'est sûrement mieux ailleurs »* est le plus souvent une illusion relative : il vaut mieux y aller voir pour en avoir une petite idée au moins. Mais le dilemme est là, et le restera toujours. On ne fait pas le bonheur des autres ***malgré*** eux, mais bien ***avec*** eux. (Le proverbe dit bien *« on ne fait pas boire un âne qui n'a pas soif »*.)

Cette politique prioritaire de maintien implique que l'équipement spécialisé pour les enfants de quatre à huit ans peut être allégé, en tout cas en matière de mesures scolaires spéciales, et que les forces en spécialistes, qui actuellement collaborent avec ces structures, pourront affecter ce temps à un cycle de scolarisation initiale. La question se pose un peu différemment pour une population de style psychotique, généralement destinée à un encadrement de type hôpital de jour. Dans ce cas comme dans les autres, la question du sens du déplacement se pose, mais, en plus, se pose celle du taux de participation de l'enfant à telle ou telle structure : face à des troubles graves de la relation, quelle est l'adéquation d'une double appartenance institutionnelle, même temporairement ? L'allégement des tâches des spécialistes dans ce type d'institutions risque d'être moins facile que pour les autres structures évoquées. Il en est de même pour les institutions qui s'occupent de polyhandicapés graves ou de jeunes cérébrolésés.

Sachant ces restrictions quant au transfert de temps de spécialistes à la fonction de consultant, il s'agirait que soit désigné pour chaque cycle de scolarisation initiale un *spécialiste avec fonction de consultant attitré* dans le cadre de l'équipe minimale concernée. La fonction de base de ce spécialiste a peu d'incidence sur la pratique de consultant. C'est en tant que *spécialiste du développement de l'enfant et clinicien intéressé à la réflexion dans le domaine de la pédagogie* qu'il intervient. Il ne s'agit donc ni d'un spécialiste de la pédagogie, ni d'un représentant en psychiatrie infanto-juvénile. Ses connaissances servent de base à un dialogue et à une réflexion partagée, permettent la construction commune d'hypothèses de travail et de règles d'interaction. Aucun spécialiste de ce genre n'existe à ce jour. Il ne s'agit pas d'une nouvelle fonction à créer. Il s'agit par contre d'une compétence à développer en co-laboration avec des enseignants. Cette compétence appartient à l'équipe concernée, par chacun de ses membres.

Le consultant rencontre régulièrement les enseignants avec lesquels il fait équipe à raison d'une séance d'une heure et demie par quinzaine. Sur demande, il peut renforcer son taux de participation, en particulier s'il y a «situation de crise» (elles devraient ne constituer que l'exception en matière de situations à discuter). Les échanges entre enseignants et consultant constituent une base nécessaire et suffisante à la promotion d'une réflexion et d'une action différenciée dans le cadre du groupe de scolarisation concerné. «On fait ce qu'on peut, avec qui on est, en fonction de ce qu'on devient grâce à la mouvance des situations abordées». La «consultite» est à éviter... C'est dans le cadre de ses échanges inter- et transdisciplinaires que l'équipe détermine des pistes de travail (les enseignants en assurent la mise en acte) pour la promotion d'une pédagogie interactive, d'une «pédagogie clinique» et d'une psychopédagogie fonctionnelle. Le spécialiste qui sert de consultant dans l'équipe accompagnant un groupe de scolarisation initiale *ne suit pas d'enfants de ce groupe en traitement. Dans la règle,* la fonction de consultant dans un CSI est incompatible avec celle de thérapeute de l'un ou l'autre des enfants de ce groupe.

Cette fonction de consultant peut éventuellement déboucher sur des tâches particulières. Du fait qu'il n'agit que de manière médiate par rapport au groupe d'enfants (sauf contrat particulier et dûment motivé), le consultant peut, sur demande des enseignants, animer avec un autre adulte extérieur, des dynamiques de groupe pour traiter de tel ou tel problème particulier que les enseignants ont des difficultés à aborder, ou souhaitent voir aborder par d'autres pour garder leur statut d'acteurs directs dans le cycle de scolarisation. Dans un tel cas, l'extériorité relative du consultant de l'équipe minimale par rapport au groupe d'enfants peut lui permettre de jouer ce rôle. Les enseignants qui sont partie prenante de la quotidienneté du travail avec les enfants peuvent alors rester témoins sans devoir assumer simultanément le rôle de juge et de partie (situation très inconfortable). De telles pratiques peuvent donc être envisagées, mais constituent des extensions particulières de la charge de consultant en équipe minimale enseignants/spécialiste.

3 Le contrat de co-laboration entre commission scolaire, directeur d'école et conseiller pédagogique: à chacun son rôle, dans la complémentarité

Différents acteurs entrent en jeu dans cette section: pour la commune, le directeur d'école et la commission scolaire, ainsi que le municipal des écoles. Pour l'Etat, les conseillers pédagogiques, des adjoints pédagogiques et certains services tels que le CVRP. Ces personnes sont amenées à collaborer à des titres divers avec l'équipe de terrain telle que nous l'avons définie dans la section précédente. Les spécialistes, consultants attitrés des équipes de terrain sont issus des différents services: le SUPEA (Service Universitaire de Psychiatrie d'Enfants et d'Adolescents), les services psychopédagogiques des écoles, les services des écoles, les Centres Logopédiques et Pédagogiques et leurs antennes, ... La pluralité des intervenants potentiels rend utile une brève définition de leurs tâches prioritaires dans la perspective d'une co-laboration à la réalisation des cycles de scolarisation initiale.

1. Les acteurs

Le directeur d'école devrait avoir une connaissance approfondie de la cohorte des élèves pour pouvoir assurer la continuité relative de la scolarisation des enfants au cours des cycles successifs de formation. Il assurerait en priorité les contacts avec le municipal des écoles et la commission scolaire communale. Il s'occuperait de la gestion administrative du groupe des enseignants [titulaire, et co-enseignant à mi-temps (en interaction avec une autre commune s'il y a lieu)], des enseignants spécialistes, sédentarisés ou itinérants, ainsi que divers types de remplaçants). Sur le plan conceptuel, il assurerait en co-laboration avec les équipes de terrain et les institutions régionales la conduite des réflexions portant sur la définition d'un fonctionnement de région et de l'idéologie de la scolarisation par rapport à son terrain particulier d'insertion[107]. Ce travail est réalisé dans la perspective d'une démarche consultative continue, de la recherche de consensus, et du choix des priorités propres au terrain d'insertion. Le directeur d'école s'assure en particulier que la traduction pratique des intentions définies correspond bien aux intentions retenues. Cette réflexion (assortie d'une prise de décision) tient compte des intentions générales définies dans le domaine de la scolarisation initiale par le DIPC.

Le municipal des écoles se préoccupera en particulier de la mise en résonance sociopolitique de l'idéologie définie par le directeur d'école et son équipe par rapport à la vie de la commune. Dans le cadre de la commission scolaire, il présentera les buts et intentions poursuivis. Il animera les discussions, conduira les négociations utiles pour garantir la bonne compréhension de l'idéologie et des moyens retenus pour sa réalisation fonctionnelle. Il s'occupera en particulier de conduire les discussions portant sur l'appel aux citoyens de la commune qui pourraient assurer des temps de formation auprès des élèves du cycle de scolarisation initiale et de prendre tout contact utile à cet égard pour que les personnes intéressées puissent développer les échanges dans les meilleures conditions avec le directeur d'école et l'équipe des enseignants. Il assurera, en collaboration avec le directeur des écoles s'il y a lieu, le lien avec les autres secteurs politiques de la commune ou, en cas d'engagement intercommunal, avec les services correspondants des communes concernées.

La commission scolaire joue le rôle d'un groupe de travail, centré sur les propositions idéologiques du directeur et du municipal des écoles. Elle évalue en particulier les modalités pratiques permettant de transcrire les objectifs et les intentions au niveau de la pratique communale. Elle participe activement à la recherche de collaborateurs adultes dans la commune qui pourraient jouer un rôle formateur en fonction d'une thématique spécifique auprès des enfants du cycle initial de scolarisation. Elle se préoccupe du développement utile de l'équipement pédagogique (en particulier au niveau des bâtiments et de leur usage, des cours de récréation) et d'une utilisation optimale des locaux scolaires par rapport à la vie de la commune, tout en gardant à l'esprit que les lieux «classe» ne peuvent être considérés comme des espaces polyvalents, à la différence des autres locaux scolaires.

Les conseillers pédagogiques (ordinaires et spécialisés) sont plus particulièrement responsables des apports qualitatifs, méthodologiques et didactiques utiles à la conduite d'une pédagogie interactive, multiculturelle et intégrative en groupe hétérogène. Ils collaborent à cet effet tant avec l'équipe de terrain que le directeur d'école ainsi que le municipal s'il y a lieu. Ils jouent le rôle de personne-ressource pour les enseignants et peuvent animer des temps de travail d'équipe en fonction des thématiques, des projets institutionnels et des situations rencontrées. Cette animation est conçue à la fois à partir de pratiques situationnelles (internes ou externes à l'équipe concernée) et en fonction de données de recherche ou de littérature récente. Leur spécificité est liée en particulier au fait qu'ils rencontrent des équipes différentes dans divers lieux, ce qui leur permet de susciter des réflexions et des pratiques comparatives (même si *comparaison n'est pas raison*). Ils évaluent en particulier la validité des différentes expériences dont ils ont connaissance et leur applicabilité par rapport aux diversités communales. Ils proposent, organisent et animent des groupes de travail intercycles et intercommunaux pour favoriser une diversification des pratiques et une étude des convergences et des spécificités des cycles et des équipes qui les animent. Ils agissent de manière générale dans la recherche du plus petit dénominateur commun entre les diverses pratiques des équipes avec lesquelles ils collaborent.

Ils ont une bonne connaissance des réseaux d'enseignants itinérants, ordinaires et spécialisés, et de leurs compétences spécifiques. Ils peuvent assurer des tâches de coordination dans ce domaine, en particulier avec les équipes où ils interviennent. Ils collaborent de manière suivie en fonction des apports didactiques et méthodologiques qui leur sont spécifiques, et des problématiques concernant d'éventuels dé-placements d'enfants. Ils assurent tout lien utile avec les institutions de recherche qui seraient intéressées à réaliser un projet dans le cadre des cycles de scolarisation initiale avec lesquels ils collaborent, et en informent les personnes concernées. Selon la thématique et les intentions des projets de recherche, en particulier lorsque celles-ci ont une dimension de psychologie clinique, ils proposent une collaboration des spécialistes attitrés.

Par rapport à leurs départements, ils assurent une information quant à la pluralité des expériences en cours, pluralité dont ils tentent en commun de définir les constantes et les variantes sur le plan des conceptions méthodologiques, didactiques et pédagogiques pour nourrir toute réflexion utile au niveau des départements sur la pratique de la pédagogie interactive, en particulier du point de vue de sa dimension multiculturelle et intégrative.

2. Les tâches

L'organisation des groupes d'enfants : dans chaque commune, et s'il y a lieu en fonction des quartiers et des bâtiments scolaires, le décompte du nombre d'enfants de quatre à sept ans révolus est fait en juin. Des groupes hétérogènes de trente-deux élèves sont constitués (minimum vingt-quatre, maximum quarante), si possible de manière équilibrée entre les différents âges : il devrait se trouver idéalement dans chaque groupe six, huit ou dix enfants de chaque âge, quatre, cinq, six et sept ans. Lorsque, dans une commune ou un quartier particulier, le nombre d'enfants est insuffisant par rapport à la norme minimale, une évaluation particulière de la situation sera faite pour déterminer si une coordination interquartier ou intercommunale peut se justifier, mais la règle de base reste celle du non-déplacement des enfants.

Les groupes seront équilibrés en fonction du nombre total d'enfants à intégrer et, si possible, en situation numérique comparable. L'hétérogénéité des groupes se fera tant sur le plan des sexes et des âges des enfants, que des situations socioprofessionnelles, des origines culturelles et religieuses des parents, ainsi que de leur situation conjugale (vie en couple, vie séparée, monoparentalité). Par ailleurs, lorsque dans l'échantillon des enfants se trouvent des enfants marqués spécifiquement par une particularité (ou un handicap) physique, sensoriel, moteur, langagier, psychique, social ou culturel (p. ex., migrants, réfugiés), ces enfants seront eux aussi répartis de manière équilibrée dans les différents groupes constitués.

Dans la règle, les jumeaux (univitellins) et « faux jumeaux » (bivitellins) sont placés dans des groupes différents. De même, on évitera de regrouper tous les enfants d'une même famille dans un même groupe. Dans le cas où ce mode de faire n'est pas possible, les enseignants porteront une attention particulière à éviter que frères et sœurs se regroupent pour les occasions de travail semi-individuel, de manière à garantir la diversité des interactions à l'école par rapport aux conditions d'activité en famille.

Les décomptes d'enfants par quartier ou commune donnent lieu à un enregistrement statistique et à une analyse longitudinale des courbes d'évolution, en particulier du point de vue de l'équilibre entre classes d'âges, sexe et proportion d'enfants présentant des difficultés particulières. Les acteurs de ce travail seront le directeur d'école, les enseignants, le spécialiste consultant titulaire, le conseiller pédagogique et l'inspecteur de l'enseignement spécialisé concernés.

Dans la règle, l'ensemble des enfants de quatre à sept ans révolus en août de l'année scolaire qui commence est intégré dans le cycle de scolarisation initiale. Il n'y a ni transfert, ni dé-placement d'enfants, que ce soit en termes de regroupement intercommunal ou interquartier, ou en fonction de transferts dans des structures de l'enseignement spécialisé.

Cette règle implique qu'il n'y a pas dans les communes de classes spécialisées ou de classes de langage pour les enfants de quatre à huit ans. Le personnel occupé jusqu'ici à ces tâches est transféré selon sa fonction dans des équipes responsables de CSI. On prendra en compte les compétences de chaque professionnel pour envisager si celles-ci reçoivent leur meilleure confirmation dans le cadre d'un dispositif local (équipe minimale) ou d'un dispositif itinérant, en particulier pour ce qui concerne les enseignants au bénéfice d'un brevet d'enseignant spécialisé ou d'un diplôme spécialisé (éducation précoce, collaborateurs sourds, handicap mental, ...).

Par rapport aux enfants présentant une difficulté ou un handicap spécifique, on évaluera la nécessité d'une aide particulière dans un lieu autre que celui du cycle de scolarisation initiale, en particulier si les forces en présence (enseignant titulaire, enseignant spécialisé à mi-temps, enseignants itinérants à fonction spécifique) ne permettent pas de garantir un apport évalué comme essentiel à l'enfant en fonction de sa difficulté ou de son handicap. Une attention particulière sera portée dans ce cas à l'évaluation de l'impact de cette aide extérieure sur l'enfant d'une part, sur sa «dé(s)intégration» par rapport au cycle de scolarisation initiale d'autre part. La règle du «on fait ce qu'on peut avec ce qu'on a...» reste prioritaire même si non exclusive. S'il y a délégation à l'extérieur, celle-ci est contractualisée précisément tant au niveau de l'équipe minimale qu'avec les différents intervenants extérieurs, les parents et la direction d'école. Dans le cas d'enfants présentant des psychopathologies relationnelles graves (psychose, autisme), où la primauté va à la promotion d'un engagement relationnel profond, on évaluera de manière différentielle les apports respectifs du cycle de scolarisation initiale et d'une structure de type hôpital de jour pour déterminer si un dé-placement à temps partiel ou à plein temps s'avère préférable, et pour quelle durée.

La règle de base au niveau de l'insertion des enfants reste cependant que, entre quatre et huit ans, mieux vaut vivre dans son terroir, quitte à s'en éloigner progressivement, plutôt que de se trouver dé-placé, même s'il s'agit d'une institution «idéale». Une institution ne peut être autre chose qu'un espace de substitution, avec tous les risques que cela suppose. Un équilibre doit donc être trouvé entre risques et bénéfices pour garantir l'optimalisation du développement de l'enfant.

3. L'organisation des apports formateurs des habitants/des citoyens du quartier/de la commune

Il s'agira de présenter les intentions de cette co-laboration à la population concernée pour motiver un débat et une réflexion par rapport à ces finalités.

En particulier, l'importance d'une complémentarité des processus de formation scolaires et non scolaires sera soulignée : celle-ci peut constituer un moteur à l'intégration de la scolarisation dans la vie du quartier et de la commune et favoriser une insertion psychosociale tant des spécialistes de l'enseignement que des enfants, de leurs parents et des adultes membres de la communauté. Il s'agira ensuite de faire un relevé des personnes du quartier/de la commune qui acceptent de jouer un rôle formateur dans le cadre du cycle de scolarisation initiale, cela soit sur la base d'un questionnaire écrit, soit sur la base d'entretiens à domicile (en particulier lorsqu'on s'adresse à des familles dans lesquelles la maîtrise de la langue ou de l'écrit est minimale). Les propositions spontanées issues des habitants seront évaluées par l'équipe pédagogique, le directeur d'école et par les membres de la commission scolaire *en fonction de la dimension thématique du projet.* Lorsque la proposition émarge de membres de l'équipe pédagogique, du directeur d'école ou de la commission scolaire, un temps de réflexion est accordé à la personne concernée pour qu'elle évalue son degré de compétence et de disponibilité par rapport à la thématique proposée. En cas d'acceptation, la proposition mise en forme est discutée par la personne concernée, l'équipe pédagogique, le directeur d'école et la commission scolaire.

Ces activités de formation pourront être réalisées aussi bien par le biais d'un projet, d'un centre d'intérêt, d'une activité-cadre ou d'un atelier, en collaboration avec l'équipe pédagogique pour régler les problèmes techniques qui pourraient se poser. L'équipe pédagogique n'intervient pas auprès du formateur temporaire au niveau didactique et méthodologique.

Les différentes propositions des citoyens et habitants, spontanées ou suscitées par les membres de l'équipe pédagogique, le directeur des écoles ou les membres de la commission scolaire, donnent lieu à un relevé détaillé des thématiques et de leur(s) animateur(s). Un programme annuel est constitué sur cette base, les apports étant différents chaque année. Lors de l'arrivée de nouvelles familles ou de nouveaux citoyens, la question leur est posée avant l'organisation du prochain programme annuel, et selon les conditions précitées, d'un apport éventuel au processus de formation dans le cadre du cycle de scolarisation initiale. Ces prestations n'ont pas de caractère obligatoire pour les habitants et citoyens mais sont plus que souhaitées. Elles ne donnent pas lieu à une indemnisation, hormis un geste éventuel de la commune : cette participation fait partie des prestations d'un citoyen conscient de ses devoirs et responsabilités par rapport à la formation des enfants du quartier ou de la commune.

Les présentations assurées par des habitants ou citoyens dans le cadre du cycle de scolarisation initiale s'organisent autour de données pratiques (et théoriques s'il y a lieu) permettant une action directe des enfants. A la fin de l'activité proposée, l'adulte formateur, les enseignants et les enfants font un bilan commun de l'activité par rapport à la thématique et aux modes d'interaction choisis. L'activité est située par rapport aux pratiques usuelles du groupe pour permettre d'en préciser les spécificités, tant sur le plan des contenus que des moyens didactiques en jeu. En aucun cas, un jugement sera porté sur la personne du formateur, que ce soit dans l'immédiat ou a posteriori. Les échanges entre intéressés devraient permettre par contre, tant aux enfants qu'aux enseignants et au formateur invité, de préciser, différencier et optimaliser leur pratique formative.

✦✦✦

4 Le contrat de co-laboration Commune et Etat : mieux comprendre le rôle de l'Etat et des autorités communales en fonction de la diversité des besoins et des lieux

L'une des sections du chapitre II centré sur les besoins supposés des enfants posait le principe d'une école lieu de vie (pp. 119 ss). Si ce principe s'applique de l'intérieur par le biais des choix au niveau pédagogique et didactique, d'un point de vue global, la conception architecturale et le mode d'insertion des locaux par rapport à l'environnement revêtent toute leur importance. Aussi longtemps que l'édification de bâtiments publics pouvait se faire sans problème d'espace à trouver, des règles immémoriales d'implantation ont existé : il fut un temps où toute personne qui souhaitait construire qui une maison, qui une ferme d'exploitation, faisait venir un sourcier, profession respectée. Il s'agissait en effet d'implanter les locaux en tenant compte à la fois des réseaux sous-terrains de rivières, du réseau électromagnétique (qui depuis a reçu le nom de réseau de Hartmann [108]) et des points cardinaux.

Notre civilisation et notre situation actuelle en matière de terrains à bâtir nous ont contraints le plus souvent à renoncer à ces règles d'implantation qui, pourtant, revêtent une valeur de sécurité, tant du point de vue de l'hygiène physique que mentale, comme on a pu le constater depuis. Cette coutume nous revient d'ailleurs sous une forme scientifique et objective par le biais des géobiologistes, spécialistes en énergie électromagnétique qui bénéficient d'instruments techniques très sensibles, remplaçant ainsi le génie du sourcier.

Dans le cadre de notre réflexion, il nous a paru important de tenir compte de toutes les cartes du jeu, c'est pourquoi nous avons réfléchi à un certain nombre de principes applicables au cas où des autorités ont le souhait d'implanter un nouveau bâtiment scolaire destiné plus particulièrement à l'accueil d'enfants de quatre à huit ans participant au cycle de scolarisation initiale. Nous avons dans ce but défini quelques règles au niveau de l'implantation, de la construction, de l'aménagement intérieur et extérieur pour que cette « école idéale » réponde au mieux aux intentions retenues.

1. Choisir un terrain

Pour ce faire, il s'agit de tenir compte du réseau de Hartmann qui constitue un filet électromagnétique avec des zones de croisement d'énergie involutive (attirées vers le centre magnétique de la Terre) et évolutives (énergie attirée vers l'électromagnétisme aérien). Dans une maison, un chat, à la différence d'un chien, tend, lorsque c'est possible matériellement, à se coucher sur des points à haute énergie, d'une forme ou d'une autre, qui constituent pour lui des espaces de confort. L'humain quant à lui supporte mieux les espaces peu chargés énergétiquement.

Un bâtiment scolaire devrait dans la mesure du possible être planifié pour qu'on évite que des lieux de travail durable et stable se situent sur des points d'énergie involutive. Sachant que les « mailles du filet » du réseau Hartmann sont de 2 m 25 dans un sens et 2 m 50 dans l'autre, on peut quadriller le plan de construction en conséquence du moment où on a défini quatre points de référence qui servent alors de base à la détermination du réseau.

Il faudrait dans toute la mesure du possible tenir compte du réseau de rivières souterraines qui constituent une deuxième polarité électromagnétique importante par rapport à un bâtiment construit : en effet, si sur des points de croisement du réseau H se regroupent des points de croisement de cours d'eau souterrains, il y a démultiplication des enjeux énergétiques. Il existe enfin un réseau dit « cosmique » électromagnétique qui peut lui aussi donner lieu à un repérage fonctionnel.

Au-delà de ces quelques principes de base de géobiologie appliquée à la structure des courants électromagnétiques, sur le plan esthétique et bioécologique, il serait important que les dégagements autour du bâtiment permettent de voir tant la nature (des arbres, des collines, des montagnes et des cours d'eau) que des points de vue sur des constructions humaines. Les enfants percevront ainsi un champ géographique ouvert et varié. La différence des plans (du plus proche au plus lointain) favorise chez les enfants une différenciation au niveau des tâches et des stratégies perceptives, utiles autant au niveau de la structuration de l'espace que de la dynamique perceptive.

2. Planifier et construire un bâtiment (voir schéma en annexe)

La première règle est d'éviter une impression de massivité et de bloc monolithique : l'usage de décrochements, de variations dans la hauteur et l'organisation des façades est donc à privilégier par rapport à toute construction de type « cube ». Il est souhaitable que les façades présentent des variations de forme, voire de couleurs en harmonie avec l'environnement proche et moins proche, des arrondis soit au niveau des faîtes ou en lieu et place d'angles droits. Ce même principe est applicable à la forme des encadrements de fenêtres et des éventuels balcons. Ces bâtiments peuvent donc revêtir un « look modern style » [109], que ce soit au niveau de leur perception extérieure ou intérieure.

Quelle que soit la zone d'implantation, le bâtiment devrait être organisé autour d'une large cour intérieure (un patio) qui constitue un centre de vie du bâtiment, tant pour des activités scolaires qu'extrascolaires. Lorsque l'implantation du bâtiment se fait en zone de construction à haute densité et bruyante, les préaux extérieurs bordant le bâtiment devraient bénéficier d'une protection antibruit, mais qui ne coupe pas les dégagements visuels sur l'environnement (on peut associer cette idée à celles des parois antibruit qui longent les autoroutes dans les localités). Lorsque l'implantation est faite en zone calme, cette clause n'a plus de nécessité.

3. Les espaces préaux

Ils bordent les façades extérieures du bâtiment et donnent accès à des bâtiments d'usage spécifique tels que vestiaires ou espaces de rangement de salle de sport ou de piscine. Ils sont organisés de telle manière que l'espace total réservé aux enfants permette sur trois secteurs des jeux adaptés aux âges des enfants, les jeux pour les plus petits étant situés à l'un des bouts du secteur, les jeux pour les plus grands constituant l'autre bout de ce secteur « équipé jeux », et permette sur un quatrième secteur de type « terrain vague » un usage libre de l'espace. Une part des préaux est destinée à être couverte en cas de mauvais temps. Dans ce secteur, on trouvera des jeux pour enfants de type marelle, jeu de dame, et des points d'élévation qui permettent de jouer sans danger à grimper et sauter, ainsi que des décrochements et variances de niveau favorisant des jeux tels que cache-cache ou de billes.

4. La conception de l'espace intérieur

Comme nous l'avons évoqué plus haut, le bâtiment est construit autour d'une cour centrale qui sert de lieu de rencontre, de lieu de regroupements, d'activités spécifiques (bals, danse, rythmique, théâtre, expositions, ventes...). Idéalement ce « patio » devrait être de forme ovale, une grande entrée se faisant par l'un des sommets de l'ovale, une petite entrée étant possible par l'autre sommet. Cette cour intérieure serait bordée, par analogie aux cloîtres d'antan, d'un déambulatoire à colonnes qui permettrait d'une part l'accès à la cour en contrebas, et d'autre part l'accès aux lieux de travail des groupes. Ces lieux de travail sont disposés perpendiculairement au déambulatoire comme les pétales d'une fleur. Il y a des décrochements alternés correspondant à deux types de modules, les modules « montants » et les modules « descendants ». Cette configuration en pétales alternés permet d'éviter un effet de masse du point de vue interne et du point de vue externe, puisqu'il va de pair avec une alternance des types de locaux sur les façades extérieures également. Les coloris pour chaque module successif seraient légèrement différents, ainsi que la disposition des portes d'entrée dans les locaux et leurs encadrements. On choisira de préférence des tons pastel et relativement lumineux qui permettent à la fois la perception d'ensemble et la perception de détail de lieux. Grâce à ces différences, les enfants pourraient repérer rapidement les locaux caractéristiques de leur groupe.

L'insonorisation des modules montants et descendants devrait être optimale. Les locaux bordant le déambulatoire et situés sous les modules descendants serviraient de locaux ateliers équipés spécifiquement (travaux manuels, peinture, activités sur textile, local de soins, salle des enseignants, locaux polyvalents). Les locaux situés sur les façades extérieures, sous les modules montants, seraient affectés à des sociétés locales, à la réalisation de salons d'accueil pour réunions avec des parents, à la mise en place d'une buvette, de vestiaires éventuels. Tous les locaux en dessous du niveau du terrain seraient des locaux techniques, hormis le cas dans lequel l'espace situé sous le « patio » est aménagé en piscine fermée avec ses vestiaires, niveau qu'on peut atteindre par deux ascenseurs situés à mi-chemin de l'axe perpendiculaire aux entrées prévues.

5. L'aménagement des locaux de groupes enfants/enseignants

On y accède par une rampe-escalier montant pour les modules descendants, par une rampe-escalier descendant pour les modules montants. Les espaces réservés aux groupes d'enfants et d'enseignants sont réalisés sur trois niveaux différents : le premier est consacré aux travaux en groupes, sous-groupes et travaux individuels. Le deuxième est affecté à divers ateliers de type individuel ou petits groupes. Le troisième est dédié à la bibliothèque et à l'espace de repos réservé en priorité aux enfants. Ces trois niveaux ne sont pas séparés hermétiquement dans la mesure où ils ne sont pas censés constituer des « boîtes » mais des espaces protégés. Leur fermeture relative se ferait par le biais de panneaux coulissants semi-opaques dans le style japonais (bois/papier huilé), aucune fermeture totale n'étant possible.

L'espace réservé au travail de groupe, aux présentations générales et au travail au pupitre (le plus grand des trois) serait peint dans les tons de jaune/jaune orangé (stimulants). L'espace ateliers et temps-sujet, destiné aux travaux de sous-groupes et à des travaux individuels serait peint dans les tons vert tilleul/vert amande (réflexion/contemplation). L'espace « silence » (bibliothèque et salle de repos) serait peint dans le ton gris, bleu pâle et rose thé, avec moquette et rideaux assortis (espace de repos et de méditation). L'espace intermédiaire est de volume moyen (diminution de surface et de hauteur) et c'est à ce niveau que se trouvent latéralement douches et WC des deux côtés des locaux ; les sanitaires sont destinés à l'usage des enfants des deux groupes module descendant/module montant, les locaux intermédiaires étant au même niveau. L'espace le plus extérieur, qui bénéficie des plus grandes ouvertures vitrées est de volume inférieur, la fermeture par panneau délimitant l'espace repos, l'espace bibliothèque étant en perspective ouverte par rapport au niveau II. Le déploiement de ces locaux devrait donner lieu à des perspectives indirectes et on y évitera les angles droits.

Comme on le constate, en termes d'intimité relative, il y a une progression entre les locaux : les plus proches du déambulatoire, vitrés le plus haut (ce qui donne un éclairage indirect), sont habillés de couleurs chaudes et stimulantes, alors que les locaux les plus extérieurs, vitrés largement au niveau du regard et bénéficiant d'un éclairage direct (qui peut être atténué par le jeu des rideaux), sont de couleurs pastel et calmantes en fonction des activités qui y sont conduites.

Ces facteurs sont coordonnés avec la réduction progressive des volumes effectifs de chaque niveau successif. Ces éléments sont importants car, si on en croit les recherches faites sur l'aménagement intérieur des locaux industriels, on a pu constater que selon le calibrage en termes de couleurs et de formes, en termes de jeu de décoration, la disponibilité des employés au travail était modifiée ainsi que leur résistance à la fatigue. C'est dans cette perspective que les propositions d'aménagement intérieur des locaux destinés au travail entre enseignants et enseignés sont faites.

6. Les enjeux au niveau du mobilier

Dans le cadre du plus grand local destiné au travail collectif, aux échanges entre petits groupes, aux assemblées de groupes, aux présentations des adultes, il est important de définir des espaces modulables, en particulier pour distinguer les échanges en grand groupe, les échanges en petits groupes et le travail individuel. L'espace central doit permettre de placer les sièges en position d'amphithéâtre (demi-cercle) sur un ou deux rangs. Le sujet responsable d'une présentation est au centre de cet hémicycle, de préférence debout avec un pupitre support de type cathèdre. Ce même hémicycle peut se faire sans le recours à des sièges (sachant que mieux un enfant peut modifier sa position en situation d'écoute, mieux il écoute) – les enfants utilisant alors des coussins. Dans ce cas, le présentateur peut être lui aussi assis sur un coussin, toujours au centre de l'hémicycle. S'il y a travail en petits groupes, les enfants se mettent ensemble en prenant leur chaise respective et une petite table légère. Si on passe à un travail individuel, l'enfant va à son pupitre individuel, y mène sa chaise si celle-ci a été déplacée pour une autre activité. Il s'assied à son pupitre *face au mur* qu'il a préalablement décoré d'une image-fenêtre à son goût pour être en conditions optimales de concentration personnelle pour réaliser son travail. La presque totalité du périmètre du local permet de placer des pupitres en conséquence, le bureau des adultes étant placé de la même manière. Deux endroits ne permettent pas ce placement : la rampe-escalier allant au niveau II et l'endroit où l'on a décidé de placer un tableau blanc à feutres. Dans les modules descendants, la paroi interniveaux étant coulissante, quand les enfants travaillent à leur pupitre, celle-ci est à son degré maximal de fermeture relative.

Au niveau II, il y a un grand nombre d'espaces de rangement, des chaises confortables et des tables assorties, mais de grandeurs différentes (les enfants sont d'âges hétérogènes) : c'est dans ce local que sont disposés les différents matériaux que les enfants peuvent utiliser dans leurs temps-sujets et les matériaux d'ateliers d'expérimentation individuelle.

Au niveau III, il n'y a que des coussins et des matelas dans le coin bibliothèque où sont rangés les livres dans différents rayonnages (le classement des livres fait l'objet d'un atelier collectif dans lequel les enfants définiront leurs critères en co-laboration avec les adultes. Conformément à la charte de groupe, chaque semaine, quatre enfants différents auront à charge de vérifier le classement). Dans la section « salle de repos et de méditation », on trouvera quelques chaises confortables adaptées aux enfants, des matelas, des coussins et des couvertures, ainsi que quelques grandes poupées de chiffon et grands mouchoirs. La salle de repos peut être légèrement obscurcie par les rideaux (semi-opaques seulement) pour favoriser la détente et la relaxation. Ces deux locaux se signalant par la caractéristique « silence », la charte de groupe décidera par exemple que toute personne qui vient y chercher un enfant signale son arrivée par le déclenchement d'une boîte à musique (dont la mélodie a été plébiscitée à cet effet), puis appelle une fois l'enfant (les enfants) concerné(s) par son (leur) prénom. Il ne va pas au-delà, la règle définie étant que tout enfant appelé dans ces conditions obtempère dès l'appel de son prénom. Tant l'acte de lecture que l'acte de repos ou de méditation sont des situations de nature intimiste qui autorisent la pratique du « ne pas déranger » sauf en cas de nécessité...

7. Et la sonorisation ?

La sonorisation hi-fi doit permettre de faire écouter disques, cassettes et CD dans de bonnes conditions d'amplification, sachant que beaucoup d'activités peuvent se réaliser en musique ou à partir d'éléments sonores. Vu la nature différente de l'usage des trois niveaux, le système sera organisé avec des filtrages : la diffusion normale se fait au niveau I. Au niveau II, il y a une forte réduction de l'intensité sonore. Au niveau III, le filtrage ne laisse passer qu'une très faible intensité pour ne donner qu'un fond sonore minimal. Si la musique diffusée est de type rythmique, rapide ou marquée, la diffusion au niveau III, voire au niveau II, est coupée. Dans la règle, toute musique diffusée en parallèle à un travail l'est à faible intensité. Ce n'est que lorsque l'activité est centrée sur des éléments sonores que ceux-ci sont diffusés à intensité confortable, mais jamais au-delà de 90 db. Ces règles sont applicables dans les locaux de travail enseignants/enseignés. Dans le cadre du « patio », la diffusion sonore obéit à des règles différentes, fonction de l'activité conduite (théâtre, danse, rythmique, ...).

Chaque groupe CSI peut décider des moyens qui lui conviennent le mieux pour marquer les moments de transition et de changement d'activité. Si les sonneries signalant les heures de rentrée et de sortie étaient maintenues par décision commune, elles seraient de type mélodie de carillon. La sonnerie d'entrée se ferait sur une musique gaie, la sonnerie de sortie sur une musique calme et tranquille. La sonnerie des repas (cantine) serait de type fanfare [109]. Ces sonneries seront toujours diffusées à intensité moyenne, voire faible, puisqu'elles signalent qu'il s'agit de terminer l'activité en cours pour ranger et se préparer à changer de lieu.

Ce sont là quelques règles de base qu'il nous a semblé utile de fixer : elles ont un sens pour toute construction nouvelle mais, bien évidemment, elles peuvent donner lieu à des applications partielles lorsqu'il s'agit de moduler un fonctionnement ou de modifier l'état de locaux existants. Ces propos ne sauraient être exhaustifs, mais ils signalent une direction vers laquelle on peut tendre lorsqu'on réfléchit à l'organisation de locaux scolaires dans la perspective de la mise sur pied d'un cycle de scolarisation initiale.

✦ ✦ ✦

5 Engager un enseignant du cycle de scolarisation initiale: quel profil pour la fonction?

Pour garantir un accompagnement pédagogique adéquat, le praticien doit avoir une grande qualité d'**observateur** doublée d'une grande capacité d'**interactivité**. Ces compétences sont en lien avec une **bonne connaissance des règles du développement** tant sur le plan de la psychologie individuelle au niveau de l'affectivité, de la cognition et de l'aptitude relationnelle, que sur celui de la sociopsychologie des groupes par rapport aux réseaux existant entre enfants, enfants et adultes, enseignants et parents. Il doit pouvoir promouvoir son enseignement tant dans la perspective d'une pédagogie d'accompagnement continu que dans celle d'une assistance ponctuelle (la pédagogie «coup de pouce»). La garantie d'une bonne interactivité est liée à la capacité de l'adulte de se comprendre comme un apprenant dans le groupe classe, les enfants jouant à leur manière un rôle formateur pour l'adulte. Elle est également en lien avec l'acceptation par l'adulte des limites de ses savoirs et connaissances, ce qui permet à chacun une recherche de données vers l'extérieur. Dans de telles conditions, chacun étant «savant», il y a à la fois une solidarité et une mutualité des rôles pédagogiques et andragogiques* dans la fonction d'apprenant. C'est en même temps un support au désir d'en savoir plus, qui sert à la promotion de la curiosité et à l'ouverture de l'esprit. Dans un tel contexte d'échanges, la relativité des positions de chacun apparaît d'emblée et se comprend comme un facteur utile de fonctionnement. En corollaire, on peut éviter des réseaux d'alliance plus ou moins systématiques, voire stéréotypés, entre partenaires au profit d'une alliance centrée sur la découverte de nouveaux objets de savoirs et de connaissance, que ce soit sur le plan sociocognitif ou sociorelationnel.

L'enseignant saura gérer et promouvoir la création, la pratique et la modulation de la **charte de groupe** que se donnent enfants et adultes en début d'année scolaire. Il pratiquera en interaction avec les élèves la recherche de sanctions positives[69] dans le cadre d'assemblées ouvertes aux témoignages des intéressés.

Le pédagogue aura conscience de la nécessité de transmettre aux enfants le **plaisir de la découverte**, plaisir qui permet la promotion de la curiosité de tous, la transmission de savoirs constitués (le *fast food* de l'intelligence et de la culture) passant en deuxième plan au niveau des échanges didactiques. Il s'agit, dans le déroulement de l'échange en pédagogie, de promouvoir l'ouverture d'esprit de chacun et une aptitude à interagir à tous les niveaux de co-naissance en évitant par là même une catégorisation préétablie des savoirs et, subséquemment, de la pensée de l'individu.

Le pédagogue aura une bonne capacité à **structurer des situations pédagogiques d'expérience** pertinentes pour un groupe d'enfants de quatre à huit ans, sachant que les âges chronologiques ne constituent pas une référence nécessaire et suffisante par rapport aux degrés de maturité des différents enfants dans les domaines de connaissance envisagés. Ces situations seront constituées sur la base des compétences et des intérêts des enfants, en tenant compte de leur variété et de leur degré relatif de convergence interindividuelle. L'animation pédagogique inclura de ce fait la capacité de l'adulte à aider le groupe et les enfants à gérer le seuil de frustration relative que représente le choix de telle ou telle activité ou situation, tant par rapport à une réflexion immédiate que par rapport à l'organisation temporelle des tâches : on peut surseoir à son désir sans mourir ni oublier... L'enseignant saura proposer des activités complémentaires aux situations d'expérience, que ce soit dans une perspective d'activité-cadre ou d'atelier spécifique[111], adaptées aux particularités du groupe, des sous-groupes ou d'élèves particuliers. Il aura conscience de la dimension productive de l'hétérogénéité des compétences, des performances, des produits et des liens que le groupe génère par le biais des différentes interactions développées.

Du point de vue de la **dynamique des groupes restreints**[112], le pédagogue aura développé une capacité d'agir tant avec un groupe (en moyenne trente enfants) que par le biais de l'animation de sous-groupes (numériquement variables) et dans la perspective d'un enseignement individualisé. Il saura gérer sur un plan sociopsychologique ces différentes structures d'interaction, tant par rapport aux objets de connaissance qu'aux divers apprenants concernés. Il s'organise en animateur chevronné dans la mesure où il développe cette compétence adaptative, tant sur le plan des contenus que des personnes concernées, tant sur le plan de la gestion de « collectifs » que de pratiques individuelles. Il se souviendra en tout temps que cette capacité de travailler aussi bien avec un grand qu'un petit nombre d'élèves est un facteur promotionnel de toute pédagogie interactive. Il saura interagir tant dans une perspective non-directive que semi-directive ou directive selon besoins, en faisant appel tant à des questions ouvertes que des questions fermées lorsqu'il est en situation question/réponse. Il saura faire appel et utiliser tant les savoirs des enfants que les siens et ceux de la collectivité, ceux-ci étant garantis par l'accès à un terminal de type « banque de données ». Il différenciera animation et fonction conseil dans la pratique de l'interactivité.

L'enseignant aura une **bonne connaissance analytique et synthétique** (plutôt qu'encyclopédique) des **objectifs poursuivis** dans le cadre du cycle de scolarisation initiale. Il saura distinguer ce qui réfère à un fondamentum de la formation scolaire et ce qui constitue des extensions à celui-ci (113). Cette bonne connaissance alliée à l'intelligence des propositions de situations d'expérience devrait permettre aux élèves en âge d'accéder au deuxième cycle de scolarisation un accès de plain-pied aux activités pédagogiques qui y sont proposées.

En tant que pédagogue du cycle de solarisation initiale, l'adulte évitera de tomber dans les travers d'une conception de travail sur la base de programmes (la notion de programme réfère plus aux nécessités de conception en matière d'ordinateur ou à la gestion d'entreprise qu'à la dynamique humaine) : il n'y aura **pas de programme préorganisé** dans ce cycle, mais une programmation interactive en fonction de l'hétérogénéité du groupe et des objectifs généraux qui sont poursuivis. C'est dans cette perspective que la pratique d'une **période d'observation** chaque début d'année scolaire est à considérer comme incontournable. Celle-ci devrait se faire sur six semaines environ pour permettre l'identification des différents enjeux et des moyens préférentiels d'interactivité à développer par les divers intervenants de terrain.

Il aura développé une **capacité d'évaluation** promotionnelle, comparative, participative et interactive. Il saura porter assistance à l'auto-évaluation (du groupe, de sous-groupes ou individuelle). Il saura proposer différents modes d'évaluation de nature formative ou normative à titre d'expériences sociales particulières pour renforcer le pôle de l'évaluation promotionnelle dans les pratiques des enfants et celles des adultes. Il saura concevoir l'acte d'évaluation comme un acte de formation.

Le pédagogue saura gérer les interactions et les produits de celles-ci dans la perspective d'une **analyse d'erreurs**, au même sens qu'un chercheur tire autant, voire plus d'informations en partant des erreurs observées que des réponses dites « correctes » : en effet, les erreurs permettent la mise en évidence de procédures de traitement des données et de stratégies fonctionnelles des sujets, alors que tout ce qui est réponse « juste » ne nous donne d'information que sur un produit fini sans nous renseigner sur la procédure qui sous-tend sa réalisation. Un sujet qui donne une réponse correcte par simple mémoire ne nous garantit jamais de son niveau de compréhension réelle de la tâche et des contenus véhiculés. Par ailleurs, la **notion de réponse attendue sera dépassée au profit de celle de réponse produite**, la tâche du groupe concerné étant de définir un mode de classement des réponses produites en fonction de seuils de pertinence. Il s'agit de dépasser un système de classification *a priori* des données (souvent stéréotypées) au profit d'une construction de stratégies de catégorisation qui tienne compte tant des situations pédagogiques concernées que de l'échantillon total de réponses.

Dans cette perspective, on n'aura ni «faute» ni «erreur», mais une classification de données permettant de définir des degrés de pertinence relative de réponses. Le terme «erreur» dans ce sens prendra toute sa relativité et sa valeur fonctionnelle. On pourra ainsi respecter le *«errare humanum est, perseverare diabolicum est»* tout en dépassant l'adage du *«cogito ergo sum»* en le complétant par *«dubbio ergo sum»* : l'erreur est donc licite, mais sa répétition ne l'est pas; la pensée est nécessaire, mais avec l'aptitude à douter de sa pertinence. Dans une telle perspective, la scolarisation peut avoir valeur d'éveil et constituer un lieu de vie. Le pédagogue vivra intimement ces idées pour en nourrir ses propositions, sachant que c'est bien entre quatre et huit ans que ces valeurs humaines peuvent être vécues, plutôt que transmises comme des savoirs théoriques sans pratique associée.

Dans ses relations avec les adultes, l'enseignant saura:

gérer une contractualisation participative
pratiquer des échanges horizontaux, quelles que soient les différences
pratiquer l'échange, le partage et la co-responsabilité
agir en complémentarité et en coresponsabilisation différenciée
éviter tout type de jugement implicite et explicite
transformer les jugements extérieurs en interactivité
éviter un fonctionnement par ré-action au profit de pro-action
gérer dans la complémentarité ses savoirs pour accéder à la co-naissance
prioriser les enjeux situationnels sur les enjeux institutionnels
prioriser le maintien en CSI d'enfants différents plutôt que leur dé-placement
s'engager relationnellement tant sur le plan homophile qu'hétérophile
agir dans le plaisir de l'interaction plutôt que l'affirmation narcissique.

Pour atteindre à ces différents objectifs, ***l'enseignant sera formé*** en philosophie de l'éducation, en sociologie de l'éducation et en épistémologie de la pédagogie. Il sera apte à développer un esprit de recherche sur les plans didactiques, méthodologiques et psychopédagogiques tant dans une perspective sociocognitive que sociorelationnelle et affective. Il sera curieux et ouvert à l'interculturalité sur les plans temporels, culturels et spirituels. Il sera ouvert aux échanges, aux décloisonnements dans le travail entre adultes et auprès des enfants. Il pratiquera une dialectique tant au niveau de l'action que de la parole. Il sera capable de délégation tant auprès des adultes que des enfants.

La fonction d'enseignant dans le cadre du cycle de scolarisation initiale est complexe, car elle touche à tous les fondements utiles à une scolarisation et une formation ultérieure harmonieuse. Cette fonction nécessite une capacité importante d'analyse et de synthèse tant sur le plan du travail intellectuel que relationnel avec des enfants et des adultes dans une perspective de complémentarité fonctionnelle. L'enseignant doit savoir gérer ses interactions par le biais de gestion d'objectifs et non pas du « pense-bête » des programmes. La fonction requiert une grande capacité d'observation, de gestion de l'interactivité et de créativité. Elle fait appel à une éthique claire de la fonction et du rôle pour garantir la valeur humaniste du processus d'hominisation en cours. Bien gérée, elle permet un accès à des pédagogies plus traditionnelles sans que celles-ci ne soient vécues comme privatives ou déformantes.

Cette fonction est donc à valoriser comme profil prioritaire de scolarisation en éducation de base (au Japon, seuls les enseignants expérimentés et qualifiés ont le droit d'accéder à l'enseignement en scolarité élémentaire…), la transmission de savoirs n'en constituant qu'un aspect partiel. Elle nécessite donc une formation de base forte et une formation continue qui permette l'interactivité entre praxis, théories et théorisation. Cette fonction met en priorité la mutualité et la solidarité des rôles et des fonctions, tant sur le plan culturel qu'interculturel et sur celui des savoirs et connaissances. La pédagogie en cycle initial de scolarisation ne fonctionne plus selon les découpages de branches, celles-ci émergent du traitement des situations d'expérience proposées aux sujets. On y pratique l'évaluation mutuelle et formative, l'évaluation étant une part intégrante de la formation des acteurs en jeu.

Cet ensemble de propos et d'intentions met en évidence la nécessité d'une refonte de la formation des enseignants qui seraient amenés à participer à un cycle de scolarisation initiale. C'est l'objet du prochain chapitre de ce travail.

CHAPITRE IV

La formation des enseignants: enjeux et finalités

Les diverses données qui ont été traitées dans le cadre des chapitres précédents à propos des besoins supposés des enfants ou des nécessités institutionnelles qui se font jour pour parvenir aux objectifs de scolarisation initiale ont mis en évidence l'urgence d'une refonte, tant au niveau des contenus que des structures [114], de la formation des enseignants qui seront amenés à accompagner la scolarisation initiale des enfants de quatre à huit ans.

On peut regrouper en quatre axes cette refonte nécessaire, de manière à garantir tant que faire se peut que l'enseignant puisse répondre aux exigences d'une formation optimale des enfants qui tienne compte des conditions familiales, scolaires et institutionnelles constitutives de l'espace de formation en jeu.

La première partie de ce chapitre sera centrée sur le thème « L'enseignant, **un être de dialogue** ». La deuxième aura pour thème « L'enseignant, **un méthodologue créateur** ». La troisième sera consacrée à « L'enseignant, **un artisan-chercheur** ». La dernière partie portera sur le thème de « L'enseignant, un **être de culture** ».

C'est sur cet ensemble de « principes » que devrait être fondé tout propos de formation d'enseignant, en particulier pour les premiers degrés de scolarisation qui sont des éléments porteurs essentiels de la scolarité ultérieure des élèves. Il y a en effet une circularité fonctionnelle nécessaire entre ces quatre axes : dialogue, méthode, recherche et culture. La diversité des populations et des cultures qui se rencontrent sur l'Ancien Continent, l'interpénétration des peuples telle qu'elle se manifeste déjà en Suisse, témoignent de la nécessité dans laquelle nous sommes d'élargir notre champ culturel et civilisationnel, si nous souhaitons nous insérer dans un processus de formation mutuelle et réciproque au contact de chacun de ces êtres, simultanément semblables et différents à ce que nous sommes ou pensons être.

✦✦✦

1 L'enseignant, un être de dialogue

A tous les niveaux, l'enseignant est confronté à assumer un échange avec autrui : que ce soit avec les parents, les enfants, les collègues, les spécialistes ou les autorités, rien ne peut se résoudre par le biais d'une instruction autoritaire ou d'une prise de position unilatérale. L'enseignant a une responsabilité fondamentale : celle d'animer des échanges sous forme de dialogue (ce qui exclut le mono-logue) pour permettre à chaque intervenant concerné de construire un processus de résolution et de décision qui tienne compte de la complexité du système en jeu. Système familial (avec ses particularités culturelles variables), système scolaire (lui aussi marqué par ses particularités propres) et système social avec son cortège de droits et devoirs.

Ce **dia**/logue (discours partagé) sera nécessaire tant du point de vue de la culture (ethnoculturalité, inter- et trans-culturalité) que des disciplines d'enseignement (inter- et trans-disciplinarité) ou de la gestion du contrat pédagogique (pédagogie interactive).

Il est donc essentiel dans le cadre de la formation de se garantir un champ de savoirs et de connaissance approfondi dans la *culture* qui nous est directe et un champ de sensibilisation à d'autres ethnies et cultures qui permette une *égo-dé-centration culturelle* et civilisationnelle des enseignants. Il ne s'agit pas, bien évidemment, de tout savoir sur toutes les autres cultures et civilisations existantes, mais bien d'en connaître quelques-unes dans une perspective de ***réflexion comparative***. Le fait même d'avoir évalué le sens des différences culturelles et sociales par rapport à nos pratiques usuelles ou majoritaires permet une ouverture de l'esprit, une capacité de décentration qui organise le terrain d'une interculturalité réelle en fonction de la constitution du groupe « classe » actuel.

La réflexion comparative a pour but d'identifier ce qui est commun et ce qui est particulier à différents systèmes (culturels, sociaux, éducatifs, ...) pour évaluer les éléments de fonctionnement qui peuvent prétendre à une dimension universelle et ceux qui sont plus spécifiques à telle ou telle population ou tel ou tel domaine de savoir. C'est donc une démarche expérimentale qui est étrangère à tout jugement de valeur (il s'agit plutôt d'un constat doublé d'une analyse de convergences et divergences relatives à l'intérieur d'un système donné). Elle est par contre une aide précieuse à la différenciation du traitement des données étudiées, puisqu'elle va de pair avec une ethnodécentration qui favorise la relativisation des points de vue.

Trop longtemps, les démarches comparatives sont restées étrangères à la gestion de la scolarisation, alors qu'elles ont fait leurs preuves de manière dynamique et pertinente dans quantité de domaines de recherche : sociologie, linguistique, économie, théologie par exemple. La diversification des populations d'élèves constatée actuellement rend péremptoire une préoccupation comparative dans le cadre de l'enseignement, en particulier dans le cadre d'un cycle de scolarisation initial qui constitue le fondement de toute la scolarisation d'un sujet.

Au niveau de la *collaboration* entre professionnels d'horizons divers, un même travail est à faire. Trop souvent, les interlocuteurs en présence sont sur des voies parallèles qui permettent d'éviter tout croisement dangereux ou toute synthèse qui mette en péril l'autonomie supposée d'un système institutionnel ou d'un praticien.

Trop souvent, les rapports entre titulaires et responsables d'appuis divers se gèrent sous la forme d'une compétition et d'un jugement plus ou moins explicite porté par l'un des praticiens sur l'autre et réciproquement. Trop souvent aussi, les rapports entre enseignants et spécialistes sont entachés par des centrations supposées qui, au lieu de favoriser l'interdisciplinarité, vont servir de base à la mise en place d'une chasse gardée, voire d'une bataille rangée. Ce même propos peut être tenu par rapport aux directeurs d'école, aux conseillers pédagogiques, voire aux commissions scolaires. Tant que la gestion des échanges entre intervenants se fera en termes de compromis, nous serons dans le risque constant d'un compromis compromettant. Si par contre, la règle d'échange pour tous, c'est l'instauration d'un dialogue, mutuellement respectueux et collectivement constructeur, le risque de compromission s'éloigne d'autant pour les praticiens concernés.

Une équipe interdisciplinaire peut alors devenir le creuset d'échanges formateurs pour tous, un groupe de travail entre enseignants, l'occasion de pratiques réflexives et créatives qui servent autant au devenir des adultes que des enfants dont ils s'occupent. Le jeu entre créativité personnelle et créativité collective se joue alors librement au bénéfice de tous, signe d'une professionnalisation adéquate de chacun.

Si, pour ce qui concerne l'inter- et la trans-culturalité, le processus de formation va de pair avec une recherche de données sociologiques, culturelles et civilisationnelles qui stimule la curiosité et l'aptitude à la comparativité (sans tomber dans les travers de la comparaison, qui n'est jamais raison), pour ce qui concerne l'*inter- et la trans-disciplinarité*, il est nécessaire de renforcer l'identité de chacun, tant sur le plan personnel que professionnel, pour que cette force permette de vivre les échanges inter- et transdisciplinaires dans une perspective formative, et non comme un combat d'affirmation ou une peur de disqualification/disconfirmation de soi et de sa fonction. Il est donc nécessaire que les futurs enseignants aient une connaissance suffisante des présupposés épistémologiques qui président à la formation des spécialistes et des enseignants non-généralistes. Il s'agit de déterminer entre ces différentes formations et pratiques un centre de gravité commun qui constitue une référence partagée permettant un langage commun (dans une juste mesure). Ce point de rencontre favorise une distribution de compétences réciproques en termes d'intersections fonctionnelles entre plusieurs ensembles (il ne s'agit en aucun cas d'une réunion de plusieurs ensembles), chacun identifiant ce qui lui est propre d'une part, ce qui est partagé avec d'autres, de manière identique ou non, dans le processus de formation en jeu d'autre part. Si les conflits sont destructeurs, par contre les différences et leur argumentation sont productives. Si tant est que chacun ait la force et la solidité de son « savoir-être »...

Le pédagogue, être de dialogue, s'il a pratiqué l'analyse comparative, sur les plans culturels, civilisationnels et sociaux d'une part, s'il a pratiqué l'interdisciplinarité dans ses rapports avec les parents, les collègues, généralistes ou non, les spécialistes de tous bords, se trouve de plain-pied dans des conditions optimales qui lui permettent de penser sa *pédagogie dans une perspective interactive*, que ce soit sur le plan social ou cognitif. Il peut concevoir son groupe « classe » (hétérogène) comme un espace d'observation/interaction qui tienne compte de toute la complexité de l'ensemble en jeu. Il peut penser son groupe en termes de dynamique sociale et groupale. Il peut avec les sujets concernés construire la charte des droits et devoirs de chacun, adulte(s) et enfant(s).

Il y aura construction positive, charte d'alliance valable entre les intervenants, dans le respect des cultures et ethnies, des rôles et pratiques différents pour que chacun joue son rôle formateur dans cette machine complexe de l'éducation, sans *a priori* hiérarchique, à quelque niveau que ce soit.

Nécessité de nourrir sa curiosité à propos de cultures et de civilisations différentes, nécessité de nourrir sa confiance en soi pour favoriser un réseau d'échanges, denses et constructeurs, dans le cadre du travail d'équipe (on n'est jamais seul maître à bord...), joie de l'interactivité pédagogique qui donne à chacun son rôle et un sens utile dans l'alchimie de la «classe», autant de conditions qui permettent à chacun de préserver sa créativité, son hygiène mentale, personnelle et professionnelle, au profit de chacun. Autant d'occasions d'épanouissement personnel et de renforcement positif de l'identité professionnelle de l'enseignant.

Dans de telles conditions, on peut durer: l'usure professionnelle est réduite d'autant, le désengagement peut se faire de manière sereine, sans amertume, sans sentiment d'échec. Le sentiment d'échec joue trop souvent l'assassinat du pédagogue, le cristallisant dans sa souffrance et sa peur. Tant l'échec que la peur se nourrissent du jugement d'autrui. Or, une seule chose est soumise à un interdit absolu dans le cadre de la pédagogie comme de l'éducation, c'est le jugement porté sur autrui. Car celui-ci détruit à la fois celui qui juge et celui qui est jugé.

La formation devra donc soutenir la curiosité des candidats, à la fois dans l'intra- et l'interculturel. Elle fera de même par rapport aux différents intervenants adultes qui doivent jouer un rôle dans le système scolaire (parents, familles, spécialistes, enseignants non-titulaires) en favorisant les entretiens, les bilans et les analyses de situations cliniques particulières à plusieurs, disciplinaires et interdisciplinaires. Elle proposera des enseignements centrés sur la dynamique d'une pensée clinique. Ils serviront de référence tant au niveau de la didactique que de la conduite d'entretien avec les familles, les collègues et les enfants-élèves. Elle proposera aussi quelques règles concernant le fonctionnement sociologique et dynamique des groupes restreints (que sont les «classes»), y compris dans une perspective systémique, pour que l'enseignant ait des outils fonctionnels qu'il puisse moduler selon les buts poursuivis auprès des intervenants en jeu. Le candidat sera formé aux pratiques de la pédagogie interactive qui sert de fondement aux échanges formateurs dans la classe comme hors de la classe.

Avec de telles bases, chaque candidat devrait avoir une assise suffisamment forte pour garantir sa professionnalisation et son hygiène mentale, professionnelle et personnelle, quitte à renforcer ce processus par des supervisions et intervisions en groupe qui promeuvent la capacité de l'enseignant à présenter ses pratiques, à les expliciter et à conduire une réflexion interactive à leur propos, en présence de collègues et de formateurs divers. La solitude de coureur de fond de l'enseignant ne peut plus être de mise dans une perspective de pédagogie interactive et promotionnelle centrée sur le développement personnel de tous les intervenants concernés, enfants et adultes.

✦✦✦

2 L'enseignant, un méthodologue créateur

Pendant trop longtemps, bon nombre de candidats à l'enseignement ont considéré que la pédagogie correspondait à une transmission de savoirs par le biais de méthodes et moyens d'enseignement qui garantissaient la réussite. S'il y avait échec, c'était, dans cette perspective, celui de l'enfant qui « n'avait pas bien appris », « n'avait pas bien compris », « n'avait pas persévéré », voire « était un mauvais élève », « était bête et paresseux », « était de la graine de délinquant » : aucun de ces arguments n'a de sens s'il n'interroge pas simultanément la pratique du pédagogue et la rencontre entre enseignant et enseigné, maître et élève. A l'inverse, le pédagogue pouvait considérer que l'échec était celui de l'institution scolaire et qu'il fallait modifier celle-ci au plus vite (voire la supprimer[115]). Même si l'une et l'autre peuvent coexister dans l'esprit du pédagogue, ce type de prise de position est plus rare par rapport à celle qui met en accusation l'enfant.

En effet, une telle position centrée sur les méthodes d'enseignement permet au pédagogue de se mettre (confortablement ?) en position de consommateur/applicateur de « didactiques » sans avoir le moins du monde à se préoccuper de pédagogie. On lui a vendu un bon produit, certifié opérationnel, nécessaire et suffisant : il suffit de mettre en pratique, d'évaluer sommativement (puisque la méthode est bonne pour tous) et de porter jugement. Il y aura les élus, et les autres...

Dans le monde entier, de tels modes de faire ont vu confirmer les strates socioprofessionnelles, voire les castes sociales comme enjeux de société. Malgré les grands discours sur l'égalité des chances, on pouvait ainsi maintenir les différences, tant culturelles que sociales et professionnelles, réfutant la fonction d'agent de changement et de progrès chère aux initiateurs de l'école obligatoire.

Ces modes de faire ont donné lieu à un pourcentage relativement constant d'échec scolaire : environ un tiers des élèves n'atteint pas le « niveau exigé », même si on ne sait plus trop qui exige quoi, où et comment. Echec de société ? Echec de l'école ? La question n'est pas là, et posée en ces termes, elle n'a pas de sens. Elle doit être posée en termes de responsabilité et pas d'échec.

Traditionnellement, avec la tranquille illusion de l'adultocentrisme, renforcée par les théories associationnistes de l'apprentissage, on a considéré que les savoirs devaient être dispensés par catégories programmées, par découpages (souvent) arbitraires. Les programmes ont été faits à partir des exigences de licence universitaire pour donner lieu ensuite à un découpage rétroactif qui fonde le programme du secondaire, supérieur et inférieur, du primaire et, *last but not least*, du « préscolaire ». On a trouvé ça très bien et très pratique (on peut différencier ainsi les enseignants généralistes et les enseignants spécialistes, les rémunérer en conséquence aussi) sans se poser la question de la mise en lien de ces divers savoirs. Or, seule une mise en lien fonctionnelle et signifiante peut permettre à l'élève de passer de l'objet de savoir à une connaissance intégrée. C'est par l'action de « relier » qu'il peut y avoir sens et structuration du savoir en co-naissance.

D'un autre point de vue, il faut admettre que l'enfant, dès sa naissance, part de situations complexes (voire très complexes) et construit son intelligence, son sens relationnel et social, ses perceptions et ses actions sur ces bases. Il procède du complexe vers la catégorisation, par synthèses successives, pour recréer la complexité à un autre niveau d'organisation de sa pensée. Le pédagogue doit donc être très au clair sur les conditions de développement de l'enfant, tant sur le plan social que cognitif et langagier.

Quel est donc l'élève qui arrive en période de scolarisation initiale ? S'agit-il d'un spécialiste des savoirs découpés, d'un *deus ex machina* du puzzle de la connaissance ? Ou s'agit-il plutôt d'un sujet qui a organisé des liens successifs entre des entités complexes et des modalités de classement de celles-ci ? S'il s'agit d'enfants « du premier type », alors le propos pédagogique peut être organisé en puzzle, sans risque majeur. S'il s'agit d'enfants « du deuxième type », le puzzling n'est plus de mise. Dans cette perspective, il ne peut y avoir de branches scolaires mais des situations complexes d'expérience. Il ne peut y avoir de lettres par-ci, de sons par-là, de chiffres par-ci, de nombres par-là. L'imparfait n'existe pas en tant que tel, mais comme rapport entre présent et passé, entre ce qui dure et ce qui est terminé, ce qui se répète et ce qui ne se répète pas [93]. Le goût n'est pas dissociable de l'odorat ou du toucher [116]. La complexité est donc de règle, l'élaboration personnelle de critères de classement et de sériation de données aussi.

Un découpage en branches n'a de sens que pour celui qui a une claire conscience du tout auquel se réfèrent ces parties. L'adulte généralement. Mais pas l'enfant, pour lequel priment la découverte et la régulation du rapport entre tout et parties face à un objet qu'il apprend à connaître.

Une méthodologie est donc un point d'appui de découvertes dans un champ complexe de données : chaque apprenant a pour tâche d'organiser ses observations en fonction de ses savoirs et de ses connaissances pour enrichir celles-ci. Il ne s'agit pas dans ce sens d'apprendre d'abord, mais de faire des liens qui permettent de comprendre : l'apprendre n'est alors que le moyen utile à la réalisation du but. La scolarisation initiale est un espace de re-co-naissance autant que de découvertes où l'enfant re-trouve ce qu'il a acquis en le complétant par des appris qui enrichissent sa connaissance.

Les candidats à l'accompagnement de scolarisation initiale ont donc la responsabilité de bien connaître les didactiques et méthodologies. Plus que cela, de les avoir comprises dans leur essence et leur finalité fonctionnelle. Dans leur diversité aussi : connaître des tas de moyens différents d'action, c'est pouvoir favoriser chez chacun le meilleur moyen actuel de catégorisation des données pour être en situation d'apprendre et de comprendre. Il ne sera jamais suffisant d'*appliquer* une méthode, puisqu'il s'agit d'en recréer le sens selon la situation et les sujets concernés.

S'il s'agissait de simple application, il serait certainement plus utile de débloquer des crédits de recherche pour créer des robots-enseignants : ils auraient une mémoire et une patience sans failles. Mais le but de la pédagogie n'est pas là. Et s'il s'agit de recréer en situation, en tenant compte de la variance des contextes et des situations, aucun robot ne pourra jamais se substituer au génie humain, qui gère la situation dans une perspective cybernétique et interactive, avec une marge de hasard et de doute producteur.

L'enseignant doit donc être un méthodo/**logue** (il y a une logique de structure dans les moyens d'enseignement à créer) et créateur : la répétition d'une habitude n'est jamais nécessaire et suffisante pour un pédagogue. Même pour un instructeur. D'autant plus si le pourcentage d'échec constitue la solde du mercenaire de l'enseignement. Devenir enseignant, c'est donc être curieux et créateur. C'est bien connaître ce qui existe en matière de méthodes, de moyens d'enseignement, ici et ailleurs, pour savoir s'en inspirer selon la configuration du moment, avec une classe ou un élève. C'est accepter que le complexe justifie la réflexion qui permet simplification et structuration chez l'élève. Et rien ne vaut de le pratiquer soi-même pour en comprendre la valeur et le sens.

C'est par la réflexion sur la pluralité des moyens d'enseignement qu'il peut y avoir un projet de différenciation pédagogique, d'individualisation des enjeux pédagogiques. Plus une institution se limite à une technique d'enseignement, plus elle devient inégalitaire. Il y a donc un choix éthique à faire, idéologique aussi. Le seul critère qui garantit l'enseignement de la lecture semble être le fait que le praticien a dix ans d'expérience d'enseignement. Le temps pour appliquer sa « méthode », mais aussi celui nécessaire à en cerner les limites, les insuffisances. Le temps pour remédier à celles-ci en diversifiant son offre et son évaluation.

La méthodologie du français « rénové » a bien saisi ce problème, puisque les auteurs proposent des situations exemplaires à l'enseignant, situation que celui-ci aura à charge de moduler et recréer par analogie aux modèles proposés. La méthodologie proposée constitue un « état de la question » historiquement nécessaire. Mais il est trop tôt pour savoir si l'ensemble des outils conceptuels en jeu est *nécessaire et suffisant* à garantir la réussite du plus grand nombre. Une méthodologie est à considérer comme un objet actuel situé dans le déroulement de l'histoire des sciences et de la pédagogie : elle ne peut prétendre à l'immortalité sans accepter le changement et la modulation active de ses principes de base et de ses modalités d'application. L'enseignant a la responsabilité d'utiliser méthodes et méthodologies bien sûr. Mais aussi celle de pondérer ces moyens en fonction de ses pratiques et de l'évolution des propos didactiques dans le temps. En cela, il est un artisan-méthodologue.

En scolarisation initiale, priorité à l'interdisciplinaire et au transdisciplinaire. Priorité à la différenciation des moyens d'enseignement, à la création de moyens nouveaux. Priorité aux objectifs généraux de connaissance, à la pédagogie par et en situation, dans une visée interactive où chacun apporte sa pierre à l'édifice de la connaissance. Priorité aussi à la re-connaissance des savoirs et des acquisitions que les enfants ont faites antérieurement à leur entrée en scolarisation initiale. Quand un enfant a huit ans, qu'il a organisé ses observations et sa pensée pour classer et sérier les faits selon plusieurs types de critères, qu'il a fait des mises en lien qui favorisent analyse et synthèse, il peut supporter l'arbitraire des découpages méthodologiques classiques. Il est sûr de sa capacité à prendre (a-prendre, com-prendre), de ses règles de catégorisation : alors, mais alors seulement, peu importe le découpage proposé par l'enseignant car l'enfant maîtrise les règles de classement.

Pluralité des moyens d'enseignement, différenciation et individualisation portée tant par les élèves que les enseignants, tous apprenants, transdisciplinarité et situations complexes plutôt qu'enseignement par discipline (disciplinaire ?) et préprogrammation adultomorphe : ce sont autant de conditions qui doivent être claires à l'esprit des formateurs et des candidats à l'enseignement s'ils veulent être « à la hauteur » pour former les hommes, les savants et les enseignants de demain.

L'enseignant suffisamment bon saura faire appel à la dynamique du groupe classe pour favoriser des *interactions sociocognitives* qui enracinent les acquis des élèves tant dans leur groupe de pairs qu'au niveau de l'interaction adulte(s)/enfant(s). Ces acquis seront d'autant plus forts et durables qu'ils bénéficient du relais de la grégarité entre enfants au-delà de l'identification à l'adulte.

Sous de telles conditions de formation, l'enseignant pourra pratiquer des formes d'évaluation, en sachant que l'*évaluation formative* est à privilégier : plus le sujet reçoit d'indications qui servent à moduler et différencier ses actes d'apprenant/réfléchissant, plus il peut dynamiser son système de compréhension du savoir/connaissance. Plus il est inclus dans ce dispositif par le biais d'une *évaluation participative*, évaluation centrée à la fois sur la qualité personnelle du travail et sur son évaluation comparée par rapport aux autres élèves (norme de classe) ou d'autres écoles (norme institutionnelle), plus il se trouvera en situation de compagnonnage par rapport à son évolution d'élève et son groupe de pairs. Il est essentiel que tout sujet puisse se prononcer de manière de plus en plus différenciée sur la qualité de ce qu'il a produit : c'est alors qu'il pourra se prononcer sur les productions d'autrui en en ayant saisi la valeur formative au-delà du jugement...

Si, par moments, l'enseignant et les élèves jouent le jeu des notes, pourquoi pas ! C'est une approche qui a sa place dans l'histoire de l'évaluation. Mais ce n'est pas la panacée universelle, loin de là. Le fonctionnement par habitude n'en garantit ni le sens, ni la pertinence.

L'enseignant comme méthodologue créateur ne saurait être confondu à un applicateur de méthodes (la bonne, la mauvaise... c'est selon) ni à un programmateur programmé qui obéit aux rites d'un découpage formel et adulte sans tenir compte de la réalité des objets de savoir et des procédures d'accès à ceux-ci. Il peut de bon droit, sans pratiquer deux poids et deux mesures, asseoir son travail sur une évaluation formative et participative, faire appel à une pluralité de moyens d'enseignement qui permette une différenciation des chemins d'accès aux objets de savoirs/connaissance. Il peut pratiquer un accompagnement collectif, en groupes ou en individuel sans casser la dynamique de la classe, puisque chacun joue activement son rôle dans le mouvement pédagogique, à sa manière et collectivement. Il peut stimuler les échanges entre élèves, au niveau du travail comme de l'évaluation, pour promouvoir le «conflit sociocognitif» structurant pour chacun et pour tous. Il a le devoir de créer des situations complexes de découverte pour les élèves afin que chacun construise son chemin propre et découvre le plaisir des différents trajets de réalisation possible.

Il doit donc bénéficier d'une formation approfondie sur les moyens d'enseignement classiques du «lire-écrire-compter», sur l'Education Des Perceptions, sur l'éducation corporelle, sur la connaissance de l'environnement dans la perspective d'une géographie, d'une biologie et d'une physique appliquées, à la fois sur un plan synchronique et diachronique. Il doit bien connaître sa culture et être ouvert à celles des autres, sur le plan temporel et spirituel. Il doit se construire un cadre épistémologique satisfaisant qui lui permette de générer une forme de sociogramme des savoirs et connaissances, tout en pouvant utiliser différents constituants en tant que centres de gravité du système selon les moments et les occasions.

Enjeux méthodo/logiques transdisciplinaires (enseignement coordonné et séminaires inter-disciplinaires de synthèse), analyse critique des programmes au regard des règles développementales et identification des distances entre moyens classiques d'enseignement et pratiques d'accès aux savoirs des enfants, autant d'enjeux qui posent la question d'un modèle de formation à la fois inter- et trans-disciplinaire dans une visée critique par rapport aux modèles classiques d'enseignement. Une méthode, c'est une occasion de réflexion et de recherche de complémentarités. Son application n'est qu'un moyen et jamais un but en soi.

Mieux vaut dans le cadre d'une formation d'enseignant permettre une réflexion méthodo-logique, quitte à couvrir un champ plus restreint mais favoriser une perspective réflexive chez les candidats à l'enseignement: il est plus facile d'étendre sa palette en moyens d'enseignement dans l'après coup d'une pratique professionnelle (c'est le sens et la nécessité d'une formation continue qui permette à l'enseignant de poursuivre son chemin de découverte) que d'accéder à une pensée réflexive, critique et synthétique qui favorise un «j'achète mieux» dans le domaine des moyens d'enseignement. La formation de base des enseignants doit se responsabiliser sur ce qui est le plus nécessaire et le plus difficile : permettre aux étudiants de construire un mode de penser qui les engage dans la mouvance nécessaire de la pédagogie. Sur de telles bases, on en sait assez pour devenir créateur, plutôt que de réclamer à cor et à cri des brochures d'exercices et de travail pour compenser son inaptitude à créer *in situ* les moyens d'enseignement appropriés à la situation en jeu.

Dans ce sens, les enseignants spécialistes ont une responsabilité différente : ils doivent réaliser ce travail de différenciation des moyens à l'intérieur d'un champ spécifique de connaissance et l'approfondir en conséquence tout en gardant l'idéologie dominante qui vient d'être définie. Le risque est différent. Il peut être plus grand, dans la mesure où l'unité relative de l'objet d'enseignement peut favoriser une « obsessionnalité » plus grande à son propos. Le généraliste quant à lui doit travailler « à large spectre », puisqu'il propose des situations d'expérience aux élèves qui reflètent les complexités du réel.

Le cycle de scolarisation initiale favorise le statut de généraliste, en tenant compte des intérêts et des curiosités à promouvoir chez les enfants de quatre à huit ans. Il n'exclut pas pour autant des moments où l'enseignant prend une position de spécialiste et proposera une méthodologie plus ciblée en conséquence. Il est en effet fondamental que les enfants puissent se confronter à plusieurs modes de traitement de données, qu'ils sachent cohabiter tant avec des micro- que des macrosystèmes. Qu'ils vivent positivement des moments de non-directivité comme des moments de directivité. Qu'ils sachent admettre que parfois, ils peuvent être sources de procédures de connaissance nécessaires et suffisantes, alors que par d'autres moments, le relais des pairs ou de l'adulte constitue un outil essentiel de mouvement par rapport à l'objet de connaissance en jeu.

Un enseignant méthodologue créateur n'est donc pas qu'un gentil animateur pédagogique : au contraire, il sait évaluer les moments où les élèves, groupalement ou non, peuvent bénéficier d'avoir la « bride sur le cou » et les moments où ses propositions de médiation/remédiation sont prioritaires pour relancer le mouvement ou orienter utilement le mouvement réflexif assuré par les enfants. Mais un tel mode de faire ne revient pas à l'opposition « carotte/bâton » d'antan, puisque le propre de l'enjeu pédagogique est le maintien et la promotion du *sens du travail* et non de l'obéissance au travail.

Cours, séminaires et travaux pratiques sur l'évaluation formative et participative, cours approfondis et travaux pratiques sur les moyens d'enseignement pour en cerner les finalités, les particularités, les complémentarités et oppositions éventuelles dans le but d'en optimaliser l'usage dans une perspective transdisciplinaire et interactive; cours, séminaires et travaux pratiques sur la pédagogie interactive et la mise en situation pédagogique pour favoriser le conflit sociocognitif; recherches et connaissance des programmes pour en déterminer les facteurs et les constituants essentiels, différencier ce qui relève de fondements, de sensibilisations possibles et de consolidations nécessaires et construire sur cette base les situations pédagogiques proposées aux enfants: ce sont là autant d'éléments incontournables de la formation d'un pédagogue en scolarisation initiale.

✦✦✦

3 L'enseignant, un artisan-chercheur

Depuis de nombreuses années, on s'accorde à souligner l'importance de l'observation dans le cadre des structures scolaires. Selon les cadres institutionnels et les personnes responsables, des grilles d'observation, parfois extrêmement complètes et complexes, ont été mises sur pied. Mais ***l'observation en tant que telle n'est qu'un outil***, un moyen (qui permet à l'enseignant un recul par rapport à sa pratique). Elle ne saurait constituer un but en tant que tel. Ce n'est que si l'observation va de pair avec le développement d'un réseau d'hypothèses par l'observateur, hypothèses en fonction tant de la situation que de son déroulement longitudinal et de son contexte de réalité, qu'il peut y avoir validation de l'observation dans une perspective fonctionnelle. Autrement, elle sert le plus souvent de mémoire auxiliaire, utilisée pour « faire les carnets », ce qui ne lui confère qu'une valeur descriptive, alors qu'elle devrait servir de base à une évaluation interprétative.

L'observation c'est bien, son traitement en termes d'hypothèses interprétatives, c'est mieux. D'autant mieux que le pédagogue développe au bon moment ses hypothèses, après un temps d'observation suffisant pour garantir une base solide à ses hypothèses. Mieux encore, si le pédagogue qui a conduit l'observation en « chercheur actif » génère des hypothèses et classe les observations de manière à les mettre en lien avec des référentiels théoriques pertinents. A ce moment, l'observation existe en tant que fait, en tant que support d'hypothèses et en tant que rapport à un mode de théorisation. La mouvance nécessaire de l'observation et de ses catégorisations par l'observateur motivera des flux et reflux qui permettront de nouvelles mises en lien, théoriques et pratiques. On évitera ainsi de « trouver ce qu'on cherche » en biaisant l'observation, qui devient alors une « observation-œillère ».

Nous sommes alors au seuil d'un comportement d'enseignant en tant qu'artisan-chercheur. Il ne s'agit surtout pas de faire de tout enseignant un chercheur, scientifique, pur et dur. Dans ce cas, les critères de réplication et de stabilité des résultats deviennent prioritaires. Au lieu de permettre au pédagogue de se centrer sur la nécessaire mouvance de l'acte pédagogique, le praticien se met en position d'expérimentaliste. Par contre, en faire un artisan-chercheur conduisant des minirecherches ou des recherches-action, c'est lui permettre de *rentabiliser de manière productive et fonctionnelle son travail d'observation.* C'est favoriser chez lui différentes orientations réflexives selon les hypothèses qui seront privilégiées.

S'il constate par exemple que des élèves considèrent le mot « train » comme un mot long « parce qu'il y a beaucoup de wagons », il pourra travailler avec les enfants à la différenciation entre le mot (le signifiant), le signifié (l'objet tel qu'il est connu par la pensée) et le référé (l'objet dans sa réalité). Il pourra proposer aux élèves des mots courts allant de pair avec des référés petits, des mots longs allant de pair avec des référés grands, comme des mots courts allant de pair avec des référés longs et des mots longs allant de pair avec des référés courts. Il permettra ainsi aux enfants de distinguer entre les caractéristiques physiques de l'objet et du mot lui correspondant pour l'aider à accéder à l'idée que la question posée porte sur le problème du nombre de lettres en jeu (hypothèse alphabétique) et non sur les caractéristiques de l'objet référé.

Le pédagogue peut ainsi se rendre compte que son point de départ, bien que clairement postulé (je m'occupe de mots et de longueurs de mots), lorsqu'il est modifié par les réponses des enfants (les caractéristiques du référé sont prioritaires pour certains enfants), lui permet de mieux comprendre le sens des observations et de mieux constituer les moyens de remédiation éventuels pour garantir l'enjeu pédagogique concerné.

Lorsqu'un enseignant admet la subjectivité d'un point de vue, soit d'observer en spécifiant son intention ou de classer ses observations selon une perspective clairement définie, il apprend à réduire l'angle « d'attaque » qu'il se donne (comme un photographe qui travaillerait en macrophotographie), à assumer la relativité de ce point de vue, et surtout à admettre que cette subjectivité choisie peut le renseigner sur quantité de facteurs en jeu qu'il n'a pas appréhendés ou considérés comme différents de son but principal. L'enseignant va donc « protocoler » son observation selon des règles différentes, choisir son vocabulaire en conséquence, soumettre ses données à une théorisation particulière et tenter d'évaluer si, entre évaluation pragmatique usuelle et évaluation spécifiée, il trouve un bénéfice utile qui l'éclaire mieux sur les enjeux de sa proposition didactique, sur les procédures en jeu chez l'élève ou sur la nature de l'objet de connaissance qu'il voulait aborder.

De telles pratiques vont permettre au candidat à l'enseignement de construire des critères de classement des données observées à la fois dans une perspective microsystémique et macrosystémique. Ce type de connaissance est essentiel pour qu'il accède agréablement à la mise sur pied de situations pédagogiques complexes à proposer aux enfants.

Dans cette ligne de réflexion, il est important que le candidat à l'enseignement soit sensibilisé à l'*« entretien clinique »* au sens piagétien du terme : en effet, si le pédagogue a en charge l'organisation de situations pédagogiques proposées collectivement aux élèves, il a aussi la responsabilité de pouvoir analyser, traiter et interagir individuellement à propos de telle ou telle observation faite. C'est en effet une autre forme de remédiation que celle qui s'adresse à un individu par rapport à celle que l'on propose à un groupe d'élèves. Les candidats devraient donc être mis au bénéfice d'un temps de formation aux « techniques opératoires » piagétiennes qui sont le lieu par excellence où, en termes de travaux pratiques, le candidat peut cerner sa responsabilité au sens d'une situation de référence proposée et d'une adaptation argumentative en fonction des productions de l'élève qui permette à la fois de préciser l'argumentation et de situer celle-ci par rapport au but général de l'activité proposée.

Il est essentiel que les candidats se souviennent que ce ne sont pas les stades piagétiens qui sont déterminants, mais bien par contre la vection développementale en jeu. Il ne s'agit pas de juger en termes de réponse juste ou fausse, d'avance ou de retard intellectuel. Par contre, il s'agit bien de savoir mettre en évidence le cheminement individuel d'un élève, et la correspondance de celui-ci avec le développement théorique d'un sujet épistémique. Le cheminement identifié de l'élève par l'enseignant permet la remédiation didactique, pas le jugement[117].

Dans cette perspective, les techniques d'entretiens telles que proposées par Vermersch[118] en termes d'*« entretien d'explicitation »* devraient faire partie du bagage du candidat à l'enseignement. On y rappelle en particulier que la plus mauvaise question à poser à un enfant pour savoir ce qu'il a fait est la question initiée par « pourquoi ». En effet, celle-ci amène l'enfant à proposer une théorie de ce qu'il a fait au lieu de s'en tenir à l'explicitation de ce qu'il a fait. Si on souhaite savoir ce que le sujet a fait, il s'agit de lui poser la question du « comment » qui entraînera alors un développement de l'enfant au sens d'un commentaire sur le déroulement qu'il a fait de l'activité.

Pour favoriser cette position d'artisan-chercheur, il s'agira de sensibiliser les enseignants à une *réflexion psychopédagogique* : en effet, celle-ci tente dans une perspective clinique pédagogique de cerner les procédures et modes de traitement que le sujet a fait de la situation, mais cette fois au sens d'une remédiation qui tienne compte des particularités psychodynamiques du sujet, y compris sur le plan de déviances psychopathologiques.

Si un enfant ne dessine qu'en noir et blanc, ajoutant des taches rouges qu'il dit être des bombes, du feu, du sang, il est bien inutile que l'enseignant cherche à séduire l'élève concerné par l'utilisation de couleurs dans ses dessins figuratifs en tout cas. Il est aussi inutile qu'il propose à l'enfant de dessiner une petite princesse avec un bouquet de fleurs multicolores, car, même si l'enfant obtempérait, cela ne garantirait en aucun cas une généralisation de l'usage des couleurs dans ses dessins spontanés. Si, par contre, il prend le temps de parler avec l'enfant de la souffrance, des peurs qui sont en chacun d'entre nous, de sentiments meurtriers qui nous habitent parfois, cette conduite de remédiation pourra concourir au changement de position psychologique de l'enfant, et à la traduction progressive de ce changement dans ses productions de dessins.

Il ne s'agit en aucun cas de faire sur cette base un « diagnostic » psychologique de l'élève, mais bien par contre de cerner par rapport aux éventuels blocages du sujet les modes de remédiation utiles tant sur le plan de l'objet de travail que du sujet apprenant. Il n'y a donc pas là de « thérapie sauvage », mais un essai de compréhension subjective qui restaure chez le sujet une capacité ou un désir de travail qui lui avaient momentanément fait défaut.

Il est bien évident que lorsqu'un candidat à l'enseignement sait pratiquer sa pédagogie générale conformément à ce qui vient d'être proposé, de tels modes de faire auront un effet direct également sur ses pratiques de l'évaluation : en effet, celle-ci sera d'autant plus interactive et participative que l'enseignant saura mieux différencier son point de vue selon les situations d'enseignement qu'il propose aux élèves.

En tant qu'artisan-chercheur, il apprend à déterminer clairement et de manière spécifiée son point de vue par rapport à l'objet d'enseignement et à l'élève, ce qui lui permet de préciser d'autant les conditions de l'évaluation qu'il va proposer aux élèves.

Capacité d'observer, d'organiser des situations d'observation plus ou moins spécifiques, de faire des hypothèses, de se référer à des modèles théoriques possibles, capacité de gérer des entretiens cliniques et psychopédagogiques avec un sujet ou un petit groupe de sujets, autant de moyens de travail que la formation devrait dispenser sous forme de travaux pratiques et de séminaires au candidat à l'enseignement si l'on souhaite faire de lui un artisan-chercheur satisfaisant.

Il faut signaler que cette capacité, comme les précédentes, constitue un élément moteur de l'hygiène mentale de l'enseignant, garantie de son dynamisme de fonction et de sa capacité réflexive. Par ailleurs, cette capacité de dé-centration particulière peut favoriser d'autant ses échanges avec les collègues et les spécialistes, chercheurs ou non, qu'il est amené à côtoyer : il ne va pas utiliser leurs outils et leur langage, mais il aura constitué le champ de son observation selon des critères comparables à ceux d'un enseignant spécialiste ou d'un praticien-chercheur. Il y a là un bénéfice non négligeable au nourrissement des échanges interdisciplinaires et à la réduction d'un stéréotype trop souvent à l'œuvre : l'opposition entre pratique et théorie au lieu de travailler à la promotion de leur complémentarité fonctionnelle.

Enfin, par rapport aux positions traditionnelles du « Maître », la capacité d'artisan-chercheur véhicule et garantit le développement d'un esprit critique chez le praticien, ce qui constitue un effet de mobilisation active de plus par rapport à la promotion d'une pratique pédagogique de haut niveau. Il y a donc plus à y gagner qu'à y perdre.

✦✦✦

4 L'enseignant, un être de culture

Nous avons évoqué jusqu'ici le fait que l'enseignant se devrait d'être un être de dialogue, que ce soit par rapport aux dimensions culturelles générales, à la culture professionnelle et aux échanges interprofessionnels ou dans la gestion de sa pédagogie interactive. Nous avons pu cerner que cette capacité de dialogue trouve des extensions fonctionnelles au niveau des compétences méthodologiques de l'enseignant, tant sur le plan des moyens d'enseignement que de l'évaluation et de l'organisation didactique de l'enseignant dans sa classe. Nous venons de voir qu'une position d'artisan-chercheur favorise elle aussi des conditions dialogiques particulières.

Quel est le type de culture professionnelle et personnelle qui s'avère nécessaire pour garantir cet ensemble de capacités dialogiques chez l'enseignant praticien, et cela dès sa formation initiale?

Etre quelqu'un de cultivé, ce n'est pas avoir accumulé des savoirs multiples, hétérogènes ou hétéroclites pour briller dans les salons. La culture ne s'étale pas. Par contre, un lettré, un être cultivé, c'est une personne qui a su développer sa curiosité et la diversité de ses points de vue sans pour autant perdre les fondements de son identité. Plus un personnage de ce type s'acculture de manière diversifiée, plus il élargit le champ de sa culture tout en renforçant les structures de base de son identité propre. C'est le renforcement de cette identité profonde qui permet la décentration, le respect des différences. C'est cette identité profonde qui permet de faire du doute un doute constructeur utile à la promotion de soi et des autres.

Il ne s'agit pas d'être encyclopédique: la *culture personnelle* permet par contre un développement philosophique et métaphysique. Elle permet la constitution d'une position épistémologique fondée (même si celle-ci peut être très personnelle) qui sous-tend le sujet dans sa dimension philosophique propre.

Il est important d'avoir une connaissance approfondie de sa culture personnelle et de sa culture proche: cet approfondissement (qui n'est en rien une règle de consommation) permet de déterminer des valeurs essentielles, des universaux qu'on retrouvera dans d'autres cultures, sous d'autres cieux, ce qui est fondamentalement rassurant sur la nature humaine et l'identification de ce qui est essentiel.

L'intérêt que porte un sujet à des cultures moins proches, si tant est qu'il va de pair avec un approfondissement réflexif (et non la consommation folklorique de différences culturelles), servira les mêmes buts et intentions: identifier des valeurs essentielles, des universaux qui permettent de se reconnaître en citoyen du monde. La culture de l'enseignant, c'est autant celle qu'il développe dans le domaine des arts que des sciences et des religions. C'est autant le développement de sa sensibilité à des cultures dites «populaires», «bourgeoises» ou «élitistes» sans porter de jugement ou faire de choix *a priori* entre ces modes d'organisation culturelle. C'est sa capacité de référence à des savoirs pratiques et des savoirs savants, sans hiérarchiser ceux-ci. C'est son plaisir à identifier la culture dans sa dimension actuelle (synchronique) et sa dimension historique (diachronique), au sens d'une histoire de cultures par analogie à l'histoire des sciences.

«Mieux vaut une tête bien faite qu'une tête bien pleine» dit-on, en particulier en référence à la nouvelle ordonnance fédérale de Maturité. C'est vrai pour les élèves comme pour les enseignants. C'est vrai tant des savoirs savants que des savoirs non savants. La culture prend sens essentiellement quand elle émarge d'une passion actuelle et que les découvertes passionnelles en jeu ouvrent le chemin à d'autres découvertes d'une part, affermissent et spécifient le sens de la passion d'autre part.

Dans ce sens, la culture ne se consomme pas. Elle se vit, passionnément. Elle change le regard et l'éclairage sur le dedans et le dehors: les reliefs des choses apparaissent autrement, comme des objets fractals [119] nous paraissent familiers, alors qu'ils nous sont totalement inconnus, comme les images virtuelles qui transcendent les rapports entre soi-même et l'espace-temps d'une aventure. Dans ce sens, le cursus de formation des maîtres doit pouvoir inclure un choix, une passion du candidat. Ce travail sera fait à partir de là, sous forme d'un projet, individuel ou partagé, mais qui engage en totalité l'être en formation, comme un chemin initiatique. Cette expérience à haute densité est impérative [120] si on souhaite que l'enseignant anime sa présence en classe de cette énergie essentielle qui constitue en tant que telle une force de remédiation. C'est la position d'un Pennac [121] quand il lit pour et avec ses adolescents démotivés qui, peu à peu, se prennent au jeu et se laissent entraîner à l'exploration sans fin que représente tout livre, tout roman.

Au-delà de ce type de culture, il y a la culture professionnelle en tant que telle: l'enjeu des séminaires de lecture, des congrès. Le désir d'en savoir plus, de comparer les faits et les hypothèses. La curiosité saine pour de nouveaux articles, de nouveaux moyens d'enseignement. Sans passion cette fois, mais avec rigueur et prudence. Sans investir trop ni trop peu. Tout ce qui existe et a existé a une utilité, tout ce que l'on crée peut avoir une utilité, mais il n'y a pas de méthode miracle. Pour autant qu'on ne se soumette à rien mais fasse synthèse et réflexion de tout. Sans recyclage. Mais en recyclant moyens anciens et nouveaux au plus près de leurs sens potentiels, de leurs pratiques historiques et actuelles. En dialoguant avec qui de droit : institutions, élèves, parents, collègues, spécialistes.

Dans le champ de cette culture professionnelle, au-delà des savoirs, des méthodologies, des techniques, un champ essentiel de connaissance (le savoir n'y suffit pas), c'est les règles de *développement de l'humain*, sur un plan diachronique et synchronique, dans une perspective philo- et ontogénétique. Tout ce qui constitue le processus d'hominisation du petit d'homme nous intéresse, car on y trouve de multiples indices sur ce que peut vouloir dire « acquérir des connaissances » ou « apprendre ». On y trouve des éléments pour mieux cerner le « apprendre à apprendre » [122]. On peut constater l'alchimie du sujet, chacun étant différent : face à n'importe quel objet de savoir, chaque sujet semble avoir son mode d'approche personnel, même si celui-ci ressemble quelque peu à celui du voisin. On ne peut pas enseigner sans avoir compris les règles fondamentales du développement social, relationnel et cognitif de l'humain, sans avoir imaginé les antécédents ontologiques de ce que nous observons.

Il est clair que l'enseignant n'est pas un psychologue. Mais il est tout aussi clair que, pour bien réaliser son travail, l'enseignant qui ne procéderait que par l'objet de savoir, l'objet savant, serait le plus souvent au désespoir de ses attentes. L'enseignant n'est pas plus un historien philosophe. Mais, par contre, c'est un généraliste de la psychologie et de l'histoire de l'homme qui, par cette généralité même, peut toujours replacer ce qui est spécifique dans sa globalité, orienter une globalité en regards successifs qui spécifient et précisent sans réduire. Il peut discrètement replacer les « choses » dans leurs limites actuelles par rapport à leurs impacts historiques. Il peut transmettre ce qui, de la pédagogie, est prioritaire : la relativité de la pensée et l'humilité de son actualité. Le fait de ne pas prendre position constitue une manière fondamentale de jouer les agents de changement. Si le pédagogue, agent de changement, ne fait que séduire son auditoire pour créer la conviction chez autrui que lui seul a raison, il devient agent d'anarchie, il joue les politiques.

Alors que s'il transmet la relativité de ses positions, leur actualité, il ouvre la porte chez chacun à la réflexion. Or, qui réfléchit n'est pas en position de réaction, mais en position d'interaction.

Culture et passion, culture et humilité: autant de moyens différents pour assurer l'engagement culturel de l'enseignant auprès de ses élèves, de ses collègues, des familles et des institutions. Autant de moyens de jouer son rôle de citoyen à la fois au niveau de la fougue de l'investissement et de la relativité du savoir professionnel. Le geste pédagogique passionnel ne demande pas d'être multiplié: un exemple souvent suffit à faire sentir le merveilleux de la passion, la force d'une énergie jaillissante qui anime et fait du travail un plaisir. Le geste pédagogique humble est quotidien: nous savons si peu de choses au regard de ce qu'on pourrait savoir, nous comprenons si peu de choses au regard de ce qu'on pourrait comprendre.

L'enseignement est une ouverture constante sur l'in-su que nourrit la réassurance du connu. Ce n'est pas un objet de morale (elle ne constitue qu'un garde-fou sociétal nécessaire au regard de la folie ordinaire des hommes). Ce n'est pas un objet d'éthique (celle-ci n'est plus guère qu'une morale déplacée qui fixe ailleurs les règles de bienséance). L'enseignement est plus près d'une révélation spirituelle qui, par sa nature même, engage le sujet sur le chemin de son devenir, sur la réalisation de son «energon» platonicien. L'enseignant procède de l'arbre de la connaissance, sans précipitation. Une révélation n'est pas un précipité alchimique qui vient du dehors, mais bien un cataclysme producteur du dedans. La formation des enseignants doit donc faire une place autant à la culture passionnelle qu'à la culture prudente, à une culture terrienne et à une culture spiritualiste. Spirituelle mais non religieuse, sachant la dimension non confessionnelle de l'école obligatoire. Spiritualiste dans le sens d'une démarche de nourrissement de l'esprit qui, malgré sa nature collective, est d'abord intensément individuelle, intime et personnelle. Si tel est le cas, l'enseignant suffisamment bon saura respecter le trajet personnel de l'élève sur le chemin de sa propre révélation, de son eurêka existentiel. Tout en lui rappelant l'utilité du regard sur l'autre, du regard de l'autre, et du partage mutuel des apprenants, car ainsi le *«un pour tous, tous pour un»* peut être compris dans sa double dimension révélatrice et sociale.

Il est difficile d'imaginer un enseignement centré sur culture, éthique et ressources personnelles: c'est cependant à penser si on souhaite garantir aux professionnels engagés une sécurité à long terme, une longévité de leur engagement professionnel et personnel, sans confusion ni rupture. En faisant alliance avec le temps plutôt que de lutter contre lui…

Le travail qui reste à faire maintenant, c'est de traduire cet ensemble d'intentions dans un projet de formation. Parce qu'il faudra de tout, mais correctement dosé. Avec une priorité : celle de l'ouverture à l'interaction sous toutes ses formes, à la pratique de moyens d'enseignements multiples et variés pour répondre à la diversité des usagers. Celle d'une capacité d'observation critique et d'analyse clinique des faits observés et des procédures qui les sous-tendent. Autant de données nouvelles qui concourent au « savoir-être » de l'enseignant de demain.

Le processus de formation devra par ailleurs trouver ses racines tant dans la didactique et la méthodologie (avec leurs référents théoriques divers) que dans la praxis enseignante avec son cortège de situations actuelles et particulières, mais théorisables cependant. Les échanges entre étudiants, enseignants, responsables de stage et élèves, les espaces de travail que sont les classes d'application, le micro-enseignement sont autant d'occasions de développer une pensée réflexive et une perspective critique sur la pratique de l'enseignement. Une occasion aussi de développer des liens constructeurs entre des domaines différents de savoirs et de connaissance qui ne sauraient exister indépendamment les uns des autres, ou alors, au risque de leur appauvrissement et de leur dénaturation progressive. L'isolationnisme en pédagogie n'est pas de mise, sauf aux dépens de la connaissance, des usagers et de l'institution scolaire…

La balance qui sera faite entre ces différents axes de formation pourra donner une assise optimale à la formation des enseignants chargés de la scolarisation initiale. Cette assise est impérativement nécessaire si on souhaite accompagner les enfants de ce cycle dans un processus qui leur permette d'identifier à la fois leur rôle, leurs responsabilités et leurs modalités d'interaction.

Si notre désir est de favoriser une hominisation positive de ces enfants qui leur serve de base solide pour un développement optimal, tant dans le registre de l'humain que dans celui du savant, dans l'identité et l'ouverture culturelle, alors il n'y a pas à hésiter : il vaut la peine d'engager une formation aussi riche que possible pour les enseignants qui se consacrent à cette population qui entre en scolarisation. Ces enfants seront les hommes de demain, et nous en sommes responsables au sens de leur épanouissement et du nôtre. Donnons donc aux enseignants les moyens de cette ambition.

✦✦✦

CHAPITRE V

L'école à l'aube du XXIe siècle: missions et perspectives

Tout au long de ce travail, nous avons eu l'occasion de parler de l'enfant et de son devenir d'élève. Le rôle des adultes dans le processus d'éducation d'abord, de scolarisation ensuite, est fonction des besoins supposés que nous pouvons identifier chez l'enfant en développement. Les adultes constituent un espace d'observation et de réponses, les enfants, fratrie et copains, en constituent un autre avec ses regards et ses réponses propres.

L'enfant ne peut devenir un citoyen responsable que s'il vit sa scolarité en tant que sujet actif dans sa scolarisation, tout en apprenant à la fois le respect de lui-même et celui des autres. Les différences entre enfants sont des occasions de découverte et d'enrichissement personnel pour tous, adultes et enfants.

L'enfant qui arrive en âge de scolarisation (nous avons jugé utile de rendre celle-ci obligatoire dès l'âge de quatre ans pour ce qui concerne l'inscription et le premier contrat de co-laboration entre famille et école) a beaucoup appris pendant sa petite enfance: on considère qu'un enfant, pendant les quatre premières années de vie, en fait autant qu'un adulte pendant toute sa carrière professionnelle, avec une extrême diversité des approches et des tâches en plus... Il est essentiel que l'école prenne acte de ce travail intense que l'enfant a réalisé dans le cadre sociofamilial et dans divers cadres institutionnels pour jeunes enfants. L'enfant qui arrive à l'école est un enfant savant de quantité de choses, sans toujours en avoir conscience. L'école idéalement doit permettre à l'enfant la ***re****-connaissance* de ses savoirs à un nouveau niveau de conscience. C'est ainsi que littéralement, il ***co****-naîtra* avec adultes, enfants et objets de savoirs dans le cadre de son école. Il est essentiel qu'une continuité s'instaure naturellement entre les acquis antérieurs à l'école et ceux que propose l'école.

Les échanges non hiérarchiques avec la famille, les collègues, les spécialistes sont autant d'occasions de mieux connaître ces acquis antérieurs pour constituer sur cette base le terrain fertile des premiers échanges, des premières reconnaissances. C'est dans ce terrain que seront plantées les « graines de savoirs scolaires » pour que l'enfant les découvre en terrain connu, avec toute l'expérience d'un jardinier qualifié qui va développer de nouvelles connaissances.

Le cadre institutionnel scolaire a la responsabilité de s'inscrire dans la *continuité* des acquis des enfants, mais aussi dans la perspective du *changement dans la continuité,* avec un dosage de propositions nouvelles adéquat pour éviter sous-stimulation et sur-stimulation. Les « nouveautés » doivent respecter le terrain de fonctionnement de l'enfant. Les doses seront plus souvent homéopathiques que des « remèdes de cheval ». Cette continuité, il est important que l'école la vive tant dans le domaine de la construction progressive des savoirs en connaissance que dans le domaine des interactions sociales : les besoins supposés des enfants ne sont pas les mêmes selon les quartiers ou les communes, les parents ne vivent pas partout selon les mêmes règles. Leurs nécessités aussi sont différentes. On n'enseigne pas de la même manière selon qu'on se trouve dans une « zone éducative prioritaire » comme dans les quartiers à hauts risques, dans une école de village ou un bâtiment de quartier socioprofessionnellement aisé. On n'accueille pas les enfants de ces différents lieux de la même manière. On n'évalue pas non plus leurs savoir-être et savoir-faire selon les mêmes critères.

Chaque implantation de bâtiment scolaire, chaque modification du profil socioprofessionnel de la population des enfants et de leurs parents mérite une réflexion sur les meilleurs moyens à mettre en jeu pour répondre dans une juste mesure aux attentes des usagers comme à celles de l'institution scolaire. Cette réflexion a tout son sens, autant du point de vue des acteurs en jeu (familles, enfants, enseignants de tous ordres) que de la conception des lieux : type de bâtiment à construire, type d'aménagement extérieur et intérieur. Les limites dans l'utilisation des locaux par d'autres usagers sont à définir en y réfléchissant soigneusement : il s'agit bien que l'école reste pour les enfants un lieu ayant ses caractéristiques propres, tout en étant ouvert sur son environnement et sur le monde.

Pour garantir un accueil qui respecte cette charte de base de la scolarisation initiale (mais ces règles n'ont-elles pas tout leur sens pour toute la scolarité des enfants, des jeunes adultes et des adultes ?), il est essentiel que la formation offerte aux enseignants, en particulier à ceux qui se destinent à l'enseignement en cycle initial de scolarisation, leur permette de vivre leur fonction comme des êtres de dialogue et de culture, des méthodologues créateurs et des artisans-chercheurs : dans ces conditions seulement, ils pourront assumer l'ensemble des tâches qui leur sont dévolues. Ils sauront agir dans l'interdisciplinarité dans une visée non hiérarchique. Ils sauront agir dans la transdisciplinarité en tant que didacticiens ouverts, conscients du primat du développement de l'intelligence des enfants par la connaissance sur une thésaurisation de savoirs. Ils seront des êtres aptes au dialogue à la fois dans le respect d'eux-mêmes et de leurs interlocuteurs: parents, collègues, spécialistes, citoyens. Leur curiosité à l'égard d'autres cultures (qu'elles soient de type micro- ou macroculture, d'ici ou d'ailleurs) sera une garantie d'ethnodécentration culturelle, et par là même d'accueil ouvert et serein des différences.

Sachant ces prémisses, il s'agit maintenant de définir les lignes de force de la réflexion qui vous est proposée. Il ne s'agit en aucun cas d'y voir une utopie, voire une chimère. Mais bien une nécessité absolue si l'on veut que l'école comble le retard qu'elle a accumulé du fait de son institutionnalisation, de certaines de ses traditions et du décalage constant qui existe par rapport à l'évolution de l'humain: le petit d'homme, comme son cadre de vie, ont énormément changé au cours du XXe siècle, et plus particulièrement dès les années cinquante. Si, sur le plan des idéaux, certaines valeurs restent toujours aussi prégnantes, les moyens mis en jeu et leur adéquation aux profils sociaux actuels ont souvent pris bien des rides. De même, les réformes proposées ont souvent été comprises ou acceptées sur un plan technologique (celui des moyens) sans développer leurs effets de manière suffisante sur le plan d'une philosophie de l'éducation. On a beaucoup développé le contenu de la boîte à outils, mais on n'a pas toujours su former les ouvriers à l'utilisation de ces nouveaux instruments, à la fois sur le plan technique et sur celui de leur signification par rapport aux enjeux pédagogiques.

Le «français rénové» a donné lieu à un ouvrage riche, conséquent et formateur: il s'appelle «Maîtrise» du français, ce qui signifie pour l'usager une connaissance globale et interactive du fonctionnement de la langue ET du langage. Ce document a été nommé méthodo**logie**: on y trouve des données théoriques et des exemples de situations pédagogiques. C'était un appel du pied aux enseignants et aux centres de formation pour que les «candidats» et les praticiens prennent l'habitude de créer des situations pédagogiques à partir d'un modèle au lieu de mettre en application des méthodes. C'est une position difficile, à la fois parce qu'elle demande un enseignant méthodologue créateur et un enseignant artisan-chercheur. C'est une position difficile, puisqu'elle rend nécessaire une modulation et une diversification des propositions pédagogiques et des attentes, sans pour autant faire éclater l'institution scolaire. Il y allait bien d'un changement de professionnalisation de l'enseignant.

L'enseignant en Cycle de Scolarisation Initiale doit bénéficier d'une nouvelle culture professionnelle, qui pondère et intègre des valeurs à la fois semblables et différentes aux valeurs traditionnelles de la « formation des maîtres », qui respecte les idéaux humanistes fondamentaux de l'institution scolaire, mais qui rende au pédagogue ce qui est au pédagogue : sa capacité créatrice dans la recherche didactique et son adaptabilité à la pluralité des situations d'enseignement, tant du point de vue des contenus que des usagers, seuls garants de sa professionnalisation et de sa praxis pédagogique.

✦✦✦

Ce chapitre est organisé en quatre parties : la première est consacrée aux « ***incontournables*** » évoqués tout au long de ce travail. La deuxième est réservée à l'évaluation de toutes les ***interfaces*** possibles dans le cadre scolaire pour assurer une dynamique institutionnelle en accord avec les principes définis dans ce travail. La troisième portera sur les ***priorités*** à donner en terme « primauté de... » par rapport au « primat de... ». La quatrième sera centrée sur l'***enfant-élève*** et son organisation dans le processus de professionnalisation scolaire. Ces idées devraient permettre de donner un statut de réalité à l'expression *« école lieu de vie »*, tant au profit des adultes que des enfants concernés.

1 Les incontournables de l'éducation scolaire

Nous traiterons de ces «incontournables» sur cinq plans différents: au niveau des enfants, des parents, des professionnels à l'école, des structures institutionnelles et de la formation.

1. Les «incontournables» au niveau des enfants

Sur le plan social...

Il y a une multiplicité de styles éducatifs et pédagogiques dans les familles. Il y a aussi une grande diversité au niveau des temps éducatifs parentaux consacrés aux enfants. Il y a encore la différence des fratries qui va de pair avec des styles éducatifs divers.

Sur la base de ces différences, la responsabilité de l'école porte sur une réelle ***égalité des chances*** au niveau des divers apprentissages qui soit garantie à chacun des usagers du cadre scolaire. Pour nous, l'égalité des chances, c'est la capacité pour chacun de faire le mieux qu'il peut en fonction de ce qu'il est et de ce qu'il devient. Il ne s'agit donc pas d'une utopie égalitaire où chacun serait égal à tout autre, ni d'une hiérarchie déguisée entre forts et faibles: à chacun sa part de devenir au mieux de ce qu'il est, et de ce qu'il peut.

Sachant les différences de styles éducatifs familiaux, on ne peut que recommander aux parents de profiter des cadres d'accueil existant pour les bébés et les petits enfants: pouponnières, jardins d'enfants, crèches, qui sont autant de lieux de différenciation sociale et comportementale sans pour autant constituer pour les parents l'occasion d'une démission éducative. Il y a là un premier niveau de différenciation et d'adaptation psychosociale de l'enfant qui constitue une plate-forme évolutive positive entre éducation familiale et éducation sociale.

Sur le base de tels types de placements (de préférence à temps partiel pour ne pas déséquilibrer les apports parentaux, familiaux et institutionnels), les enfants peuvent développer leur mobilité psychosociale, psychoaffective et psychocognitive de manière élargie et harmonieuse.

C'est dans cette même perspective de différenciation éducative, qui permet une dialectique constructive entre les valeurs sociofamiliales et les valeurs sociales, qu'est proposé un ***cycle de scolarisation initiale obligatoire*** dès l'âge de quatre ans et durant quatre ans. Si l'inscription à ce cycle est obligatoire, par contre la participation de chaque enfant est réglée sur la base d'un contrat de scolarisation élaboré conjointement entre les parents et les enseignants concernés. Ce contrat définit à la fois les aménagements horaires actuellement utiles, les axes principaux d'action éducative reconnus comme nécessaires par les deux parties et la spécificité de leurs apports réciproques au processus éducatif en cours. Suite à ce contrat initial, des bilans réguliers trimestriels sont faits avec parents et enseignants pour évaluer la pertinence des enjeux en tenant compte des avis et du ressenti exprimé par l'enfant qui vit sa scolarisation initiale.

Tous les enfants, quelles que soient leurs spécificités physiques ou psychiques, ont droit à une intégration en CSI dans l'école correspondant à leur lieu d'habitation. Ce n'est qu'au cours des deux premières années du CSI que se dessinera pour chacun d'eux un projet spécifique d'intégration ou de placement, à temps partiel ou à plein temps : cette élaboration du placement de l'enfant se fera d'entente avec les parents et les spécialistes consultants dans le cadre scolaire et sera discutée régulièrement avec l'enfant pour qu'il puisse identifier le plus clairement possible l'enjeu de son déplacement.

Le Cycle de Scolarisation Initiale constitue le fondement de toute la scolarisation ultérieure et de la professionnalisation progressive de l'enfant en élève. On ne peut se permettre de saboter les fondations d'un tel édifice. C'est pourquoi, dans la règle, les enfants qui participent au CSI portant sur quatre années de scolarisation ne pourront pas accélérer ce processus. Par contre, pour un enfant qui serait particulièrement en difficulté, on peut envisager l'allongement du cycle d'une année scolaire pour lui donner le temps d'une meilleure intégration. Il ne faut pas oublier que le but de ce cycle est d'amener l'enfant à la fois sur le plan social, affectif et intellectuel à apprendre, à apprendre à apprendre et à apprendre à aider ses camarades, base d'un engagement mutuel et solidaire dans le processus de formation. Ces valeurs sont le fondement d'une société centrée sur le respect du citoyen et des différences, sans conduire à un éclatement ou à une hiérarchisation à outrance des rôles de chacun dans le dispositif sociétal.

Sur le plan des savoirs et de la connaissance

Le CSI est centré sur l'observation des compétences des différents enfants accueillis : comme il y a dans le groupe des enfants de quatre, de cinq, de six et de sept ans, les enseignants ayant déjà une connaissance approfondie des plus anciens peuvent se consacrer à l'observation des « nouveaux » à la fois pour eux-mêmes et dans les relations qu'ils construisent avec les « anciens » de leur groupe. Centrer l'action pédagogique sur l'observation des enfants, c'est décider de construire le projet de travail dans le cadre du CSI à partir des multiples savoirs et connaissances des enfants sur les plans sociorelationnels, socioaffectifs, sociocognitifs et socioculturels : les quatre premières années de leur vie sont riches d'expériences dans tous ces domaines. Les acquis sociorelationnels, les enfants les ont développés en famille, en pouponnière, au jardin d'enfants, en garderie, en famille d'accueil. Les acquis socioaffectifs tels que l'estime de soi, la confiance en soi, sont issus de ces premiers champs d'expérience relationnels. C'est sur cette base que les enfants peuvent pratiquer activement et harmonieusement la mutualité et la solidarité. Au niveau sociocognitif, ils ont développé des connaissances tant par rapport au monde physique qu'au domaine de la pensée logicomathématique, tant au niveau des systèmes symboliques par le biais du jeu, du langage et de l'image mentale que sur le plan des échanges relationnels sociaux et affectifs par le biais des interactions avec les pairs. Les échanges avec autrui les ont sensibilisés à la décentration, tant sur le plan réflexif qu'ethnoculturel.

C'est sur ce riche terreau que le pédagogue peut se fonder et construire des situations d'expérience qui par leur richesse servent de miroir à la diversité des enfants et de leurs savoirs, mais aussi sont l'occasion d'une différenciation active des acquis des enfants de par leur nouveauté et de par la condition pratique d'expérience en jeu : avec des pairs, avec des enfants plus expérimentés, avec un ou plusieurs adultes qui animent et accompagnent leur travail et leur réflexion dans la perspective de l'éducation scolaire, perspective souvent bien différente de l'éducation familiale.

Sur le plan pédagogique…

Du point de vue pédagogique, le respect de l'enfant passe par le respect des conditions inhérentes aux microgenèses de l'apprentissage : chaque enfant a son propre rythme d'acquisition, même si les échanges entre pairs permettent une accélération des apprentissages. C'est pourquoi il est essentiel d'organiser des groupes d'enfants hétérogènes pour ce cycle de professionnalisation de l'enfant dans son rôle d'élève. Les enfants sont différents sur le plan de leur niveau sociocognitif de travail et de compétence. Ils le sont aussi au niveau langagier et culturel : c'est pourquoi une importante partie du travail des enseignants sera centrée sur une pédagogie interculturelle/interlangue : les enfants nomment de différentes manières un même objet ? Qu'à cela ne tienne : constituons un dictionnaire interlangue des mots usuels utilisés en classe. Chantons une même chanson en plusieurs langues, disons des comptines ou des poèmes dans plusieurs des langues en fonction du réservoir que constitue le groupe des enfants de la classe. Ces variations sont pertinentes aussi entre des enfants de cadres différents, ville ou campagne, selon les cantons ou les habitudes dialectales : tout le monde ne parle pas le français de la même manière. Ces différences sont autant d'occasions de mieux connaître, et activement, la langue dans sa diversité. Cette ouverture langagière constitue enfin un accueil positif des différences, un facteur d'intégration interculturelle qui sert tant à la mobilité sociale que mentale des enfants, tant à leur enrichissement actuel qu'à leur ouverture aux enseignements ultérieurs de deuxième, troisième, voire quatrième langue. Cette diversité est une aide pour comprendre les règles d'énonciation et d'élocution. Elle servira aussi à l'identification des universaux langagiers et des particularités de chaque langue. Elle permet une comparativité interlangue qui sert tant à sa maîtrise orale que grammaticale qu'à son identification dans le cadre du lire-écrire, puis des règles de l'orthographie, propres à chaque langue.

Pour respecter un tel processus qui mette en lien acquis « préscolaires », scolaires et périscolaires, il est essentiel de définir un programme-cadre pour le cycle de scolarisation initiale qui définisse les intentions et les objectifs généraux du cycle : il n'est ni nécessaire, ni judicieux pendant cette période de scolarisation de travailler en termes de « branches », sachant que les enfants élaborent sur leurs connaissances antérieures des savoirs nouveaux qui structurent leur curiosité et leurs découvertes, par eux-mêmes et dans l'échange avec leurs partenaires enfants et adultes. Les branches, c'est pour plus tard. Quand l'enfant a compris que le découpage d'une réalité permet un travail plus ciblé et mieux circonscrit, quand il a saisi que ce découpage a une valeur économique du point de vue du travail, même si ce découpage ne respecte pas la réalité dans sa complexité, alors il peut « sectorialiser » ses efforts sans effets déformants. Vers huit ans, l'élève est prêt à accepter les découpages sans qu'il y ait clivage dans le champ de la connaissance. Avant, le danger d'atomisation des savoirs est grand, qui rend l'accès à la connaissance plus que douteux, car l'enfant malgré son intelligence n'a pas appris à tisser des liens mutuellement éclairants entre ses différents savoirs. Il perd alors ce qui fait la richesse de l'intelligence pour agir en fonction de sa mémoire, avec tous les risques de perte de sens et de lassitude que cela motive chez l'individu humain.

C'est pourquoi l'enseignant juste pédagogue proposera des situations complexes d'expérience dans le domaine physique, logicomathématique, symbolique, langagier, dans celui de l'Education Des Perceptions, de l'environnement et de l'éducation motrice, dans celui de la connaissance des mythes et des religions fondateurs de nos sociétés actuelles. Ces situations seront interactives et interbranches: dans le discours actuel, on parlerait de transdisciplinarité. Mais il n'est pas si simple de créer des situations-supports à une transdisciplinarité effective et formative. Trop souvent, il y a juxtaposition de pratiques (musique, mouvement d'éducation physique et danse par exemple) sans que cette coordination permette à l'élève d'identifier sur le plan des savoirs et connaissances acquis le fait que le tout (la connaissance en jeu) est différent de la somme des parties (musique, mouvement et danse). Or, le témoignage de l'intelligence du sujet réside dans la capacité de mise en lien dans une visée intégrative et non dans la juxtaposition de gestes dans une perspective additive. N'oublions pas que les enfants sont des spécialistes du traitement du complexe. Dans ce sens, le trop simplifié, comme l'arbitrairement juxtaposé, ne peut avoir de sens fondamental pour eux, même s'ils sont de bonne composition face à nos propos pédagogiques.

On aboutira donc aux apprentissages techniques à partir des expériences de sensibilisation liées aux situations pédagogiques d'expérience proposées, l'identification du «lire/écrire/compter» étant résultative du processus formateur en jeu et non originaire de celui-ci.

C'est pourquoi le fondement de la pédagogie en scolarisation initiale, c'est l'***interactivité***: une interactivité à la fois interculturelle et interethnique, entre enfants d'âges et de compétences différents. Dans un tel cadre, on peut faire appel au conflit sociocognitif de manière naturelle et active. On peut à la fois favoriser la diversité et la recherche active de cohérence. On peut stimuler la multidirectionnalité des interactions, ainsi que la multiréférentialité des points de vue. Il y a alors autant égodécentration qu'ethnodécentration au profit de tous. Mais pour y parvenir, il faut bien se donner quatre ans qui cimenteront ces fondations de la scolarité et de l'apprentissage de la vie, qui serviront aussi de base au plaisir du travail ultérieur plutôt qu'à en faire un pensum.

Dans les règles de l'interactivité, il s'agira de savoir tenir compte des variations de disponibilité physique et mentale des enfants conformément aux découvertes de la chronobiologie et de la chronopsychologie. On devrait en tenir compte dans l'organisation des horaires de journée des enfants (et pourquoi pas des adultes). Il s'agira tout au long du cycle de scolarisation initiale d'harmoniser progressivement les rythmes des uns et des autres pour que l'enfant soit capable de professionnaliser son temps de travail en fonction d'un donneur de temps tel que l'école. Il s'agit bien d'une *harmonisation* et pas d'une *uniformisation,* sachant qu'on ne peut (et qu'il n'est pas souhaitable de) gommer les variances individuelles en la matière. Il sera essentiel également d'aménager en fonction des enfants des temps-sujets pendant lesquels ils se consacreront à une activité choisie sans apport ou contrôle de l'adulte.

Dans le cadre du groupe, il y a un ou des enfant(s) et une ou des personne(s)-ressource : l'enseignant est une personne-ressource et un accompagnateur des démarches des enfants. S'il a une attitude participative d'une part, de neutralité positive d'autre part, les enfants sauront le consulter aussi souvent que nécessaire sans pour autant le (sur)charger d'une valeur de référence absolue, tant sur le plan des savoirs que de la discipline. L'enseignant est un spécialiste de la relance par le biais de questions et d'hypothèses en lien avec les projets en cours des enfants. Il peut se positionner dans le rôle d'apprenant face aux démarches actuelles des enfants et vivre ainsi avec les enfants la mutualité du rôle d'apprenant et d'enseignant. Il peut honnêtement dire aux enfants « J'apprends de vous », facilitant d'autant la réciproque...

Le métier d'élève...

Pendant le CSI, l'enfant fait l'apprentissage du métier d'élève : savoir observer, réfléchir, déduire, proposer en fonction de soi (boucle interactive réflexive), de l'autre en direct, et de l'autre possible. La boucle réflexive le touche lui-même, mais aussi dans ses rapports avec les camarades et les enseignants, avec des personnes de son entourage immédiat ou des personnes plus éloignées. Il identifie les règles psychosociales de fonctionnement de l'institution scolaire, ce qui lui permettra en interaction avec ses partenaires, adultes et enfants, de construire une charte de ce qui est permis ou non dans le cadre scolaire, à partir du comment et du pourquoi de ces règles nécessaires. L'enfant peut alors vivre ces règles de fonctionnement et leurs limites sans devoir faire preuve d'excellence scolaire en identifiant « en solitaire » les règles de bienséance scolaire... La constitution collective de la charte, ses remaniements, rendent explicites ce qui trop souvent reste implicite dans l'esprit des adultes et ne peut dès lors être perçu que par les spécialistes en identification du non-dit. C'est dans cet esprit également que les enfants peuvent apprendre à identifier des sanctions positives lorsqu'il y a eu non-respect de la charte par l'un ou l'autre des usagers, enfant ou adulte.

Dans ce sens, le métier d'élève **n'est pas** une soumission à l'autorité sociale ou intellectuelle des adultes. Il n'est pas une conventionnalisation de l'être par l'obéissance aux savoirs. Il n'est pas un dressage à la soumission morale. Mais, par contre, il va de pair avec une gestion active d'un esprit critique, nécessaire à la compréhension de ce que sont la responsabilité et la liberté qui lui est inhérente. C'est ainsi qu'on devient citoyen et Homme responsable. Il est l'occasion d'une gestion « critique » (positive) et interactive des degrés de ressemblance et de différence entre les uns et les autres qui évite tant que faire se peut toute tendance au jugement de soi ou d'autrui. Il est l'occasion d'une construction de règles de vie et de conventions morales scolaires qui aident chacun à sa construction éthique personnelle. L'élève apprend à connaître les continuités et les discontinuités relatives existant entre les valeurs socioscolaires et les valeurs sociofamiliales pour élaborer et construire son propre système de valeurs.

Sur le plan de l'évaluation, l'enfant devenant élève apprend à développer ses capacités d'auto-évaluation dans une visée autoformative. Il apprend à se comprendre et à évaluer ses productions dans des tâches qui lui sont proposées. Il apprend à pratiquer les perspectives comparatives (sans pour autant tomber dans le travers du « comparaison n'est pas raison ») dans une visée ouverte. Il peut progressivement faire état de ses « faire » et des ses « savoirs » dans l'immédiat, comparativement à l'avant et anticipativement à l'à-venir. Il peut se situer par rapport à lui-même comme par rapport aux pairs et camarades. Il peut se situer dans l'abstrait par rapport à une norme externe. Mais il ne se soumettra jamais à l'un ou l'autre des points de vue en jeu : il saura que le portrait qu'il fait de lui est le résultat de la somme de ces points de vue d'évaluation, et que, cette fois encore, le tout est différent de la somme des parties.

Que faire de ces incontournables du métier d'élève ? ...

Dans de telles conditions, l'élève suffisamment bon sait qui il est, tant en fonction de lui-même que de ses pairs, de ses camarades et des enseignants qu'il côtoie. Il sait que ce à quoi il est confronté maintenant s'inscrit dans la continuité relative de sa vie et de ses acquis antérieurs. Il sait que ses savoirs sont constitutifs des acquisitions scolaires proposées tout en étant soumis à leur différenciation et leur extension progressive. Il sait qu'il vit un partenariat actif tant sur le plan des échanges sociaux que sur le plan de son développement intellectuel. Il sait qu'il apprend à se confronter à des règles sociales et qu'il est responsable autant de respecter que de créer des lois pour garantir une coexistence « pacifique » dans ses lieux de vie, école et famille. Il sait qu'être intelligent, ce n'est pas mémoriser seulement, mais créer des liens constructeurs entre ses savoirs pour les élaborer en systèmes de connaissance. Dans ces conditions, il est pour nous un véritable partenaire, tant par son ouverture que son respect de soi, des autres et de son environnement vital. Il est donc un citoyen à part entière. L'enfant n'appartient à personne d'autre qu'à lui-même, mais il est prêt pour l'ouverture et le partage, dans le conflit comme dans la joie. Il ne doit pas en être autrement de l'élève.

2. Les « incontournables » au niveau des parents

Au niveau ethnoculturel...

Chaque famille constitue un espace de vie qui va de pair avec des échanges formateurs mutuels sur le plan affectif, relationnel, social et du développement de l'intelligence. Quel que soit le degré de disponibilité parentale, ce processus est engagé, au moins *a minima*. Que l'enfant soit engagé dans une famille traditionnelle, une « nouvelle famille », une famille monoparentale, ce réseau de base se constitue. Même si l'un des adultes est plus ou moins déficitaire sur l'un ou l'autre de ces plans d'éducation, il y a amorce d'un dispositif d'acquisition relationnelle et sociale pour l'enfant.

La différence est donc de règle au niveau des relations avec les parents. Il s'agira de tenir compte de celle-ci tout en allant à la recherche des points communs entre éducation familiale et éducation scolaire. La comparaison est donc impossible. Il n'y a pas de famille idéale, à moins que nous ne nous placions à un niveau épistémique ou utopique. Si la différence est de règle et la comparaison impossible, alors tout jugement d'autrui s'avère lui aussi impossible.

Pour qu'il y ait partenariat effectif entre famille et école, il s'agit de respecter fondamentalement les origines ethno-socio-culturelles des familles que nous sommes amenés à rencontrer. Ce mode d'être portera tant sur les aspects langagiers et éducatifs que culinaires et sociaux des familles avec qui nous échangeons. Le partage de ces différences en classe ou en réunion de parents est pour tous un enrichissement.

Chaque famille a son style éducatif: autoritaire, libertaire ou contractualiste, si l'on reprend la classification de KELLERHALS et MONTANDON. Le système de négociation éducative de chaque parent se gère donc autrement: à nous d'identifier les passerelles permettant le dialogue avec des gens qui sont plutôt autoritaires, plutôt libertaires ou plutôt contractualistes avec leurs enfants. Un dialogue est toujours possible... si l'on prend la précaution de prendre la bonne porte d'entrée. Bien sûr les enseignants ont leurs propres limites, leur propre style éducatif à la maison ou à l'école: mais le dialogue passe par l'adaptation en fonction de son interlocuteur.

Avant toute contractualisation, il s'agit de faire suffisamment connaissance pour gérer au mieux l'interaction en jeu. Idéalement, dès avant l'entrée en CSI, des échanges avec les «futurs» parents d'élève peuvent s'avérer payants.

C'est aussi lors de ces échanges qu'on peut identifier les manières dont les parents des élèves pourraient être intégrés dans le cadre scolaire avec un rôle formateur. Pour les parents, c'est l'occasion de se confronter à un grand groupe hétérogène et au mythe plus ou moins positif du «Régent». C'est mieux comprendre les difficultés inhérentes à ce rôle et, par là même, mieux comprendre et respecter les enseignants. C'est aussi assumer de parler, face à un groupe, d'objets personnels tels que son travail, son hobby préféré ou ses passions. C'est apprendre à ne pas jouer au maître, mais à chercher à transmettre quelques éléments de ses savoirs et connaissances à partir de son expérience personnelle.

Ainsi, pour les enfants, les deux formes de parentalité familiale et scolaire se trouvent en présence positivement et constructivement, réduisant d'autant les oppositions et les jeux d'alliance qui leur font suite, pour autant que ces échanges soient vécus dans le respect mutuel.

Au niveau du partenariat...

L'invitation faite à des parents à jouer un rôle d'enseignant dans le groupe où se trouve leur(s) enfant(s) constitue une première forme de partenariat interactif. Ce partenariat est à construire spécifiquement avec chaque famille, de manière à engager une relation de couple éducatif d'une part, et que chacun ne s'engage qu'à ce qu'il peut assumer en matière d'enseignement d'autre part.

Par ailleurs, si l'inscription au CSI est obligatoire pour tout enfant de quatre ans, par contre c'est de cas en cas que le taux de participation de l'enfant sera défini. C'est aussi enfant par enfant que seront définies les spécificités de chacun, ses intérêts, ses difficultés, pour qu'à partir de ce portrait de l'enfant tant les parents que les enseignants sachent choisir les bonnes portes d'entrée, les justes enjeux par rapport aux compétences et aux disponibilités des enfants. Le contrat de scolarisation est donc bien passé entre des parents et des enseignants par rapport à UN enfant.

Il y a un enjeu éthique majeur à ce travail qui permet que parents et enfants se sentent accueillis dans leur réalité propre et, par là même, prêts à s'engager dans les réalités de l'école où leur enfant est accueilli. De même, pour les enseignants, ils ne se trouvent plus dans la situation d'imposer l'institution et son carcan, puisqu'ils exercent un droit de négociation et de dialogue qui les met en position relative de liberté tant par rapport à l'école que par rapport aux parents. Le contrat devient alors un contrat réellement partagé plutôt qu'une convention collective à valeur prioritairement prescriptive.

Si nous nous trouvons confrontés à des familles particulièrement déficitaires sur un plan ou un autre, rappelons-nous de l'adage « Enfants limités, amour illimité » pour le transcrire en « familles limitées, respect illimité ». Dans de telles conditions, qu'il y ait ou non déficit, chacun joue SON rôle. Personne ne cherche à être le substitut de l'autre (« Au royaume des substituts, les fous sont rois »). Comme en famille, papa ne peut être maman, et maman ne peut être papa, il y a échange et co-ordination (recherche conjointe d'un ordre éducatif partageable) entre parents et enseignants, entre parentalité familiale et parentalité scolaire.

Il s'agit de conjuguer des compétences différentes et proximales dans une visée collaborative où l'enfant gère la coordination selon ses règles avec l'approbation de ses deux types de « parents ». Dans un tel système d'échanges, il ne peut y avoir de compétition, il ne peut y avoir jeux plus ou moins pervers d'alliance auxquels on condamne l'enfant. Il ne s'agit pas de se mettre d'accord « sur le dos » de l'enfant mais « pour le bien » supposé de l'enfant. Il y a cheminement partagé dans le champ de l'éducation. Les conflits peuvent donc être négociés, au-delà du risque de rupture. La peur des uns et des autres est d'autant diminuée au profit d'un jeu d'échange et de compréhension mutuelle.

Dans l'évaluation, ce jeu d'échange trouvera un outil productif : plutôt que de porter des jugements sur les non-savoirs de l'enfant, le fait d'une évaluation formative permet de gérer un **cahier d'échanges** rédigé en langage simple, où parents et enseignants peuvent s'informer de leurs observations, des mouvements évolutifs de l'enfant, ces échanges écrits étant complétés par des échanges directs. On peut également y signaler une zone difficile ou une tâche qui paraîtrait utile. Ce cahier est alors un outil pour la promotion d'un dialogue vivant entre les partenaires du contrat, où chacun à nouveau joue son rôle selon ses moyens et ses références. On relativise ainsi d'autant l'évaluation normative et les notes qui deviennent UN phénomène de l'évaluation et non LE phénomène d'évaluation. On travaille en termes d'appréciation, on utilise un thermomètre de réussite ? Peut-être, mais il faut savoir que ces outils restent des notes, notes déguisées bien sûr, mais notes quand même. Rien ne remplace le partage d'une information, la réflexion de chacun pour trouver une remédiation positive à un problème actuel et la recherche de pistes utiles qui servent tant à la réflexion des adultes qu'à la promotion de l'enfant au travers des propos d'autrui et par le biais de son travail.

Que tirer de ces règles d'échanges ?...

Le partenariat, c'est l'occasion pour chacun d'exercer ses responsabilités de manière éclairée. Se consulter réciproquement, c'est chercher à comprendre, et comprendre, c'est permettre le dialogue. Nous avons tous un droit de parole et un devoir de dialogue, au-delà de l'arbitrage ou du jugement.

S'écouter réciproquement, se respecter réciproquement, se comprendre mutuellement et chercher à agir au mieux dans le cadre de l'éducation familiale et scolaire, c'est prendre à cœur et en acte la responsabilité d'accompagner les enfants avec lesquels nous vivons, quotidiennement et au-delà de l'actualité par les valeurs que nous mettons ainsi en exergue à l'éducation.

3. Les « incontournables » au niveau des professionnels

Nous distinguerons ici les enseignants titulaires, les enseignants d'appui et les spécialistes hors école jouant un rôle de consultant scolaire.

Les titulaires

Trois enseignants pour deux groupes de chacun trente à trente-cinq enfants, cent-cinquante pourcent de poste d'enseignement par groupe. Trois enseignants, dont un enseignant spécialisé pour garantir la diversité et la complémentarité des points de vue.

Trois personnes qui vivent au quotidien la curiosité et le plaisir de la découverte face à l'infinité de la diversité des individus qui leur sont confiés : un grand groupe d'enfants de quatre à huit ans où chacun a un seuil différent de professionnalité d'élève et où chacun attend de l'autre le respect de soi, et réciproquement ! Trois personnes qui sont prêtes à réfléchir sur le mystère des acquisitions et des apprentissages : leur rôle est de proposer des pistes d'apprentissages, celui des enfants est de construire des stratégies de travail qui leur sont propres et qui diffèrent pour chacun le plus souvent. On est bien loin de maîtriser les processus cérébraux maîtres de l'apprentissage. L'adulte propose, les enfants disposent et, ainsi, s'approprient les outils didactiques en fonction de leurs structures cognitives actuelles.

Ces adultes doivent savoir observer, finement, ce que les enfants font, en activités libres comme en activités dirigées. On n'observe pas tout et tout le monde à la fois, mais du fait que le groupe s'organise en petits groupes hétérogènes parfois, plus homogènes d'autres fois, pour des tâches diverses, alors on décide de centrer son regard pour un moment sur tel ou tel groupe, puis sur un autre. L'enseignant n'est pas un surveillant général, mais un accompagnateur. Il n'est pas un directeur mais un animateur. Bien sûr par moment, il jouera la carte de la directivité, car à cela il faut aussi se former. Mais il saura vivre la grande diversité de son rôle en passant de la directivité à la non-directivité, des méthodes contraignantes aux méthodes actives, des démarches de sensibilisation aux démarches de structuration. Il se rappellera qu'une méthode n'est qu'un outil, un des moyens pour permettre aux enfants d'atteindre savoir et connaissance.

Tout ce qu'il entreprendra, avec ou sans son collègue dans le cadre du co-enseignement, sera à la fois respectueux des enfants et de leurs diversités, et respectueux d'eux-mêmes. Dans le respect mutuel, point n'est besoin de jouer l'autorité, sauf pour simuler l'instruction d'antan. L'autorité devient naturelle, intrinsèque à celui qui sait accompagner et guider sans jamais jouer la carte de la maltraitance : violence culturelle, violence verbale, violence morale, violence physique ou violence du jugement... Cette position par sa relativité permet la relativisation, tant pour soi que pour autrui.

Sur de telles bases socioconceptuelles et pratiques, les enseignants peuvent gérer avec les enfants le choix des priorités d'enseignement (il n'y a pas de programme CSI mais des objectifs généraux concernant les domaines de savoirs). Ils peuvent se constituer en créateurs de méthodo-logies. Ils peuvent gérer avec les enfants l'espace, que ce soit celui de la « classe », les différents coins (jeu, lecture, peinture, ...), les couloirs, les préaux, les espaces socio-institutionnels dans et hors de l'école, sans oublier de consulter les responsables de locaux dans tous les cas où ils sont concernés. Ils peuvent construire la charte du groupe qu'ils accompagnent et animent, et la moduler en continu selon les événements du groupe, selon l'évolution des avis des uns et des autres, à partir des assemblées de groupe et des propos tant des adultes que des enfants. C'est ainsi que se construit la charte des **droits et devoirs** des élèves et des enseignants à l'école.

Ils peuvent apprendre avec les enfants à gérer le temps, dans une visée plus cyclique que linéaire, car le travail fait ensemble est organisé de manière récurrente, en passant d'approches globales à des approches spécifiques par le biais de situations d'expérience de champ plus ou moins large. Aucune évolution humaine n'est linéaire. Elles obéissent toutes à une loi de progression et régression apparente (les courbes d'évolution dites « en cuiller »), à la règle d'une spirale montante élargissante qui pour une part est visible, pour l'autre se construit dans l'ombre.

Les enseignants sont donc « chargés de créativité méthodologique », à la fois sur la base de leurs observations (et de l'organisation qu'ils font de celle-ci) et sur le plan méthodologique et didactique : ils s'agit pour eux de bien connaître à la fois les méthodes et les supports méthodologiques qui leur sont fournis, de savoir partir à la découverte d'autres moyens d'enseignement pour en évaluer la pertinence relative. Il s'agit de bien connaître les objectifs généraux du CSI pour construire sur ces bases des situations d'expérience qui stimulent plaisir et curiosité de la découverte chez les élèves. Sans jamais ne simplifier trop ni ne complexifier à outrance (mais les enfants sont des spécialistes du complexe, ne l'oublions pas !).

C'est dans ce sens qu'il est essentiel que l'enseignant soit un « artisan-chercheur », voire un « bricoleur de recherche » plein de bon sens, sans prétention académique, mais avec une grande adéquation didactique et pratique par rapport à ses partenaires de travail, adultes et enfants. Dans une telle perspective à la fois pragmatique et de recherche-action, on peut faire vivre une pédagogie différenciée (en fonction des contenus, des objectifs et des diversités des enfants) qui peut prendre une valeur intégrative (puisqu'elle permet tant aux adultes qu'aux enfants d'observer, d'organiser des stratégies d'approches, d'identifier une démarche constructive en interaction avec la situation proposée, de comparer activement les avis des uns et des autres pour identifier finalement un ou plusieurs buts (objectifs) à la tâche en cours. Chaque enfant du groupe concerné peut jouer son rôle d'apprenant et de formateur, et les adultes concernés aussi. Chacun est apprenant dans une perspective de réseau et dans un engagement mutuel.

Dans de telles perspectives, la balance entre éducation, pédagogie et instruction peut être finement réglée, pour que chacun y trouve son compte, dans le respect de soi, de l'autre et de la situation.

Les enseignants devront apprendre à gérer ces « grands » groupes (on connaît à l'étranger des classes de soixante à quatre-vingts élèves...) pour travailler selon les centres d'intérêt ou les activités-cadre avec tout le groupe d'élèves, ou des sous-groupes constitués au gré des enfants ou organisés par l'adulte selon le seuil d'homogénéité/hétérogénéité des compétences des enfants qui paraît le plus productif. Il s'agit de passer harmonieusement d'un travail en grand groupe à un travail en petits groupes, mais aussi à la possibilité de « coacher » un enfant individuellement.

Il s'agit pour les enseignants aussi de réfléchir à la composition des groupes en termes de priorité à l'hétérogénéité des niveaux de compétence (ce qui ne veut pas dire hétérogénéité des âges) ou de priorité (actuelle) à une relative homogénéité des compétences entre enfants : dans le premier cas, les enjeux constructeurs du « conflit » sociocognitif se joueront autrement que dans le deuxième cas de figure. L'émulation pour l'enfant passe le plus souvent par la différence des compétences (en famille, la fratrie regroupe généralement des enfants d'âges et de compétences différents) qui favorise le mouvement perpétuel d'apprendre, le sens de la vie comme le sens du travail.

Observation, interactions, autant de modalités de partenariat actif tant avec et entre enfants qu'avec et entre adultes. Savoir interagir, c'est aussi savoir limiter notre champ adulte de propositions pour qu'émergent des propositions d'enfants. Inutile de faire du bourrage en la matière, sauf si on souhaite l'épuisement professionnel.

Enfin, ce partenariat doit pouvoir être vécu harmonieusement avec les adultes qui gravitent autour du groupe CSI: les enseignants non-généralistes (maîtres d'appui divers, maîtres spécialistes) et les spécialistes délégués à titre de consultants par les divers services existants. En effet, il devrait être de la responsabilité de chaque service (SUPEA, Services des Ecoles, Centres Logopédiques entre autres) d'attribuer un temps de consultant à chacun de leurs collaborateurs pour qu'ils puissent participer à la réflexion sur la conduite des CSI, à la compréhension des situations difficiles d'enfants, à leur éventuel placement ou déplacement, au train de mesures thérapeutiques qui pourrait servir de soutien à la scolarité de certains. Sachant que **tous les enfants** de quatre ans sont inscrits au CSI de leur lieu de domicile, quel que soit leur (éventuel) handicap, et que tout déplacement d'enfant doit être le résultat d'une évaluation longitudinale et clinique pour qu'il puisse avoir valeur **promotionnelle** et non pas valeur de sanction (tant pour l'enfant que pour sa famille), il est essentiel que le partenariat entre adultes soit fondé sur un consensus large: il ne s'agit en aucun cas de «psychiatriser» l'école. Un consultant à l'école est un chercheur dans le champ de la psychopédagogie. Il ne vient pas à titre de médecin, d'assistant social, de psychomotricien, de psychologue ou de logopédiste: il est présent pour construire avec ses partenaires une réflexion psychopédagogique qui tienne compte d'un champ large de compréhension tant de l'enfant en tant qu'individu et membre d'un groupe d'interactivité que de ses capacités d'engagement relationnel et professionnel avec les adultes qui l'accompagnent. Dans ce sens, le passage de l'enfant dans une structure de l'enseignement spécialisé ne devrait être que le résultat d'une démarche réflexive longitudinale, ce passage ne devant se faire que s'il a une valeur promotionnelle tant pour l'enfant, sa famille, son groupe CSI et les adultes concernés par la démarche. Il ne s'agit pas ici de prendre position pour le maintien à tout prix. Il s'agit plutôt de se dire que le «il serait mieux ailleurs» ne peut prendre valeur de vérité que s'il est l'effet d'une construction progressive et partagée entre les différents protagonistes concernés. De même, lorsqu'un enfant présente avant l'entrée à l'école un handicap clairement identifié, on se posera toujours la question de son taux de participation à un CSI pour qu'il soit au bénéfice d'un dispositif qui s'équilibre entre mesure spécialisée et scolarisation ordinaire.

L'enseignant? Un partenaire capable de création qui accompagne des enfants dans leurs démarches d'apprenants en sachant jouer aussi bien la carte du faire avec que du faire-faire dans le respect de chacun et pour lequel le plaisir de la découverte est le garant de sa santé psychique (et) professionnelle. Pédagogue, mais aussi andragogue dans le sens de sa participation active aux échanges entre adultes pour chercher ensemble les conditions optimales du mieux-être de tous.

Les enseignants non généralistes

Il s'agit ici des divers maîtres d'appui et maîtres-spécialistes qui peuvent intervenir à un titre ou à un autre dans le cadre de la scolarité initiale. Ils ont de manière générale la même responsabilité d'observation et d'interaction dans le cadre de leurs activités spécifiques, que ce soit avec les enfants, avec les enseignants titulaires ou avec les spécialistes.

Ils peuvent agir dans le cadre du groupe CSI ou dans des locaux différents, les deux formules présentant un intérêt certain. Dans le premier cas, il s'agit plutôt d'un travail de co-enseignement finalisé par le groupe d'enfants ou par des sous-groupes de travail. Dans le deuxième cas, que ce soit à titre individuel ou en petit groupe, il s'agit plutôt d'un accompagnement spécifique qui s'inscrit à la fois dans la continuité et dans le changement par rapport aux activités conduites en classe. Que ce soit dans le cadre de la classe ou de locaux particuliers, le rôle des enseignants non-généralistes est centré sur l'idée de « faire autrement, pour garantir la diversité », ce qui permet une différenciation interne à chacun, mais aussi « faire comme, pour favoriser la mise en lien », que ce soit pour les adultes ou pour les enfants.

Le rôle des non-généralistes est d'assurer à leur manière une ouverture optimale des processus de travail en jeu, que ce soit par moments dans la classe ou hors la classe, et que cette ouverture se fasse au bénéfice des enfants comme des adultes. Il s'agit donc d'agir et interagir pour passer de la diversité à la ressemblance **et** inversement. En aucun cas, le travail des non-généralistes ne doit conduire à des oppositions de phase, soumettant alors l'enfant malgré lui à des jeux d'alliance et mésalliance. Il ne s'agit pas non plus pour le non-généraliste de se soumettre aux titulaires, ce qui ne constituerait qu'un (mauvais) doublage de l'action pédagogique.

Généralistes et non-généralistes se doivent de rechercher un équilibre optimal entre les apports des uns et des autres dans le sens d'une complémentarité dans la différence/ressemblance : pour ce faire, il est essentiel que les adultes concernés se donnent le temps d'un dialogue suivi et d'une évaluation régulière des apports réciproques des uns et des autres au mouvement de l'enfant. Rien ne sert de continuer à soumettre l'enfant à un dispositif d'appui lorsque celui-ci ne permet pas en un trimestre de constituer une remédiation positive: mieux vaut faire le point et chercher à identifier quel train de mesures pédagogiques, voire thérapeutiques, pourrait jouer son rôle de remédiation active pour l'enfant.

Partenariat, interactivité avec les enfants et les adultes, bénéfice pour l'enfant du changement de personne et du changement de lieu selon les cas, dialogue et évaluation continue de la pertinence des dispositifs d'appui en place pour un enfant, le tout dans une visée de complémentarité et de non-compétition entre adultes, telles sont les règles de co-enseignement qu'on devrait se donner dans la co-laboration entre enseignants généralistes et non-généralistes.

Les spécialistes-consultants

Nous abordons ici le problème de la co-laboration interinstitutionnelle puisque ce personnel-là est parfois en lien avec des services des écoles, parfois en lien avec des services indépendants de l'instruction publique. Les premières bases de cette collaboration sont évoquées à propos des «incontournables» au niveau des titulaires de classe. Nous allons revoir ce problème cette fois du point de vue des «spécialistes», cela par rapport à l'équipement actuel d'une part, par rapport à une pratique de consultant dans les écoles d'autre part.

Le spécialiste, indépendamment de ses pratiques de diagnostic et de traitement, apporte à l'école le point de vue de la dynamique développementale de l'enfance et de la relation qui participent l'une et l'autre à une construction commune dans le champ de la psychopédagogie. Cette réflexion est le fait de tous: enseignants généralistes, enseignants non généralistes, spécialistes, conseillers pédagogiques et directeurs d'école (selon les besoins). A cette réflexion, les parents peuvent être associés à un titre (privé) ou un autre (associations de parents).

Le spécialiste n'a donc pas de pouvoir particulier, hormis le fait qu'il est plus ou moins extérieur au dispositif scolaire où il est consultant. Il ne vit pas la quotidienneté de l'école au même titre que les autres adultes intervenants. Cette extériorité relative lui permet d'avoir un autre regard sur les problèmes rencontrés, mais constitue bien plus une responsabilité dans les échanges qu'une supériorité de position.

Dans ce sens, le spécialiste ne peut faire de l'import-export «illicite» de concepts, de diagnostics ou de moyens d'action thérapeutique qui, dans le cadre scolaire, ne peuvent avoir valeur de remédiation positive. Par contre, il peut réfléchir avec les autres, dans un cadre non hiérarchique, aux tenants et aboutissants des situations particulières qui lui sont soumises en fonction de son expérience et de ses outils pour en proposer une **transposition fonctionnelle** dans le cadre où il se trouve, l'école. Il peut apporter les contributions de sa spécialisation pour éclaircir une situation en transposant ses connaissances dans une visée psychopédagogique.

Il s'agit pour le spécialiste d'écouter les uns et les autres des professionnels engagés dans le dispositif, de chercher à identifier les particularités de cadre et de situation qui sont en jeu par rapport à sa praxis usuelle et à ses souvenirs scolaires (dont il faut se méfier, dit-on). Il s'agit sur ces bases de réfléchir ensemble, *il ne s'agit pas de chercher à donner des solutions.* Cette réflexion doit servir à ouvrir pour tous les professionnels en présence des pistes de réflexion qui concourent à une remédiation positive en cas de difficulté avec un enfant, un groupe d'enfants ou le groupe des enfants du CSI. C'est aux enseignants de traduire ces pistes en termes d'action pédagogique productive.

Dans ce sens, les spécialistes ne sauraient avoir de rôle décisionnaire: leur voix est consultative, et leur apport qualitatif est à prendre en compte dans la réflexion d'équipe pour servir au mieux aux choix des enseignants, généralistes et non généralistes. Les spécialistes-consultants sont au service de l'enfance et de l'accès des enfants à leur statut d'élève, mais par le biais des échanges avec les professionnels de la pédagogie. Ils ont dans la règle une action médiate par rapport à ces buts plus qu'une action directe.

Il s'agit pour eux de s'intégrer dans la diversité réflexive du groupe auquel ils participent (cela de manière durable et non «cas par cas») en ciblant leurs apports à la fois selon les questions des autres et leurs questions de consultants spécialisés. Dans ce sens, ce n'est pas leur fonction de base qui est déterminante, mais bien leur disponibilité à s'intégrer dans un dispositif réflexif centré sur la réflexion psychopédagogique. Il y a création collective dans un tel processus, création qui dépasse un fonctionnement centré sur les attentes des uns et des autres.

Le consultant n'agira en *action directe* que sur la base d'un *contrat motivé par le groupe* auquel il appartient et auquel il peut souscrire sans réserve professionnelle ou déontologique. Mais cette action directe ne se fera qui si elle s'avère indispensable à la conduite de la réflexion et du processus de remédiation en jeu. Toute intervention directe sera reprise dans le cadre des échanges du groupe pour en faire une analyse de pertinence par rapport au projet enfant(s) concerné et au groupe des intervenants adultes. Dans le cas d'une action directe dans la classe, il est souhaitable que les parents soient avertis du fait qu'un consultant viendra en classe pour faire quelques tâches avec les enfants. En effet, il ne s'agit en aucun cas de conduire une action auprès d'un enfant particulier qui constituerait une forme d'examen sauvage dans la classe.

Il y a donc une différence nette à faire pour le spécialiste-consultant entre son action à l'école et son action d'examinateur/thérapeute dans le cadre de son travail, que ce soit par rapport à des services internes ou extérieurs à l'école. Idéalement, il ne devrait pas accepter de voir en bilan des enfants du cycle CSI où il est consultant, pour que les choses ne se mélangent pas dans la tête de ses partenaires de travail, ni dans la sienne.

Les apports des spécialistes-consultants servent à l'enrichissement et à la différenciation des processus d'enseignement assurés par les enseignants généralistes et non généralistes : par la différence de points de vue et de références personnelles, ces apports devraient permettre aux enseignants de construire sur une base élargie leur didactique et leur pédagogie par rapport aux enfants qui leur sont confiés, sachant que ce qui est mis sur pied pour un enfant particulier garde toute sa valeur comme outil didactique pour d'autres, maintenant comme ultérieurement.

Que penser des apports interdisciplinaires dans ces échanges ?

Il s'agit bien de constituer une équipe avec des personnes du dedans et du dehors de l'école, avec des références professionnelles (et personnelles) différentes qui réfléchissent ensemble aux problèmes rencontrés dans le développement de l'encadrement pédagogique avec les enfants. Ensemble, les membres de cette équipe ont pour charge de construire une réflexion psychopédagogique qui permette un mieux-être tant des enseignants que des élèves, des adultes que des enfants, dans le cadre du processus de scolarisation en cours. Il ne s'agit pas de querelles de clocher et de jeux d'influence, puisque personne *a priori* n'a de solution aux problèmes posés, mais bien d'une découverte et d'une réflexion partagées, où chacun a sa valeur et sa pertinence tout en la mettant au service de tous.

4. Les « incontournables » institutionnels

Ces « incontournables » concernent en priorité les conseillers pédagogiques, les commissions scolaires, les directeurs des écoles ainsi que les services du DIP. Ils sont formulés sous formes de **priorités**, sachant que la mise en application d'un tel dispositif demande du temps, et qu'il est souhaitable de confronter ces données au processus EVM en cours.

Sur le plan des structures

Priorité aux cycles de scolarisation initiale par groupe d'élèves de quatre à huit ans à degrés multiples, mais avec des objectifs généraux globaux et un enseignement récurrent.
Priorité à des groupes d'enfants de trente à trente-six élèves regroupant les enfants de quatre à huit ans.
Priorité à l'engagement de trois enseignants pour deux classes, dont un enseignant spécialisé (soit un 150 % par groupe d'enfants) pour intégrer la pédagogie « compensatoire » en classe.
Priorité aux dispositifs d'appui selon besoins en fonction des quartiers ou des communes, mais sur la base d'une définition consensuelle entre titulaires, non-généralistes et autorités.
Priorité à la collaboration avec des spécialistes-consultants délégués par les divers services existant (un spécialiste-consultant pour trois CSI).
Priorité au maintien des enfants dans le cadre de l'école correspondant à leur lieu d'habitat. Si le nombre d'enfants de quatre à huit ans est insuffisant pour assurer la masse critique, évaluer dans quelle mesure le groupe inclut d'autres enfants dans le dispositif.

Ces priorités impliquent que les enfants de quatre à huit ans au moins sont mis au bénéfice d'une scolarité intégrée par rapport à leur habitat.

Priorité à des locaux transformables et partageables : les classes fermées ne constituent qu'un cas particulier de scolarisation. Il s'agit de favoriser le décloisonnement et l'interactivité tant dans les groupes qu'entre les groupes d'élèves présents sur le lieu de scolarisation.

Priorité à l'intégration des responsables de locaux au dispositif d'utilisation comme partie prenante et fonction conseil.

Priorité à la connaissance des réseaux et ressources existantes, au dialogue et aux échanges pour construire les projets locaux à la fois en tenant compte des expériences extérieures et des conditions particulières aux lieux de scolarisation concernés (quartiers, communes, ...).
Priorité à la *construction* de projets sur l'*application* de projets: une école est un corps institutionnel unique qui ne peut être traité comme n'importe quel autre espace scolaire. Il y a à la fois des facteurs communs et des facteurs spécifiques qui doivent être pris en compte.

Sur le plan socioculturel

Priorité au maintien des enfants dans leur cadre de vie et de culture usuel: déplacer un enfant, c'est l'immerger dans un espace culturel plus ou moins différent du sien propre.
Priorité à la diversité des apports dans le cadre scolaire (enseignants généralistes et non-généralistes, parents, citoyens).
Priorité à la diversité sur l'identité pour apprendre à gérer différences et ressemblances.
Priorité aux échanges sous forme de visites, correspondances, «spectacles», expositions pour favoriser l'adaptabilité de tous.

Priorité à la curiosité sur la défense des valeurs historiques et traditionnelles pour garantir une ouverture de l'esprit et une formation mutuelle de l'école à la famille et de la famille à l'école. La relativité des valeurs est de règle.

Sur le plan éthique

Priorité à la créativité pédagogique sur la conformité méthodologique: une liberté des moyens d'enseignement est nécessaire en tenant compte du noyau central des moyens agréés par le DIP et des modèles didactiques proposés par les Ecoles de formation des maîtres (HEP vaudoise).
Priorité au pragmatisme situationnel sur le prestige et l'autorité: une école témoigne de son lieu d'insertion dans sa diversité et ses spécificités. Elle est au service de sa population d'abord. Il est bien difficile de faire de l'école un lieu de vie si d'autres impératifs servent de fondement à la définition des objectifs scolaires en jeu.

Priorité à la réflexion (chacun peut être miroir de l'autre) et à la fonction conseil sur la directivité et le contrôle. La pédagogie est un processus épidémiologique d'éducation où chacun doit pouvoir exister au plus près de sa conscience et de son identité professionnelle.
Priorité à la définition d'une visée éthique de la pédagogie et de l'enseignement sur une vision institutionnelle et « contrôlationniste ».

Comme on le voit à cet ensemble de priorités, le rôle des intervenants suscités est d'abord un rôle de réflexion et de fonction-conseil à la fois par rapport aux enjeux structuraux, aux enjeux sociaux et aux enjeux pédagogiques. Toute décision prise résulte donc d'un processus d'échange et de consultation, tant auprès des familles que des enseignants pour que la réalisation formelle du dispositif pédagogique réponde au mieux à la fois aux caractéristiques générales du système de formation et aux particularités du lieu d'implantation d'un bâtiment scolaire.

Chaque école a droit à un profil qui lui est propre, même s'il inclut les règles fondamentales définies par le DIPC, la commune ou la commission scolaire. Mieux vaut des écoles lieux de vie que des écoles entités administratives conformes où les enjeux pédagogiques se perdent au profit d'une conformité du personnel à une norme supposée. Les enseignants se doivent d'être des agents de changement d'abord, sans anarchie ni utopie, s'ils souhaitent être honnêtement au service de la promotion de l'enfant, notre avenir à tous.

5. Les « incontournables » de la formation

Nous aborderons ces incontournables en deux temps : celui des connaissances nécessaires à l'exercice de la fonction d'enseignant en cycle de scolarisation initiale et celui des aptitudes que les candidats doivent développer à cet effet.

Les connaissances

L'enseignant a besoin de très bonnes connaissances dans le domaine du développement de l'enfant de sa conception à l'âge de dix ans : l'avant-école et l'après-CSI sont des connaissances essentielles pour savoir situer correctement l'enfant de quatre à huit ans dans son évolution et son développement. Ces connaissances portent tant sur le plan sociorelationnel que socioaffectif (en particulier par rapport au rôle de la violence et de l'agressivité dans le développement de l'être), sociocognitif (qui n'est pas identique au développement de l'intellect ou du mental), socioculturel, sociocorporel et sociospirituel (ce qui n'est pas les religions ni le religieux). Avec ces connaissances (au-delà de savoirs mémorisés) l'enseignant pourra, quelle que soit sa surprise dans ses rapports avec des enfants, respecter fondamentalement l'autre dans son actualité et son devenir, que ce soit sur le plan existentiel ou argumentatif.

L'enseignant a besoin de très bonnes connaissances de la dimension situationnelle de l'éducation au carrefour des valeurs éducatives familiales, sociétales et scolaires pour les intégrer en réseau de connaissances : il peut alors jouer activement son rôle de parentalité scolaire et de partenariat tant à l'intérieur qu'à l'extérieur des structures scolaires, au profit de tous, son angle d'approche étant aussi ouvert que possible.

L'enseignant a besoin de très bonnes connaissances culturelles, civilisationnelles et savantes pour savoir les repérer dans les préoccupations des enfants et des adultes concernés, puis en donner une transposition positive dans le champ didactique et relationnel de la pédagogie.

L'enseignant a besoin de très bonnes connaissances didactiques et méthodologiques, y compris dans le domaine de la recherche-action et de l'observation, de manière à être capable de créer ses outils d'enseignement à partir de règles générales didactiques qui soient opérationnelles pour la population dont il s'occupe et comparables dans leurs intentions aux moyens d'enseignement usuels.

L'enseignant a besoin de très bonnes connaissances (au-delà des savoirs) sur les objectifs de l'enseignement définis pour les enfants de quatre à huit ans (incluant les objectifs romands de l'enseignement dit « préscolaire ») pour savoir en définir les priorités, les interrelations formatives majeures, ainsi que leurs tenants et aboutissants fonctionnels du point de vue de l'engagement didactique et méthodologique d'une part, de la prise en compte des niveaux de compétences des enfants d'autre part.

Les aptitudes

L'enseignant dans sa formation doit pouvoir promouvoir son aptitude à concevoir et gérer son enseignement comme un processus interactif, tant au niveau des relations avec les enfants qu'entre les enfants, et tant au niveau des échanges entre adultes, généralistes, non-généralistes, spécialistes et personnel d'encadrement institutionnel. Le savoir est le fait de chacun à son niveau de compétence, la connaissance est l'affaire de tous par le biais des échanges et des découvertes que permet l'interactivité pédagogique.

L'enseignant dans sa formation doit pouvoir promouvoir ses capacités d'observation et de classification de celle-ci dans une visée à la fois évaluative et propositionnelle : de la qualité de son observation et de la pluralité des hypothèses que celle-ci permet, dépend la qualité du propos didactique, méthodologique et pédagogique qu'il peut soumettre à ses élèves.

L'enseignant dans sa formation doit pouvoir promouvoir sa capacité de créer et gérer un matériel didactique qui sous-tende des situations d'expérience pédagogique à valeur hautement formative pour les élèves, sans tomber ni dans la simplification, ni dans une complexité qui limitent les capacités d'interactivité productive des élèves. Sur cette base, l'enseignant doit comprendre que la connaissance est une structure cybernétique de mises en lien sous la forme d'une sphère interactive où tout peut être en lien avec tout.

L'enseignant dans sa formation doit pouvoir promouvoir son aptitude à aborder les domaines de savoir tels que : le langage oral sous toutes ses formes, le lire-écrire, le logicomathématique, les médias, l'environnement, l'histoire (du corps, du monde, des mythes et religions), la dynamique (psycho)corporelle (rythmique, expression corporelle, éducation physique, éducation par le sport d'une part, motricité fine dans le cadre des activités graphopicturales, travaux manuels divers) conformément aux savoirs actuels, à leur transposition positive par rapport à des enfants « jeunes », à la diversité des modalités d'appropriation des savoirs et connaissances par les apprenants, adultes et enfants, tout en laissant toujours ouverte la porte à la relativité des acquis scientifiques et savants.

L'enseignant dans sa formation doit pouvoir promouvoir son aptitude à soutenir la curiosité des enfants, nourriture fondamentale de leur intelligence, dans tous ces domaines de base, de manière à favoriser des échanges mutuels et solidaires réciproquement formateurs entre enfants d'une part, adulte et enfants d'autre part. Il doit leur garantir des temps-sujet de travail qui permettent aux plus avancés de consolider leurs acquis et développer des compétences complémentaires aux compétences de base, aux moins avancés de stabiliser leurs acquis et promouvoir leur confiance en leur compétence d'élève pour accélérer leur professionnalisation. Il saura amener les enfants à apprendre au sens de la connaissance plutôt que du savoir mémorisé, à apprendre à apprendre de manière économique, et enfin à apprendre à accompagner leurs camarades dans leur travail, sachant que seul ce qui est facile à expliquer est réellement compris.

L'enseignant dans sa formation doit pouvoir promouvoir son aptitude à accompagner et animer le groupe d'enfants (neuf ou dix élèves de chaque classe d'âge) dans sa totalité ou en sous-groupes, que ceux-ci soient à niveau ou hétérogènes en compétences, dans la complémentarité et le respect des ressemblances et différences. Il doit pouvoir animer des assemblées de classe qui permettent l'élaboration d'une charte des droits et devoirs des adultes et des enfants dans le lieu classe, charte susceptible en continu de modifications et de compléments pour l'adapter au vivant du groupe. Il doit pouvoir, en interaction avec les enfants, remettre chaque année sur le métier cette charte sachant que les enfants les plus âgés auront quitté le groupe et qu'un groupe de nouveaux est arrivé. En effet, cette charte se doit d'être le reflet actuel du groupe concerné et tenir compte de la convention des droits de l'enfant de l'ONU, tout en la mettant en action dans le cadre du groupe, lieu de vie et de formation des enfants.

L'enseignant dans sa formation doit pouvoir promouvoir son aptitude à gérer des groupes d'adultes, collègues, spécialistes et parents selon les mêmes règles de respect et de pertinence que l'accompagnement des enfants. Il doit parvenir à dépasser un fonctionnement par réaction au profit d'un fonctionnement proactif, en particulier en cas de séduction ou de conflit avec les uns ou les autres de ses partenaires.

L'enseignant dans sa formation doit pouvoir promouvoir son aptitude à évaluer de manière dynamique et formative les acquis actuels des élèves pour qu'ils accèdent à une auto-évaluation formative respectueuse de soi, d'autrui, du groupe et des référents institutionnels usuels. Seul un élève qui peut s'évaluer lui-même par rapport à soi, par rapport aux camarades, par rapport à une norme évoquée peut vivre de manière promotionnelle l'évaluation faite de lui. Dans le cadre du cycle de scolarisation initiale, cette évaluation formative et autoformative se doit donc d'être toujours participative. L'enseignant saura dialoguer avec ses partenaires en matière d'évaluation de manière à en garantir pour chacun la dimension formative.

L'enseignant dans sa formation doit pouvoir promouvoir son aptitude à exister personnellement et professionnellement face à et dans son groupe, tant en situation d'enseignement que de co-enseignement. Il doit pouvoir se présenter suffisamment comme personne et professionnel pour se garantir et garantir aux enfants une praxis pédagogique qui soit à la fois vivante, pertinente et humaine. Apprendre, même à l'école, c'est apprendre la vie : c'est plus facile quand on sait avec qui, sur le plan humain et sur le plan de la fonction, on vit cet apprentissage. N'oublions pas que les enfants consacrent aux enseignants quatre à dix heures de leur vie quotidienne, et sachons en faire autant, toutes proportions gardées.

Voilà les fondements de la formation des enseignants qui sont préconisés pour les candidats à l'enseignement dans le cadre d'un cycle de scolarisation initiale, fondement de la capacité de l'enfant à se construire en tant qu'élève. On ne saurait donc se satisfaire d'un « modèle standard » d'enseignant en vigueur qui tend à privilégier l'application pédagogique sur la créativité pédagogique, l'usage de moyens d'enseignement sur la réflexion didactique, et enfin le dirigisme autoritaire ou le laxisme pseudolibertaire sur l'interactivité et le partenariat.

L'enseignant du CSI ne peut faire l'économie de la pédagogie, à la différence peut-être des enseignants qui se centrent sur la transmission formelle d'un savoir constitué. C'est pourquoi les enseignants du CSI méritent un salaire à la hauteur de leur tâche qui s'avère beaucoup plus complexe que celle de la transmission d'un savoir. Pourquoi ne pas envisager dès lors un seul et même salaire pour tous, enseignants du primaire et du secondaire, le type de diplôme obtenu ne jouant son rôle que pour la définition des annuités des uns et des autres ? Les universités ne se préoccupent d'andragogie que depuis fort peu de temps. Avant, la pertinence du savoir suffisait. Alors pourquoi considérer que l'apport universitaire mérite un tel niveau de prestige et de salaire, alors que c'est la qualité de l'enseignement au début de la vie de l'élève qui garantit à la fois la santé du dispositif de scolarisation et le bénéfice sociétal qu'on peut en tirer ?

Après le rappel de ces « incontournables » qui constituent les thèses principales de ce rapport, nous allons les replacer dans la perspective d'un discours plus général sur le système scolaire.

✦✦✦

2 L'école : un espace de dynamique inter-faces

Le problème majeur que vivent les enseignants et l'institution scolaire est généralement celui de la *différence*. L'histoire de l'école, centrée sur une « sélection des cadres en continu », une reproduction des strates sociales et professionnelles malgré ses intentions humanistes et égalitaires, a fait que la différence a mauvaise presse : elle gêne tant dans les rapports sociaux que les rapports au travail intellectuel. Elle suscite des réactions « politiques » dans le sens du rapport entre une majorité supposée et des minorités plus ou moins agissantes. Elle met en doute tout processus d'uniformisation collectiviste du moment où elle admet le droit à la différence (avec son cortège de devoirs divers). La langue française est pauvre : utiliser le terme « différence » pose la « norme » et la distance relative qui existe entre norme et différence.

C'est un bien mauvais mot, en particulier dans le cadre d'une institution de formation : il faudrait une juste alternative au mot « différence » (qui est une définition négative), qui puisse porter un changement de mentalité en même temps. Tout parent, tout pédagogue, tout enseignant ne devrait-il pas centrer son observation et son action sur le terme de « ***ressemblance*** » qui permet de percevoir et d'apprécier ce en quoi l'autre nous est proche et, par là même, de centrer actions et interactions sur ce qui est commun d'une part, sur la révélation positive du dissemblable d'autre part ? Dans une telle perspective, l'être humain en contact avec d'autres humains va à la recherche de ce qu'il peut partager avec l'autre (il se met en position de co/pain) tout en se réjouissant du développement de sa connaissance de l'autre, qui nourrit sa curiosité légitime.

Il y a dès lors une base d'interactions formatives entre sujets concernés, car la ressemblance de l'un et de l'autre permet en retour l'acceptation des particularités de l'un et de l'autre. Ce qui ne nous est pas commun est une occasion de découverte et d'enrichissement personnel de ce qui nous est commun.

Dans une telle perspective, l'école peut se centrer sur une *pédagogie interactive*, au sens du CRESAS [103] : il n'y a pas de manière stricte des enseignants d'un côté, des enseignés de l'autre. Il y a formation mutuelle, chaque intervenant dans le lieu de formation pouvant selon les moments jouer le rôle d'enseignant ou d'enseigné. Le processus d'apprentissage est ainsi participatif. Si ce qui est ressemblant permet d'en faire un bien commun, c'est sur les objets dissemblables surtout que la diversification des rôles formateurs pourra se réaliser. Cette acceptation de ce qui est ressemblant promeut l'acceptation du dissemblant, que ce soit par rapport aux enfants entre eux, aux échanges entre adultes et enfants ou aux échanges entre adultes, dans et hors du cadre institutionnel scolaire.

Du coup, et naturellement, l'école peut s'autoriser à devenir fondamentalement *interculturelle*, puisque dans toute culture, d'où qu'elle soit originaire, il y a du semblable d'abord, du dissemblable aussi. L'interculturalité de l'école constitue une clause «d'égalité des chances», puisque l'autre est accueilli d'abord comme proche de nous pour ensuite découvrir le charme des «différences». Elle constitue aussi une occasion rêvée de différenciation pédagogique et d'intégration culturelle. Si les stéréotypes usuels sur le «Suisse allemand» étaient oubliés progressivement au profit d'une découverte des ressemblances d'abord, de la découverte des dissemblances ensuite, les petits Romands n'apprendraient-ils pas plus facilement l'allemand en classe, plutôt que de bachoter, ânonner et râler? Si, dès le début de la scolarisation, l'enfant se rend compte que l'autre d'abord lui ressemble, il peut s'intéresser à ce qui est différent avec plaisir. Le plaisir de la découverte.

L'école dès le départ peut donner un statut aux différences linguistiques et s'engager dans un plurilinguisme actif où chacun sera apprenant, personne ne maîtrisant toutes les langues et dialectes, voire les usages particuliers que certains font de la langue. Il y a alors «égalité des chances», puisque tout le monde est apprenant. Bien sûr, il y aura une langue dominante, qui est celle du milieu de vie. Mais elle n'exercera pas une pression dominatrice sur l'expression des uns et des autres, puisqu'elle sera une langue (essentielle dans les échanges sociaux locaux) parmi d'autres. L'école peut donc développer une pédagogie inter-langues qui constitue une base aux apprentissages de deuxième et troisième langue ultérieurs. Si dès le cycle de scolarisation initiale les enfants se sont fait l'oreille aux différences de sonorités et de structures d'autres langues, ils seront d'autant plus compétents pour apprendre les langues (et, essentiel pour notre survie confédérale, les autres langues nationales).

De même, l'engagement interculturel permettra à l'école d'accéder à une *interconfessionnalité laïque*: les différences de religion ne sont rien d'autre que des différences de culture et de langage. Que ce soit en lien avec l'un ou l'autre des trois monothéismes (christianisme, judaïsme ou islam), ou avec d'autres modes de penser philosophiques ou religieux : l'animisme, nous le vivons tous enfants (on se rappelle des observations de PIAGET[123] sur le jugement moral chez l'enfant par exemple). Le polythéisme n'est pas absent de nos sociétés où on divinise des produits de consommation parfois. Notre histoire d'avant le judaïsme était polythéiste, chaque force de la nature, chaque force humaine pouvant être associée à un dieu, à la fois tutélaire et jaloux. Le bouddhisme est prioritairement une philosophie : quand on voit le nombre de personnes qui s'intéressent (et heureusement) aux arts martiaux, au zen, au taï chi, on perçoit l'intérêt que revêt pour nous une philosophie orientaliste, même si elle ne saurait nous faire perdre nos propres racines philosophiques et culturelles. L'hindouisme recèle des richesses inouïes, ne serait-ce que parce qu'il intègre joyeusement des « dieux d'ailleurs » dans son cénacle divin.

Chaque religion, chaque philosophie a son histoire. Chacune représente une organisation de l'homme pour garantir à la fois sa vie, son identité et ses capacités de partage. L'histoire regorge de folies guerrières jouées sous le prétexte de la foi, et qui ne cachent que bien mal des prétextes économiques ou de prédominance sociale. Autant mieux connaître les autres religions comme objets d'histoire et de philosophie, comme objets de foi aussi, pour éviter les replis intégristes, les esprits de clocher et les convictions bien-pensantes.

Les humains actuels semblent en manque de croyance et de foi : ils s'abandonnent parfois à des sectes en tous genres qui, pour certaines, sont aussi honnêtes dans leurs convictions que leurs moyens. Pour d'autres, la façade est remarquable, mais les moyens en jeu le sont moins. Il n'y a qu'à observer les remous autour de la scientologie pour identifier combien une appartenance devient vite dans l'esprit des autres une sectarité : retour de la différence et du jugement. Il y a en tout du bon et du moins bon. Mieux vaut avoir à l'esprit les limites relatives de systèmes différents pour prendre ses responsabilités face à soi-même. Le travail de retournement est intime et personnel. Il ne se fait pas en lien avec la séduction d'un groupe plus ou moins ouvert, plus ou moins sectaire. Connaître et comprendre le sectarisme est peut-être la meilleure manière de ne pas en être victime.

L'interculturalité de l'école doit porter sur l'interconfessionnalité, mais poser un regard interrogateur et intelligemment critique sur les chemins complexes du sectarisme et son identification à des valeurs protectives pour des humains plus ou moins solides ou fragiles.

L'école sera aussi *intersensorielle*: toute information sensitive a un sens pour le vivant, toute information mérite un cadre, une recherche, un apprentissage. L'Education Des Perceptions l'a bien compris: elle se pratique en classe dans une perspective intermodale. On ne peut pas découper un sujet en tranches olfactives, gustatives, tactiles, kinesthésiques, auditives ou visuelles. Un être humain est un tout, avec l'ensemble de ses moyens perceptifs et expressifs. Dans la communication, le sujet utilise autant l'infraverbal que le verbal. Il fait des gestes de la main ou du bras, il a une mimique du visage, il accompagne son discours de mouvements du corps. Il module sa voix.

L'école a pour mission d'éduquer autant les perceptions que le corps, l'intelligence et l'esprit. Elle utilise pour ce faire autant les activités artistiques que celles d'environnement, les savoirs «scientifiques» que les savoirs culturels. Il n'y a pas de raison de distinguer des «branches de premier, deuxième ou troisième groupe»: ce sont les vestiges d'un découpage de savoirs qui ne prenait pas en compte la promotion de la connaissance et de l'équilibre fondamental que tout sujet doit pouvoir construire sur différentes bases. Mathématique et langage ont tout leur sens, mais physique, environnement, chant, rythmique, éducation physique, éducation par le sport, peinture, musique, et d'autres encore, sont les garants d'un développement harmonieux de la personne. La scolarisation va de pair avec la formation de *généralistes,* pas de spécialistes de telle ou telle branche qui regardent avec dédain le menu peuple des généralistes...

L'école sera aussi *internationaliste*: parler d'histoire ou d'environnement, de culture ou de reliefs géographiques peut (et doit) être abordé dans une perspective «mondialiste»: reconnaître cette fois encore le commun et le particulier à tel ou tel lieu, à tel ou tel pays, c'est mettre en avant **au départ** la reconnaissance du semblable pour traiter ensuite seulement des différences. Les enfants sont d'abord citoyens du monde avant d'être citoyens de leur lieu d'habitat. Il ne s'agira pas d'exacerber les «nationalismes», mais bien d'avoir en vue ce qui fait la proximité des peuples et des «nations» dans la perspective d'un «monde des régions» (par analogie à Denis de Rougemont). Une pensée internationaliste constitue peut-être le meilleur moyen d'éviter les outrances du nationalisme...

Pour garantir ce faisceau de compétences, lié tant aux apports des adultes que des enfants, l'école devra fonctionner sur une base *interdisciplinaire*: si l'on souhaite promouvoir les savoirs et connaissances des uns et des autres, on ne peut pas considérer qu'un individu soit porteur de tout. Le trio d'enseignants proposé constitue une première approche interdisciplinaire. La co-laboration définie entre enseignants généralistes et enseignants-spécialistes est un deuxième espace de co-laboration. La co-laboration entre enseignants et spécialistes, celle avec les parents et les habitants de la commune ou du quartier, celle avec la direction d'école ou les structures sociopolitiques des communes, constituent autant d'occasions et d'espaces de collaboration interdisciplinaire à promouvoir. Chacun, adultes et enfants, apporte son offrande à la collection des trésors qui habitent chacun d'entre nous en termes de savoirs et de connaissance. Ces apports et ce partage constant (ce qui ne signifie pas pour autant que les apports des uns et des autres doivent être identiques en quantité et en qualité, ce qui constituerait une négation de la dimension mutuelle de la formation) permettront à l'école une diversification à tous les niveaux et l'approcheront d'autant des réalités complexes de la vie quotidienne. L'école pourra d'autant mieux jouer son rôle de miroir de civilisations et d'organisateur de données pour les enfants et les adultes. Elle pourra déclarer clairement son souhait d'aider à catégoriser, classer, sérier les données en jeu. Elle assumera clairement son rôle de formation à la pensée réflexive et aux compétences métacognitives des uns et des autres.

Cette interdisciplinarité fonctionnelle permettra à l'école de jouer son rôle de rassemblement social, sans pour autant procéder par un nivellement culturel. Elle devient un espace interdisciplinaire non hiérarchique qui place son sens et son essence tant dans l'équipe des interacteurs en présence que sur les qualités personnelles de chacun.

Dans ce sens, l'école peut devenir un espace *interinstitutionnel* sans pour autant y perdre son identité. Pour qu'il y ait équipe, il faut qu'il y ait coopération entre personnes (la dimension interdisciplinaire) et coopération entre institutions. Cette coopération interinstitutionnelle permettra en effet de donner un cadre contenant aux échanges multiples qui sont en jeu. Ce cadre ne saurait figer le régime des échanges, mais permettra de promouvoir un réseau identifiable de relations et de connexions utiles. Un cadre a d'autant plus de sens qu'il garde sa souplesse malgré son institutionnalisation progressive. C'est un pari important, puisqu'il porte à la fois la dimension de continuité et de créativité d'un tel dispositif interface.

L'interactivité garantit une dialectique constructive, tout particulièrement lorsqu'elle va de pair avec un réglage fin du rapport de distance à proximité.

Selon DUCRET[124], «la dialectique de la distance et de la proximité émerge comme l'un des pivots de la *modernité*». Si l'auteur en parle en termes de pensée plastique, cette assertion peut être prise en compte en tant que telle dans le processus de scolarisation défini: il faut voir loin pour voir de près (quel que soit l'objet savant ou social en jeu), et ce double regard garantit la «modernité» d'un système (de pensée ou institutionnel). DUCRET oppose «modernité» à «contemporanéité»: celle-ci constitue un faisceau expérimental destiné à s'intégrer dans le cadre général (de l'art), alors que la modernité constitue ce cadre général porteur d'un état de fonctionnement optimal du système concerné. L'école n'a aucune raison de défendre le flux mouvant de la contemporanéité. Elle a toute les raisons d'être porteuse de modernité, avec son mouvement d'accommodation et d'assimilation, par rapport aux faits et gestes du monde actuel dans la diversité de ses dimensions existentielles.

La prise en compte de ces faits et gestes doit permettre à chacun, enfants et adultes, de travailler aux savoirs et à la connaissance dans la perspective d'un *matérialisme dialectique ascendant* selon COMTE-SPONVILLE[125]. Il ne s'agit nullement de s'arrêter à une visée matérialiste (voire consumériste) des choses. Il s'agit de prendre en compte chaque moment de notre vie quotidienne, chaque objet de connaissance comme une occasion de réflexion sur la place et le sens de l'événement par rapport à la construction d'un projet de vie personnel et social (SARTRE[126]). C'est parce qu'un fait, un objet, un acte permet une réflexion abstractive (et par là même comparative) qu'il peut y avoir dialectique. C'est parce que cette dialectique permet au sujet le nourrissement de son projet de vie que celle-ci prendra une valeur ascendante. Le sujet apprenant travaille à son mieux-être. A tous les niveaux.

Une telle perspective rend nécessaire (et permet par là même) une dynamique des échanges qui se fait dans le sens de la solidarité, de la mutualité des apports et des rôles. Chacun peut de bon droit être co-dirigeant, suiveur ou temporairement marginal. Les enfants vivent une saine émulation (ascendante) à la compétitivité dans le respect d'autrui. L'autre n'est pas là pour être écrasé et dominé. L'autre est là parce qu'il fixe une distance productive entre ce que je suis et ce qu'il est. Où l'on retrouve SAINT-EXUPÉRY[62] et son éloge de la différence...

Sur le plan pédagogique, on peut dépasser une pédagogie centrée sur la compétition et l'appropriation quand celle-ci est vécue par l'élève pour être le meilleur, au mépris des autres. Une telle vision de l'acte pédagogique, du point de vue de l'adulte comme de l'enfant, va de pair avec une autre philosophie de l'éducation. Elle a toujours existé, mais souvent en contrepoint, comme une tendance minoritaire. Il est temps de procéder à un retournement tant idéologique qu'institutionnel: la mutualité et la solidarité en pédagogie sont premières. La compétition n'est qu'un outil particulier dans le jeu de l'interactivité mutuelle et solidaire.

Une telle philosophie de l'éducation entraîne dans son mouvement une autre conception de la citoyenneté et des droits et devoirs du citoyen dans la microsociété école et, plus tard, dans la macrosociété humaine.

✦✦✦

3 L'école : du primat de ... à la primauté de ...

Si l'on reprend « en bref » l'ensemble d'intentions définies plus haut, on peut les reformuler par rapport au sens de l'histoire (mais encore de l'actualité) de la pédagogie. L'élève que formera l'école du XXIe siècle, dans le cadre du cycle initial de scolarisation en tout cas (mais pourquoi pas dans son ensemble ?) devrait favoriser chez l'apprenant comme chez le citoyen le passage :

du primat de l'obéissance et de la conventionnalité *à la primauté* de la créativité-interactivité,
du primat des savoirs *à la primauté* de la co/naissance,
du primat de la réceptivité/passivité *à la primauté* de la curiosité/découverte,
du primat de la construction de l'identité par la différence *à la primauté* de la construction de l'identité par la ressemblance,
du primat de la compétition/hiérarchisation *à la primauté* de la compétitivité/solidarité,
du primat de l'égocentration *à la primauté* de l'égodécentration,
du primat de l'ethnocentration *à la primauté* de l'ethnodécentration,
du primat de la sélection/différence *à la primauté* du respect d'autrui dans le jeu ressemblance/identité.

Cette fois encore, les droits et devoirs du citoyen changent. Technologie et technicité deviennent clairement des moyens de la pédagogie. Elles font partie de la caisse à outils du bon ouvrier-élève. Mais ces objets n'ont de sens que s'ils servent aux développements du sujet, de son identité et de sa capacité de partage constructeur avec autrui. Fins et moyens ne sauraient être confondus.

L'épuration des lignes dans les travaux de LE CORBUSIER (cité par DUCRET[124]) met en jeu les théories de la connaissance. L'épuration des lignes (de conduite) en pédagogie met en jeu les théories de la co-naissance. Il y a donc une tension productive à trouver entre les divers comportements d'élèves et d'enseignants pour passer de statuts « primats actuels de ... » à la primauté de systèmes intégrés qui renforcent d'autant l'identité de chaque acteur en jeu et sa compétence d'interactivité et de solidarité. Les droits et devoirs de chacun constituent un système évolutif. Il n'y a pas de loi morale figée, mais une charte en construction continue de par l'évolution du système pédagogique et institutionnel. Il y a épuration progressive des lignes de conduite pour prendre en compte les priorités essentielles de manière à mieux respecter (et interagir avec) les spécificités des uns et des autres. Sans danger de déstabilisation institutionnelle ou d'éclatement personnel.

Toute pédagogie doit définir ses lignes de force et ses priorités. Que ce soit au niveau des contenants ou des contenus. Le GRAP a constitué une première tentative de classement des programmes pour distinguer fondements, sensibilisations et stabilisations. Une pédagogie interactive implique une définition d'autant plus claire des lignes de force en jeu, du point de vue des contenants, des contenus et de l'origine (adulte/enfant) de ceux-ci. Une interactivité est à la fois une structure et une règle de structuration pédagogique. Elle sert tant à l'expression qu'à la structuration si l'on reformule les intentions pédagogiques par analogie avec *Maîtrise du Français*.

L'enfant et son devenir d'élève sont la marque de ce système éducatif. L'enfant est un sujet intégrateur et actif. Il s'y met très tôt, puisque déjà dans le sein maternel, il agit selon ces deux critères fondamentaux. A plusieurs titres on peut considérer son chemin d'hominisation comme une construction de pyramides. Celles-ci ont une base et quatre faces qui se rejoignent pour en constituer le sommet. On peut évoquer par exemple les pyramides suivantes:

BASE:	*Soi originaire*	*Posturalité*	*Cognition*
Côtés:	*Différenciation paternelle*	*Sexualité*	*Physicalité*
	Différentiation maternelle	*Affectivité*	*Créativité*
	Différenciation fratrie/pairs	*Intellectualité*	*Linguispéculativité*
	Différenciation magistrale	*Spiritualité*	*Logicomathématisation*

D'autres pyramides seraient possibles. A chacun d'en imaginer... si cette mise en forme est l'occasion de mieux percevoir les richesses de l'enfant et leurs mises en lien. *Religare.* Chaque individu est relieur. A sa manière. Selon ses possibilités et son style propre. Nous en sommes assistants, dans les deux sens du terme: nous sommes spectateurs de leur évolution (et vivons la nôtre en harmonie avec la leur) et nous leur devons assistance sur le chemin de leur hominisation progressive, à leur manière. Ils ne sont pas là pour nous singer, mais pour recréer.

C'est à ce prix que l'enfant (comme l'adulte) peut être intégrateur et actif. Sur tous les plans, du savoir savant aux échanges relationnels, de la curiosité de la découverte à la force de création. Au bénéfice de tous, nous y compris.

✦✦✦

4 Pour que l'école soit lieu de vie...

Toute institution aura toujours ses limites. C'est la règle. Toute institution a pour responsabilité de transcender ses limites. C'est aussi la règle. Plus l'institution scolaire s'ouvrira à l'interactivité, plus « facile » sera le dépassement de ses limites. PIAGET dans « Psychologie et Pédagogie » considère le développement de l'humain comme une spirale montante élargissante (une image proche du matérialisme dialectique ascendant de COMTE-SPONVILLE). Ce qui est vrai pour l'humain ne l'est-il pas pour les institutions qui le forment ? Que ce soit la famille, les groupes sociaux, ou l'école.

Pour que l'école soit lieu de vie, le développement de *contrats de co-laboration* est fondamental. Ils permettent de définir les règles d'insertion socioéducatives et culturelles dans la continuité des triangulations originaires. Ils peuvent garantir les dispositifs d'accueil, que ce soit sur le plan socioéducatif ou scolaire : accueillir un enfant, sa famille et sa culture, c'est ouvrir la porte toute grande aux spécificités d'autrui, aller à la recherche des ressemblances et des différences qui nous unissent. C'est renoncer au jugement porté sur l'autre, avec tous les bénéfices producteurs que permettent le respect à autrui et la recherche de convergences partageables. De les partager aussi.

C'est l'importance des interactions multidirectionnelles entre enfants et adultes, entre enseignés et enseignants, chacun pouvant jouer l'un et l'autre des rôles selon les moments. C'est encore la continuité relative du cadre institutionnel pour permettre *le changement dans la continuité et la continuité dans le changement.* C'est l'explicitation des règles de fonctionnement scolaire (souvent maintenues implicites) pour que chacun puisse accéder à sa manière à l'*excellence scolaire*, si tant est que celle-ci se définisse par la capacité d'un élève d'être actif et joyeux tout au long de sa scolarité. Actif et joyeux parce que respectant et respecté. Solidaire. Souvenir du *« un pour tous, tous pour un »*.

La puissance d'un système réside dans la richesse et la diversité de ses interactions. Dans sa transparence relative et sa dynamique de réseau. Dans sa souplesse de contenant.

Si le Cycle de Scolarisation Initiale des enfants de quatre à huit ans obéit à cet ensemble de règles, avec sa structure et son dynamisme adaptatif, l'enfant peut se professionnaliser dans son rôle d'élève sans avoir à opposer: être et faire, avoir et partager. Ces valeurs, c'est à ces âges-là qu'il faut les vivre. Pour les vivre vraiment plutôt que d'en faire des modèles et des théories. Pour ne pas rester velléitaire, dans l'attente d'un changement que d'autres construiront. L'esprit qui souffle dans ce travail n'est pas différent de celui qui anime les responsables du nouveau RRM. De ce qui se passe en Europe aujourd'hui en matière d'éducation scolaire et professionnelle. Alors, pourquoi pas nous? Pourquoi ne pas caresser l'idée de trois cycles successifs de scolarisation? Pourquoi ne pas penser une année d'intégration des adolescents dans le milieu du travail avant d'accéder au cycle de maturité? Il y a plus à gagner qu'à perdre dans une modernité bien comprise, intégrée à la vie et au service de l'homme.

Dr Léo BARBLAN

Lausanne, juin 1996

ANNEXES

Remarque sur les explications terminologiques

Les définitions proposées par l'auteur obéissent essentiellement à une règle de clarification terminologique en fonction du texte proposé, pour que les non-spécialistes puissent en saisir au mieux les intentions. Pour tous ceux qui le souhaiteraient, le recours aux ouvrages de référence ne peut être que recommandé, en particulier par rapport aux dictionnaires de la psychologie, de la pédagogie et de la psychanalyse.

Explications terminologiques

Accomodation : capacité du sujet de prendre en compte la réalité extérieure pour adapter ses stratégies en conséquence, en tenant compte de la résistance du réel par rapport à son cadre de référence propre. Ce mécanisme est à l'œuvre sur le plan biologique dès la vie intra-utérine et sur le plan psychologique dès la période sensorimotrice du développement de l'enfant. L'assimilation équilibre l'accomodation en rapportant le réel aux structures internes du sujet.

Acculturation : il s'agit d'un processus d'approche culturel lorsqu'un sujet est concerné par une forme ou une autre de déplacement par rapport à son lieu et sa culture d'origine. Selon le sens donné au préfixe « a », ce processus sera vu comme privatif (perte de sa culture d'origine du fait de l'insertion dans le nouveau lieu de vie) ou au contraire, comme un processus d'approche positive (ad) de la nouvelle culture d'insertion du sujet.

Adultocentré : les processus d'apprentissage, de socialisation ou de relation sont souvent définis du point de vue des adultes et appliqués aux enfants sans donner lieu à un réaménagement conceptuel : il s'agit d'une forme d'import-export illicite de valeurs ou de conditions qui procèdent d'une généralisation abusive et d'un manque de décentration de la part des adultes.

Allocutaire : dans le schéma de communication verbale, l'allocutaire est celui qui, étant à l'écoute du locuteur (celui qui parle) et de son interlocuteur (celui qui est en situation de dialogue avec le locuteur) reste silencieux comme un observateur extérieur.

Andragogie (Canada) : si la formation et l'éducation des enfants est nommée pédagogie, la formation des adultes relève quant à elle de l'andragogie, du mot grec « andros » signifiant l'homme au sens adulte.

Appropriation : face au monde extérieur, l'enfant comme l'adulte peuvent chercher à s'approprier soit des objets, soit des personnes : ce mode de faire peut se situer au niveau matériel ou au niveau psychologique, marquant alors les sentiments et les affects des sujets concernés.

Assimilation : tout sujet vivant organise sa perception du monde selon des critères qui lui sont propres et tiennent à son organisation cognitive et relationnelle. L'assimilation est un processus de prise en compte du réel selon ces règles et structures internes, ce qui peut conduire à déformer la nature des objets physiques, logiques ou symboliques et relationnels concernés en fonction de l'état actuel d'organisation du sujet. L'accommodation rétablit l'équilibre du rapport entre sujet et objet.

Cénesthésie: il s'agit d'un de nos six sens: il correspond à toutes les sensations internes du corps qu'on peut ressentir indépendamment ou conjointement avec l'audition, la vision, l'olfaction, la gustation ou le toucher.

Champ vibratoire: l'être humain fonctionne à la fois sur un plan biochimique et sur un plan bioélectrique, en particulier par des échanges d'ions négatifs ou positifs. Nous avons dans notre corps des doses plus ou moins importantes de métaux qui motivent des variations du potentiel de membrane en particulier au niveau cellulaire. Nous générons donc un champ magnétique vibratoire que d'aucuns nomment « le corps énergétique » et qu'on peut rapporter dans le langage populaire à l'idée d'avoir « des atomes crochus » avec untel.

Chronobiologie: le corps humain est régi par différents rythmes que ce soit au niveau du métabolisme biochimique ou neurovégétatif. La chrono-biologie cherche à définir quelles sont les variations de ces différents rythmes chez l'individu selon la journée, la saison ou les années. On parle en particulier des rythmes infra- et ultradiens.

Cinétique: il s'agit de la science qui s'occupe de tout ce qui est mouvement, volontaire ou non, au niveau des minéraux, végétaux, animaux et humains, y compris au niveau des mobiles (avions, voitures, bateaux). Le mouvement y est analysé comme une énergie qu'on peut calibrer en terme de force.

Co(l)laboration: ce terme signifie qu'il y a travail (labor) à plusieurs (co), l'affixe « ation » signalant la nature durable du processus en jeu.

Co(n)naissance: le terme de connaissance va au-delà du concept de « savoir »: en effet, les savoirs existent souvent de manière isolée dans l'esprit du sujet, comme les livres d'une bibliothèque, alors que le propre de la connaissance est lié aux liens que le sujet tresse entre ses divers savoirs. Cette appropriation des savoirs en réseau constitue pour le sujet une nouvelle naissance en fonction de la nouvelle extension de son savoir en réseau de connaissance (renaître avec).

Co-animation: tant l'adulte que l'enfant dans un groupe peut amener des éléments de travail et de réflexion qui mettent les individus en présence en situation d'être mutuellement apprenants. Dans ce cas, on parlera de co-animation, l'adulte ou l'enfant garantissant le cadre de travail en tenant compte des apports de ses partenaires.

Co-formation: la mutualité des rôles d'apprenant et le partenariat dans les apports à une situation d'apprentissage constitue une formation mutuelle où chacun joue un rôle nécessaire et sans substitution possible de l'un par l'autre: dans ce cas il y a bien formation avec l'autre, ce qui justifie l'utilisation du préfixe « co » (avec).

Cognition : le développement de la pensée et de l'intelligence obéit à des règles réflexives (je réfléchis) et à une structuration progressive qui nourrissent les compétences intellectuelles et socio-relationnelles d'un sujet : ce processus couvre donc le champ des acquisitions relationnelles, affectives et intellectuelles de l'individu.

Cognitivo-relationnel : on ne saurait séparer dans l'être humain les dimensions affectives, relationnelles et intellectuelles de son investissement du monde et de lui-même. L'expression cognitivo-relationnel rappelle cette indissociabilité entre les deux plans de l'intelligence et de la relation.

Colostrum : lorsqu'une mère nourrit son enfant au sein, le colostrum constitue le premier jet de lait maternel qui a une composition biochimique toute particulière, riche en antibiotiques, vitamines et oligoéléments naturels qui doivent permettre au bébé de dynamiser son système immunitaire par rapport aux risques que constitue son nouveau monde post-natum.

Communication horizontale : il s'agit des échanges non-verbaux, infra-verbaux et verbaux qui se font entre sujets de même niveau de compétence sur le plan de la communication.

Communication oblique : il s'agit des échanges non-verbaux, infra-verbaux et verbaux qui se font entre sujets de niveau de compétence proche mais non analogues sur le plan de la communication (échanges entre frères et sœurs proches ou camarades de la même année).

Communication verticale : il s'agit des échanges non-verbaux, infra-verbaux et verbaux qui se font entre adultes et enfants (ou adolescents et enfants) dont le niveau de compétence communicative sont clairement différents.

Con-fusionnel : il s'agit d'échanges sociorelationnels et affectifs qui tendent à aller de pair avec une confusion d'identité entre les partenaires : il y a donc fusion avec l'autre (« con » du latin « *cum* ») au lieu du maintien ou de la promotion de l'individuation (je suis moi, l'autre est l'autre et ne confondons pas) sur le plan relationnel et affectif.

Consignant : il s'agit d'une consignation d'autrui à une position ou un lieu qui est déterminé de l'extérieur et souvent sans tenir compte de la spécificité de l'autre.

Constructivisme : l'être dès avant sa naissance se construit selon des règles développementales qui touchent à la fois son embryogenèse, la genèse de son intelligence et de son système relationnel par rapport à autrui. Ce constructivisme s'appuie sur des données réflexes qui sont reconstruites par le sujet en fonction de ses spécificités affectives, relationnelles et cognitives en tenant compte de son environnement et de son milieu de vie. Le constructivisme se réalise tant au niveau biologique que psychologique.

Consumérisme: les sociétés de consommation qui sont actuellement nôtres mènent souvent les individus à acheter, consommer, voire jeter/remplacer sans se donner un système de valeurs qui leur permette de se protéger des séductions de la publicité et de la mode. L'individu est alors victime de «consumérisme» actif, ce qui peut le conduire parfois jusqu'à la ruine (multiplication des leasings, achats à tempérament, abus de cartes de crédit sans couverture financière).

Contemporanéité: il s'agit de tout le système de valeur actuellement en vigueur, tant au niveau esthétique que philosophique, psychologique, médical et sportif, nutritif, etc. Cette actualité de système dépasse le modernisme qui constitue une époque du développement de la société en tant que telle. La contemporanéité va de pair avec l'idée de ce qui se joue et se détermine, se fait et se défait maintenant.

Contenant: au niveau physique, il s'agit de tout objet qui permet d'en contenir un autre (verre, baignoire, voiture). Au niveau relationnel, il s'agit d'un cadre abstrait posé généralement par les éducateurs aux enfants de manière implicite ou explicite qui détermine les limites actuelles de ce qui est permis ou interdit. Ce cadre est à la fois une sécurité par son côté contenant et une dynamique par la qualité de son élasticité qui permet à l'enfant de préciser la variance des limites (internes ou externes) en jeu.

Contre-transfert: quand une relation est engagée entre deux personnes, l'une et l'autre vivent des sentiments par rapport au partenaire, sentiments qui peuvent aussi bien s'engager dans le sens de l'amour et du désir que de la détestation et du rejet (qui n'en sont que la face inversée), Ces engagements relationnels conscients et inconscients constituent des échanges transférentiels (attribuer à l'autre mes sentiments et réciproquement) qui peuvent à leur tour engager un contre-transfert (positif ou négatif), le sentiment projeté par l'un étant vécu comme gratifiant ou non par le partenaire en jeu.

Conversationnel: il s'agit des échanges langagiers verbaux et non-verbaux qui se développent entre partenaires de communication au sens d'une conversation: dans ce cas de figure, il y a un rituel de passage de l'énonciation d'un partenaire à l'autre, qui définit un rythme des échanges et une organisation spatio-temporelle afférente. Il s'agit de respecter dans le cas des échanges verbaux les tours de parole de chaque locuteur. Ce mode de faire existe déjà dans les premiers échanges posturaux (non verbaux) entre adulte et enfant, voire entre enfants dans le cadre d'une crèche. On le retrouve au niveau des échanges de lallations et vocalises (le babil enfantin) qui précèdent les échanges verbaux.

Coréférence: en linguistique, il s'agit de tout le fonctionnement du système pronominal: un locuteur peut remplacer un mot à sens plein par un pronom qui représente l'antécédant nominal. Les pronoms peuvent prendre différentes fonctions grammaticales (sujet, objet direct ou indirect) ou servir d'introducteur à des subordonnées (pronoms relatifs qui/que par exemple).

Cryptique: se dit traditionnellement des grimoires ou des écritures dont on a perdu la clé de lecture. Au niveau langagier, il s'agit de formes d'expression gestuelle ou verbale qui n'obéissent pas à la règle de conventionalité du langage: on trouve ce type de langage en particulier chez les jumeaux homozygotes («vrais jumeaux») qui échangent dans un langage compris d'eux seuls nommé par autrui «crypto-phasie» (parole cryptique).

Cybernétique: il s'agit d'une des règles de thermodynamique appliquée aux systèmes vivants: dans une structure cybernétique, toute action sur l'un des pôles du système entraîne des réactions de l'ensemble des autres pôles existants. Le fonctionnement en réseau constitue une forme de cybernétique. Ce mode d'interaction fonctionnelle se trouve aussi bien dans les systèmes institutionnels que dans les systèmes de communication verbale et non-verbale. La théorie des systèmes en thérapie systémique s'inspire de cette dynamique interactive.

Diachronique: qui réfère à l'analyse historique d'un processus (s'oppose à synchronique)

Dispositionel: qui réfère à une intention imposée par X à ses partenaires (le sujet X dispose ainsi de ses partenaires à son gré). S'oppose à propositionnel.

Distal: action, interaction ou réaction à distance. S'oppose à proximal.

Docimologie: système d'évaluation du travail fourni par le biais d'une notation que celle-ci soit sous forme de chiffre (note) ou d'appréciation. Ce mode de faire constitue ne évaluation normative.

Dysgénésie: se dit d'un processus développemental embryogénétique qui se trouve soudain interrompu dans sa genèse: par exemple, on peut citer les enfants présentant des fentes labio-palatines qui vont de pair avec une dysgénésie des bourgeons muqueux de la bouche.

Echolalie: Il s'agit d'une production vocale ou verbale que l'enfant produit en écho au discours de son partenaire actuel. L'enfant a entendu et répète de mémoire sans pour autant traiter au niveau cortical supérieur le message: il fait donc passer une bande sonore correspondant à ce qu'il a entendu. On distingue chez l'enfant psychotique une écholalie passive (l'enfant perroquet), et une écholalie dynamique (l'enfant répète en intégrant une différenciation minimale par rapport au modèle: il y a alors émergence du «je» parlant qui témoigne du traitement cortical supérieur du message entendu).

Egocentré: se dit d'un sujet centré prioritairement sur lui-même (son égo).

Egocentrique: se dit d'un sujet qui rapporte tout acte et toute pensée extérieur à lui-même en interprétant ce qui se passe de son point de vue propre (exclusivement ou en priorité).

Egocentrisme: organisation systématique de la vision du monde d'un individu selon son point de vue, exclusivement ou prioritairement: il y a dès lors très peu d'adaptation à l'environnement socio-relationnel et socio-cognitif.

Egodécentration: se dit de la capacité d'un individu de prendre en compte le point de vue d'autrui et d'en tenir compte par rapport à son positionnement propre. L'égodécentration permet l'ouverture à l'autre et au pluralisme des points de vue.

Empathie: capacité du sujet de percevoir les sentiments exprimés ou non de son/ses partenaire/s et d'adapter son comportement interactionnel en conséquence. L'empathie peut prendre une forme positive (elle soutient l'autre par rapport à sa situation propre) ou négative (elle déstabilise autrui en portant un jugement dévalorisant sur autrui).

Englobant: se dit d'un énoncé ou d'un terme qui en contient d'autres. Par exemple, le terme «fruit» est englobant de «pomme, poire, ananas, citron...» ou «l'homme est un loup pour l'homme» qui inclut toutes les formes de méchanceté d'un individu à l'égard d'autrui. En linguistique, peut aller de pair avec la distinction entre énoncé situationnel («le mouton bêle» dans le pré derrière la maison) et énoncé générique («le mouton bêle» comme l'éléphant barrit).

Enonciateur: le sujet, avant de dire un énoncé est censé le penser dans sa tête, lui donner une première forme d'organisation qui servira à sa mise en forme effective (la phrase produite). Il y a donc en premier lieu instanciation (la phase silencieuse), puis production (l'énoncé en fonction de la situation d'énonciation). Dans la grammaire générative transformationnelle, on distingue structure profonde et structure superficielle, mais ce système formel fait généralement l'économie de l'énonciation.

Enonciation: la situation d'énonciation correspond à la fois à la situation actuelle de l'échange avec ses différentes caractéristiques physiques et spatio-temporelles incluant les différents acteurs en présence (énonciateur/locuteur-interlocuteur/coproducteur-allocutaire) et les caractéristiques linguistiques de la mise en forme langagière.

Epidémiologie : Analyse de modes de fonctionnement au niveau individuel et collectif permettant d'identifier des facteurs de risques et de santé par rapport au bien-être de la population concernée. Ces analyses permettent de construire depuis la base des modèles d'action ou d'intervention, que ce soit dans le domaine de l'écologie, de la santé physique ou mentale des animaux ou des humains. Ce mode de travail est dit « ascendant » et s'oppose aux modèles traditionnels d'intervention (au niveau étatique ou privé) qui part du sommet pour aller vers la base (modèles descendants). En particulier dans le domaine de la santé, les programmes descendants sont le plus souvent voués à l'échec alors que les programmes ascendants (tel que stop-sida par exemple) donnent lieu à de meilleurs résultats.

Epistémique (sujet) : se dit d'un sujet théorique idéal par rapport aux théories existantes sur le plan du développement social, affectif, identitaire et cognitif. Il ne s'agit donc en aucun cas d'un sujet réel mais bien seulement d'une abstraction subjective fonction des modèles en jeu. Ce sujet épistémique constitue une référence utile par rapport aux sujets réels et nous permet de situer la distance entre le sujet et le modèle.

Epistémophilique : il s'agit du plaisir naturel (voire de la jubilation) d'un sujet qui découvre et comprend quelque chose au niveau affectif, socio-relationnel ou cognitif : sa curiosité est stimulée par ce plaisir qui sert de moteur à l'investissement de la connaissance sur le plan personnel, inter-individuel et social. Signifie « qui aime (*philia*) la connaissance (*épistémé*) ».

Ethnologie : science qui étudie les différentes cultures et civilisations liées à une ou plusieurs ethnies vivant sur terre.

Ethologie : science qui étudie les comportements de démarcation du territoire ainsi que les comportements de séduction/agression chez les animaux. Par extension, l'étude des bébés constitue une forme d'éthologie qui peut être particulièrement centrée sur les processus de communication entre enfants (ethologie de la communication) dans le cadre de crèches, pouponnières et jardins d'enfants.

Evaluation : se dit de tout processus d'appréciation qualitative des produits et des comportements d'un sujet dans un cadre donné. L'évaluation peut être normative, formative ou autoformative. Dans le premier cas, il s'agit de comparer le produit de X à une norme théorique ou à une norme de groupe définie arbitrairement par l'évaluateur. Dans le deuxième et troisième cas, il s'agit pour le sujet d'identifier la qualité de son travail par rapport à ses prestations antérieures, aux prestations de ses camarades et au niveau de performance du groupe pour cerner sa position relative dans le système d'évaluation en jeu ainsi que l'évolution de ses performances et compétences propres.

Extrinsèque (objet): dans une situation, un élément donné peut jouer les intrus et doit être repéré comme tel par le sujet. Il doit cependant donner lieu à un classement du sujet qui motive une forme de décentration active et d'élargissement de point de vue.

Feed-back correctif: se dit d'une intervention d'un partenaire de travail qui motive une modulation/transformation de l'acte proposé initialement par un sujet. Ce feed-back doit être fait de manière à ce que le propos en jeu soit à la fois assez proche et assez différent du propos initial pour motiver un changement positif de position du sujet qui, dans ces conditions, peut intégrer directement et activement le propos qui lui a été fait. L'éducateur comme le pédagogue devraient donc cerner le niveau d'organisation de leurs partenaires pour ne leur retourner que des éléments d'information susceptibles d'être intégrés activement par le sujet concerné.

Fonctionnariat: se dit de toute personne engagée formellement dans un système de travail avec un cahier de charge stabilisé. Dans le cadre scolaire l'enfant doit progressivement se professionnaliser comme élève et identifier le système de travail dans lequel il est ainsi que le cahier de charge qui le concerne, sachant que celui-ci évolue tout au long de sa scolarité (souvent à la différence du cahier des charges des adultes qui sont plus ou moins stabilisés). Le terme fonctionnariat est donc vu dans sa dimension productive et positive. Il ne s'agit pas de faire des élèves des « ronds de cuir ».

Gauss (courbe de ...): courbe statistique qui touche divers modes de fonctionnement des objets physiques, des énergies et des forces, voire des êtres vivants produisant un effort. Cette courbe définit des extrêmes (peu représentés quantitativement), un mode (le fonctionnement le plus usuel), une moyenne (le fonctionnement de la majorité des cas) et une zone de variation (quelle est l'extension de la population en jeu qui fonctionne selon un modèle proche du mode ou de la moyenne identifiée). Du nom d'un savant du XVIIIe siècle.

Générativité: se dit de tout processus qui génère une énergie par continuité ou par transformation. Dans le domaine de l'éducation, il s'agit des actes d'un sujet générateur de nouvelles énergies/forces. Dans le domaine langagier, il s'agit en particulier de la capacité du sujet parlant de créer une infinité d'énoncés nouveaux à partir des bases langagières qui sont siennes et de sa connaissance du fonctionnement de la langue.

Haptonomie: technique de toucher à visée communicative pratiquée par le père sur le ventre de son épouse enceinte pour échanger par la caresse et la parole tant avec la « mère » que l'enfant.

Heuristique : se dit d'un modèle, d'un raisonnement ou d'une action qui revêt une valeur formative par rapport à un enchaînement d'actions ou de pensées. Plus un modèle va de pair avec une génération riche d'hypothèses et d'enchaînements logiques ou causals, plus on dit que sa valeur heuristique est grande. Ainsi l'éthologie animale a une valeur heuristique importante pour comprendre l'éthologie de la communication chez le bébé.

Holding : en psychologie, se dit de la capacité de l'adulte devenu parent de tenir adéquatement en main son bébé, que ce soit sur le plan physique ou psychique. Le holding va de pair avec l'émergence spontanée chez les parents de la capacité de maternage/paternage.

Holophrase : se dit d'un énoncé préverbal constitué d'une seule unité qui réfère à l'entièreté d'une situation d'énonciation. Cette production n'a pas une structure permettant d'opposer thème et commentaire (comme dans les énoncés à deux éléments) ou d'identifier une forme de syntaxe grammaticale qui définit les rôles des éléments nommés - agent, action, patient ou bénéficiaire - comme c'est le cas dans les énoncés à trois éléments.

Homéorhésie : processus de régulation biologique qui permet de préserver un équilibre métabolique en tenant compte des changements en cours du fait de la nutrition, des émotions ou des actions. Par extension, s'applique au développement psychologique au niveau cognitif et relationnel quand le sujet doit faire face à un changement externe ou interne de son système physique ou psychique.

Homéostasie : état temporairement stabilisé d'un système fonctionnel physique, métabolique ou psychique, en attente d'un élément de modification qui puisse le dynamiser par un processus de changement.

Hominisation : processus évolutionniste signalant le passage des grands primates aux premiers hominidés humains. Par extension, se dit du développement d'un enfant par l'analogie entre philogenèse et ontogenèse.

Identification : sur le plan psychodynamique, se dit de la capacité d'un sujet à s'identifier à l'un ou l'autre de ses partenaires et d'incorporer les modes de fonctionnement objectif et subjectif d'autrui dans sa dynamique personnelle.

Incontournable : néologisme utilisé pour signaler les éléments d'un système concret ou abstrait qui ne peuvent être retranchés ou omis sans risque de dénaturation profonde du système en jeu. Le prix d'un terrain est un incontournable par rapport au prix de revient d'une maison qui y est construite.

Individuation : capacité d'un être à se considérer progressivement et consciemment comme unique et non-confondable avec tout autre. Si au départ le bébé dépend de ses parents sans autonomie matérielle possible et sans véritable autonomie psychique, plus il grandit, plus il s'affirme comme un « je, moi ... » qui témoigne de son individuation : il se construit en individu autonome tant sur le plan physique que psychique par le biais de l'individuation.

Infraverbal : se dit de tous les comportements dialogiques ou monologiques qui s'organisent indépendamment du langage verbal.

Instinctualité : se dit de tous les comportements qui réfèrent plus aux réflexes et aux instincts (par exemple instinct de survie) qu'au raisonnement ou à la mentalisation. Le bâillement en réponse au bâillement de son vis-à-vis réfère à un élément d'instinctualité.

Interconfessionnel : se dit des processus éducatifs qui dans le respect de la laïcité traitent des différentes religions comme des faits à la fois historiques et transhistoriques d'une part, comme des indices du mode de fonctionnement humain sur le plan philosophique et social d'autre part. Il ne s'agit pas d'une visée œcuménique qui reste dans le cadre de la religion.

Interculturalité : se dit des processus éducatifs qui prennent en compte les origines culturelles diverses des individus constituant le groupe partenaire et centrés sur une découverte mutuelle sans présupposé hiérarchique ou racisme larvé qui constitueraient implicitement des castes entre individus.

Interculturel : qui prend activement et positivement en compte les différences culturelles entre les membres d'un groupe constitué.

Interdisciplinaire : se dit du travail réalisé entre personnes de formations diverses qui dans le respect mutuel de leur différence cherchent à cerner leurs possibles complémentarités dans une visée de partenariat actif.

Interdisciplinarité : se dit des conditions de réalisation d'un travail commun par des professionnels de formations différentes et donnant lieu à l'émergence d'une nouvelle culture professionnelle partagée ou à un langage commun.

Interface : à l'intérieur d'un réseau se dit des différentes interactions possibles ou nécessaires entre les partenaires pour garantir la cohésion du dispositif et sa pertinence fonctionnelle : l'interface peut être matérielle ou psychologique.

Interinstitutionel : se dit des échanges entre institutions diverses qui devraient se faire dans la perspective d'une dynamique cybernétique et d'une complémentarité fonctionnelle : les échanges interinstitutionnels devraient toujours être vécus au sens d'un partenariat non hiérarchique.

Interlocuteur: se dit d'un partenaire en situation de dialogue verbal ou non-verbal qui est à l'écoute dans l'attente de se prononcer à propos de l'objet sur lequel est centrée la communication.

Intermodal: se dit d'un processus éducatif qui est centré simultanément sur plusieurs axes de compréhension/représentation: en éducation des perceptions par exemple, les situations proposées aux sujets doivent le plus souvent inclure les différents sens (y compris les sensations qui vont de pair avec eux) et non pas traiter de manière isolée de l'olfaction ou du touher.

Internationaliste: qui prend en compte l'existence simultanée d'une pluralité d'états ayant chacun leur ethnoculturalité et leurs règles sociales: c'est une première forme de dépassement du point de vue nationaliste sans pour autant atteindre à la philosophie d'un citoyen du monde.

Intersensoriel: en éducation des perceptions, se dit de situations qui mettent en jeu plusieurs sens en simultané et en successif (cf. intermodal).

Intrabuccal: se dit de l'intérieur de la cavité de la bouche. S'applique entre autre à la dynamique de l'élocution/diction qui va de pair avec un usage précis des relations langue/dents/palais à l'intérieur de la bouche.

Introjection: se dit des valeurs subjectives d'autrui que le sujet prend en lui pour se les approprier et s'en servir à titre d'organisateur de sa personnalité propre.

Locuteur: se dit d'une personne qui produit un énoncé non-verbal ou verbal en situation de communication avec un ou des partenaires.

Ludico-créatif: se dit de processus actifs engagés par un ou des partenaires qui revêtent simultanément une valeur de jeu (ludique) et de création, sachant qu'il s'agit toujours pour les partenaires d'un travail même s'il n'est pas nommé comme tel.

Matérialisme: se dit d'une position de l'individu centrée sur la matière et l'avoir plutôt que sur l'être. Le matérialisme peut être une position philosophique, en particulier lorsqu'il est dialectique (agir mais intelligemment selon les variations du réel) et ascendant (comment faire mieux et être plus sage): le matérialisme dans ce cas devient une position psychologique et formative qui permet de construire vertu et sagesse.

Mentalisation: capacité d'un sujet de transcrire les faits et actes dans la réalité en pensées qui les représentent, voire en donnent une forme abstraite utile à l'économie mentale du sujet. La mentalisation ne signifie pas que le sujet se met en dépendance du mental.

Métabolisation : capacité physique ou psychique d'un sujet d'assimiler un facteur extérieur à lui-même de manière positive dans son économie personnelle. Se dit aussi bien de la nourriture (une métabolisation active au niveau des protides et des glucides) que de la nourriture psychologique par extension (une métabolisation active des règles sociales de la classe).

Métacognition : se dit de la capacité d'un sujet à réfléchir aux stratégies mises en jeu par son intelligence pour résoudre un problème au-delà de ses données intrinsèques.

Métapsychologie : se dit de la psychologie des profondeurs d'obédience freudienne et en particulier de la pensée psychanalytique.

Modernité : se définit par une période des temps modernes qui obéit à des règles particulières sur le plan économique, social, esthétique ou psychologique. La modernité se différencie de la contemporanéité.

Mosaïque (famille) : se dit des nouvelles familles où les enfants ont père et mère (en continu ou en discontinu), beau-père ou belle-mère, frères et sœurs comme demi-frères et demi-sœurs, le tout en présence des grands-parents des uns et des autres, des oncles et tantes voire des cousins ou demi-cousins. S'oppose à la gens familia romaine qui avait une structure familiale très stricte.

Motricité BLF : motricité bucco-linguo-faciale chez l'individu qui regroupe la mobilité de la bouche, de la langue et du visage chez un individu, que ce soit au niveau d'une expression mimo-gestuelle ou verbale, au niveau de grimaces diverses avec ou sans intentions communicatives explicites (tics). De cette mobilité dépend la qualité de l'élocution et de la voix d'un sujet.

Orthostatique : se dit de l'axe du corps en particulier dans les limites possibles de la position debout (jusqu'où aller sans plier genoux ou bassin en avant sans tomber, latéralement sans tomber). Chez le patineur, la vitesse de glisse permet de moduler les limites extrêmes de cet axialité corporelle.

Palatine (voûte) : il s'agit de ce que nous appelons communément le palais, qui se divise en palais dur (osseux) et palais mou (muqueux)

Pédagogie interactive : pédagogie où chacun, enfants et adulte(s) est considéré comme susceptible d'un apport à la situation didactique en jeu. Chacun est donc partenaire de tous pour construire le dispositif de savoir et de connaissance proposé. Ce mode de faire engage l'adulte à une position à la fois propositionnelle et observationnelle pour tenir compte des apports de chacun. La tâche réalisée correspond à un collectif et doit être évaluée comme telle, même si la qualité de participation individuelle peut être prise en compte.

Permanence de l'objet : à un moment de son développement, le petit enfant comprend que la disparition d'un objet de son champ d'action ou de vision ne signifie pas sa destruction ou sa perte. Cette permanence de l'objet lui permet une forme de mentalisation et de représentation qui va de pair avec l'accès à la fonction symbolique. La permanence de l'objet relationnel semble plus précoce que celle de l'objet cognitif.

Phono-articulatoire : il s'agit de la dynamique ventilatoire (respiratoire), phonatoire (vocale) et articulatoire que développe le sujet dans l'acte d'énonciation ou dans la répétition. Elle fonctionne selon les règles d'une structure cybernétique où les différents organes et les différents produits sont en interaction constante.

Phonologie : il s'agit dans le domaine du langage des aspects mélodiques et rythmiques de la production verbale d'une part, d'un certain nombre d'oppositions minimales entre unités sonores allant de pair avec un changement de sens (/RaDi//RaVi). Les composants rythmo-mélodiques sont fondamentaux pour l'accès du bébé au langage verbal alors que les oppositions phonologiques minimales entrent en jeu par rapport à la normalisation linguistique.

Polyconceptualité : il s'agit de la capacité d'un sujet à envisager en simultané ou en successif un même problème en l'abordant de plusieurs angles, avec des outils de référence rapportant à des concepts différents. On peut parler d'hygiène tant en terme mental que physique, en terme d'environnement proche que lointain, en terme de vertu que de nécessité. Proche de « décentration de point de vue ».

Posturale (équation) : il s'agit de la dynamique du corps à la fois en terme d'équilibre personnel et de dialogue corporel entre individus. Cette équation intime ou partagée est un fondement de la communication qui permettra l'investissement progressif du langage verbal comme une continuité du langage non-verbal et postural. Il y a entre les êtres un dialogue tonique qui prépare ou sous-tend les échanges verbaux et non-verbaux.

Pragmatique : se dit des composantes situationnelles d'un échange. Parlant avec un ami, le mode de faire sera différent selon que les partenaires sont dehors ou dedans, qu'il fait froid ou chaud, qu'il est tôt ou qu'il est tard, qu'ils sont sobres ou non. La situation sera modifiée si des gens les observent ou si leur patron, voire un gendarme, passe. Les linguistes prennent en compte ces facteurs par rapport à la dynamique de la situation d'énonciation.

Praxie : capacité d'un individu de réaliser certains mouvements finalisés en situation : certaines personnes avec la maladie de Parkinson (qui va de pair avec des tremblements involontaires de membres) ne peuvent saluer de la main sans trembler alors qu'ils prennent sans difficulté leur chapeau pour l'enlever.

Préconscient: structure psychique intermédiaire entre le conscient (la pensée consciente) et l'inconscient (la pensée inconsciente): le sujet peut ainsi avoir une vague idée de telle ou telle signification d'un rêve ou d'un geste sans pour autant pouvoir la traduire en pensée raisonnée.

Princeps (règle): se dit d'une règle fondamentale et incontournable que ce soit au niveau d'une mise en acte ou d'une analyse psychodynamique.

Proactif: manière d'être actif au service d'un but, d'un objectif ou d'un échange en servant positivement l'intention par l'action.

Projection: se dit de la capacité d'un individu à attribuer à autrui les sentiments et les intentions qui lui sont propres, généralement indépendamment de tout indice justifiant cet *a priori* subjectif.

Propositionnel: centré sur une dynamique d'échanges par le biais de propositions. S'oppose à «dispositionnel». Se pratique en particulier dans une pédagogie active ou interactive.

Proto-organisateur: éléments de fonctionnement psychique ou physique d'un individu qui sert de base à l'émergence d'un comportement plus évolué. Les lallations et vocalises du bébé en période sensori-motrice jouent le rôle de proto-organisateur du langage verbal.

Protolangagier: comportement d'un individu constituant une base expressionnelle qui pourra servir de constituant à une organisation langagière verbale ou non-verbale.

Protoverbal: comportement mimogestuel ou vocal qui contribue à l'organisation des compétences verbales d'un individu.

Proximal: en éducation, activité proche du niveau de compétence d'un sujet qui lui permet une acquisition nouvelle ou un apprentissage donné. S'oppose à «distal».

Psycho-somatique: qui établit un lien fonctionnel (voire causal) en un phénomène psychique et un phénomène somatique: la peur d'une épreuve peut donner mal à la tête à un individu. S'oppose à somato-psychique.

Psychocinétique: interaction formative entre le mouvement et la sensation du mouvement d'une part, la dynamisation de l'image et de la conscience du corps d'autre part.

Psychopathogénie: se dit d'un contexte ou d'un acte qui peut motiver une déviance chez autrui, que ce soit sur le plan de sa personnalité ou de son comportement latent ou manifeste.

Remédiation: se dit d'une proposition en pédagogie qui permet à un individu dans une impasse réflexive de modifier sa position et de réamorcer la tâche en jeu, que ce soit en pensée ou en acte.

Représentation : se dit de la capacité d'un sujet de re-présenter un objet ou un acte autrement que par l'objet réel ou l'acte effectif. Sous cette forme, l'objet ou l'acte peut être évoqué et rendu présent malgré son absence matérielle. Va de pair avec le développement de la fonction symbolique ou sémiotique (jeu symbolique, langage et image mentale).

Rétroactif : identification par le sujet du sens d'une de ses actions antérieures en fonction du résultat actuel de ses actes. Cet éclairage nouveau permet au sujet de mieux prendre en compte le sens de sa démarche et d'en équilibrer les facteurs constitutifs (voir aussi feed-back).

Sadisation : tout acte, même mineur, de maltraitance discrète ou avérée, que ce soit sur le plan physique, psychologique ou social et qui obéit à un désir de son acteur de faire (le) mal à autrui pour une raison qui lui est propre et ne saurait trouver raisonnablement son sens en lien avec les actes d'autrui.

Sensori-moteur : période du développement de l'enfant où les informations données par les sens comme la dynamique motrice active du sujet servent d'organisateurs fondamentaux des relations avec l'environnement physique et psychologique. Chez l'adulte, les rapports amoureux ou agressifs mettent en acte cette sensori-motricité.

Situation d'expérience : capacité d'un éducateur de proposer à ses partenaires un matériel qui favorise chez eux une exploration active, une capacité réflexive et des échanges formateurs, sans que le matériel ne dirige de manière réductionniste le champ d'expérience des sujets. C'est le travail le plus difficile en pédagogie comme en andragogie : des situations simplifiées sont trop pauvres pour susciter curiosité et entraide, des situations trop complexes donnent lieu à une dispersion peu propice alors qu'un juste seuil de complexité des tâches possibles favorise expérimentation, découverte et curiosité.

Situationnel : se dit du contexte d'une situation de travail ou d'un énoncé. Voir sous *pragmatique* qui en définit une part. En linguistique, s'oppose au concept d'énoncé générique.

Socio-cognitif : terme qui rappelle que tout apprentissage se fait en relation avec son environnement social et relationnel et que les stratégies cognitives n'existent pas en tant que processus autonome ou isolé.

Somato-psychique : relation vitale qui passe du niveau corporel au niveau psychique : le sujet qui s'est cassé une jambe peut soit en tirer profit au sens d'un temps nécessaire de réflexion et de lecture, soit se sentir victime et déprimer parce qu'il se sent prisonnier de son plâtre et des autres.

Spectre (sonore) : en acoustique, on peut analyser un son simple ou complexe pour en distinguer le son fondamental et les harmoniques. Le spectrographe donne une image visuelle de l'étagement en fréquences sonores d'un son simple ou complexe.

Subconscient : entité psychique censée dominer notre conscience et pouvant lui donner des indications non-clairement conscientes pour moduler notre mentalisation actuelle. Peut être analogue au préconscient.

Subjectivité : capacité d'un sujet d'identifier un problème ou de percevoir un acte personnel ou extérieur en le calibrant selon sa sensibilité et sa vision propre des choses : s'oppose à l'objectivité, mais celle-ci en fait n'existe pas ... il n'y a que pseudo-objectivité.

Synchronique : perspective d'analyse de faits actuels en terme de situation complexe sans faire recours à une analyse historique de ce qui s'est passé avant. S'oppose à diachronique. A signaler que les scientifiques contemporains sont de plus en plus conscients du fait que la pertinence de leurs propos dépend de leur double analyse des faits en termes synchronique et diachronique.

Transdisciplinarité : se dit d'un engagement didactique centré sur plusieurs dimensions d'une situation proposée, sachant que chacune d'entre elles donne au sujet des éléments stratégiques utiles à la compréhension de la situation. Il ne s'agit en aucun cas de l'addition de deux démarches en simultané où le sujet n'aurait pas conscience de la pluralité de ses axes de traitement de la situation.

Transférentiel : se dit d'éléments positifs ou négatifs qu'un sujet engage dans le cadre d'une relation (thérapeutique) en plaçant sur son partenaire des désirs qu'il vit (inconsciemment) à l'égard d'autres personnes ou de lui-même.

Transfert : élément relationnel personnel qu'un sujet déplace sur un autre partenaire que l'individu à l'origine de son sentiment.

Transfiguration : capacité de (se) figurer autrement un processus, une relation à l'autre ou à soi-même qui permet de distinguer un avant et un maintenant comme partiellement semblable et différent, voire totalement différent sans pour autant se trouver en situation de dépersonnalisation.

Transformationalité : se dit de la capacité langagière d'un sujet de se paraphraser pour donner une couleur différente à son énoncé (Jean mange une pomme, c'est Jean qui mange une pomme, c'est une pomme que Jean mange) ou pour opposer formellement affirmation, négation et interrogation.

Transitionnelle (aire) : espace subjectif existant entre deux êtres et n'appartenant à aucun qui permet à chacun de se sentir à l'aise dans son espace sans pour autant se fermer à l'espace de l'autre. Il s'agit d'un réglage de la « juste distance » entre partenaires en fonction de la situation qui permet à chacun de penser/exister adéquatement à la fois par rapport à lui-même et à autrui.

Triangulation : capacité d'un enfant et de ses parents à organiser leurs relations en tenant compte de trois pôles non confondables : père-mère-enfant. Chacun est prêt à s'approcher de l'autre (assez mais pas trop) pour ne pas envahir son/ses partenaire/s. Cette triangulation prend forme en période périnatale et se retrouve ensuite au niveau école pour l'enfant qui vit dans le pôle famille et le pôle école en étant un enfant-élève. Elle se retrouve aussi dans la relation entre élève, enseignant et objet d'enseignement qui constituent un tout indissociable. Elle se reconstituera ultérieurement lorsque l'enfant devenu grand et vivant avec l'être aimé souhaitera procréer et recréer ainsi un nouvel espace de triangulation.

Notes

Introduction

1. Voir LEVINE, J., « Mon enfant sera bon élève »
2. Voir CIMAZ, J., « Réussir à l'école »
3. Voir PIAGET, J., en particulier « Biologie et connaissance »
4. Voir INHELDER, B., « Le cheminement des découvertes chez l'enfant »
5. Voir MONTAGNER, H., p. ex. « Les rythmes de l'enfant et de l'adolescent »
6. Se référer aux travaux p. ex. de FREINET, STEINER ou DECROLY
7. Voir SPITZ, R.-A., « De la naissance à la parole »
8. Voir WINNICOTT, D.-W., p. ex. « L'enfant et sa famille, les premières relations »
9. Voir WALLON, H., p. ex. « Les origines du caractère chez l'enfant »
10. Voir DOLTO, F., « L'école de la NEUVILLE », Vidéo
11. Voir PERRENOUD, Ph., « La fabrication de l'excellence scolaire »
12. Voir SPITZ, R.-A., « De la naissance à la parole »
13. Voir NATHAN, T., p. ex. « Fier de n'avoir ni pays ni amis, quelle sottise c'était »
14. Selon KUBIC, sans référence définie.
15. Voir AJURIAGUERRA, J. de, p. ex. « Le corps comme relation »
16. Voir AJURIAGUERRA, J. de, idem.
17. Voir LE BOULCH, J., « L'éducation par le mouvement »
18. Voir PIAGET, J., p. ex. « Biologie et connaissance »
19. Voir PIAGET, J., p. ex. « Biologie et connaissance »
20. Voir KLEIN, M., p. ex. « Envie et gratitude » ou « L'amour et la haine »
21. Voir MILLER, A., « C'est pour ton bien : racines de la violence dans l'éducation de l'enfant »
22. Voir CIFALI, M., « Freud pédagogue : psychanalyse et éducation »
23. Selon LAINE & BONAFE, sans référence complémentaire
24. Voir SCHMID-KITSIKIS, E., « Le fonctionnement mental »
25. Voir BADINTER, E., « XY, de l'identité masculine »

Chapitre I

26. Haptonomie : toucher thérapeutique et sensitif du ventre de la mère pendant la grossesse. selon DOLTO-TOLICH, F.
27. Voir AIVANHOV, O.-M., « Une éducation qui commence avant la naissance »
28. Voir GROF, S., « Beyond death : the gates of consciousness »
29. Voir BLEGER, J. « Symbiose et ambiguïté »
30. Voir LIPSITT, L.-P., « Developmental psychobiology »
31. Voir SPITZ, R.-A., conférence non publiée
32. Voir NATHAN, T., p. ex. « L'influence qui guérit »
33. Voir GIBRAN, K., « Le prophète »,
34. Selon SELVINI-PALAZZOLI, M., technique du « holding » pour nouveaux parents
35. Voir BULLINGER, A., « Etudier l'enfant de la naissance à trois ans »
36. Voir SPITZ & BOWLBY, « De la naissance à la parole »
37. Voir BULLINGER, A., op. cit.
38. Voir COSNIER, J., « Les prérequis d'une approche éthologique du langage »
39. Selon CRAMER, B., document interne
40. Voir PIAGET, J., « La formation du symbole »
41. Voir WINNICOTT, D.-W., p. ex. « Jeu et réalité : l'espace potentiel »
42. Voir CULIOLI communication personnelle ou TANNEN, D., « Décidément, tu ne me comprends pas »
43. Voir ROGERS, K., « Le développement de la personne » ou BANDLER, R., « Un cerveau pour changer »

44. Voir, STAMBAK, M. & al, «Les bébés entre eux»
45. Voir CLAPARÈDE, E., p. ex. «L'éducation fonctionnelle»
46. Voir SINCLAIR, H.& al, «Les bébés et les choses»
47. Voir DINELLO, R., «Psychopédagogie interculturelle»
48. Selon la méthode MEZIERE, et la notion de serpentoïde verticalisé
49. Voir PIAGET, J., «Psychologie et pédagogie»
50. Voir PIAGET, J., «Biologie et connaissance»
51. Voir LE BOULCH, «L'éducation par le mouvement»
52. Phonologie: enchaînement à valeur significative des unités phonétiques du langage Voir CHOMSKY, N., «Traité de phonologie générative»
53. Métalangage: capacité du sujet de voir le langage comme un objet de réflexion Voir BERTHOUD, I., «La réflexion métalinguistique chez l'enfant»
54. Lexique: chapitre de la linguistique traitant des rapports sémantiques et formels entre mots de la langue. Voir «Maîtrise du Français», chapitre IV
55. Thématisation: répétition d'un constituant sémantique pour garantir un effet d'insistance sur cette partie de l'énoncé.
56. Selon KARMILOFF-SMITH, A., à propos des techniques de récit chez l'enfant
57. Voir LENTIN, L., p. ex. «Apprendre à parler à l'enfant de moins de six ans»
58. Dysphonie: trouble de la voix d'origine fonctionnelle ou neurologique, voir CORNUT, G., «La voix» ou DINVILLE, C., «Les troubles de la voix et leur rééducation»
59. Selon FREUD, S.,: stades oral/anal/urétral/prégénital/génital
60. Voir GOUMAZ, G., «Enseignant-enseigné: une estime réciproque»
61. Voir LEVE, J., «Mon enfant sera bon élève»
62. Voir SAINT-EXUPÉRY, A. de, «Lettre à un étranger»
63. Voir DOISE, W., et MUGNY, G., «Le développement social de l'intelligence»
64. Voir PIAGET, J., «Cinq études en psychologie»
65. UniSvers: expression reprise de BAERISWIL, D., mémoire pour brevet ES
66. Fonction épistémophilique: force de curiosité liée au plaisir de la connaissance, voir PIAGET, J., «Biologie et connaissance»

Chapitre II

67. Voir DOLTO, F., «Paroles d'adolescents» ou «Quand les parents se séparent»
68. Voir CAMUS, A., «L'homme révolté»
69. Voir DOLTO, F., «L'Ecole de La Neuville», vidéo
70. LURCAT, L., «L'enfant et les autres à l'école maternelle...»
71. au sens de l'*energon* platonicien
72. Voir BION, W.-R., p. ex. «Aux sources de l'expérience»
73. Voir KELLERHALS J. & al, «Les stratégies éducatives des familles»
74. Voir BOUTAY, F. & al, «L'appui»
75. Voir GARBAR, C.& al, «Les familles mosaïque»
76. Voir ENBIRO «Vive la vie» chapitre sur *La vie avec les autres*
77. Voir REY, M., «La classe spéciale expérimentale du Conseil de l'Europe au CO des Coudriers»
78. Voir TANNEN, D., «Décidément tu ne me comprends pas! Les malentendus entre hommes et femmes»
79. Selon GILLET, P., «Pour une pédagogie ou l'enseignant praticien»
80. Voir p. ex. BOULU, Ph., «La dynamique du cerveau»
81. Voir DENNISON, P. & al, «Le mouvement, clé de l'apprentissage»
82. Selon LABORIT, p. ex. «Biologie et structure»
83. Selon FRADIN, non publié
84. Selon POSTNER, non publié
85. Voir BOULU, op. cit.
86. op. cit. p. 38
87. op. cit. p. 42ss
89. Selon LABORIT, 1991, p. 192

90. Voir AFFOLTER, F., & al, « Perception, Wirklichkeit et langage »
91. Voir LENTIN, L. « Du parler au lire »,
92. Voir BRONCKART, J.-P., « Théories du langage »
93. Voir BRONCKART, J.-P., « Genèse et organisation des formes verbales chez l'enfant »
94. Voir PIAGET, J., en particulier les épreuves sur les conservations
95. Voir PIAGET, J., « La genèse des structures logiques élémentaires »,
96. Voir PIAGET, J., « Biologie et Connaissance »
97. Voir De SOUZENELLE, A., « Alliance de Feu : pour une relecture de la Genèse »
98. Voir chapitre III, « Nécessités institutionnelles »
99. Voir chapitre IV, « La formation des enseignants »
100. Voir PERRENOUD, Ph., « La fabrication de l'excellence scolaire »,
101. Voir MARC, P., « Autour de la notion pédagogique d'attente ».
102. Il s'agit en fait de la capacité de l'enseignant d'organiser ses observations selon plusieurs points de vue complémentaires : pédagogique, psychologique, sociologique, didactique et méthodologique (selon Laborit)

Chapitre III

103. Voir CRESAS, « Naissance d'une pédagogie interactive »
104. Voir PERREGAUX, Ch., « Odyssea, accueils et approches interculturelles »
105. Voir GINESTET, J.-P., « Pour une pédagogie du projet »,
ou ETIENNE, R., « Le projet personnel de l'élève »,
ou BOUTINET, « Anthropologie du projet »,
Pour favoriser la compréhension de ces stratégies pédagogiques, une plaquette pourrait être éditée par le Département IPC, plaquette à remettre aux parents après une première discussion, qui permettra de nouveaux échanges avec le déroulement du CSi.
106. Voir en particulier le document sur la formation des Maîtres primaires, FPSE, 1994
107. Voir de ROUGEMONT, D., « La naissance de l'Europe des régions »
108. Voir les travaux en géobiologie de l'EPFL, ou
BONVIN, J., « Eglises romanes, lieux d'énergie : pour une géobiologie du sacré »
109. pour exemple, les stations anciennes du Métropolitain de Paris ou
voir STEINER, R., sur l'architecture anthroposophe
110. note annulée
111. Termes empruntés à la méthodologie du français, *Maîtrise du Français*
112. Voir BALINT, M., « Individual differences of behavior in early infancy »
113. Termes empruntés au document du GRAP « Plan d'Etudes Romand pour les classes de 1ère à 6ème, document provisoire mai 86 »

Chapitre IV

114. Voir les thèses de la CDIP concernant les HEP, dossier n° 24
115. Voir ILLICH, I.D., « Une société sans école »
116. Voir les « nouveaux objectifs de l'enseignement préscolaire »
117. Voir p. ex., BROUSSEAU, CHEVALLARD ou CONNE (didactique et milieu)
118. Voir VERMERSCH, P. , « L'entretien d'explicitation »
119. Voir MANDELBRODT, B., « Les objets fractals »
120. Voir HAHN, M., « Rencontre avec Samuel Roller »
121. Voir PENNAC, D., « Comme un roman »
122. Voir MEIRIEU, Ph., « Apprendre, oui mais comment ? »

Chapitre V

123. PIAGET, J., « Le jugement moral chez l'enfant »
124. DUCRET, A., « Mesure et étude de la pensée plastique »
125. COMTE-SPONVILLE, A., « Traité du désespoir et de la béatitude »
126. CANNON, B., « Sartre et la psychanalyse»

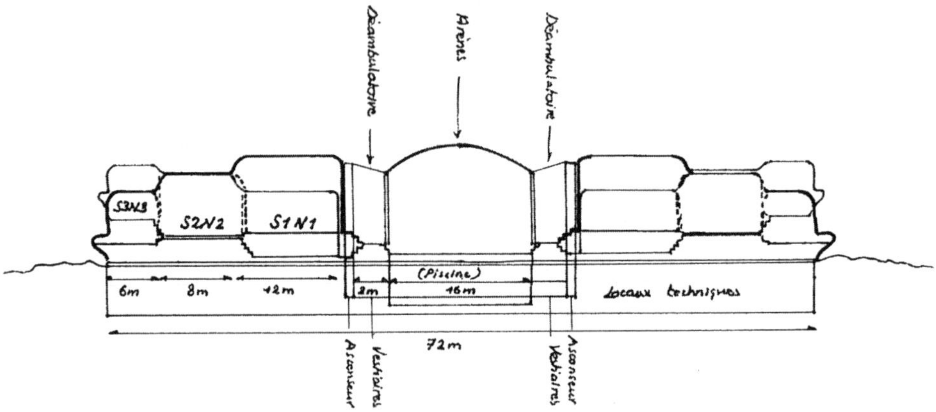
Déambulatoire
Arènes
Déambulatoire
S3N3
S2N2
S1N1
(Piscine)
6m
8m
12m
2m
16m
Locaux techniques
72m
Ascenseur
Vestiaires
Vestiaires
Ascenseur

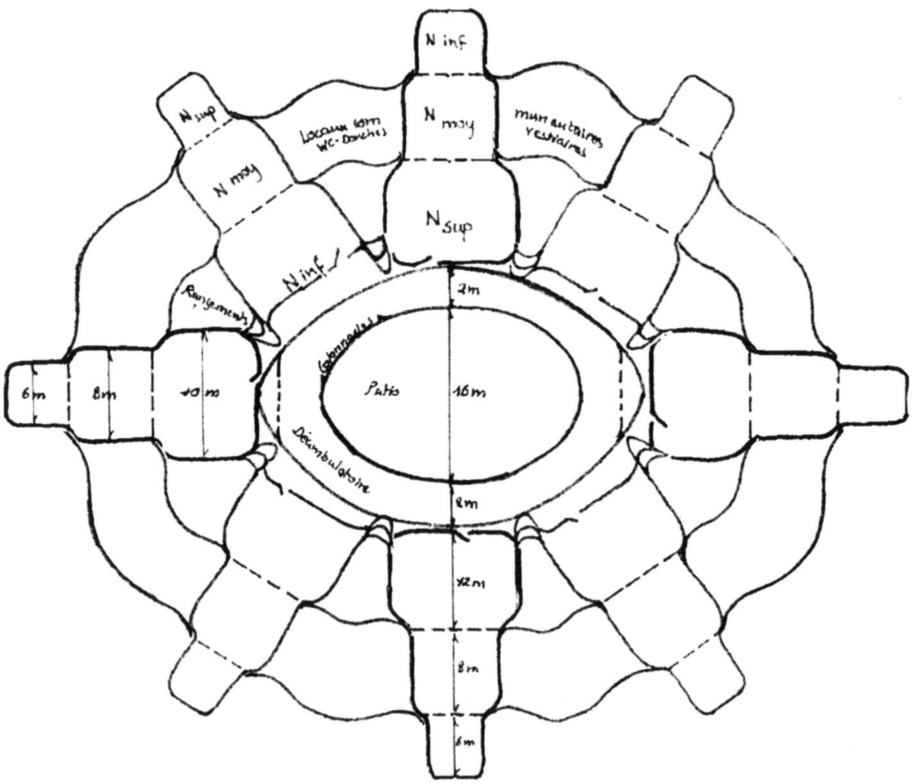
N inf
N moy
N sup
Locaux com
WC-Douches
Vestiaires
N sup
N moy
N inf
Rangements
Colonnades
2m
6m
8m
10m
Patio
16m
Déambulatoire
2m
12m
8m
6m

Bibliographie

AFFOLTER, Félicie & al: «Perceptual processes as prerequisites for complex human behavior: a theoretical model and its application to therapy», Bern, H. Huber, 1980.

AFFOLTER, Félicie: ***«Perception, Wirklichkeit et langage: Wirklichkeit de la personne et son environnement dans la vie quotidienne: la racine de son développement»***, Etoy, L'Espérance/Imprimerie du Journal de Morges, 1991.

AFL/GFEN/ICEM & al: «Apprendre à lire pour les deux-douze ans», Utopie Ed.

AIMARD, Paule: «L'enfant et son langage», Villeurbanne, SIMEP, 1975.

AIMARD, Paule: «Le langage de l'enfant», Paris, PUF, 1981.

AIVANHOV, Omraam M.: ***«Une éducation qui commence avant la naissance»***, Fréjus, Ed. Prosveta, Izvor n° 203, 1989.

AJURIAGUERRA, J de & al: «Ontogenèse des comportements de tendresse: étude de l'embrassement-étreinte, à partir du pattern <tendre les bras>», in *Psychiatrie de l'enfant*, 1985, 28, pp. 325-402

AJURIAGUERRA, J. de & al: «De la psychomotricité au corps dans la relation avec autrui: à propos de l'œuvre de Henri Wallon», in *L'évolution psychiatrique*, 1962, n° 27, pp. 13-25

AJURIAGUERRA, J. de: «L'écriture de l'enfant», Neuchâtel/Paris, Delachaux et Niestlé, 1964, 2 vol.

AJURIAGUERRA, J. de: «Le choix thérapeutique en psychiatrie infantile», Paris, Masson, 1967.

AJURIAGUERRA, J. de: ***«Le corps comme relation»*** in *Revue suisse de psychologie pure et appliquée*, n° 21, 1962, pp. 137-157

AJURIAGUERRA, J. de: «Manuel de psychiatrie de l'enfant», Paris, Masson, 1980

AJURIAGUERRA, J. de: «Ontogenèse des déplacements», Paris, Laboratoire de neuropsychologie du développement, Collège de France, INSERM, Université René Descartes, Centre audiovisuel, VHS 35 minutes.

AJURIAGUERRA, J. de: «Problèmes de psycholinguistique», Paris, PUF, 1963.

AJURIAGUERRA, J. de: «Psychopathologie de l'enfant», Paris, Masson 1989.

ALLAL, Linda & al: «L'évaluation formative dans un enseignement différencié», Berne, P. Lang, 1989.

ALLAL, Linda & al: «Progression des élèves, progression des écoles», document d'accompagnement d'une animation, 26.9.95, 8 f.

AMANN-GAINOTTI, M & al: «Jean Piaget et la psychanalyse: les étapes d'une réflexion» in *Neuropsychiatrie de l'enfance*, 1991, 39 (2-3), pp. 83-90

ANZIEU, Annie & al: «Corps et langage en psychanalyse», Lyon, PUL, 1980

APOSTEL, Léo & al: «Logique, langage et théorie de l'information», Nedeln, Lichtenstein, Kraus reprint, 1974.

ARSAC, Gilbert & al: «Différents types de savoirs et leur articulation», Grenoble, La pensée sauvage, 1995.

ASTOLFI, Jean-Pierre: «L'école pour apprendre», Paris, ESF, 1992,

ATHANASSIOU, Cl. & al: «L'enfant et la crèche», Lyon, Ed. Césura, 1987.

BADINTER, Elisabeth: «L'amour en plus: histoire de l'amour maternel», Paris, Flammarion, 1981.

BADINTER, Elisabeth: «L'un et l'autre: des relations entre hommes et femmes», Paris, O. Jacob, Seuil, 1992.

BADINTER, Elisabeth: ***«XY, de l'identité masculine»***, Paris, Librairie générale française, 1994. (Ed. orig. O. Jacob)

BALINT, Michel: ***«Individual differences of behavior in early infancy, and an objective method of recording them: I. Approach and the method of recording. II. Results and conclusions»*** in *Journal of genetic psychology*, 1948, 73, pp. 57-117

BALINT, Michel: «Le médecin, son malade et la maladie», Paris, Payot, 1980.

BANDLER, Richard & al: «Les secrets de la communication», Versoix/Genève, Reuille, 1984.

BANDLER, Richard: ***«Un cerveau pour changer: la programmation neuro-linguistique»***, Paris, InterEd, 1992.

BARBLAN, Léo: «Apports de la pragmatique, de la sémantique et de la syntaxe à la maîtrise du langage: une étude difficile à conclure», Thèse non publiée de l'Université de Genève, FPSE, 1989

BARBLAN, Léo (coord): «Le choc de la Paix: avec Korczak au carrefour des valeurs éducatives», Genève/Paris, La Nacelle, 1995.

BATESON, Gregory & al: «Communication et société», Paris, Seuil, 1988.

BATESON, Gregory & al: «La nouvelle communication», Paris, Seuil, **1981**/1992.

BATESON, Gregory: «Vers une écologie de l'esprit», Paris, Seuil, **1977/1980**-1990, 2 vol.

BAUDRIT, Alain & al: «Une étude sur les styles cognitifs à l'école maternelle», in *Psychologie et éducation*, n° 8, décembre 1991/janvier 1992, pp. 39-50

BERNFELD, A.: «Les répercussions psychologiques du strabisme chez l'enfant» in *Journal français d'ophtalmologie*, 1982, 5, 8-9, pp. 523-530

BERTHOUD, Ioanna & al: «Acquisition des relations de parenté chez l'enfant: aspects logiques, lexicaux et énonciatifs», in *Archives de psychologie*, Genève, t. 61, n° 239, 1993, pp. 307-323.

BERTHOUD, Ioanna & al: «La signification énonciative dans les débuts du langage», in *Archives de psychologie*, Genève, Ed. Médecine & Hygiène, 1989, vol 57, n° 223, pp. 271-282

BERTHOUD, Ioanna & al: «What can children do with utterances? Linguistic and metalinguistic activities: theory, methods and results»

BERTHOUD, Ioanna: *«La réflexion métalinguistique chez l'enfant»*, Genève, impr. nationale, 1980. (thèse de l'Université de Genève)

BERTONCINI, J & al: «Programmé pour parler», in *Le cerveau et l'intelligence*, Science et Vie, 1991, n° 177, pp. 126-132

BETTELHEIM, Bruno: «L'amour ne suffit pas: le traitement des troubles affectifs chez l'enfant», Paris, Librairie générale française, 1994, LP 13533.

BETTELHEIM, Bruno: «Le cœur conscient: comment garder son autonomie et parvenir à l'accomplissement de soi dans une civilisation de masse», Paris, R. Laffont, 1989.

BETTELHEIM, Bruno: «Les enfants du rêve: une expérience d'éducation communautaire dans un kibboutz d'Israël», Paris, R. Laffont, 1977.

BETTELHEIM, Bruno: «Pour être des parents acceptables: une psychanalyse du jeu», Paris, R. Laffont, 1988.

BETTELHEIM, Bruno: «Psychanalyse des contes de fées», Paris, R. Laffont, 1992.

BIMPAGE, Serge (coord.): «Sciences cognitives: la conquête du cerveau», in *Campus*, n° 12, décembre 1991/janvier 1992, Univ. de Genève, pp. 6-26

BION, Wilfred Ruprecht: ***«Aux sources de l'expérience»***, Paris, PUF, 1991.

BION, Wilfred Ruprecht: «Learning from experience», London, Heinemann, Medical Books, 1972

BLEGER, José: ***«Symbiose et ambiguïté: études psychanalytiques»***, Paris, PUF, 1980.

BOBASCH, Michaëla: «Quels murs pour quelle école?», in *Le monde de l'éducation*, juin 1991, pp. 20-36

BONVIN, Jacques & al: *«Eglises romanes lieux d'énergie. Pour une géobiologie du sacré»*, Paris, Dervy-Livres, 1992.

BORGHT, M. van den: «Agir avec les mains, agir avec les arts plastiques», Ed. LEP, 1994.

BOUCAND, M.-H. (dir): «Une éthique en rééducation», Rennes, ENSP, 1993.

BOULU, Philippe: ***«La dynamique du cerveau: entretenir sa santé cérébrale»***, Paris, Payot, 1992.

BOUTAY Françoise & al: ***«L'appui»***, Mémoire de licence, FPSE, Genève, 1986.

BOWER, T.G.R.: «Le développement psychologique de la première enfance», Bruxelles, Mardaga, 1978.

BOWLBY, John: «L'attachement», Paris/Eshel, Genève M&H, 1992.

BRADLEY, Ben. S.: «The asymmetric involvment of infants in social life: consequences for theory» in *Revue internationale de psychologie sociale*, 1989, t. 2, n° 1, pp. 61-81

BRAZELTON, T. Berry & al: «Les premiers liens: l'attachement parents/bébé vu par un pédiatre et par un psychiatre», Paris, Librairie générale française, 1992 (Livre de poche 9549)

BRAZELTON, T. Berry & al: «The earliest relationship: parents, infants and the drama of early attachment», London, Karnac Books, 1991.

BRAZELTON, T. Berry & al: «Les premiers liens: l'attachement parents/bébé vu par un pédiatre et par un psychiatre», Paris, Stock/Calmann-Lévy, 1991.

BRAZELTON, T. Berry: «Comportement et compétence du nouveau-né», in *Psychiatrie de l'enfant*, 1981, 24, pp. 375-395

BRAZELTON, T. Berry: «La naissance d'une famille, ou comment se tissent les liens», Paris, Stock, 1986, Points actuels A64.

BRAZELTON, T. Berry: «Le bébé: partenaire dans l'interaction», in *La dynamique du nourrisson*, Paris, ESF, 1983.

BREGEON, Dominique & al: «Notes méthodologiques pour les classes enfantines: imagier du Père Castor, Objets en volume», DIPC, 1982, OFES

BRENOT, Philippe & al:	«Langages, de la cellule à l'homme», Paris, L'Harmattan, 1989.
BRESSON, François & al:	«Les processus d'adaptation», Paris, PUF, 1967.
BROHY, Claudine:	«Langue de cœur ou langue de tête: le bilinguisme familial» in *Enseignement bilingue*, n° 3-4, 1989, pp. 12-15
BRONCKART, J.-P. & al:	«Acquisition du langage et pédagogie de la langue», Genève, Uni. in *Cahier des Sciences de l'éducation, pratiques et théorie,* n° 5, 1981.
BRONCKART, J.-P. & al:	«La didactique du français langue maternelle: l'émergence d'une utopie indispensable», in *Education et recherche,* Fribourg, 1991, n° 1, pp. 8-26
BRONCKART, J.-Paul:	«Enseignement de l'écrit et théories des discours: les écueils de la transposition», in *Les entretiens Nathan,* Paris, Nathan, 1993, pp. 181-189
BRONCKART, J.-Paul:	«Projets d'enseignement et capacités d'apprentissage: l'exemple de la langue maternelle», in *Les entretiens Nathan,* Paris, Nathan, 1994, pp. 67-82
BRONCKART, J.-Paul:	«Psycholinguistique de l'enfant: recherches sur l'acquisition du langage», Neuchâtel/Paris, Delachaux et Niestlé, 1983.
BRONCKART, J.-Paul:	***«Théories du langage: une introduction critique»,*** Bruxelles, Mardaga, 1986.
BRONCKART, J.-Paul:	***«Genèse et organisation des formes verbales chez l'enfant: de l'aspect au temps»,*** Bruxelles, Desssart & Mardaga, 1976.
BROSSARD, Alain & al:	«La communication non-verbale», Paris/Neuchâtel, Delachaux et Niestlé, 1984.
BROUSSEAU, Guy:	«Théorisation des phénomènes d'enseignement des mathématiques», Bordeaux, 1986, 2 vol.
BRUN, Jean & al:	«Approches en psychopédagogie des mathématiques», in *Cahiers des sciences de l'éducation,* Pratiques et théorie, n° 12, Genève, Université de Genève, 1979.
BRUN, Jean & al:	«Mathématique et raisonnement: recherche sur les rapports entre un enseignement rénové de la mathématique et le développement opératoire», Genève, SRP n° 10, 1975.
BRUN, Jean:	«Evolution des rapports entre la psychologie du développement cognitif et la didactique des mathématiques» in *Recherche en didactique des mathématiques,* Grenoble, 1994, pp. 67-83
BRUNET, Odette & al:	«Le développement psychologique de la première enfance: présentation d'une échelle française pour examen des tout-petits», Paris, PUF, 1976, IX.
BUEHLER, Charlotte:	«From birth to maturity: an outline of the psychological development of the child», London, Routledge and Paul, 1968, XIV.
BUEHLER, Charlotte:	«La psychologie dans la vie de notre temps», Toulouse, Privat Hachette, 1972.
BULLINGER, André & al:	«Le développement moteur, épiphénomène du développement? in *Les compétences du bébé»,* Bruxelles, Mardaga, 1993, pp. 105-114.
BULLINGER, André:	«Emotion et représentation», in *Enfance,* Paris, t.47, 1993, n° 1 pp. 27-32.
BULLINGER, André:	***«Etudier l'enfant de la naissance à trois ans: les grands courants méthodologiques actuels»,*** P. M. Baudonnière, dir., Paris, Ed, CNRS, 1985.
BULLINGER, André:	«L'enfance comme processus», in *Evoluzione e conoscenza,* Bergamo, Lubrina, 1992, pp. 225-230.
BULLINGER, André:	«Prise en charge précoce d'enfants à risques», in *Psychoscope,* Berne, vol. 13, 1992, n° 1, pp. 28-29.
BULLINGER, André:	«Sensorimotricité et psychomotricité», in *La thérapie psycho-motrice,* Paris, Masson, 1995, pp. 66-71
BUTTERWORTH, G. & al:	«Social cognition in infancy: joint visual attention, manual pointing and the origins of referential communication», in *Revue internationale de psychologie sociale,* 1989, t. 2, n° 1, pp. 9-22
CALDWELL, Bettye, M.:	«Le développement de l'enfant et les diversités culturelles», OMEP/Genève, août 1983 (Université d'Arkansas/Little Rock)
CALME, Nathalie & al:	«L'enfant du possible», in *Question de,* n° 88, Paris, Albin Michel, 1991.
CALPINI, J-Claude & al:	«La relation entre l'enseignant et les parents: sondage auprès des enseignantes enfantines», CVRP, 1987, n° 87.05
CAMUS, Albert:	***«L'homme révolté»,*** Paris, Gallimard,
CANNON, Betty:	***«Sartre et la psychanalyse»,*** PUF, Paris, Perspectives critiques
CARDINET, Jean & al:	«Nouveau regard sur l'égalité des chances: valeurs dans l'éducation pour demain», IRDP, 1978, 9 f.
CARLIER, Michèle:	«La limace bleue, une école dans la vie, une école dans la ville», Paris, La Découverte, 1984.

CDIP/SR-TI: «Objectifs et activités préscolaires», CDIP, 1992.

CELLERIER, Guy & al: «Cybernétique et épistémologie», Paris, PUF, 1968.

CESATI, Irène & al: «Les étapes de l'intelligence sensori-motrice de l'enfant de la naissance à deux ans: manuel d'application», Paris, Ed. Centre de psychologie appliquée, 1968.

CHARLOT, Bernard: «La mystification pédagogique», Paris, Payot, 1976.

CHATEAU, Jean & al: «Enfance animale et enfance humaine: l'empreinte, le jeu, l'imaginaire», in *Traité de psychologie de l'enfant*, 1972.

CHEVALLARD, Y. & al: «La transposition didactique: du savoir savant au savoir enseigné», Grenoble, La Pensée sauvage, 1991.

CHEVALLARD, Yves: «Sur l'analyse didactique: deux études sur les notions de contrat et de situation», Aix-Marseille, IREM, 1988.

CHOMSKY, Noam: «Aspects de la théorie syntaxique», Paris, Seuil, **1971**/1986.

CHOMSKY, Noam: «Current issues in linguistic theory», London, The Hague, **1964** The Hague, Paris, Mouton 1975.

CHOMSKY, Noam: «Essais sur la forme et le sens», Paris, Seuil, 1980,.

CHOMSKY, Noam: «Grammaire générative et sémantique», Paris, Seuil, 1984.

CHOMSKY, Noam: «Le langage et la pensée», Paris, PB/Payot, **1970**/1990.

CHOMSKY, Noam: «Structures syntaxiques», Paris, Seuil, **1969**/1979.

CHOMSKY, Noam: «Théorie du gouvernement et du liage: les conférences de Pise», Paris, Seuil, 1991.

CHOMSKY, Noam: ***« Traité de phonologie générative »***, Paris, Seuil.

CIFALI, Mireille & al: ***«Freud pédagogue? Psychanalyse et éducation»***, Paris, Inter-éditions, 1982.

CIFALI, Mireille & al: «Pédagogie et psychanalyse», Paris, Dunod, 1985.

CIFALI, Mireille: «Apports psychanalytiques au champ éducatif», Genève, AUVI 1991-1992, 24 cassettes/90' chacune.

CIFALI, Mireille: «Eléments pour une démarche psychanalytique dans le champ pédagogique», Université de Genève, Thèse en Sciences de l'éducation, 1980.

CIFALI, Mireille: «L'accès au savoir et ses vicissitudes», in *SSP*, Bellinzona, n° 7, 1991, pp. 5-23.

CIFALI, Mireille: «Le lien éducatif: contre-jour psychanalytique», Paris, PUF, 1994.

CIMARESCO, A.S.: «Le cri néonatal et ses fonctions», in *Le langage des bébés, savons-nous l'entendre?*, M. Cl. Busnel Ed, Paris, Grancher, 1993

CIMAZ, Jacqueline & al: ***«Réussir à l'école: pédagogie de soutien ou soutien de la pédagogie?»*** Paris, Ed. sociales, 1977.

CLAPAREDE, Edouard: «Comment diagnostiquer les aptitudes chez les écoliers», Paris, Flammarion, **1924**/1940.

CLAPAREDE, Edouard: «Développement, (âge) et aptitude», Genève, A. Kündig, 1916

CLAPAREDE, Edouard: ***«L'éducation fonctionnelle»***, Paris/**1931** Neuchâtel, Delachaux et Niestlé, 1973.

CLAPAREDE, Edouard: «Psychologie de l'enfant et pédagogie expérimentale», Genève, H. Kündig, **1905**, Neuchâtel, Delachaux et Niestlé, 1967-1972, 2 vol.

COENEN-H., Josette & al: «Les réseaux de solidarité dans la famille», Lausanne, Réalités sociales, 1994.

COMTE-SPONVILLE, A.: «Petit traité des grandes vertus», Paris, PUF, 1995.

COMTE-SPONVILLE, A.: ***« Traité du désespoir et de la béatitude »,*** Paris, PUF, 1984 (le mythe d'Icare.) 1988 (vivre),

COMTE-SPONVILLE, A.: «Valeur et vérité: études cyniques», Paris, PUF, 1994.

CONNE, François: «La transposition didactique à travers l'enseignement des mathématiques en première et deuxième année de l'école primaire», Lausanne, Couturier/Noverraz, 1986.

CONNE, François: «Un grain de sel à propos de la transposition didactique» in *Education et recherche*, Fribourg, 1992, n° 1, pp. 57-71

CORBERA, Xavier & al: «Diurnal Oscillations in Hemispheric Performance», in *Journal of clinical and experimental Neuropsychology*, 1993, vol 15, n° 2, pp. 300-310

CORNALI-ENGEL, Irène: «Education préscolaire en Suisse romande», Neuchâtel, IRDP, 1992, «Regards».

CORNUT, Guy: «La mécanique respiratoire dans la parole et le chant», Paris, PUF, 1959.

CORNUT, Guy: *«La voix»*, Paris, PUF, 1985,. (Que sais-je? 627)

CORRAZE, Jacques: «Les communications non-verbales», Paris, PUF, 1992.

COSNIER, Jacques & al: «Décrire la conversation», Lyon, PUL, 1987.

COSNIER, Jacques & al: «Echanges sur la conversation», Paris, Ed. CNRS, 1988.

COSNIER, Jacques: «Langage et corps dans la communication» in *Thérapie psychomotrice,* Paris, 1980, n° 46, pp.63-71

COSNIER, Jacques: *«Les prérequis d'une approche éthologique du langage»,* in Psychologie médicale, 1984, 2, pp. 287-295

COSNIER, Jacques: «Les voies du langage: communications verbales, gestuelles et animales», Paris, Dunod, 1982.

COSNIER, Jacques: «Observation directe des interactions précoces ou les bases de l'épigenèse interactionnelle», in *La psychiatrie de l'enfant,* 1984, 1, pp. 107-126

COSNIER, Jacques: «Psychologie des émotions et des sentiments», Paris, Retz, 1994.

COTTEZ, Jacqueline & al: «Grand à la crèche ou petit à la maternelle? La vie collective à deux ans», Paris, Syros, 1982.

CRAHAY, M. & al: «Agir avec les aimants/avec les ressorts», Ed. LEP.1988.

CRAHAY, M. & al: «Agir avec les rouleaux. Agir avec l'eau», Ed. LEP, 1988.

CRAHAY, M. : «Agir avec du matériel structuré», Ed. LEP.

CRAHAY, M.: «Contraintes de situation et interactions maître-élève, changer sa façon d'enseigner, est-ce possible?», in *Revue française de pédagogie,* 1989, Juillet/août/septembre, n° 88, pp. 67-94

CRAMER, Bertrand & al: «Bonjour gaieté: la genèse du rire et la gaieté du jeune enfant», Paris, ESF, 1987.

CRAMER, Bertrand: «La relation mère-bébé» in *Cahiers de la Faculté de médecine,* Genève, n° 12, 1986, pp. 23-32.

CRAMER, Bertrand: «Le fonctionnement psychique dans le post-partum et son rôle dans l'<épinglage d'identité>», in *Devenir,* Paris, vol 6, 1994, n° 2, pp. 15-21.

CRAMER, Bertrand: «Profession bébé: essai», Paris, Calmann-Lévy, 1989.

CRAMER, Bertrand: «Psychiatrie du bébé: nouvelles frontières», Paris/Eshel, Genève/Médecine et Hygiène, 1988.

CRESAS: «Accueillir à la crèche, à l'école: il ne suffit pas d'ouvrir la porte», Paris, l'Harmattan, coll. CRESAS n° 9, INRP, 1991.

CRESAS: «L'échec scolaire n'est pas une fatalité», Paris, ESF, 1981

CRESAS: «Les uns et les autres, intégration scolaire et lutte contre la marginalisation», Paris, L'Harmattan, INRP, 1988, coll CRESAS n° 7.

CRESAS: ***«Naissance d'une pédagogie interactive»,*** Paris, ESF, 1991, Coordination: M. Hardy, F. Platone, M. Stambak

CRESAS: «On n'apprend pas tout seul», Paris, ESF, 1987,

CREUSOT, D. & al: «Les contacts corporels à l'école maternelle» in *Psychologie et éducation,* n° 8, décembre 1991/janvier 1992, pp. 51-91

CULIOLI, Antoine & al: «La genèse du texte: les modèles linguistiques», Paris, Ed. CNRS, 1987.

CULIOLI, Antoine & al: «Où en est la linguistique? Entretiens avec des linguistes», Paris, Didier érudition, 1992.

CULIOLI, Antoine: «Pour une linguistique de l'énonciation: opérations et représentations», Ophrys, 1991.

CYRULNIK, Boris: «Les nourritures affectives», Paris, O. Jacob, 1993.

CYRULNIK, Boris: «Sous le signe du lien: une histoire naturelle de l'attachement», Paris, Hachette, 1990.

DEBAREDE, Anne: «Parents/enfants: les nuits agitées des deux à six ans», in *Le Monde de l'éducation,* juin 1991, p. 91

DECROLY, Ovide & al: «Initiation à l'activité intellectuelle et motrice par les jeux éducatifs», Neuchâtel/Paris, Delachaux & Niestlé, 1978, 169 p.

DECROLY, Ovide: «Etudes de psychogenèse: observations, expériences et enquêtes sur le développement des aptitudes de l'enfant», Bruxelles, Lamertin, 1932.

DELDIME, R. & al: «Le développement psychologique de l'enfant», Bruxelles, de Boeck, 6e ed., 1990.

DELHAXHE, A. & al: «Agir avec le langage écrit», Ed. LEP, 1989.

DELHAXHE, A. & al: «Agir avec le nombre», Ed. LEP.

DELHAXHE, A.: «Agir ses représentations», Ed, LEP, 1988.

DENNISON, Paul & al: «EK (édukinésiologie) für Kinder», Freiburg in Breisgau, Verl. für angewandte Kinesiologie, 1987. (édukinésiologie pour enfants trad. fr.)

DENNISON, Paul & al: ***«Le mouvement: clé de l'apprentissage»,*** Barret le Bas, Le Souffle d'Or, 1993.

DIAS, Bosco: «De l'évaluation psychométrique à l'évaluation du potentiel d'apprentissage», Lucerne, SZH/SPC, 1995.

DIAS, Bosco: «Les mécanismes de défense dans la genèse des normes de conduite: étude expérimentale basée sur le Thematic Aperception Test (TAT)», in *Travaux de psychologie, pédagogie et orthopédagogie*, Fribourg, 1976, vol.10

DIMANCHE, J. François: «Les rythmes biologiques des enfants», in *L'école maternelle française*, n° 1, septembre 1990, pp. 11-15

DINELLO, Raimundo & al: ***«Psychopédagogie interculturelle»***, Cousset, Fribourg, Delval Ed. 1987.

DINVILLE, Claire: «La voix chantée: sa technique», Paris, Masson, 1989. (collection d'orthophonie)

DINVILLE, Claire: ***«Les troubles de la voix et leur rééducation»***, Paris, Masson 1993. (collection d'orthophonie)

DOISE, Willem & al: ***«Le développement social de l'intelligence»***, Paris, Inter Editions, 1981.

DOISE, Willem: «L'explication en psychologie sociale», Paris, PUF, 1982

DOISE, Willem: «Relations sociales et régulations cognitives», in *Psychologie sociale des relations à autrui*, Paris, Nathan, 1994, pp.256-279

DOLTO, Françoise & al: ***«Paroles pour adolescents ou le complexe du homard»***, Paris, Hatier, 1991.

DOLTO, Françoise: ***«L'école de la Neuville»***, Vidéo, Fabienne d'Ortoli & al

DOLTO, Françoise: ***«Quand les parents se séparent ...»***, Paris, Seuil, 1988

DOUCHE, C. & al: «Strabisme et fonction parentale», in *Bulletin de la société d'ophtalmologie franç.*, 1989, 11, LXXXIX, pp. 1335-1338

DROPSY, Jacques: «Le corps bien accordé», Paris, EPI, 1984

DROPSY, Jacques: «Vivre dans son corps», Paris, EPI, 1973

DUCRET, André: ***«Mesure et étude de la pensée plastique»***, Ed. La Lettre Volée, 1990

DUCRET, André: «La contemporanéité: un projet inachevé?», in *Art et contemporanéité*, Bruxelles, La Lettre Volée, 1992, pp. 15-30

DUMONT, Michelle & al: «Impact de l'affectivité sur le développement des connaissances sociales et scolaires d'enfants âgés de huit ans», CSRE 91 : 075

DURNING, Paul (dir): «Education familiale», Vigneux, Matrice.

ESCALONA, S.K. & al: «Prediction and outcome: a study in child development», New York, Basic Books, 1959, XVI.

ESCALONA, Sibylle K.: «The roots of individuality: normal patterns of development in infancy», London, Tavistock, 1973, IX.

ESPERET, J.-M.: «Classes sociales, langage et éducation», La Pensée, 1976

ETIENNE, R.: ***«Le projet personnel de l'élève»***,

EVEQUOZ, G.: «L'action préventive dans le contexte scolaire: perspective systémique», in *Psychologie scolaire*, 1985, n° 52, pp. 83-92

EVEQUOZ, G.: «Le contexte scolaire et ses otages», PARIS, ESF, 1984

F.N.C.E.: «La théorie et le savoir dans l'acte du praticien: la question éthique dans le champ social et éducatif», Paris, 1989.

FEIJOO, J.: «Le fœtus, Pierre et le loup... ou une approche originale de l'audition prénatale humaine» in *L'aube des sens*, Paris, Stock, pp. 192-209, «Cahiers du nouveau-né,» n° 5.

FERBER, Richard: «Protégez le sommeil de votre enfant», Paris, ESF, 1990

FIVAZ-DEPEURSINGE, E.: «Alliances et mésalliances dans le dialogue entre adulte et bébé la communication précoce dans la famille», Paris/Neuchâtel, Delachaux et Niestlé, 1987.

FONTAINE, J.-Cl.(coord.): «Enseigner par cycles à l'école primaire», in *Cahiers pédagogiques*, 1994, n° 321-322, pp. 9-74

FRANCOIS, Frédéric & al: «Conduites linguistiques chez le jeune enfant», Paris, PUF, 1984.

FRANCOIS, Frédéric & al: «J'cause français, non?», Paris, Maspero, La Découverte, 1983, APREF, Cahiers libres 380.

FRANCOIS, Frédéric & al: «La communication inégale: heurts et malheurs de l'interaction verbale», Neuchâtel/Paris, Delachaux et Niestlé, 1990.

FRANJOU, Bernard: «Penser l'espace du petit enfant», in *Devenir*, Juin 1990, n° 2, pp. 76-94

FREINET, Célestin & al: «Moderniser l'école», Cannes, Ed. de l'Ecole moderne française, 1968.

FREINET, Célestin: «La formation de l'enfance et de la jeunesse», Cannes, Ed. de l'Ecole moderne française, 1960.

FREINET, Célestin: «La santé mentale de l'enfant: les maladies scolaires, la dyslexie, la délinquance», Paris, Maspero, 1978.

FREINET, Célestin: «Le texte libre», Cannes, Ed. de l'Ecole moderne, 1967.

FREINET, Elise & al: «Vous avez un enfant», Paris, La Table ronde, 1961.

FREUD, Sigmund: «Cinq leçons sur la psychanalyse», Paris, Payot, **1921**/1991.

FREUD, Sigmund: «Cinq psychanalyses», Paris, PUF, **1935**/1992.

FREUD, Sigmund: «L'homme Moïse et la religion monothéiste», Paris, Gallimard, **1948**/1994.

FREUD, Sigmund: «Psychopathologie de la vie quotidienne», Paris, Payot, **1922**/1994.

FREUD, Sigmund: «Totem et tabou», Paris Gallimard, **1924**/1993.

GAILLARD, François & al: «Existence et essence de la psychologie scolaire: le cas romand», in *Der Jugendpsychologe*, Soleure, 1992, vol. 18, n° 2, pp. 38-48

GAILLARD, François & al: «La lecture», in *Cahiers du département des langues et des sciences du langage*, Lausanne, 1988, n° 6.

GAILLARD, François: «Analyse des mouvements de poursuite oculaire chez les épileptiques», Paris, Doin, 1974.

GAILLARD, François: «Les deux cerveaux et la musique», in *La musique à l'école*, Yverdon, 1987, 8 f

GARBAR, Claire & al: ***«Les familles mosaïque: maman, papa, mon beau-père, ma demi-sœur...»***, Paris, Nathan, 1991.

GARIN, Christine & al: «La maternelle en danger», in *Le Monde de l'éducation*, septembre 1990, pp. 20-39

GAUTHIER, R. & al: «La dominance et l'affiliation chez les enfants d'âge préscolaire: analyse transversale», in *Ethologie et développement de l'enfant*, Paris, Stock, 1985, pp. 309-327

GEISMAR, Sylvie: «Mézières: une méthode, une femme: le dos retrouvé», Paris, J. Lyon, 1993.

GENOUVRIER, E.: «L'enfance de la parole», Paris, Nathan, 1990

GERARD-NAEF, J.: «Savoir parler, savoir dire, savoir communiquer», Neuchâtel/ Paris, Delachaux et Niestlé, 1987.

GESELL, A.: «L'ontogenèse du comportement», in *Manuel de psychologie de l'enfant*, Paris, PUF, 1952, 3 vol. (Carmichael Ed.)

GIBRAN, Khalil: «La voix du maître», Boucherville/Québec, Ed. de la Mortagne, 1988.

GIBRAN, Khalil: «Le jardin du prophète», Paris, Ed. du Chêne, 1995.

GIBRAN, Khalil: ***«Le prophète»,*** Monaco, Ed. du Rocher, 1993.

GIBRAN, Khalil: «Le retour du prophète», Chêne-Bourg, Ed. Vivez Soleil, 1991.

GIBRAN, Khalil: «Les trésors de la sagesse», Boucherville/Québec, Ed. de Mortagne, 1988.

GILLET, Pierre: ***«Pour une pédagogie, ou l'enseignant-praticien»***, Paris, PUF, 1987.

GILLIERON, Patricia & al: «Biorythmes et rythmes scolaires» in *Educateur, pédagogie et éducation*, 1995, n° 6, pp. 3-21

GINESTET, J.-P.: ***«Pour une pédagogie du projet»,***

GOFFMANN, Erving: «Stigmates, des usages sociaux des handicaps», Paris, Ed. Minuit, 1989.

GOMBERT, Jean-Emile: «Conceptions de l'écrit chez les enfants pré-lettrés», 1978, ELA n° 73

GOUBIER-BOULA, M.O.: «Un bébé souffre à bas bruit: de la découverte «accidentelle» d'un cas d'autisme infantile et d'un désarroi collectif», in *Neuropsychiatrie de l'enfance*, 38 (7), 1990, pp. 400-406

GOUMAZ, Gaston: ***«Enseignant-enseigné: une estime réciproque»***, Perly-Genève, Ed des Sables, 1991.

GRETLER, Armin & al: «Etre migrant: approches des problèmes socio-culturels et linguistiques des enfants migrants en Suisse», Berne, P. Lang, 1989.

GROF, Stanislav & al: ***«Beyond death: the gates of consciousness»***, London, Thames and Hudson, 1980

GROF, Stanislav & al: «Psychologie transpersonnelle», Monaco, Ed. du Rocher, 1988.

GROF, Stanislav & al: «Royaumes de l'inconscient humain: la psychologie des profondeurs dévoilée par l'expérience LSD», Monaco, Ed. du Rocher, 1983.

GRUNELIUS, Elisabeth: «Les moins de sept ans», Paris, Triades, 1987.

HAEBERLIN, Urs & al: «Prise en charge individualisée à l'école enfantine et à l'école ordinaire: documentation sur un projet pilote d'intégration», Berne, Ed. Paul Haupt, 1995.

HAHN, Martine: ***«Rencontre avec Samuel ROLLER»*** in *Groupe projet de formation des maîtres*, doc. int, Université de Genève, 5 f.

HAMEURY, L. & al: «Troubles du sommeil du nourrisson et du jeune enfant (0-3 ans)» in *Neuropsychiatrie de l'enfance*, 1990, 38 (1-2), pp. 1-6

HARAMEIN, Ali & al: «Vers une action pédagogique égalitaire: pluralisme des contenus et différenciation des interventions», in *Cahier du Service de la recherche sociologique*, n° 13, Genève, 1979, pp. 228-270

HECAEN, Henry & al: «Les gauchers: prévalence manuelle et dominance cérébrale», Paris, PUF, 1963.

HELLBRUNN, R. & al: «Intégrer la violence», Vigneux, Matrice, 1986.

HUBERMAN, M. & al: «Assurer la réussite des apprentissages scolaires? Les propositions de la pédagogie de maîtrise», Neuchâtel/Paris, Delachaux et Niestlé, 1988

HUBERMAN, Michael: «Cycles de vie et formation», Vevey, Delta Ed., 1975.

HUBERMAN, Michael: «De la recherche à la pratique: éléments de base», Berne, Lang, 1991.

HUBERMAN, Michael: «La vie des enseignants», Paris/Neuchâtel, Delachaux et Niestlé 1989.

HUGUENIN, Pierre & al: «Face aux restrictions budgétaires, sauvons l'école!» in *L'Hebdo*, n° 3, janvier 1992, pp. 40-45

HUTIN, Raymond & al: «Approche qualitative de la division élémentaire: la première année enfantine, la première année primaire», in *Cahiers SRP*, Genève, DIP, 1990, n° 90.03

HUTIN, Raymond: «Une école pour demain», Cahiers du SRP, DIP Genève, 1990.

ICIKOVICS, J.-P. & al: «L'enfant et l'échec scolaire» in *Science et vie*, Paris, 1988, n° 164 (no spécial)

ILLICH, Ivan D.: ***« Une société sans école »***, Paris, Seuil, 1990.

IMBERT, Francis: «Pour une praxis pédagogique», Vigneux, Matrice.

IMBERT, Francis: «La question de l'éthique dans le champ éducatif», Vigneux, Matrice.

INHELDER, Bärbel & al: «Apprentissage et structures de la connaissance», Paris, PUF, 1974.

INHELDER, Bärbel & al: «Epistémologie génétique et équilibration: hommage à Jean Piaget», Neuchâtel/Paris, Delachaux et Niestlé, 1977.

INHELDER, Bärbel & al: ***«Le cheminement des découvertes de l'enfant: recherche sur les microgenèses cognitives»,*** Neuchâtel/Paris, Delachaux et Niestlé, 1992.

INHELDER, Bärbel & al: «Thougt and language», in *Topics in cognitive development,* New York, Plenum, 1978, pp. 3-10

JANET, Pierre: «L'intelligence avant le langage», Paris, Flammarion, 1936.

JARDINE, Martine: «L'accueil des tout-petits: crèche, assistante maternelle, halte-garderie, école maternelle, en vacances», Paris, Retz 1992.

JUNG, Carl-Gustav: «L'homme à la découverte de son âme», Genève, Ed. du Mont-Blanc, **1944**, Paris, Albin Michel, 1987.

JUNG, Carl-Gustav: «L'homme et ses symboles», Paris, Robert Laffont, **1964**/1992

JUNG, Carl-Gustav: «Métamorphose de l'âme et ses symboles», Genève, Georg Ed., **1953**/1989.

JUNG, Carl-Gustav: «Psychologie de l'inconscient», Genève, Georg Ed., **1952**/1993

JUNG, Carl-Gustav: «Psychologie et éducation», Paris, Buchet/Chastel, **1958**/1990

KAMII, Constance: «Les jeunes enfants réinventent l'arithmétique», Berne, P. Lang, 1990.

KARLI, Pierre: «L'homme agressif», Paris, Odile Jacob, 1989.

KARLI, Pierre: «Neurobiologie des comportements d'agression», Paris, PUF, 1982.

KARLIN, Daniel & al: «La mort du père, et autres récits du fils...» Paris, Messidor Ed. sociales, 1983.

KARLIN, Daniel & al: «La raison du plus fou», Paris, Ed. sociales, 1990.

KARMILOFF-SMITH, A.: «A functional approach to child language: a study of determiners and reference», Cambridge, London, 1981.

KELLERHALS, Jean & al: «Figures de l'équité: la construction des normes de justice dans les groupes», Paris, PUF, 1988.

KELLERHALS, Jean & al: ***«Les stratégies éducatives des familles: milieu social, dynamique familiale et éducation des pré-adolescents»***, Paris/Neuchâtel, Delachaux et Niestlé, 1991.

KELLERHALS, Jean & al: «Microsociologie de la famille», Paris, PUF, 1993.

KELLERHALS, Jean: «Dimensions contemporaines du désir d'enfants: aspects sociologiques», in *La revue de pédiatrie*, Paris, 1985, t. 21, n° 6, pp. 265-272

KELLERHALS, Jean: «Les styles d'éducation dans les familles contemporaines», in *Journal suisse de médecine*, Bâle, 1994, vol 124, pp. 2313-2320

KELLERHALS, Jean: «Plaidoyer pour une étude des territoires de la famille», in *Les espaces de la famille*, Liège, Derouaux, Ordina 1995, pp. 3-8

KELLERHALS, Jean: «Proximité affective et entraide entre générations: la «génération-pivot» et ses pères et mères» in *Gérontologie et société*, Paris, 1994, n° 68, pp. 98-112

KERVIEL, Sylvie: «A la maison ou en bibliothèque, mettez un livre dans son biberon», in *Le monde de l'éducation*, février 1992, pp. 50-51

KERVIEL, Sylvie: «Les nouveaux cycles de l'école primaire: écouter le rythme des élèves», in *Le Monde de l'éducation*, avril 1992, p. 18

KLEIN, Mélanie: «En observant le comportement des nourrissons», in *Développements de la psychanalyse*, Paris, PUF, **1966**/1987, pp. 223-228

KLEIN, Mélanie: ***«Envie et gratitude, et autres essais»***, Paris, Gallimard, **1968**/1990.

KLEIN, Mélanie: ***«L'amour et la haine: le besoin de réparation»***, Paris, Payot, **1968**/1990, (PBP)

KLEIN, Mélanie: «La psychanalyse des enfants», Paris, PUF, **1959/1982**.

KLEIN, Mélanie: «Our adult world and its roots in infancy», London, Tavistock, 1962, 2nd impr.

KOENIG, Karl: «Les débuts de l'enfance, marcher, parler, penser», St Prex, Ed. Camphill, 1983.

KREISLER, Léon & al: «L'enfant et son corps», Paris, PUF, **1974**/1995.

KREISLER, Léon & al: «Sur les bases cliniques de la psychiatrie du nourrisson», in *Psychiatrie de l'enfant*, 1981, 24, pp. 223-263

KREISLER, Léon: «L'enfant du désordre psychosomatique», Toulouse, Privat, 1981.

KREISLER, Léon: «L'enfant psychosomatique», Paris, PUF, 1976.

KREISLER, Léon: «Le bébé du désordre», in *La dynamique du nourrisson,* Paris, ESF, 1982, pp. 84-101

KREISLER, Léon: «Le nouvel enfant du désordre», Toulouse, Privat, **1987**/1992.

KRISHNAMURTI, J.: «Lettres aux écoles», Hampshire Krishnamurti Foundation, 1989, vol.1-2, (Ass. cult. Krishnamurti, France, 75015 Paris)

LABORIT, Henri: «A la recherche des bases bio-comportementales de ce qu'il est convenu d'appeler les <droits de l'homme>», in *Pour les droits de l'homme, mélanges en l'honneur de l'Association pour le développement des libertés fondamentales*, Choisy-le-Roi, 1983, pp. 149-162.

LABORIT, Henri: «Biologie et structure», Paris, Gallimard, **1968**/1987.

LABORIT, Henri: «L'agressivité détournée: introduction à une biologie du comportement social», Paris, Union générale d'éditions, **1970**/1994.

LABORIT, Henri: «L'inhibition de l'action: biologie comportementale et physio-pathologique», Paris, New-York, Masson, **1979**, Paris, Masson, Presse Univ Montréal, 1986,.

LABORIT, Henri: «Les comportements: biologie, physiologie, pharmacologie», Paris, Masson, 1973.

LAFLAQUIERE, Alain: «Le père et la paternité dans le mythe moderne de l'enfance», in *Psychologie et éducation*, n° 1, 1990, pp. 9-30

LAINE, Tony: «Le bébé est une personne», Vidéo, TF1, 1984, (3 cassettes en U-matic, 2h51', PAL

LAINE, Tony: «Le sesque des anges, ou On n'est pas des lapins», Vidéo, A2, in *«L'amour en France»*, 5.2.1990

LAUTREY, Jacques: «Classe sociale, milieu familial, intelligence», Paris, PUF, 1980

LE BOULCH, Jean: ***«L'éducation par le mouvement: la psychocinétique à l'âge scolaire»***, Paris, ESF, 1976.

LE BOULCH, Jean: «L'éducation psychomotrice à l'école élémentaire: la psychocinétique à l'âge scolaire», Paris, ESF, 1984.

LE BOULCH, Jean: «Le développement psychomoteur de la naissance à six ans: conséquences éducatives: la psychocinétique à l'âge préscolaire», Paris, ESF, 1984.

LE BOULCH, Jean: «Mouvement et développement de la personne», Paris, Vigot, 1995.

LE BOULCH, Jean: «Vers une science du mouvement humain: introduction à la psychocinétique», Paris, ESF, 1982.

LE CAMUS, Jean: «Les racines de la socialité: une approche éthopsychologique», Paris, Centurion, 1989.

LEBOVICI, Serge: «Le nourrisson, la mère et le psychanalyste», Paris, Centurion, 1983.

LEBOYER, Frederick: «Pour une naissance sans violence», Paris, Seuil, 1980.

LECUYER, Roger: «L'être humain, objet de connaissance des bébés», in *Revue internationale de psychologie sociale*, 1989, t.2, n° 1, pp. 83-96

LEDDET, I. & al: «Développement des enfants prématurés pesant moins de 1500 grammes: aspect cognitif et comportemental du devenir à 5 ans et demi», in *Neuropsychologie de l'enfance*, 1990, n° 38 (1-2), pp. 7-11

LEDRU-MENOT, O. & al: «Apprendre une langue étrangère? ... de la tête aux pieds!» in *Cahiers pédagogiques*, n° 288, novembre 1990, pp. 42-43

LENTIN, Laurence & al: «Apparition de la syntaxe chez l'enfant», Paris, Larousse, 1975.

LENTIN, Laurence & al: ***«Du parler au lire: interaction entre l'adulte et l'enfant»***, Paris, ESF, 1978.

LENTIN, Laurence: «Apprendre à parler: le rôle de l'école maternelle: acquisition et fonctionnement du langage chez des enfants de trois à six ans de milieu prolétaire...» Vanves, Centre technique national d'études et de recherches sur les handicaps et les inadaptations, 1985.

LENTIN, Laurence: ***«Apprendre à parler à l'enfant de moins de six ans: où, quand, comment?»***, Paris, ESF, 1977.

LENTIN, Laurence: «Ces enfants qui veulent apprendre: l'accès au langage chez les enfants vivant dans la grande pauvreté», Paris, Ed. Ouvrières, Ed. Quart-monde, 1995.

LENTIN, Laurence: «Recherches sur l'acquisition du langage», Paris, Uni. Sorbonne nouvelle, 1984

LESOURD, Serge & al: «Protéger l'enfant en danger: une pratique des conflits», Remonville St Agne, Erès, 1994, 224 p.

LEVINE, Jacques & al: ***«Mon enfant sera bon élève»***, Paris, Stock, 1968.

LIETTI, Anna: «Pour une éducation bilingue», Paris, Payot, 1994, PB.

LIPSITT, Lewis P. & al: «The infancy of human learning processes» in *Developmental plasticity*, New York, Academic Press, Gollin Eds., 1981, pp. 101-133

LIPSITT, Lewis P.: «Critical conditions in infancy», in *American psychologist*, 1979, 34, pp. 973-980

LIPSITT, Lewis P.: «Developmental psychobiology: the significance of infancy», Hillsdale, L. Erlbaum Ed., 1976.

LIPSITT, Lewis P.: «Infant at risk: perinatal and neonatal factors» in *International journal of behavioral development*, 1979, 2, pp. 23-42

LIPSITT, Lewis P.: «The study of the sensory and learning processes of the newborn» in *Clinic in perinatalogy*, Philadelphia, Saunders, Volpe Ed., 1977, 4, n° 1

LIPSITT, Lewis, P. & al: «Child development», Glenview Ill, Dallas, Scott Forseman, 1979.

LIPSITT, Lewis, P. & al: «Selfregulatory behavior and risk taking: causes and consequences», Norwood, Ablex, 1991

LIPSITT, Lewis, P.: ***«Developmental psychobiology: the significance of infancy»***, Hillsdale N.J., L. Erlbaum ed., 1976.

LIPSITT, Lewis, P.: «Infant behavior and development: perinatal risk and newborn behavior», Norwood N.J., Ablex, 1982.

LORENZ, Konrad: «L'agression: une histoire naturelle du mal», Paris, Flammarion 1969.

LORENZ, Konrad: «Essais sur le comportement animal et humain», Paris, Seuil, 1970.

LURCAT, Liliane: «L'échec et le désintérêt scolaire à l'école primaire», Paris, Ed du Cerf, 1976.

LURCAT, Liliane: «L'écriture et le langage écrit de l'enfant: écoles maternelle et élémentaire», Paris, ESF, 1985.

LURCAT, Liliane: ***«L'enfant et les autres à l'école maternelle, ou comment on devient un écolier»***, Paris, ESF, 1981.

LURCAT, Liliane: «Le jeune enfant devant les apparences télévisuelles», Paris, Desclée de Brouwer, 1994.

LURCAT, Liliane: «Une école maternelle», Paris, Stock, 1976.

LURCAT, Liliane: «Violence à la télé: l'enfant fasciné», Paris, Syros/Alternatives, 1989.

LURIN, Jacqueline & al: «L'organisation du temps à l'école primaire», in *Cahiers du SRP*, n° 38, 1989.

LURIN, Jacqueline & al: «Une expérience de décloisonnement: essai d'ouverture», in *Cahier du SRP*, n° 20, 1980.

LURIN, Jacqueline & al: «Le décloisonnement: une expérience d'ouverture... Un pas vers la différenciation et l'individualisation des parcours de formation à l'école élémentaire», in *Cahiers du SRP*, n° 46, 1993.

MAGNIN, Sylviane & al: «Kaléido: inventaire sélectif de supports didactiques», Neuchâtel, COROME, 1994, 1 classeur

MANDELBROT, Benoît: ***«Les objets fractals: forme, hasard et dimension»***, Paris, Flammarion, 1989.

MANZANO, Juan & al: «Soigner l'enfant: les thérapies en psychiatrie infantile et en psychopédagogie», Lyon, Ed. Césura, 1989, 2 vol., Coll. PGI.

MARC, Pierre & al: «Echecs des uns, inéchecs des autres: de la re-connaissance dans le puzzle scolaire des attentes», Uni. Neuchâtel, Séminaire de pédagogie, 1982, 36 feuillets.

MARC, Pierre & al: «La différence à fleur de peau: contribution à une étude de la relation enfants différents – adultes normés», Uni. Neuchâtel, Cousset/Fribourg, Ed. Delval, 1989.

MARC, Pierre & al: «Violences familiale, scolaire et sociale: une histoire bien ordinaire», Uni. Neuchâtel, Sciences de l'Education, 1993.

MARC, Pierre: ***«Autour de la notion pédagogique d'attente»***, Berne, P. Lang, 1991.

MARC, Pierre: «Déscolariser le psychologue scolaire», in *Revue suisse de psychologie*, n° 3, 1991, 22 f

MARC, Pierre: «L'échec et la réussite scolaire il y a un siècle: une hérédité toute-puissante mais une pédagogie normée», in *Pédagogie et éducation*, n° 3, 1990, pp. 37-62

MARC, Pierre: «Quand juge le maître...: attentes du maître et origines socio-professionnelles des élèves», Cousset/Fribourg, Delval, 1984.

MARCOS, Haydée & al: «L'adaptation de la demande à la situation sociale chez le bébé», in *Revue internationale de psychologie sociale*, 1989, t.2, n° 1, pp. 37-48

MARTINO, Bernard: «Le bébé est une personne», Paris, Balland/TF1 Eds, 1985.

MEHLER, Jacques & al: «Infant recognition of mother's voice», in *Perception*, 1978, 7, pp. 491-497

MEIRIEU, Philippe & al: «Emile, reviens vite... ils sont devenus fous», Paris, ESF, 1994.

MEIRIEU, Philippe & al: «Réussir à l'école: des enseignants relèvent le défi», Lyon, Chronique sociale, Bruxelles, Vie ouvrière, 1987.

MEIRIEU, Philippe: «Apprendre en groupe?», Lyon, Chronique sociale, 1991, (2 vol.)

MEIRIEU, Philippe: «Apprendre, oui mais comment?», Paris, ESF, 1993.

MEIRIEU, Philippe: «Ecole, mode d'emploi: des «méthodes actives» à la pédagogie différenciée», Paris, ESF, 1992.

MEIRIEU, Philippe: «La pédagogie entre le dire et le faire», Paris, ESF, 1995.

MEIRIEU, Philippe: «Le choix d'éduquer: éthique et pédagogie», Paris, ESF, 1993.

MEIRIEU, Philippe: «Les devoirs à la maison», Paris, Syros Alternatives, 1992.

MELTZER, Donald & al: «Explorations dans le monde de l'autisme», Paris, Payot, 1984.

MERAZZI, Claude (coord): «Ecole et société postindustrielle: entre devoir(s) et pouvoir(s)» in *Educateur*, 5, 1991 (supplément SPR), pp. 5-58

MERLEAU-PONTY, J. (éd): «Science, éthique, philosophie», 1991.

MERLEAU-PONTY, J.: «La science de l'univers à l'âge du positivisme: étude sur les origines de la cosmologie contemporaine», Paris, Vrin, 1983.

MILLER, Alice: ***«C'est pour ton bien: racines de la violence dans l'éducation de l'enfant»***, Paris, Aubier, 1988, 320 p.

MILLER, Alice: «L'enfant sous terreur: l'ignorance de l'adulte et son prix», Paris, Aubier, 1994, 380 p.

MILLER, Alice: «La connaissance interdite: affronter les blessures de l'enfance dans la thérapie», Paris, Aubier, 1992, 246 p.

MILLER, Alice: «Le drame de l'enfant doué: à la recherche du vrai Soi», Paris, PUF, 1993, 132 p.

MONTAGNER, H. & al: «Apport éthologique à l'étude ontogénétique des systèmes de communication de l'enfant» in *Médecine et Hygiène*, Genève, 1981, 39, pp. 3906-3922

MONTAGNER, H. & al: «Aspects fonctionnels et ontogénétiques des interactions de l'enfant avec ses pairs au cours des trois premières années» in *La psychiatrie de l'enfant*, Paris, 1987, 31,

MONTAGNER, H. & al: «Les systèmes relationnels et les rythmes biologiques du jeune enfant accueilli en crèche, à l'école maternelle et à l'école élémentaire» in *L'art et la Science de l'enseignement*, Crahay Ed., Bruxelles, Labor, 1986, pp. 201-232

MONTAGNER, Hubert: «Approche éthologique des systèmes d'interaction du nouveau- né et du jeune enfant», in *Neuropsychiatrie de l'enfance*, 1985, 33, pp. 59-71

MONTAGNER, Hubert: «Données nouvelles sur les systèmes d'interaction entre le nourrisson et sa mère», in *Neuropsychiatrie de l'enfance*, 1982, 30, pp. 153-158

MONTAGNER, Hubert: «L'attachement, les débuts de la tendresse», Paris, Seuil, 1991, (O. Jacob)

MONTAGNER, Hubert: «L'enfant acteur de son développement», Paris, Stock, 1993, (Laurence Pernoud)

MONTAGNER, Hubert: «L'enfant et la communication: comment des gestes, des attitudes, des vocalisations deviennent des messages», Paris, Stock, 1995.

MONTAGNER, Hubert: ***Les rythmes de l'enfant et de l'adolescent: ces jeunes en mal de temps et d'espace»***, Paris, Stock, 1991.

MONTAGNER, Hubert: «Lorsque le bébé s'attache: recherches actuelles sur les compétences et la construction des liens», in *Journal des psychologues*, septembre 1989, n° 70, pp. 41-47

MONTAGNER, Hubert: «Mécanismes de la communication non-verbale chez les jeunes enfants» Vidéo, Paris, Service du film de recherche scientifique, VHS, 40 mn

MONTAGNER, Hubert: «Phénomènes de hiérarchie entre les enfants d'une crèche: approche ethno-physiologique» Vidéo, Paris, Service du film de recherche scientifique, VHS, 24 mn

MONTANDON, Cléopâtre: «Cohésion familiale, styles éducatifs et estime de soi», in *Familles et contextes sociaux: les espaces et les temps de la diversité*, Lisboa, Grupo de estudos de sociologia de familia, Grafica 2000, 1992, pp. 233-245

MONTANDON, Cléopâtre: «Entre parents et enseignants: un dialogue impossible? Vers l'analyse sociologique des interactions entre la famille et l'école», Collab. Philippe Perrenoud, Bern, P. Lang, 1994.

MONTANDON, Cléopâtre: L'articulation entre les familles et l'école: sens commun et regard sociologique», in *L'éducation prisonnière de la forme scolaire*, Lyon, PUL, 1994, pp. 149-171

MONTANDON, Cléopâtre: «L'école dans la vie des familles: ce qu'en pensent les parents des élèves du primaire genevois», Genève, Cahiers SRS n° 32, 1991.

MONTANDON, Cléopâtre: «Les relations entre les familles et l'école: de quelques effets sur l'identité des enseignants», in *Les transformations du système éducatif*, Paris, L'Harmattan, 1993, pp. 137-154

MORO, Marie-Rose & al: «Clinique de la rencontre: présentation de quelques principes techniques de l'ethnopsychiatrie», in *Psychologie et éducation*, 1990, n° 3, pp. 23-36

MOUNOUD, Pierre: «L'évolution des conduites de préhension comme illustration d'un modèle de développement», in *Le développement dans la première année*, Schoenen éd., Paris, PUF, 1983, pp. 75-106

MUGNY, Gabriel & al: «L'intelligence au pluriel», Cousset/Fribourg, Ed. Delval, 1985

MUGNY, Gabriel: «Psychologie sociale du développement cognitif», Berne, P. Lang, 1991.

NADAI, Eva & al: «Prise en charge extra-familiale des enfants en Suisse», SKBF 91.072, Aarau

NADEL, J. & al: «L'objet, moyen d'étude des compétences à communiquer», in *Comportements*, 1985, 3, pp. 139-163

NADEL, J.: «Imitation et communication entre jeunes enfants», Paris, PUF, 1986

NATHAN, Tobie & al: «L'exil et la chute: approche ethnopsychanalytique des moments de crise chez les migrants», in *Cahier du département de psychopathologie clinique, biologique et sociale de l'enfant et de la famille*, 1988-1989, n° 41, 145 f.

NATHAN, Tobie: ***«Fier de n'avoir ni pays ni amis, quelle sottise c'était...: principes d'ethnopsychanalyse»***, Grenoble, La Pensée sauvage, 1993

NATHAN, Tobie: «L'influence qui guérit», Paris, O. Jacob, 1994.

NATHAN, Tobie: «La folie des autres: traité d'ethnopsychiatrie clinique», Paris, Dunod, 1986.

NATHAN, Tobie: «Le temps interrompu: pathologie du deuil et de l'exil», Grenoble, La Pensée sauvage, 1988.

NATHAN, Tobie: «Psychanalyse païenne: essais ethnopsychanalytiques», Paris, O. Jacob, 1995

NATHAN, Tobie: «Vie et mort des idéologies» in *Nouvelle revue d'ethnopsychiatrie*, Grenoble, 1992, n° 19, pp. 15-34

NEILL, Alexander S. & al: «La liberté par l'anarchie: réflexions sur l'éducation et l'expérience de Summerhill», Paris, Payot, 1978.

NGUYEN Thanh Huong: «Une évaluation des composantes perceptive et motrice dans la formation de l'intelligence épistémique», in *Neuropsychiatrie de l'enfance*, 1992, 40 (8-9), pp. 467-475

NICOLAIDIS, Nicolas & al: «Créativité et/ou symptome», Paris, Clancier-Guénaud, 1982.

ODENT, Michel: «Genèse de l'homme écologique», EPI, 1979.

OUDOT, Jacques: «Les biolimites», Lyon, PUL, 1981.

PAIN, Jacques & al: «Chronique de l'école caserne», Paris, Maspéro, 1972

PAIN, Jacques & al: «La relation violente», Vigneux, Matrice, 1991

PAIN, Jacques (dir): «Placés, vous avez dit», Vigneux, Matrice, 1987

PAIN, Jacques: «Ecoles: violence ou pédagogie?», Vigneux, Matrice, 1992.

PAIN, Jacques: «Pédagogie institutionnelle et formation», Vauréal, Micropolis, 1981

PAIN, Sara & al: «Sur les traces du sujet: théorie et technique d'une approche art-thérapeutique», Neuchâtel/Paris, Delachaux et Niestlé, 1994.

PAIN, Sara: «La fonction de l'ignorance», Berne, Peter Lang, 1989.

PAIN, Sara: «Le savoir et l'ignorance», in *Psychiatrie de l'enfant*, vol XXVI, 1983,

PAIN, Sara: «Les difficultés d'apprentissage, diagnostic et traitement», Berne, P. Lang, 1980.

PALACIO-QUINTIN, E.: «Education cognitive au préscolaire chez les enfants des milieux socio-économiques faibles», in *Psychologie et éducation*, n° 20, 1995, Grenoble, La Pensée sauvage, pp.33-47

PALAGI, Sylvana: «Enquête auprès des enseignants de la scolarité obligatoire et des classes enfantines», in *Formation continue des enseignants* CVRP, DIPC, 1986, rapport n° 2

PELPEL, Patrice: «Se former pour enseigner», Paris, Bordas, 1993.

PENNAC, Daniel: ***« Comme un roman »***, Paris, Gallimard, 1992.

PERON, Yves (coord): « Ethique et pédagogie », in *Cahiers pédagogiques*, n° 302, mars 1992, pp. 10-57

PERREGAUX, Ch. & al: « Enfant cherche école: pour le droit à l'éducation en Suisse », Carouge/Genève, Ed. Zoé, 1989.

PERREGAUX, Christiane: « L'école, espace plurilingue », in *Lidil*, Grenoble, 1995, n° 11, pp. 125-139

PERREGAUX, Christiane: « Les enfants à deux voix: des effets du bilinguisme sur l'apprentissage de la lecture », Bern, P. Lang, 1994.

PERREGAUX, Christiane: « Odyssea: accueils et approches interculturelles », Neuchâtel, Commission romande des moyens d'enseignement et d'apprentissage, 1994.

PERREGAUX, Christiane: « Reconnaître les atouts linguistiques des enfants bilingues pré-lecteurs » in *Tranel*, Neuchâtel, 1993, pp. 129-143

PERRENOUD, Philippe: « Anatomie de l'excellence scolaire », in *L'excellence*, Paris, 1987, pp. 95-100

PERRENOUD, Philippe: « L'échec scolaire, une représentation fabriquée? Soutien pédagogique », in *Educateur*, Lausanne, 1991, n° 9, pp. 54-57

PERRENOUD, Philippe: « L'école à quatre ans: d'une nouvelle image de l'enfant à l'éducation compensatrice », (en collab. avec M. Roessinger), in *Cahiers du SRS*, n° 7, 1974.

PERRENOUD, Philippe: « L'évaluation est-elle créatrice des inégalités de réussite scolaire » in *Cahiers du SRS*, 1982, n° 17.

PERRENOUD, Philippe: ***« La fabrication de l'excellence scolaire: du curriculum aux pratiques d'évaluation: vers une analyse de la réussite, de l'échec et des inégalités comme réalités construites par le système scolaire »***, Genève, Droz, 1995.

PERRENOUD, Philippe: « La pédagogie à l'école des différences », Paris, ESF, 1995.

PERRENOUD, Philippe: « La triple fabrication de l'échec scolaire », in *L'échec à l'école, échec de l'école?*, Neuchâtel, Delachaux et Niestlé, 1992, pp. 85-102

PERRENOUD, Philippe: « Métier d'élève et sens du travail scolaire », Paris, ESF, 1994.

PERRENOUD, Philippe: « Scolarisation et sens des savoirs: de l'obsession d'instruire la jeunesse pour son bien », in *Revue suisse de sociologie*, Montreux, 1985, Jg. 11, n° 2, pp. 213-226

PERRENOUD, Philippe: « Sociologie de l'excellence ordinaire: diversité des normes et fabrication des hiérarchies », in *L'excellence*, Paris, 1987, pp. 62-75

PERRET-CLERMONT A.-N.: « Approches psychosociologiques de l'apprentissage en situation collective », in *Dossiers de psychologie*, n° 12, Neuchâtel, 1981, 33 feuillets

PERRET-CLERMONT A.-N.: « Interagir et connaître: enjeux et régulations sociales dans le développement cognitif », en collab. avec M. Nicolet, Fribourg/Cousset, Delval, 1988.

PERRET-CLERMONT A.-N.: « Les implicites dans les situations d'apprentissage », in *Les cahiers de l'ISP*, Paris, 1992, n° 19, pp. 20-53

PERRET-CLERMONT, A.-N.: « Les rapport entre déracinement et enracinement culturel dans le cadre des phénomènes de migration et de transmission des connaissances », in *Revue internationale d'action communautaire*, 1985, vol 54, pp. 171-176

PIAGET, Jean & al: « L'équilibration des structures cognitives: problème central du développement », Paris, PUF, 1975, EEG XXXIII, 175.

PIAGET, Jean & al: « L'importance du mouvement dans le développement psychologique de l'enfant », in *Psychologie française*, 1957, t.2, n° 1, pp. 24-30.

PIAGET, Jean & al: « La genèse des structures logiques élémentaires: classifications et sériations », Neuchâtel/Paris, Delachaux et Niestlé, **1959**/1991.

PIAGET, Jean & al: ***« Le jugement moral chez l'enfant »***, Paris, PUF, **1932**/1973

PIAGET, Jean & al: « Mémoire et intelligence », Paris, PUF, 1968.

PIAGET, Jean & al: « Recherches sur la contradiction: les différentes formes de contradiction », Paris, PUF, EEG XXXI, 1974.

PIAGET, Jean & al: « Recherches sur la contradiction: les relations entre affirmation et négation », Paris, PUF, EEG XXXII, 1974.

PIAGET, Jean & al: « Théories du langage, théories de l'apprentissage » (Débats du Centre de Royaumont), Paris, Seuil, **1972**/1982.

PIAGET, Jean: ***« Biologie et connaissance: essai sur les relations entre les régulations organiques et les processus cognitifs »***, Paris, Gallimard, **1967**, Neuchâtel/ Paris, Delachaux et Niestlé, 1992.

PIAGET, Jean: « La construction du réel chez l'enfant », Neuchâtel, Delachaux et Niestlé, **1937**/1991

PIAGET, Jean: «La formation du symbole», Neuchâtel/Paris, Delachaux et Niestlé, **1945**/1994.

PIAGET, Jean: «La naissance de l'intelligence chez l'enfant», Neuchâtel/Paris, Delachaux et Niestlé, **1936**/1977.

PIAGET, Jean: «La prise de conscience», Paris, PUF, 1974.

PIAGET, Jean: «Mes idées», Paris, Denoël, 1979.

PIAGET, Jean: «Où va l'éducation?», Paris, Denoël, 1972.

PIAGET, Jean: «Psychologie et pédagogie», Paris, Denoël, **1969**/1990.

PIAGET, Jean: ***«Cinq études de psychologie»***, Paris, Denoël Gauthier, 1964

PIAGET, Jean: «Réussir et comprendre», Paris, PUF, 1974.

PIERREHUMBERT, Blaise: «Elève cherche modèle», Cousset/Fribourg, Delval Ed., 1991.

PINOL-DOURIEZ, M.: «Bébé agi, bébé actif», Paris, PUF, 1984.

PLAISANCE, Eric: «L'enfant, la maternelle, la société», Paris, PUF, 1986.

PLISSON, Danielle (dir): «Les droits de l'enfant? Tu parles!», Genève, EDC, 1995.

POCZTAR, Jerry: «Approche systémique appliquée à la pédagogie», Paris, ESF, 1992.

POGLIA, Edo & al: «Pluralité culturelle et éducation en Suisse», Berne, P. Lang, 1995.

PORTUGAIS, Jean & al: «De futurs instituteurs formés à la didactique des mathématiques? Une étude de cas», in *Recherches en didactique des mathématiques*, Grenoble, 1994, pp. 283-290

PORTUGAIS, Jean: «Didactique des mathématiques et formation des enseignants», Berne, P. Lang, 1995.

POUSSIN, G. & al: «Réflexions à partir de l'évaluation d'une expérience d'aménagement du temps scolaire» in *Psychologie et Education* n° 2, 1990, pp. 75-101

PRETEUR, Yves: «Du griffonage au prénom écrit comme «prototype» de l'écriture: les premiers pas du scripteur — <écrivain>», in *Actes du IIIème colloque international de didactique du français*, Namur, 1986, 12 f.

PUYMEGE, Gérard de & al: «Autour de *L'avenir est notre affaire*: les entretiens de Crêt-Bérard», Lausanne, Fondation Charles Veillon, 1984.

RAZQUIN, Salomé & al: «Les fiches de renseignements dans une école maternelle», in *Psychologie et éducation*, n° 3, 1990, pp. 63-89

REINBERG, Alain & al: «Rythmes scolaires: le blocage des adultes», in *«Le Monde»*, rubrique «horizons-débats», 20.10.95, p. 15

REINHARDT, J.C.: «L'enfant qui dort avec ses parents», in *Psychologie et éducation*, n° 7, 1991, pp. 93-101

REINHARDT, J.C.: «La genèse des connaissances du corps chez l'enfant», Paris, PUF, 1990.

REVERCHON, Antoine: «Peut-on (encore) réformer l'école?», in *Le monde de l'éducation*, septembre 1995, pp. 20-40

REY, Micheline & al: «Dossier pour une pédagogie interculturelle», CO Ens. Second., Genève, DIP, 1989, 1 classeur

REY, Micheline & al: «Vers une approche interculturelle du mutilinguisme», in *L'avenir de l'écrit et du multilinguisme*, Lausanne, Edipresse, 1992,

REY, Micheline: «Avoir une identité plurielle: le psychologue face aux enfants, aux jeunes et aux familles de cultures différentes», in *Psychoscope*, Berne, 1995, Vol. 16, 1, pp. 16-19

REY, Micheline: ***«La classe spéciale expérimentale du Conseil de l'Europe au Cycle d'orientation des Coudriers»***, Genève, Service de l'enseignement secondaire, 1976, 2 vol.

RICARD, Marcelle & al: «Strategies of 9-10-months-old infants with a stranger and a novel object», in *Revue internationale de psychologie sociale*, 1989, t. 2, n° 1, pp. 97-111

RICHARD, C.: «Tempérament et communication chez les bébés de 4 à 8 mois: incidence des différences individuelles sur la psycho-pathologie», in *Neuropsychiatrie de l'enfance*, 1990, 38 (1-2), pp. 20-26

RICHTERICH, Lukas: «Sozialpädagogische Familienbegleitung», SKBF/Aarau, 91: 062

RIEBEN, Laurence & al: «L'apprenti lecteur: recherches empiriques et implications pédagogiques», Neuchâtel/Paris, Delachaux et Niestlé, 1989.

ROBIN, Monique & al: «La construction des liens familiaux pendant la première enfance: approches francophones», Paris, PUF, 1995.

ROBERT-OEUVRAY, S.: «Intégration motrice et développement psychique», Paris, Hommes et perspectives éd., 1993

ROBERT-OEUVRAY, S.: «L'enfant tonique et sa mère», Paris, Hommes et perspectives éd., 1996

ROCHAT Philippe & al: «Posture and functional action in infancy», in *Early child development in the French tradition*, Hillsdale, L. Erlbaum, 1994, pp. 15-35

ROGERS, Karl Ransom: «La relation d'aide et la psychothérapie», Paris, ESF, 1991.

ROGERS, Karl Ransom: «Le développement de la personne», Paris, Dunod, 1994.

ROGERS, Karl Ransom: «Liberté pour apprendre?», Paris, Dunod, 1990.

ROLAND CHRISTENSEN C.: «Former à une pensée autonome: la méthode de l'enseignement par la discussion», Bruxelles, De Boeck, 1994, (en collab. avec Garvin D.A., et Sweet A.)

ROLLER, Samuel: «Revitaliser l'école: réflexion sensible et pertinente d'une personnalité de l'école genevoise à propos des enjeux du moment» in *Journal de l'enseignement primaire*, Genève, 1995, n° 56, pp. 14-16

ROSENFELD, J: «La dynamique des dysfonctionnements interactifs précoces et les psychoses de l'enfant», in *Neuropsychiatrie de l'enfance*, 38, (7), 1990, pp. 407-411

ROUGEMONT, Denis de: «De l'Etat-Nation aux Régions fédérées», in *Europäische Probleme aus Wirtschaft und Politik*, Erlenbach, Stuttgart, E Rentsch, 1968, pp. 107-129

ROUGEMONT, Denis de: ***«La Naissance de l'Europe des régions»***, Genève, Institut universitaire d'Etudes européennes, 1968.

ROUGEMONT, Denis de: «Le dialogue des cultures: colloque de Genève», Neuchâtel, Ed. La Baconnière, 1962.

ROUGEMONT, Denis de: «Le sort de l'an 2000 se joue dans nos écoles», in *Civisme européen*, 1972. 1/1

ROUGEMONT, Denis de: «Les méfaits de l'instruction publique» in *Pamphlets pédagogiques*, Lausanne, Ed. L'Age d'homme, 1984.

SCHAAL, B. & al: «Les stimulations olfactives dans les relations entre l'enfant et la mère», in *Reprod. Nutr. Development*, 1980, 20, pp. 843-858

SCHAAL, R. & al: «Le rôle des odeurs dans la genèse de l'attachement mutuel entre la mère et l'enfant», in *L'aube des sens*, Les cahiers du nouveau-né, Paris, Stock, 1981, n° 5, pp. 359-377

SCHERR, V. & al: «Les accidents gynéco-obstétricaux et l'autisme de l'enfant», in *Neuropsychiatrie de l'enfance*, 38 (7), 1990, pp. 393-399

SCHMID KITSIKIS, Elsa: «Development of mental functioning: integrative approach to psychoanalytic and psychogenetic theory» in *Human Development*, 1987, n° 30, pp.189-209

SCHMID KITSIKIS, Elsa: ***«Le fonctionnement mental»***, Neuchâtel/Paris, Delachaux et Niestlé, 1991.

SCHMID KITSIKIS, Elsa: «Théorie et clinique du fonctionnement mental», Bruxelles, Mardaga, 1985.

SCHONEN, Scania & al: «Le développement dans la première année», Paris, PUF, 1983.

SEGAL, Hanna: «Délire et créativité: essais de psychanalyse clinique et théorique», Paris, Des femmes, 1987.

SELVINI PALAZZOLI, M.: «Le magicien sans magie, ou Comment changer la condition paradoxale du psychologue dans l'école», Paris, ESF, 1987.

SELVINI PALAZZOLI, M.: «Les jeux psychotiques dans la famille», Paris, ESF, 1990.

SELVINI PALAZZOLI, M.: «Paradoxe et contre-paradoxe: un nouveau mode thérapeutique face aux familles à transaction schizophréniques», Paris, ESF, 1986.

SELVINI PALAZZOLI, M.: «Dans les coulisses de l'organisation», Paris, ESF, 1980

SERON, Xavier & al: «Psychologie et cerveau», Paris, PUF, 1990.

SINCLAIR, H. & al: ***«Les bébés et les choses ou la créativité du développement cognitif»***, Paris, PUF, 1982

SINCLAIR, H. & al: «Constructivisme et psycholinguistique génétique» in *Archives de psychologie*, 1985, 53, pp. 37-60

SINCLAIR, Hermine: «Activités organisatrices du jeune enfant et début du langage» in *Connaître et le dire*, Bruxelles, Mardaga, 1987

SINCLAIR, Hermine: «Changing perspectives in child language acquisition», 36 f...

SINCLAIR, Hermine: «Symbolisme et interaction interpersonnelle», in *Symbolisme et connaissance*, Jacques Montangero & al Eds, Cahier de la fondation des archives Jean Piaget, 1987, n° 8, pp. 155-168

SIROTA, Régine: «L'école primaire au quotidien», Paris, PUF, 1988.

SIU-LUEN LUK & al: «Behavior disorder in pre-school children in Hong Kong» in *British Journal of Psychiatry*, 158, 1991, pp. 213-221

SOCIETE PÉDAGOGIQUE ROMANDE: «Etude comparative des directives et règlements de constructions scolaires et équipement minimum recommandé pour une classe enfantine», (commission éducation petite enfance), novembre 1987,16 f.

SOLA, Elisabeth (coord): «La violence à l'école», in *Educateur*, n° 6, septembre 1991, pp. 5-49

SOUZENELLE, Annick de: «La parole au cœur du corps», entretiens avec Jean Mouttapa, Paris, Albin Michel, 1994.

SOUZENELLE, Annick de: «Alliance de Feu: pour une relecture de la Genèse», Paris, Albin Michel, 1995, 2 vol.

SPITZ, René Arpad & al: ***«De la naissance à la parole: la première année de la vie»***, Paris, PUF, **1968**/1984.

SPITZ, René Arpad: «L'embryogenèse du moi: une théorie du champ pour la psychanalyse», Bruxelles, Complexe, 1979.

SPITZ, René Arpad: «La perte de la mère par le nourrisson: troubles du développement psychosomatique» in *Enfance*, Paris, t.1, 1948, n° 1, pp. 374-391

SPITZ, René Arpad: «La première année de l'enfant: genèse des premières relations objectales», Paris, PUF, 1958.

SPITZ, René Arpad: «Le non et le oui: la genèse de la communication humaine» Paris, PUF, **1962**/1983.

STAMBAK, Mira & al: ***«Les bébés entre eux: découvrir, jouer, inventer ensemble»***, Paris, PUF, 1983.

STAMBAK, Mira & al: «Les jeux de fiction entre enfants de trois ans», Paris, PUF, 1990.

STAMBAK, Mira: «Tonus et psychomotricité dans la première enfance», Neuchâtel, Delachaux et Niestlé, 1973.

STEINER, Rudolf: «Connaissance de l'homme et art de l'éducation», Paris, Centre Triades, 1991,

STEINER, Rudolf: «L'art de l'éducation: méthode et pratique», Paris, Centre Triades, **1978**/1993.

STEINER, Rudolf: «L'éducation des enfants à la lumière de la science spirituelle», Paris, Centre Triades, **1974**/1985.

STEINER, Rudolf: «La philosophie de la liberté: observations de l'âme conduites selon la méthode scientifique», Paris, Sauerwein, **1923**, Genève, 1979, 1 vol.

STEINER, Rudolf: «Fondements de l'organisme social», Genève, 1975, 1 vol,

STEINER, Rudolf: «Un chemin vers la connaissance de soi, le seuil du monde spirituel», Paris, A. Sauerwein, **1925**,Genève, 1976, 1 vol.

STERN, Daniel N.: «Mère-enfant. Les premières relations», Bruxelles, Mardaga, 1981.

STERN, Daniel N.: «Journal d'un bébé», Paris, Calmann-Lévy, 1992.

STERN, Daniel N.: «Le monde interpersonnel du nourrisson: une perspective psychanalytique et développementale», Paris, PUF, 1989.

STERN, Daniel N.: «Mère et enfant: les premières relations», Bruxelles, Mardaga, 1987.

SAINT EXUPÉRY, A. de: ***«Lettre à un étranger»***, Paris, NRF,

STORK, Hélène & al: «L'enfant de trois à six ans: ses besoins, ses intérêts, ses problèmes», Paris, ESF, 1986.

STORK, Hélène: «Tremblements, trémulations, gestes d'agrippement des bébés: signification psychologique, implications cliniques et culturelles», in *Neuropsychiatrie de l'enfance*, 1990, 38 (7), pp. 418-426

STRAYER, F.-Francis & al: «La coordination des structures sociales chez les jeunes enfants perspective transversale», in *Revue internationale de psychologie sociale*, 1989, t.2, n° 1, pp. 113-131

TANNEN, Deborah: ***«Décidément, tu ne me comprends pas: comment surmonter les malentendus entre hommes et femmes»***, Paris, R. Laffont, 1993.

TANNEN, Deborah: «Spoken and written language: exploring orality and literacy», Norwood, N.J., Ablex, 1984.

TANNEN, Deborah: «Talking voices: repetition, dialogue, and imagery in conversational discourse», Cambridge, NY, 1991.

TANNER, James M. & al: «Entretiens sur le développement psycho-biologique de l'enfant», Neuchâtel, Delachaux et Niestlé, 1960,.

THOMAS, Alexander & al: «The origin of personality», in *Scientific American*, août 1970, pp. 2-9

THURLER, Monica & al: «Savoir évaluer pour mieux enseigner: quelle formation des maîtres?», in *Cahiers de la recherche sociologique*, n° 26, 1988.

TOMASELLO, Michael & al: «The development of communicative competence in twins» in *Revue internationale de psychologie sociale*, 1989, t.2, n° 1, pp. 49-59

TSCHOUMY, J.-André: «Les deux-sept ans à l'heure de l'Europe», in *Regards*, IRDP, 1990, n° 90.307

TSCHOUMY, J.-André & al: «Différenciation des enseignements, différenciation des formations: le corps enseignant est composite», Neuchâtel, IRDP, 1989.

TSCHOUMY, J.-André: «Entre cité et école: les usagers», Neuchâtel, IRDP, 1987, 7 p.

TSCHOUMY, J.-André: «L'enfant, citoyen scolaire de l'Europe de demain», Neuchâtel, IRDP, 1991.

TSCHOUMY, J.-André: «L'interculturalisme, nouvelle transversale des programmes scolaires», Neuchâtel, IRDP, 1992.

TSCHOUMY, J.-André: «Multiculturalisme et plurilinguisme: quel avenir pour la Suisse et l'Europe?», in *Le français dans le monde*, Paris, Recherches et applications, 1991, pp. 22-31

TSCHOUMY, J.-André: «Parler européen demain» in *La Suisse face à ses langues*, J.P. Vouga, éd., Aarau, Sauerländer, 1990/Annuaire de la nouvelle société helvétique, 1990/1991, pp. 151-158

TSCHOUMY, J.-André: «Vers un enseignement/apprentissage des langues partenaires: plus précoce encore, plus naturel et plus cohérent», in *Babylonia*, Lugano-Besso, 1993, n° 1, pp. 5-8

TSCHOUMY, J.-André: «Vers une Europe des minorités reconnues», Neuchâtel, IRDP, 1993.

UFFICIO EDUCAZIONE PRESCOLASTICA: «Considerazione relative alla griglia d'osservazione per il bambino dell'ultimo anno di scuola materna», Bellinzona, DPE/UEP, mars 1983, MLD/rg.

UFFICIO EDUCAZIONE PRESCOLASTICA: «Dati relativi ai bambini in età scolastica (nati nel 1980) ma trattenuti alla scuola materna per ragioni diverse)», Bellinzona, DPE/UEP, Octobre 1986, 21 f.

UFFICIO EDUCAZIONE PRESCOLASTICA: «Finalità formative e obiettivi specifici della scuola materna», Bellinzona, UEP, 8 f.

UFFICIO EDUCAZIONE PRESCOLASTICA: «Informazione sull'organizzazione e sull attività della scuola materna», DPE/UEP 78.03, septembre 1983

UFFICIO EDUCAZIONE PRESCOLASTICA: «L'impostazione dell'anno scolastico: aspetti organizzativi e pedagogico-didattici», UEP, 8 f

UFFICIO EDUCAZIONE PRESCOLASTICA: «Programmazione e ridefinizione delle aree educative», UEP, Bellinzona, 1989, 4 f

VALO, Martine: «L'école au secours des banlieues», in *Le Monde de l'éducation* décembre 1991, pp. 18-35

VEIL, Claude & al: «L'école folle, ou le cercle vicieux de l'inadaptation scolaire», Paris, ESF, 1977.

VENEZIANO, Edy: «A search for formal and structural precursors of language: an interactional approach», Jerusalem, Hebrew University, 1984

VENEZIANO, Edy: «Développement normal et processus d'acquisition des caractéristiques de base du langage», in *Approche neuro-psychologique de l'enfant*, Paris, 1992, pp. 61-76

VENEZIANO, Edy: «Functional relationships between pretend-play and language use in young children», 1990, Strirling/Scotland (poster) 15 f

VENEZIANO, Edy: «L'adaptation verbale mère et enfant» in *Savoir parler, savoir dire, savoir communiquer*, Paris/Neuchâtel, Delachaux et Niestlé, 1987, pp. 59-94

VENEZIANO, Edy: «Le rôle de la répétition dans le passage des énoncés à un mot aux énoncés à deux mots», in *Bulletin CILA*, 1990, n° 51, pp. 61-74

VENEZIANO, Edy: «Les protoconversations et les débuts du langage: de l'alternance des tours de rôles aux significations partagées», in *Revue internationale de psychologie sociale*, 1989, t. 2, n° 1, pp. 23-36

VENEZIANO, Edy: «Vocal-verbal interaction and the construction of early lexical knowledge» in *The emergent Lexicon, The Child's development of a linguistic vocabulary*, 1988, pp. 109-147

VERBAND KG/CH (dir): «Kindergarten Schweiz 1992», Berne, 1993, 21 feuillets

VERGNAUD, Gérard & al: «Apprentissages et didactiques, où en est-on?» Paris, Hachette éducation, 1994.

VERGNAUD, Gérard: «L'enfant, la mathématique et la réalité: problèmes de l'enseignement des mathématiques à l'école élémentaire», Berne, P. Lang, 1991.

VERGNAUD, Gérard: «Psychologie et apprentissage des mathématiques», in *European journal of psychology of education*, vol 1, n° 2, no spécial, Lisboa, Instituto superior de psicologia aplicada, 1986.

VERGNAUD, Gérard, éd: «Didactique et acquisition des connaissances scientifiques», Grenoble, Ed. La Pensée Sauvage, 1988.

VERMERSCH, Pierre: ***«L'entretien d'explicitation en formation initiale et en formation continue»***, Paris, ESF, 1994,.

VIGOTSKIJ, L. Semenovic: «Problems of general psychology», New York/London, Plenum Press, Rieber & Carton Eds, 1987.

VINCENS, Claude: «Entre l'école et la famille, pour l'enfant, un autre adulte, le psychologue scolaire», in *Psychologie et éducation*, n° 1, 1990, pp. 47-65

VINTER, Annie: «L'imitation chez le nouveau-né: imitation, représentation et mouvement dans les premiers mois de la vie», Neuchâtel/Paris, Delachaux et Niestlé, 1985.

VOGT, Christian (dir): «Questions de dialectique», Vigneux, Matrice.

VOGT, Christophe: «Pour préparer l'Europe: apprendre en deux langues dès la maternelle», in *Le Monde de l'éducation*, février 1992, pp. 23-24

VOLPE, Joseph J.: «Neurology of the newborn», London, Philadelphia Ed, 1987, XVII.

VURPILLOT, E. & al: «L'organisation perceptive chez le nourrisson», in *Bulletin de psychologie*, 1977, n° 327, pp. 396-405

VURPILLOT, E. & al: «Y a-t-il des âges clés dans la première année de vie de l'enfant» in *Le développement dans la première année*, Schonen S. éd, Paris, PUF, 1983, pp. 177-205

WALLACE, Chafe & al: «The relation between written and spoken language», in *Annual review of anthropology*, 1987, vol. 16, pp. 383-407.

WALLON, Henri: «De l'acte à la pensée», Paris, Flammarion, **1942**/1978.

WALLON, Henri: «L'évolution psychologique de l'enfant», Paris, Armand Colin, **1941**/1991.

WALLON, Henri: «Les origines de la pensée chez l'enfant», Paris, PUF, **1945/1947**-1989.

WALLON, Henri: ***«Les origines du caractère chez l'enfant: les préludes du sentiment de personnalité»***, Paris, PUF, 1983.

WALLON, Henri: «Psychologie et éducation de l'enfance», Paris, Enfance, **1976**/1985, n° spécial.

WALLON, Henri: «Psychopathologie et psychologie génétique», in *Buts et méthodes de la psychologie*, Paris, Enfance, 1963, pp. 35-41

WIDMER-ROBERT-T., C: «Les modes de communication du bébé», Neuchâtel/Paris, Delachaux et Niestlé, 1981.

WINNICOTT, Donald W.: «De la pédiatrie à la psychanalyse», Paris, Payot, **1969**/1989.

WINNICOTT, Donald W.: «Jeu et réalité: l'espace potentiel», Paris, Gallimard, **1975**/1990.

WINNICOTT, Donald W.: «L'enfant et le monde extérieur: le développement des relations», Paris, Payot, **1972**/1990.

WINNICOTT, Donald W.: ***«L'enfant et sa famille: les premières relations»***, Paris, Payot, **1971**/1991.

WINNICOTT, Donald W.: «Le bébé et sa mère», Paris, Payot, 1992.

WINNICOTT, Donald W.: «Processus de maturation chez l'enfant: développement affectif et environnement», Paris, Payot, **1970**/1987.

WIRTHNER, Martine & al: «Parole étouffée, parole libérée: fondements et limites d'une pédagogie de l'oral», Neuchâtel/Paris, Delachaux et Niestlé, 1991.

WITTWER, Jacques: «De la prise en compte des découvertes en neurosciences dans la formation des enseignants», in *Psychologie et éducation*, n° 1, 1990, pp. 31-45

WOODILL, Gary & al: «Le langage des professionnels de l'éducation spéciale: un cadre conceptuel» in *Handicap et inadaptations*, Les cahiers du CTNERHI, 1989, n° 47/48, pp. 195-207

WYATT, Gertrud - L.: «La relation mère-enfant et l'acquisition du langage», Bruxelles, Mardaga, 1977.

WYDLER-WEBER, E. & al: «Kindergarten heute: Leitideen für den Kindergarten», 40 f.

ZAKHARTCHOUK, J.-M.: «Aider à travailler, aider à apprendre», in *Cahiers pédagogiques*, 1995, n° 336, pp. 11-88 (coord)

ZAPPI, Sylvia & al: «Les bébés ont du génie», in *Le monde de l'Education*, février 1993, pp. 40-56

ZAZZO, Bianka: «L'école maternelle à deux ans, oui ou non?», Paris, Stock, 1984,

ZAZZO, Bianka: «Un grand passage: de l'école maternelle à l'école élémentaire», Paris, PUF, 1979 (2e ed).

ZAZZO, René: «L'attachement», Neuchâtel/Paris, Delachaux et Niestlé, **1974**/1991.

ZAZZO, René: «Le problème de l'imitation chez le nouveau-né», Paris, Enfance, 1957, n° 10, pp. 135-142

ZBINDEN, Hans: «Education dans la Suisse de demain», Dossier 13B de la CDIP, Berne, 1990.

ZEI, Branka & al: «La voix comme indice affectif», in *Revue médicale de la Suisse romande*, 1989, n° 109, 61 — 6

ZOGMAL, Marianne: «Education préscolaire: différences entre Genève et Zurich», in *Educateur*, n° 2, mars 1995, p. 65